# LibreOffice

## Die verständliche Anleitung

von
Christine Peyton



Vierfarben

# Liebe Leserin, lieber Leser,

vielleicht nutzen Sie schon lange Microsoft Office und fragen sich, ob es nicht auch anders geht. Endet bei Ihnen bald der Support von Windows 10, und Sie überlegen, wie es mit Ihrem System weitergehen soll? Oder möchten Sie eine kostenlose, plattformunabhängige Alternative ausprobieren, ohne auf gewohnte Funktionen zu verzichten?

Weil Sie genau diese Fragen umtreiben, haben Sie zu diesem Buch gegriffen. Eine gute Entscheidung, denn LibreOffice hat sich längst zu einer ernstzunehmenden Alternative entwickelt – kostenlos, regelmäßig aktualisiert und mit einer Oberfläche, die Ihnen als Microsoft-Office-Nutzer*in schnell vertraut vorkommt.

Christine Peyton nimmt Sie an die Hand und führt Sie Schritt für Schritt durch alle wichtigen Anwendungen. Von den ersten Schritten bei Installation und Einrichtung über die Textverarbeitung mit Writer und die Tabellenkalkulation mit Calc bis zu Präsentationen mit Impress und einfachen Zeichnungen mit Draw – dieses Buch deckt alles ab, was Sie im Alltag brauchen. Auch der Umstieg von Microsoft Office wird ausführlich erklärt, sodass Ihnen der Wechsel leichtfällt. Zahlreiche Beispiele und bebilderte Anleitungen sorgen dafür, dass Sie alles direkt nachvollziehen und selbst ausprobieren können – egal, ob Sie gerade erst einsteigen oder Ihre Kenntnisse vertiefen möchten.

Dieses Buch wurde mit größter Sorgfalt geschrieben und hergestellt. Sollten Sie dennoch Fragen, Kritik oder inhaltliche Anregungen haben, freue ich mich, wenn Sie mit mir in Kontakt treten.

Nun wünsche ich Ihnen viel Freude und Erfolg beim Umstieg auf LibreOffice!

**Ihr Erik Lipperts**
Lektorat Vierfarben
erik.lipperts@rheinwerk-verlag.de

# Auf einen Blick

Wir hoffen, dass Sie Freude an diesem Buch haben und sich Ihre Erwartungen erfüllen. Falls Sie Anregungen, Wünsche und Kommentare haben, lassen Sie es uns wissen: *service@rheinwerk-verlag.de*.

Informationen zu unserem Verlag und Kontaktmöglichkeiten finden Sie auf unserer Verlagswebsite *www.rheinwerk-verlag.de*. Dort können Sie sich auch umfassend über unser aktuelles Programm informieren und unsere Bücher und E-Books bestellen.

**Dies ist ein geprüftes Fachbuch und kein KI-Produkt.** Weitere Informationen finden Sie unter: *www.rheinwerk-verlag.de/rheinwerk-und-ki*

**Autorin** Christine Peyton
**Lektorat** Erik Lipperts
**Copy-Editing** Friederike Daenecke, Zülpich
**Typografie & Layout** Vera Brauner
**Satz** III-Satz, Kiel
**Herstellung** Norbert Englert
**Covergestaltung** Silke Braun
**Coverbilder** Shutterstock: 1154631544©Pressmaster, 62620774©Brisbane
**Druck** mediaprint solutions, Paderborn

PEFC
PEFC/04-31-0810

Dieses Buch wurde auf PEFC®-zertifiziertem Papier gedruckt.
Hergestellt in Deutschland.



Bibliografische Information der Deutschen Nationalbibliothek:
Die Deutsche Nationalbibliothek verzeichnet diese Publikation in der Deutschen Nationalbibliografie; detaillierte bibliografische Daten sind im Internet über *http://dnb.dnb.de* abrufbar.

**ISBN 978-3-8421-1192-9**

1. Auflage 2027


Rheinwerk Verlag GmbH • Rheinwerkallee 4 • 53227 Bonn
*service@rheinwerk-verlag.de*

# Inhalt

# Kapitel 1
# LibreOffice kennenlernen und einrichten

Ohne Übertreibung lässt sich behaupten: LibreOffice ist mit das praktischste Tool, das Sie auf Ihrem Rechner haben können. Egal welche Aufgabe Sie am PC zu bewältigen haben, LibreOffice wird Sie mit seinen diversen Modulen dabei unterstützen. In den nächsten Abschnitten stelle ich es Ihnen im Überblick vor.

## 1.1 Was ist LibreOffice – und warum ist es kostenlos?

LibreOffice ist ein Paket, das typische Standardsoftware für alle Arten von Bürotätigkeiten enthält, ob zu Hause oder in einem Office-Umfeld. LibreOffice spaltete sich Ende 2010 vom Office-Paket OpenOffice.org ab, wird seitdem weiterentwickelt und gilt als die moderne Alternative. Und die gute Nachricht für uns alle ist natürlich, dass LibreOffice keinen müden Euro, keinen Cent kostet. Als Open-Source-Projekt ist es komplett kostenlos.

Ein kurzer Blick zurück in die Vorgeschichte: OpenOffice entstand, als 2000 die Quellen des proprietären StarOffice, eines Projekts von Sun Microsystems, freigegeben wurden. Sun Microsystems wurde im Januar 2010 von Oracle übernommen, und damit ging die Entwicklung von OpenOffice.org in die Verantwortung von Oracle über. Innerhalb der OpenOffice.org-Gemeinschaft kam es aus verschiedenen Gründen zu Unzufriedenheit. Kritisiert wurde vor allem, dass die Unterstützung des Projekts immer spärlicher ausfiel. Im September 2010 entschieden sich führende Mitglieder der OpenOffice.org-Gemeinde schließlich dazu, die Document Foundation, eine Stiftung nach deutschem Recht, zu gründen und das Projekt unter ihrer Ägide weiterzuführen.

Allerdings erforderte die Weiterführung des Projekts unter dem Namen OpenOffice.org die Zustimmung von Oracle. Da Oracle entschied, die Namensrechte nicht an die neu gegründete Document Foundation zu übergeben, kam es zu der Fortentwicklung unter dem neuen Namen LibreOffice.

## 1.2 LibreOffice herunterladen und installieren

Es ist fast ein Kinderspiel, LibreOffice auf Ihrem Rechner zu installieren. Am besten laden Sie es direkt von der Seite *libreoffice.org* herunter. Rufen Sie diese Seite im Browser Ihrer Wahl auf und klicken Sie dann auf **LibreOffice Download**.

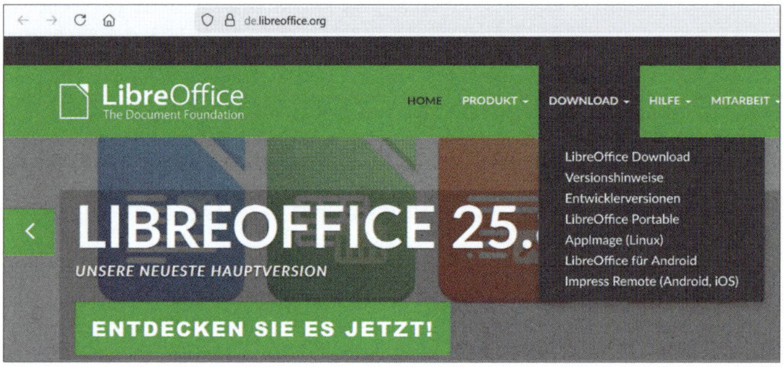


**Abbildung 1.1** *Auf dieser Seite können Sie LibreOffice herunterladen.*

Der Schritt auf der nächsten Seite erklärt sich von selbst: Sie wählen Ihr Betriebssystem und klicken dann auf **Download**.

**Abbildung 1.2** *Den Download starten*

Der Download beginnt und dauert je nach Rechnerleistung und Internetverbindung einen Moment. Sie sehen einen kleinen Fortschrittsbalken. Am Ende erhalten Sie die Meldung **Fertig**. Sie können nun von hier aus die Datei öffnen (klicken Sie dazu einfach auf den entsprechenden Link) oder im Windows Explorer zum Download-Bereich gehen und die *.msi*-Datei per Doppelklick öffnen. In beiden Fällen erscheint zunächst eine Art Warnung von Microsoft. Lassen Sie sich von ihr nicht erschrecken: Die Datei stammt von einer sicheren Seite und Sie können getrost auf **Trotzdem installieren** klicken.

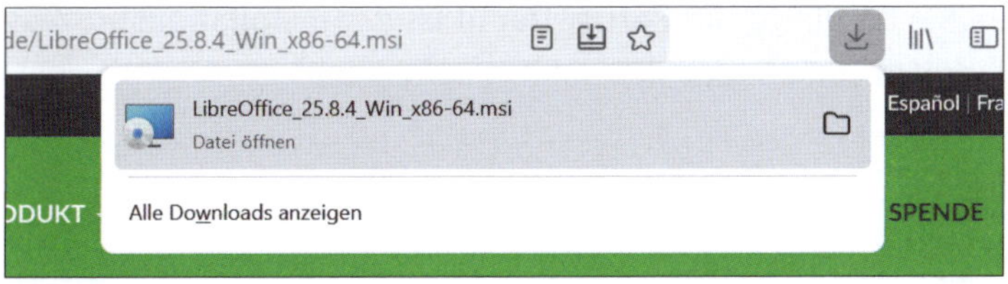


**Abbildung 1.3** *Öffnen Sie die ».msi«-Datei.*

Nun beginnt der Installationsprozess mithilfe des Installationsassistenten. Eigentlich klicken Sie in den folgenden Dialogen jeweils nur auf **Weiter** bzw. (zwei Dialoge weiter) auf **Installieren** (siehe Abbildung 1.4).

**Abbildung 1.4** *Der Assistent hilft.*

Bevor der eigentliche Installationsprozess beginnt, erhalten Sie erneut ein Fenster, das nach einer Warnung aussieht: **Möchten Sie zulassen, dass durch diese App Änderungen an Ihrem Gerät vorgenommen werden?** Sie wollen LibreOffice installieren, also klicken Sie hier beherzt auf **Ja** (siehe Abbildung 1.5).

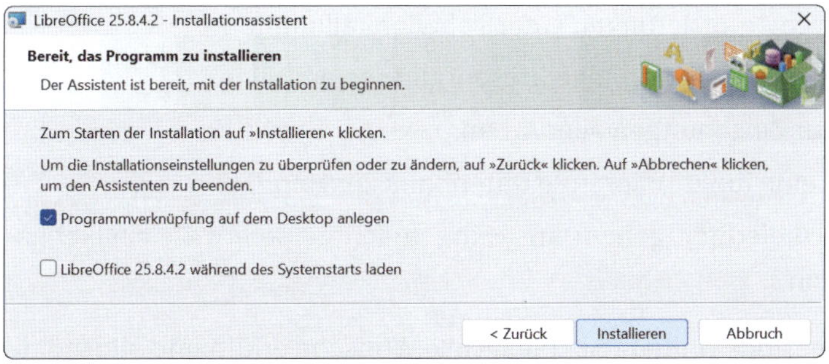


**Abbildung 1.5** *Die Installation starten*

Zu guter Letzt klicken Sie im Dialog auf **Fertig**. Damit ist der Installationsprozess abgeschlossen und LibreOffice befindet sich auf Ihrem Rechner.

**LibreOffice online**

Zu der Zeit, als dieses Buch geschrieben wurde, betonte die Document Foundation (TDF) nach wie vor, dass LibreOffice in erster Linie eine Desktop-Anwendung bleiben soll. Aber die Foundation will LibreOffice strategisch in Richtung Browser, Smartphones und kollaboratives Arbeiten weiterentwickeln und LibreOffice damit langfristig als Alternative zu Microsoft 365 und Google Workspace positionieren. Ein im Sommer 2026 veröffentlichtes Strategiepapier nennt fünf Entwicklungsstränge: eine responsive Bedienoberfläche, also ein Layout, das sich automatisch an die Größe des jeweiligen Bildschirms anpasst, eine Browser-Version, mobile Apps für Android und iOS, einen Dokumentenserver sowie Funktionen für die gemeinsame Bearbeitung von Dokumenten. Konkrete Release-Termine für eine neue Web- oder Mobile-Version nennt die Stiftung allerdings noch nicht. Bis zur produktionsreifen Version soll es noch ein weiter Weg sein.

## 1.3 Von der Textverarbeitung bis zum Formeleditor – alles unter einem Dach

Das freie LibreOffice liefert alles, was eine Office-Suite benötigt. Von der Textverarbeitung über die Tabellenkalkulation bis zur Präsentationsentwicklung sind alle Sparten abgedeckt:

- Mit *Writer* bietet LibreOffice eine Textverarbeitung, die allen Wünschen gerecht wird.
- *Calc* entspricht allen Anforderungen einer Tabellenkalkulation.
- Mit *Impress* lassen sich professionelle Präsentationen erstellen.
- *Draw* bietet sich für Zeichnungen aller Art an.
- Mit *Base* hat man eine funktionierende Datenbank zur Hand.
- Mit *Math*, dem Formeleditor, geht es ans »Eingemachte«, sofern Sie ein Liebhaber von Formeln sind.

Sie sehen, dass diese Office-Suite tatsächlich viele Wünsche erfüllt und alle möglichen Anforderungen abdeckt – sei es, dass Sie daheim Ihre Ausgaben des letzten halben Jahres zusammenstellen wollen, sei es, dass Sie die Urlaubsreise nach Tunesien hübsch präsentieren möchten oder aber eine Text-Vorlage für die anstehenden Protokolle Ihres Unternehmens brauchen. Mit LibreOffice sind Sie für alles gerüstet: Calc, Impress oder Writer stehen bereit.

## 1.4 Die Benutzeroberfläche nach Ihren Wünschen anpassen

Zunächst einmal müssen Sie wissen, dass LibreOffice zwei verschiedene Oberflächen für Sie bereithält:

- eine Ribbon-Oberfläche, die mit Registerkarten arbeitet und dem Oberflächenlayout der Programme in Microsoft Office ähnelt
- eine Oberfläche mit Tabs und Menüs, die etwas nostalgisch anmutet, sofern Sie zur älteren Generation gehören und sich noch an frühere Layouts erinnern können

Gut möglich, dass Sie beim ersten Aufruf von LibreOffice mit genau dieser Benutzeroberfläche konfrontiert sind. Sobald Sie auf den Namen einer Registerkarte klicken, klappt ein Menü mit diversen Befehlen auf, die Symbole auf der Menüleiste bleiben dabei unverändert.

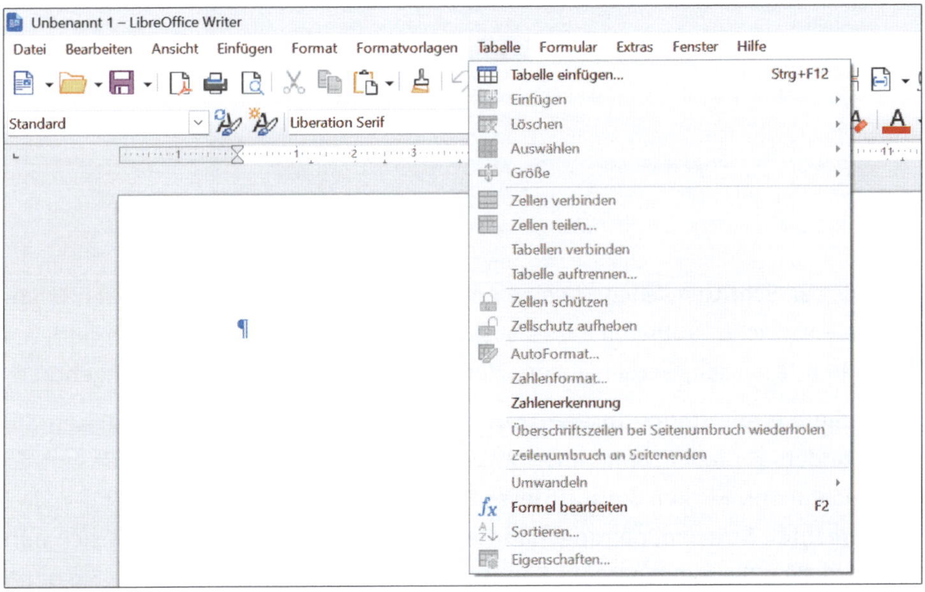


**Abbildung 1.6** *Die Benutzeroberfläche »Symbolleisten« mit Menüs*

Für alle, die die Arbeit mit moderneren Benutzeroberflächen gewohnt sind, mag diese menübasierte Anordnung irritierend sein – aber keine Sorge, LibreOffice kann auch modern! Um zu der anderen Oberfläche zu wechseln, folgen Sie diesen Schritten (die Beschreibung erfolgt am Beispiel von Writer):

1. Klicken Sie auf den Tab **Ansicht**.
2. Wählen Sie im Menü den Punkt **Benutzeroberfläche**.
3. Im folgenden Dialog aktivieren Sie unter **Optionen** den Punkt **In Registern**. Außerdem entscheiden Sie, ob die Umstellung für alle anderen Programme im Paket (**Auf alle anwenden**) oder nur für Writer (**Auf Writer anwenden**) gelten soll.
4. Schließen Sie nach Ihrer Entscheidung den Dialog mit **Schließen** oder dem Schließkreuz.

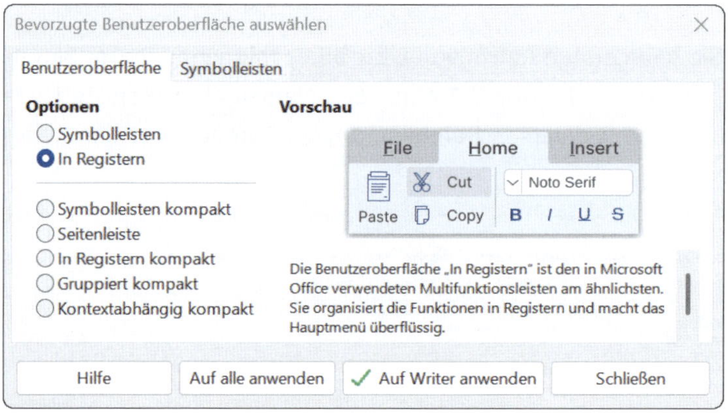


**Abbildung 1.7** *Die Benutzeroberfläche wechseln*

Nach diesen Schritten sehen Sie eine Anordnung, die vermutlich eher Ihren Erfahrungen entspricht. Probieren Sie es aus: Sobald Sie auf den Namen einer anderen Registerkarte klicken, werden auf der Menüleiste auch andere Symbole angeboten.

Wenn Sie die Anordnung **In Registern** wieder deaktivieren wollen, müssen Sie etwas anders vorgehen, denn unter **Ansicht** findet sich der entscheidende Eintrag jetzt nicht mehr. Klicken Sie stattdessen rechts oben auf das Symbol mit den drei waagerechten Strichen, das sogenannte *Hamburger-Icon*. Im Menü, das sich nun öffnet, klicken Sie auf den Punkt **Benutzeroberfläche**. Im Dialog wählen Sie dann die Option **Symbolleisten**.

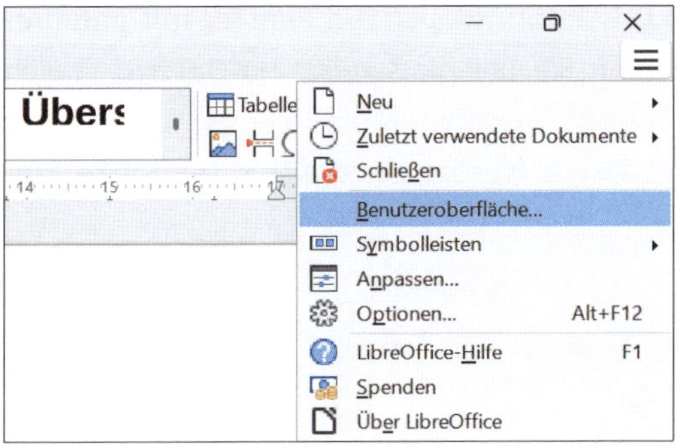


**Abbildung 1.8** *Klicken Sie auf »Benutzeroberfläche«.*

Viele andere Beschreibungen zu LibreOffice gehen von der Oberfläche **Symbolleisten** aus, die mit ihren Menüs und Dropdown-Listen etwas altertümlich wirkt. Ich erkläre alle Funktionen dagegen anhand der Oberfläche **In Registern** – in der Annahme, dass Ihnen dieses Layout vertrauter ist. Sieht Ihr Bildschirm also einmal anders aus als die Abbildungen in diesem Buch, prüfen Sie zuerst, ob **In Registern** aktiviert ist.

### 1.4.1 Weitere individuelle Anpassungen

Nach dieser grundsätzlichen Entscheidung gibt es weitere Möglichkeiten, die Benutzeroberfläche nach Ihren Wünschen zu gestalten.

Schauen Sie sich zum Beispiel die Seitenleiste an. Sie aktivieren sie über **Ansicht • Seitenleiste** und sehen nun eine kleine vertikale Symbolleiste, die diverse Funktionen bietet. Sie ist standardmäßig an der rechten Seite des Programmfensters angedockt, d. h., sie bleibt Ihnen erhalten, egal welche Registerkarte Sie aktivieren.

**Abbildung 1.9** *Die Seitenleiste*

Sobald Sie eines dieser Symbole anklicken, öffnet sich ein Fenster mit entsprechenden Befehlen und Optionen. Klicken Sie beispielsweise auf **Galerie**. Gleich darauf sehen Sie eine Liste mit diversen Grafiken (Aufzählungszeichen, Diagramme, Formen etc.). Mit dem Schließkreuz werden Sie die Fenster der Seitenleiste wieder los, falls Sie das wollen.

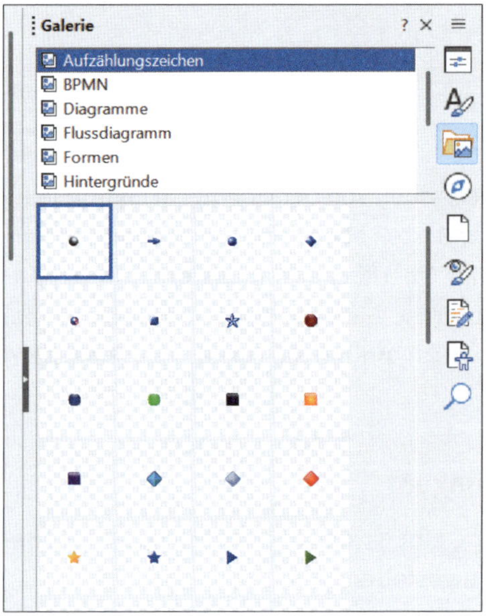


**Abbildung 1.10** *Aufzählungszeichen in der Galerie*

Weitere Anpassungen finden Sie ebenfalls auf der Registerkarte **Ansicht**. Sie aktivieren hier zum Beispiel (in Writer) das **Lineal** am oberen Rand des Bildschirms, die **Formatierungszeichen** und/oder wechseln die Ansicht. In Calc bietet die Registerkarte **Ansicht** z. B. die Zoomeinstellungen und ebenfalls die verschiedenen Ansichten (**Normalansicht** etc.). Das Gleiche gilt für Impress.

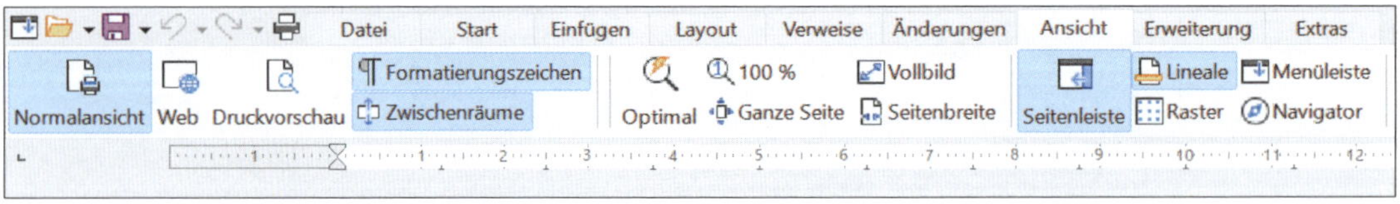


**Abbildung 1.11** *Das Lineal und die Formatierungszeichen aktivieren*

Mit aktivierten Formatierungszeichen (wie gesagt, in Writer) sorgen Sie dafür, dass unter anderem Absatzmarken, Leerstellenzeichen und Tabstopps auf dem Bildschirm auftauchen. Keine Sorge, sie erscheinen tatsächlich nur auf dem Bildschirm, im Ausdruck sind diese Zeichen nicht zu sehen. Manche User fühlen sich von diesen Formatierungszeichen gestört, sie haben lieber eine leere Seite vor sich. Ich empfehle Ihnen aber, diese Formatierungszeichen anzuzeigen, da sie in vielen Situationen sehr hilfreich sind – Sie sehen beispielsweise genau, wo ein Absatz endet, ob sich ein überflüssiges Leerzeichen eingeschlichen hat usw. (Mehr über die Formatierungszeichen erfahren Sie in Abschnitt 2.2, »Tipps für die Texteingabe«).

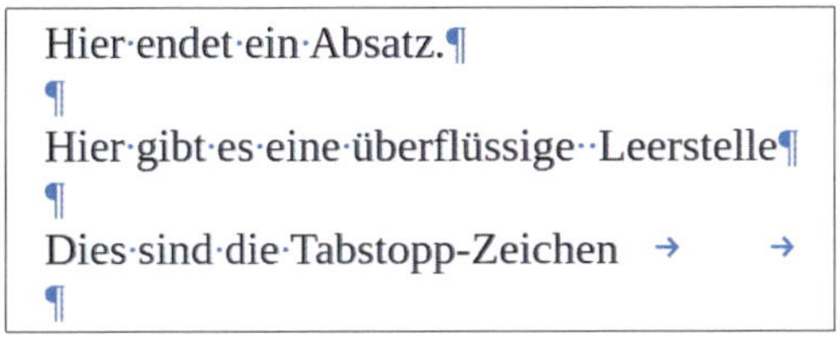


**Abbildung 1.12** *Sichtbare Formatierungszeichen (Auswahl)*

Sie finden in Writer auf der Registerkarte **Ansicht** auch das Symbol **Navigator anzeigen**. Nach einem Klick auf dieses Symbol öffnet sich ein kleines Fenster, das mögliche Ziele im Dokument auflistet, zu denen Sie dann mithilfe dieses Fensters springen könnten, zum Beispiel zu Überschriften, Tabellen usw. Das ist sehr praktisch, sofern es sich um ein langes Dokument handelt und Sie möglichst schnell und problemlos zu bestimmten Seiten/Objekten navigieren möchten.

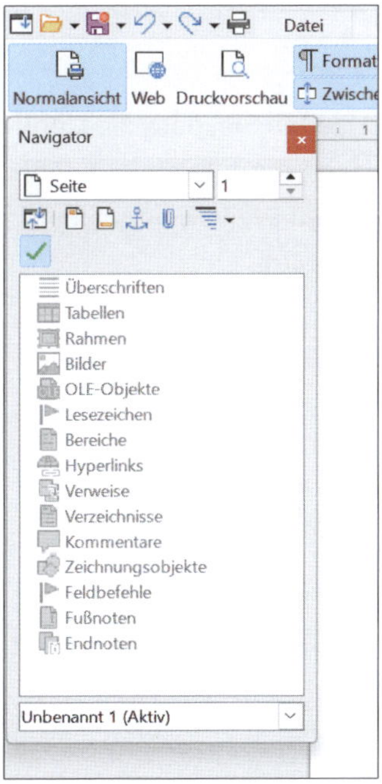


**Abbildung 1.13** *Der Navigator*

Es ist einfach, das Fenster an eine andere Stelle zu bewegen. Führen Sie den Mauszeiger an seinen oberen Rand und ziehen es einfach mit gedrückter linker Maustaste an seinen neuen Ort. Schließen Sie das Fenster bei Bedarf mit dem Schließkreuz oben rechts.

Achten Sie bei Ihren Anpassungen auch auf den Zoom, mit dem Sie bestimmen, in welcher Größe der Inhalt des Bildschirms angezeigt wird. Auch dafür finden Sie auf der Registerkarte **Ansicht** diverse Optionen, von **100 %** (Standard) über **Optimal**, **Ganze Seite** oder **Vollbild**. Probieren Sie die Effekte ruhig einmal aus.

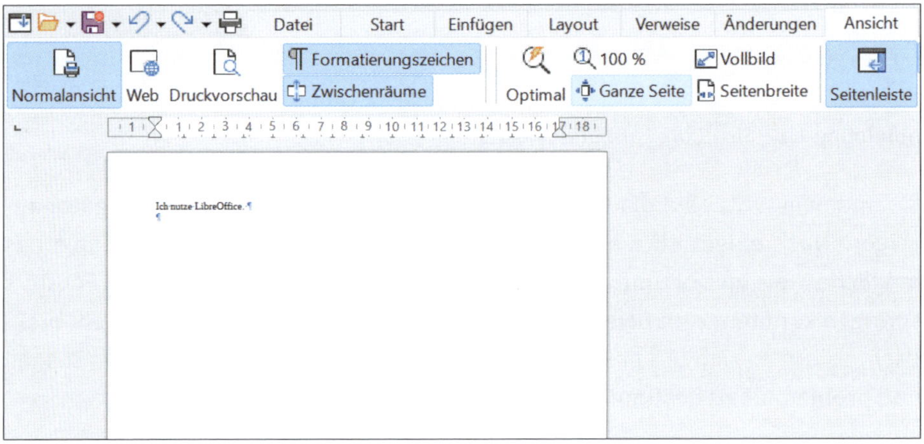


**Abbildung 1.14** *Die Option »Ganze Seite«*

Sofern Sie mutig in den Modus **Vollbild** gewechselt sind, sehen Sie, dass die Menüleiste verschwindet und tatsächlich nur die Seite angezeigt wird. Um nun wieder zur »normalen« Ansicht zurückzukehren, klicken Sie auf den Pfeil an dem kleinen Symbol **Vollbild** und deaktivieren per Klick die Option **Vollbild**.

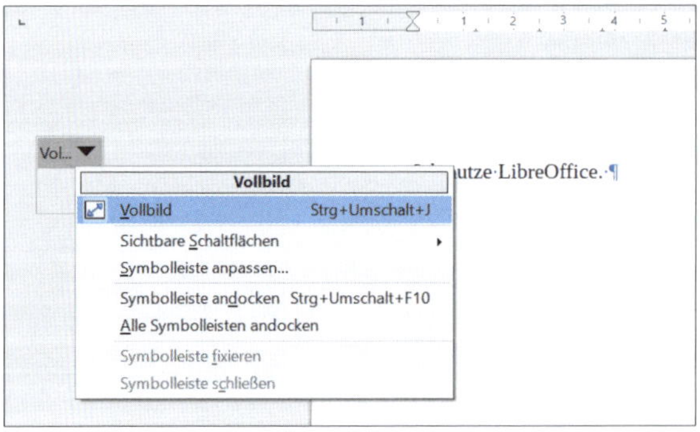


**Abbildung 1.15** *Das Vollbild beenden*

Neben diesen Zoom-Funktionen auf der Registerkarte **Ansicht** gibt es noch den Zoom-Regler unten rechts am Bildschirm, in der sogenannten *Statusleiste*. Hier können Sie mit gedrückter linker Maustaste den Zoom mehr oder minder nahtlos verkleinern oder vergrößern oder dafür jeweils die Plus- oder Minustaste benutzen. Das ist praktisch, wenn die Lesebrille einmal nicht zur Hand ist oder Sie mehr Inhalt auf dem Bildschirm sehen möchten.

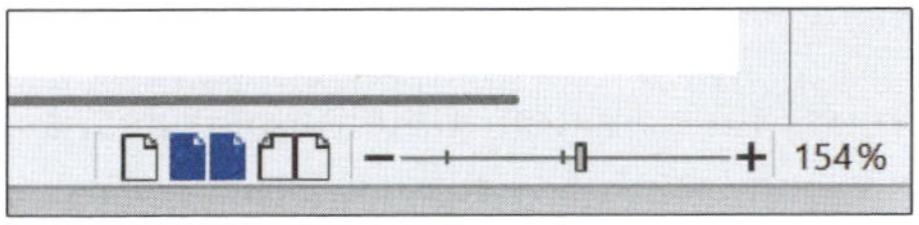


**Abbildung 1.16** *Der Zoom-Regler*

### Einstellungsmöglichkeiten im Dialog »Optionen«

Im Menü des Symbols mit den drei horizontalen Strichen entdecken Sie den Punkt **Optionen**, mit dem Sie den Dialog **Optionen - LibreOffice** aufrufen. Dieser Dialog bietet eine schier unendliche Fülle an grundlegenden Einstellungen bzw. die Möglichkeit, Standardeinstellungen zu verändern. Um die speziellen Optionen für Writer zu sehen, klicken Sie auf das Pluszeichen neben **LibreOffice-Writer**, für Calc auf **LibreOffice-Calc**; dies klappt die Liste mit den einzelnen Kategorien auf. Schauen Sie sich um, es gibt Interessantes zu entdecken.

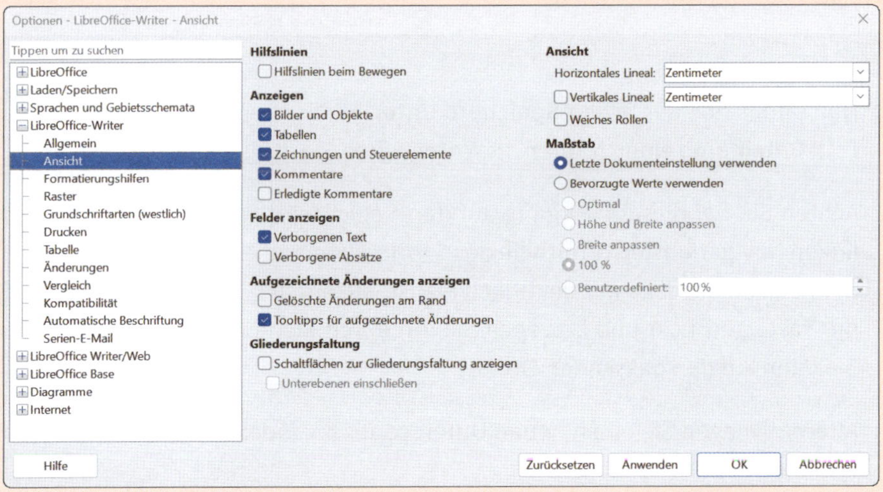


**Abbildung 1.17** *Die Optionen*

## 1.5 Dokumente speichern, öffnen und wiederfinden

Das A und O bei der Arbeit am PC ist natürlich, dass Sie Dokumente aufbewahren und dann auch wiederfinden und öffnen können, um sie weiterzubearbeiten oder zu ändern. Es geht also zunächst ums Speichern.

### 1.5.1 Dokumente speichern

Ein noch nicht gespeichertes Dokument muss unter einem Dateinamen gespeichert werden, damit es Ihnen nicht verloren geht. Dies sind die Schritte:

1. Klicken Sie auf die Registerkarte **Datei**.
2. Auf der Menüleiste klicken Sie auf das Symbol **Speichern** oder auf den Pfeil am Symbol und wählen dann im Menü **Speichern unter**.

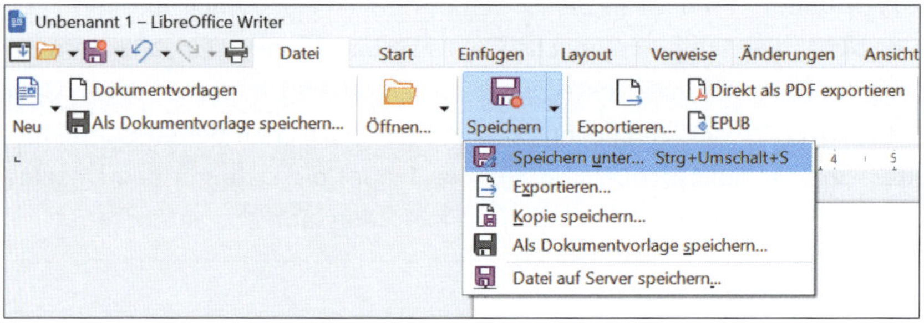


3. Nun öffnet sich der Dialog **Speichern unter**. Hier geben Sie dem Dokument im Feld **Dateiname** einen Namen. In Writer sehen Sie als Erweiterung *.odt*.
4. Achten Sie bei diesem Vorgang auf den Speicherort. Wandern Sie also in der linken Navigationsleiste mithilfe des Scrollbalkens zu einem vorhandenen Ordner (klicken Sie dazu mit der linken Maustaste auf den Scrollbalken, halten Sie die Taste gedrückt und bewegen Sie ihn durch Ziehen mit der Maus). Klicken Sie dann auf den passenden Ordner.
5. Alternativ legen Sie einen neuen Unterordner an, indem Sie auf **Neuer Ordner** klicken.
6. In dem Feld, in dem Sie **Neuer Ordner** lesen, tragen Sie einen passenden Ordnernamen ein und drücken ↵. Schon ist der Ordner angelegt. Im Beispiel sehen Sie **Writer-Dokumente**.

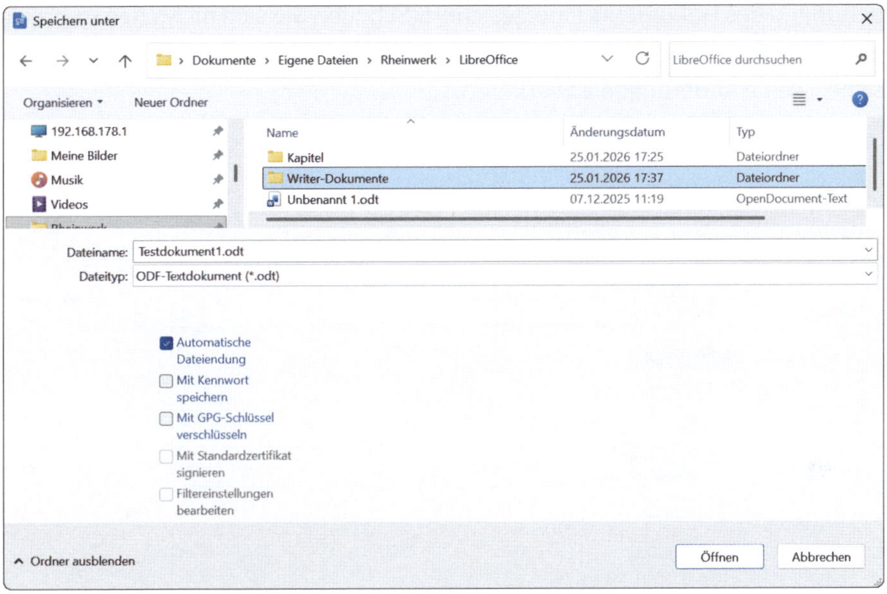


7. Vorsicht, der Ordner ist zwar erstellt, aber noch nicht geöffnet. Um nun das Dokument auch in dem Ordner abzulegen, müssen Sie diesen Ordner per Doppelklick öffnen. Ist das gelungen, sehen Sie den Dateipfad in der Adressleiste des Dialogs.

8. Nun klicken Sie auf **Speichern** unten rechts im Dialog. Fertig. Solange Sie die Datei nicht bewusst löschen, bleibt sie Ihnen erhalten.

In der Titelleiste des Dokuments sehen Sie nun nicht mehr **Unbenannt1**, sondern den Dateinamen. Das zeigt Ihnen, dass das Dokument gespeichert wurde.

Ein oder zwei Klicks ersparen Sie sich bei diesem Vorgang, wenn Sie das kleine Symbolband *Schnellzugriff* nutzen, das standardmäßig – egal, welche Registerkarte Sie aktiviert haben – oben links zu sehen ist. Auch hier befindet sich das Symbol **Speichern**. Sofern das Dokument noch nicht gespeichert wurde, öffnet sich durch Anklicken dieses Symbols ebenfalls der Dialog **Speichern unter**. Ist das Dokument bereits gespeichert, bietet sich dieses Symbol zum schnellen Nachspeichern an. Klicken Sie einfach auf das Symbol, und alle Änderungen und Bearbeitungen des Dokuments sind gesichert. Scheuen Sie sich nicht, das so häufig zu machen, wie Sie lustig sind; es schadet nichts, ganz im Gegenteil: Sie stellen damit sicher, keine Änderungen zu verlieren.

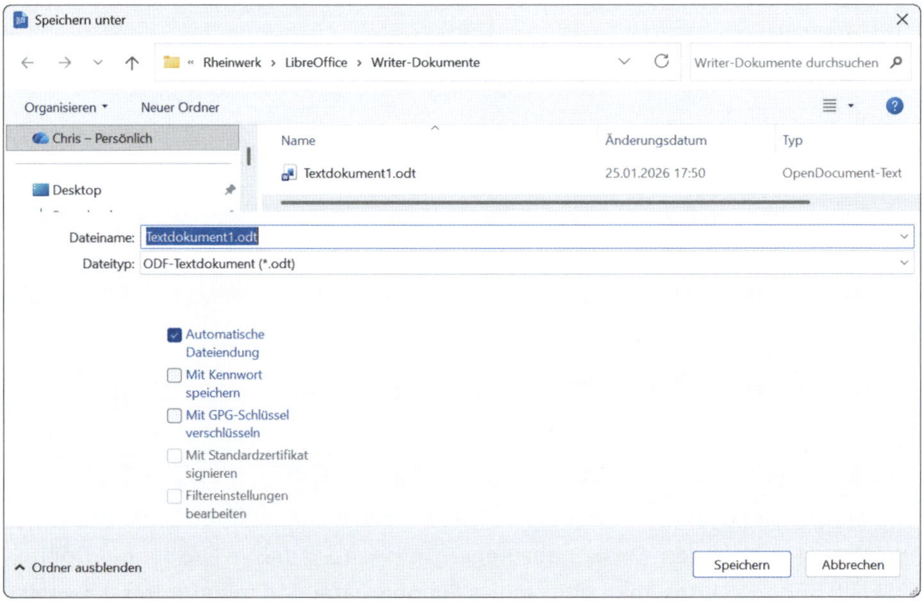


**Abbildung 1.18** *Speichern Sie Ihr Dokument.*

Wenn Sie ein gespeichertes Dokument neu speichern möchten, zum Beispiel unter einem anderen Namen, dann müssen Sie hier auf den Pfeil neben dem Symbol klicken und im Menü **Speichern unter** wählen, damit Sie wieder den Dialog **Speichern unter** vor Augen haben.

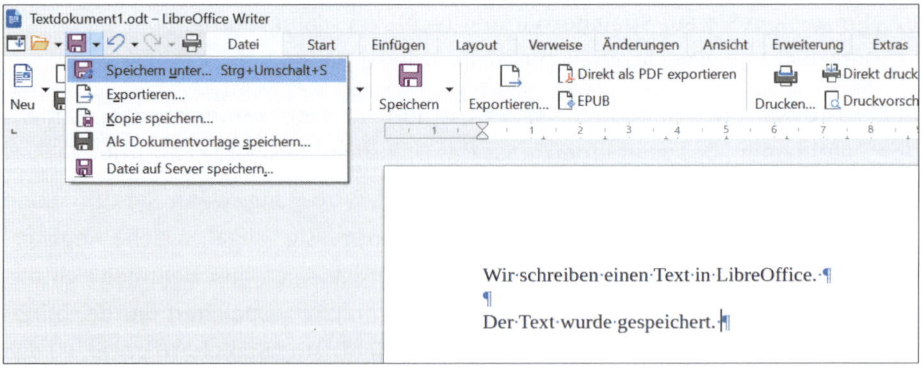


**Abbildung 1.19** *Speichern Sie Ihr Dokument mit dem Symbol auf dem Symbolband »Schnellzugriff«.*

**Das Symbolband »Schnellzugriff« anpassen**

Manche von Ihnen vermissen vielleicht die Möglichkeit, das Symbolband *Schnellzugriff* auf die Schnelle mit anderen Funktionen erweitern zu können. Das geht weder per Rechtsklick noch gibt es einen Pfeil, mit dem sich ein Menü aufrufen lässt. Dennoch gibt diese Erweiterungsmöglichkeit; allerdings sind ein paar Klicks notwendig und man muss wissen, wohin man seine Schritte lenken muss. Auf der Benutzeroberfläche, die ich hier beschreibe, klicken Sie auf das Symbol mit den drei Strichen oben rechts im Menüband.

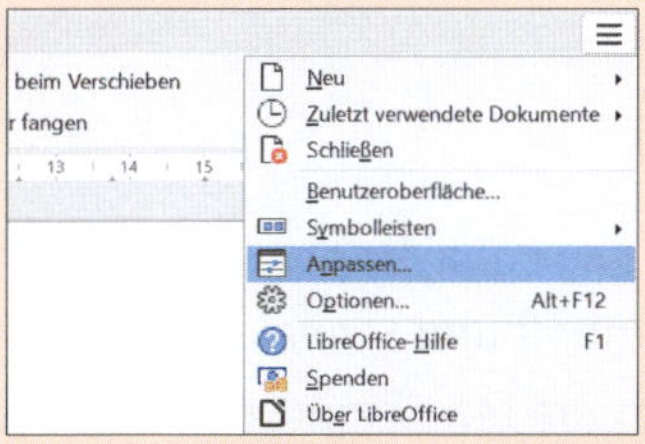


**Abbildung 1.20** *Rufen Sie den Dialog »Anpassen« auf.*

Im Menü wählen Sie **Anpassen**. Dadurch öffnet sich der Dialog **Anpassen**, in dem Sie die Registerkarte **Symbolleisten** aktivieren. Im Feld **Ziel** öffnen Sie per Klick auf den Pfeil die Auswahlliste und scrollen nach unten, bis Sie den Eintrag **Symbolband Schnellzugriff** entdecken. Nun wählen Sie im linken Bereich unter **Verfügbare Befehle** die Funktion aus, die Sie auf das Symbolband packen möchten, und klicken auf den Pfeil **Eintrag hinzufügen** und dann auf **OK**.

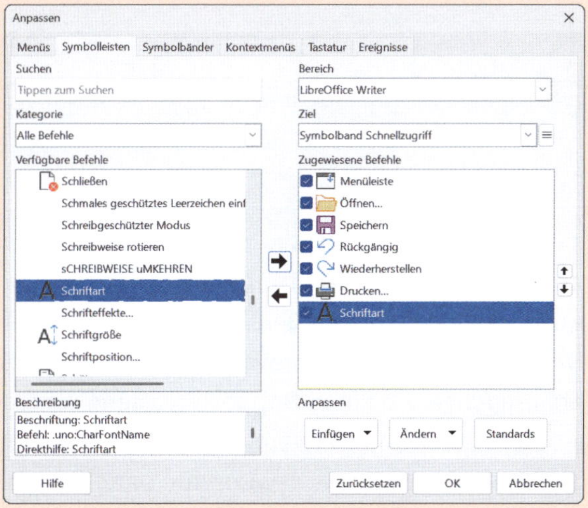


**Abbildung 1.21** *Wählen Sie den Befehl aus, den Sie der Symbolleiste hinzufügen möchten.*

Im Beispiel wurden der Symbolleiste **Schriftart** und **Neu** hinzugefügt. Leider taucht für die Schriftart nur ein kleiner Pfeil auf und kein Symbol.

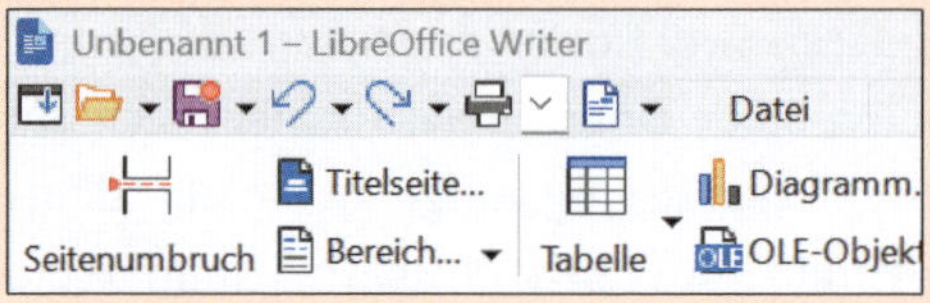


**Abbildung 1.22** *Der Symbolleiste wurden zwei neue Symbole hinzugefügt: »Schriftart« (der Pfeil) und »Neu«.*

## 1.5.2 Dokumente wiederfinden und öffnen

Ein vorhandenes Dokument wieder zu öffnen, geht tatsächlich sehr schnell, denn Sie finden das Symbol **Öffnen** standardmäßig im Symbolband *Schnellzugriff*. Wenn Sie auf den Pfeil neben diesem Symbol klicken, wird ein Menü mit den zuletzt geöffneten Dateien aufgeklappt; hier klicken Sie einfach auf die gewünschte Datei.

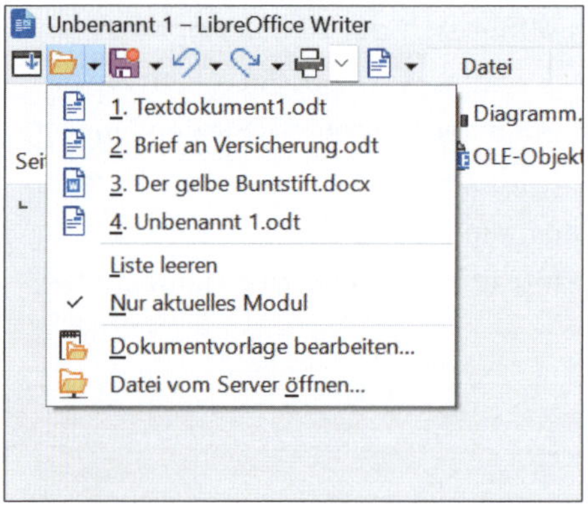


**Abbildung 1.23** *Wählen Sie hier die gewünschte Datei.*

Sofern die gesuchte Datei nicht in der Liste auftaucht, klicken Sie am besten direkt auf das Symbol **Öffnen**. Dadurch wird der Dialog **Öffnen** aufgerufen. Hier wandern Sie auf dem üblichen Weg – also indem Sie im linken Bereich den jeweiligen Ordner anklicken – zu dem Ordner, in dem die Datei aufbewahrt wird. Beachten Sie bitte: Zum Öffnen eines Ordners brauchen Sie einen Doppelklick, dann wird der Inhalt des Ordners (eventuelle Unterordner und Dateien) angezeigt. Per Doppelklick oder durch einen Klick auf **Öffnen** öffnen Sie die gewünschte Datei.

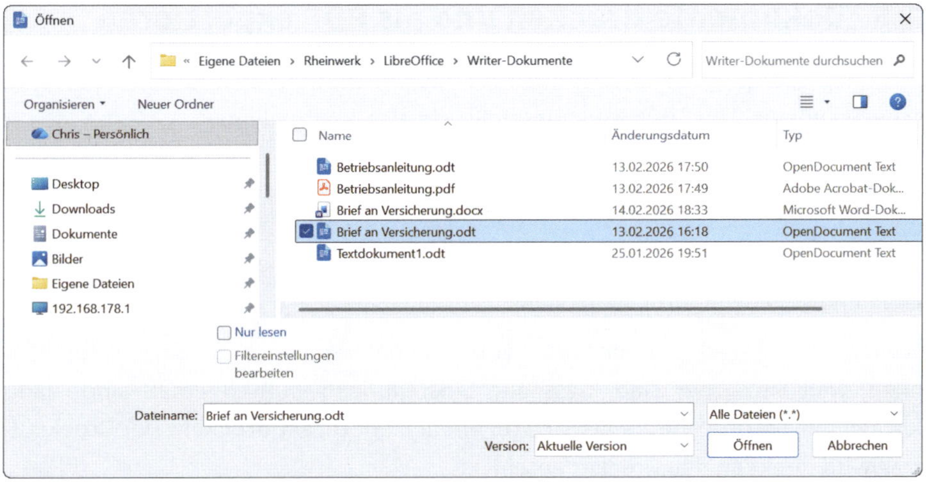


**Abbildung 1.24** *Öffnen Sie die Datei per Doppelklick.*

Sie wissen ja, viele Wege führen nach Rom. Das heißt, das Symbol **Öffnen** finden Sie auch auf der Registerkarte **Datei**; und ein besonders schneller Weg ist die Tastenkombination `Strg` + `O`. Auch sie öffnet den Dialog **Öffnen**.

Im Übrigen können Sie in diesem Dialog auch über die Adressleiste einen anderen Ordner öffnen. Klicken Sie einfach auf einen Pfeil neben einem der Ordnernamen, um die Liste der Unterordner zu sehen. Falls Sie sich mit der Navigation innerhalb der Ordnerstruktur noch unsicher fühlen, hilft ebenfalls ein Blick auf die Adressleiste: Der Ordner, der im Pfad als letzter angezeigt wird, ist aktuell geöffnet.

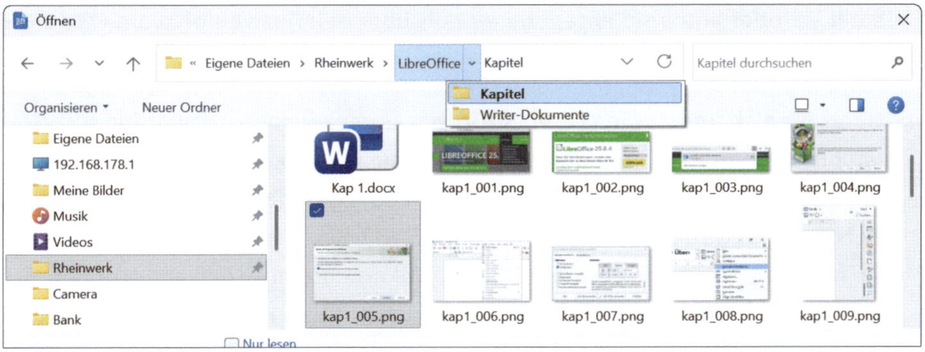


**Abbildung 1.25** *Nutzen Sie die Adressleiste, um Ordner zu öffnen.*

## 1.6 Dokumente drucken und als PDF exportieren

Auch heutzutage wird manches noch auf Papier benötigt. Um Ihre digitalen Werke schwarz auf weiß zu besitzen, müssen Sie sie also ausdrucken.

### 1.6.1 Dokumente schwarz auf weiß

LibreOffice bietet dazu einen ganz schnellen Weg, einen Weg über den Dialog **Drucken** und sogar eine Druckvorschau.

Wollen Sie sich weder mit der Druckvorschau befassen noch mit dem Dialog **Drucken**, weil Sie sicher sind, dass alle Einstellungen wunschgemäß sind, dann klicken Sie auf der Symbolleiste **Datei** einfach auf **Direkt drucken**. Der Druckauftrag wird direkt an den Drucker geschickt.

Um vor dem Ausdruck noch bestimmte Einstellungen vorzunehmen, rufen Sie den Dialog **Drucken** (Symbolleiste **Datei**) auf:

1. Wechseln Sie zur Registerkarte **Datei**.
2. Klicken Sie hier auf das Symbol **Drucken**.

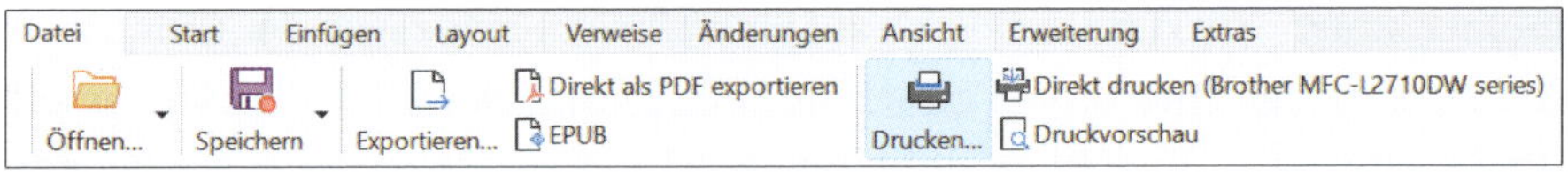


3. Im Dialog **Drucken** achten Sie zunächst darauf, dass der richtige Drucker eingestellt ist, oder ändern das gegebenenfalls über den Auswahlpfeil am Feld **Drucker**.
4. Unter **Bereich und Kopien** legen Sie fest, was wie oft gedruckt werden soll. Sollen nur bestimmte Seiten des Dokuments ausgedruckt werden, aktivieren Sie die Option **Seiten** und geben dann im Feld daneben die Seitenzahlen ein, zum Beispiel 1, 3 (für die Seiten 1 und 3) oder 3–5, 7 (für die Seiten 3 bis 5 und Seite 7). Möchten Sie mehrere Kopien Ihres Dokuments ausdrucken, erhöhen Sie einfach die Anzahl über die Pfeile am Feld **Anzahl an Kopien**. Die Option **Auswahl** klicken Sie an, wenn Sie nur einen markierten Bereich ausdrucken möchten. Diesen Bereich müssen Sie allerdings vor dem Aufrufen des Druckdialogs markiert haben – logisch, oder?
5. Zu guter Letzt klicken Sie auf **Drucken**.

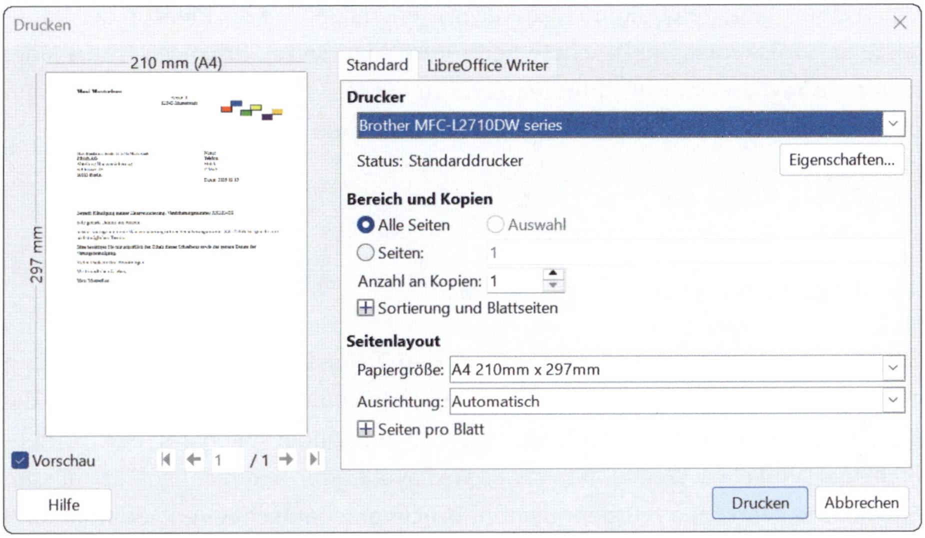


**Abbildung 1.26** *Einstellungen vor dem Ausdruck*

## 1.6.2 Die Druckvorschau nutzen

Die Druckvorschau bietet Ihnen das, was der Name verspricht: eine Vorschau auf den Ausdruck. Klicken Sie auf der Registerkarte **Datei** einfach auf das Symbol **Druckvorschau** (oder auf der Registerkarte **Ansicht** auf **Druckvorschau**). Daraufhin wird das Dokument so angezeigt, wie es im Ausdruck aussähe. Um den Zoom zu verändern, klicken Sie entweder auf **Verkleinern** oder **Vergrößern** oder auf den Pfeil am Feld **Maßstab Seitenansicht** und wählen eine Prozentzahl aus.

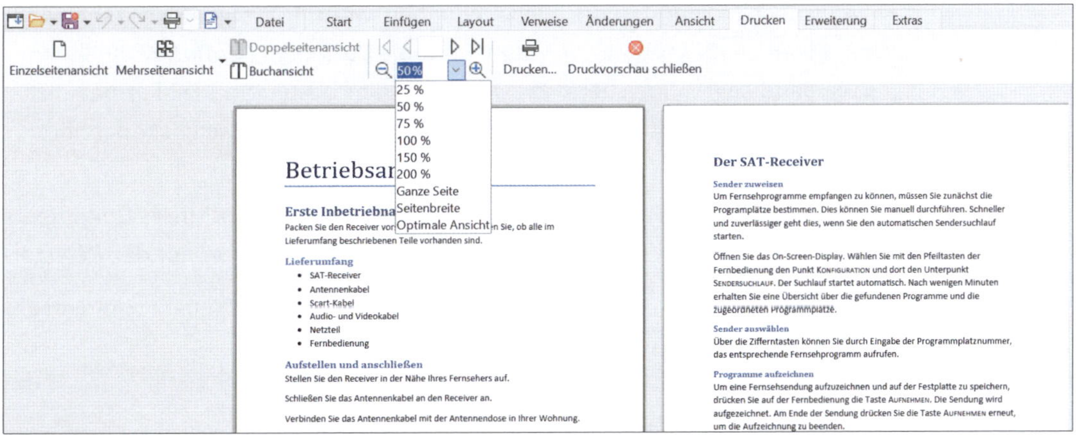


**Abbildung 1.27** *Ein Dokument in der Druckvorschau*

Um in einem längeren Dokument zu navigieren, nutzen Sie die Pfeile in der Menüleiste der Druckvorschau (**Nächste Seite/Vorherige Seite**). Praktisch ist die Möglichkeit, direkt zu einer bestimmten Seite zu hüpfen: Geben Sie die Seitenzahl in das Feld zwischen den beiden Pfeilen ein und drücken Sie [↵].

**Abbildung 1.28** *Navigieren in der Druckvorschau*

Sie können auch aus dieser Ansicht heraus den Dialog **Drucken** aufrufen und dann den Ausdruck starten. Klicken Sie hierzu auf das Symbol **Drucken**. Mehr bietet die Druckvorschau eigentlich nicht. Sie können keine Änderungen am Text vornehmen oder Ähnliches. Wenn Ihnen etwas am Layout oder Text nicht gefällt, müssen Sie die Druckvorschau mit dem Symbol **Druckvorschau schließen** verlassen und das Problem dann nach Lust und Laune korrigieren.

### 1.6.3 Dateien als PDF speichern

Sehr häufig werden Dokumente als PDF benötigt. Dieses praktische Format ist auf allen möglichen Geräten lesbar, unabhängig von der jeweiligen Applikation, also dem Programm, mit dem es erstellt wurde. So gesehen sind PDFs ideal zum Verschicken und Weitergeben von Dokumenten. Am PDF kommt im Prinzip niemand vorbei.

**Die Abkürzung PDF**

Falls Sie noch nie darüber nachgedacht haben, wofür PDF eigentlich steht, will ich es Ihnen an dieser Stelle verraten: *Portable Document Format*. Wenn Ihnen also jemand sagt: »Speichere das Dokument am besten im PDF-Format«, ist das eigentlich doppelt gemoppelt – obwohl man es sehr oft so liest oder hört.

Daher ist es eine feine Sache, dass LibreOffice Ihnen den Export Ihres Dokuments in ein PDF sehr einfach macht. Sie finden auch diese Funktion auf der Registerkarte **Datei**. Klicken Sie hier auf **Direkt als PDF exportieren**.

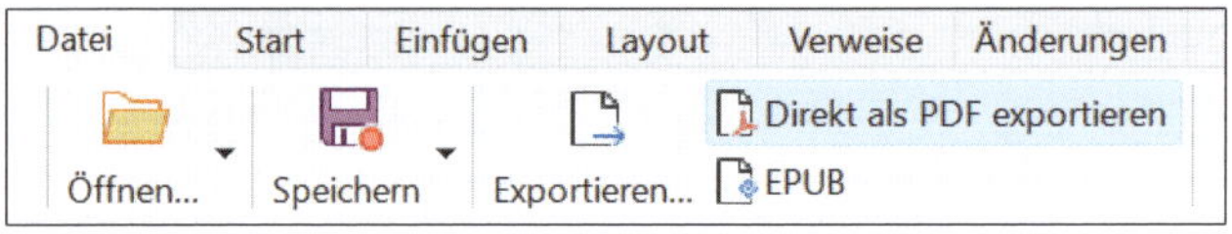


**Abbildung 1.29** *Der Export als PDF ist sehr einfach.*

Daraufhin wird der Dialog **Exportieren** geöffnet. Er ähnelt im Prinzip den Dialogen **Speichern unter** bzw. **Öffnen**. Sie wandern auch hier zu dem Ordner, in dem Sie das Dokument speichern möchten, und ändern gegebenenfalls den von LibreOffice vorgeschlagenen Dateinamen. Als Dateityp ist PDF bereits eingestellt, das sehen Sie im Feld **Dateityp**. Sie haben also nichts weiter zu tun, als auf **Speichern** zu klicken. Fertig.

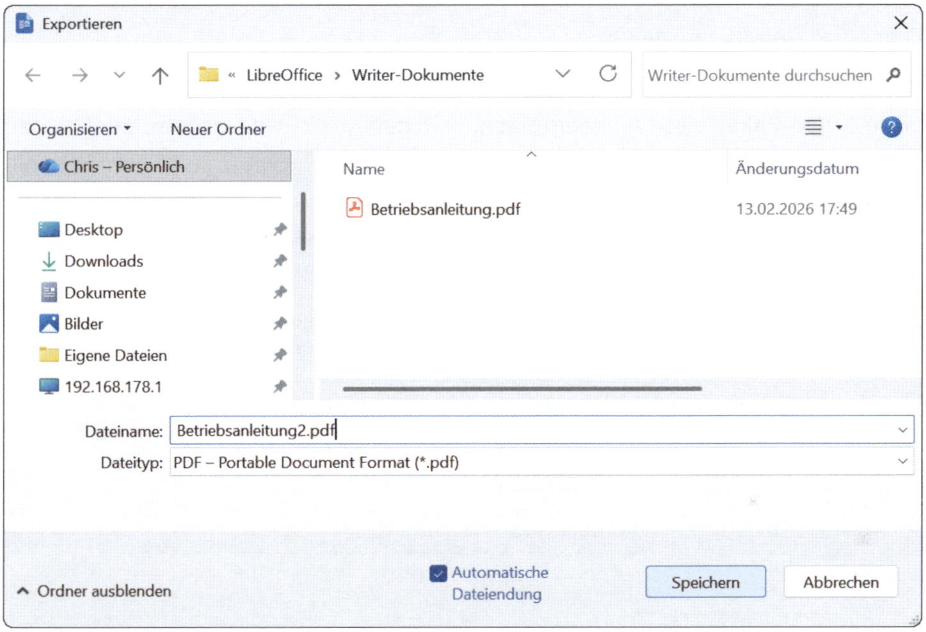


**Abbildung 1.30** *Das Dokument als PDF speichern*

Um das PDF zu öffnen, klicken Sie im Explorer doppelt auf die Datei. Mit welchem Reader die Datei dann angezeigt wird, hängt von der auf Ihrem Rechner installierten Applikation ab. Zu den Klassikern gehört der *Adobe Acrobat Reader*. Im Acrobat Reader stehen allerlei Tools für den Umgang mit dem Dokument zu Verfügung, zum Beispiel eine Suche nach Text oder die Möglichkeit, Kommentare hinzuzufügen oder Textabschnitte hervorzuheben. Allerdings können Sie den vorhandenen Text nicht ändern oder ergänzen. Wollen Sie sich erneut über den Text hermachen, dann müssten Sie entweder die ursprüngliche Datei öffnen, Änderungen in ihr vornehmen und das Dokument erneut als PDF speichern oder – zumindest, was den Acrobat Reader betrifft – Ihren Reader auf *Acrobat Pro* upgraden.

## 1.7 Von Microsoft Office umsteigen – das sollten Sie wissen

Ich nehme an, dass Sie Ihre Gründe haben, wenn Sie von Microsoft Office auf LibreOffice umsteigen. Vielleicht möchten Sie einfach Microsoft Ade sagen, vielleicht möchten Sie lieber mit einer Open-Source-Software arbeiten, die von einer weltweiten Community entwickelt wird, oder schlicht kein Geld mehr für die Office-Programme ausgeben.

Im Prinzip treffen Sie eine gute Wahl. Wie eingangs schon erwähnt, stecken in dem Libre-Office-Paket viele Anwendungen, mit denen sich die unterschiedlichsten Aufgaben bewältigen lassen. Und diese Anwendungen bieten massenhaft Funktionen, die Sie unterstützen. Es gibt zwar ein paar Funktionen, die LibreOffice im Vergleich zu Microsoft Office nicht bietet, aber im »normalen« Gebrauch werden Sie nichts vermissen.

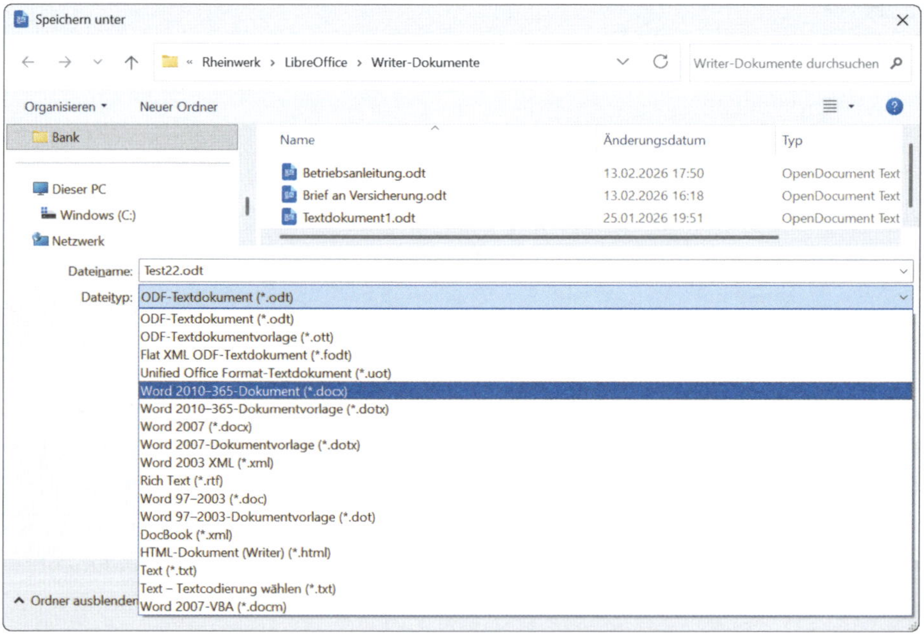


**Abbildung 1.31** *Ein Writer-Dokument im ».docx«-Format speichern*

Die gute Nachricht ist natürlich auch, dass in Office erstellte Dateien kompatibel mit LibreOffice sind. Sie können also alle Ihre Office-Dokumente in LibreOffice öffnen, was ein Riesenplus bei einem eventuellen Umstieg ist. Und Ihre LibreOffice-Dokumente lassen sich sogar im Office-Format speichern, ein Writer-Dokument zum Beispiel als *.docx*-Datei, ein Calc-Dokument im *.xlsx*-Format. Sie erhalten dann zwar den Hinweis, dass dabei Formatierungen oder Inhalte verloren gehen könnten, aber im Normalfall ist das unwahrscheinlich (siehe Kasten).

**Was bietet LibreOffice nicht? Ein paar Beispiele**

Um nur einige Punkte zu nennen, die LibreOffice im Vergleich zu Microsoft Office nicht bietet:

- Die Programme von *LibreOffice* bieten keine nahtlose Integration in einen Cloud-Speicher (wie etwa OneDrive) und generell keine integrierte KI-Unterstützung, wie heutzutage in Office-Programmen wie Word oder PowerPoint üblich.
- Die in *Microsoft Office* zur Verfügung stehende Design-Auswahl für Farb- und Schriftkombinationen, die dafür sorgt, dass man programmübergreifend mit einem einheitlichen Schriftbild arbeitet, wird in LibreOffice nicht angeboten.
- *Word* bietet im Vergleich zu *Writer* mehr ausgefeilte, aber teils auch einfachere Möglichkeiten der Formatierung (die in Word ohnehin intuitiver ist).
- Eingefügte Bilder lassen sich nicht so vielfältig bearbeiten und manipulieren wie in Word (bzw. Office).
- Die Erstellung eines Serienbriefs ist in Writer trotz Assistent nicht ganz so bequem: Der Weg dorthin hakt meiner Erfahrung nach an mehreren Stellen, und die Filter- und Bedingungsfunktionen sind nicht nur sparsamer, sondern arbeiten auch nicht zuverlässig. Vor allem die nachträgliche Bearbeitung der Datenquelle kommt einem Hindernislauf gleich.
- Trotz der generellen Kompatibilität kann es im Austausch von Dateien bei komplexen Formatierungen mit Tabellen, Grafiken etc. zu Darstellungs- und Funktionsfehlern kommen.
- In *Calc* fehlen einige Spezialfunktionen oder sind nur eingeschränkt verfügbar; der Umgang mit Diagrammen ist im Vergleich zu *Excel* etwas umständlicher und bietet nicht ganz so viele Bearbeitungsmöglichkeiten.
- Auch der Weg, ein Diagramm mit Writer zu verknüpfen, ist sehr holprig.
- Calc verfügt über keine nativen Äquivalente für Modellierungswerkzeuge wie Power Query und Power Pivot. Bei extrem großen Dateien oder stark verschachtelten Formeln gerät Calc spürbar an Leistungsgrenzen und/oder wird sehr langsam. Aber für die meisten privaten und geschäftlichen Standardanwendungen ist das Programm mehr als ausreichend.

- In *Impress* vermissen manche User, die zuvor mit *PowerPoint* gearbeitet haben, vielleicht die SmartArts, diese vordefinierten, komplexen Grafikstrukturen, mit denen Hierarchien und Prozesse wunderbar darzustellen sind; und beim Arbeiten mit Farben fällt auf, dass sich Farbverläufe nicht so komplex feintunen lassen wie in PowerPoint (bzw. Office). Auch in Impress gibt es viele Animationseffekte – vielleicht nicht ganz so viele wie in PowerPoint – allerdings hakt es bei der Animation von Textzeilen; einige Versprechen, z. B. »wortweise«, werden nicht eingelöst.

**LibreOffice-Dateien in MS Office öffnen**

Wenn Sie möchten, können Sie auch LibreOffice-Dateien in einem MS-Office-Programm öffnen, eine *.odt*-Datei zum Beispiel in Microsoft Word. Im Word-Dialog **Öffnen** stellen Sie dazu am besten in dem Feld neben dem Feld **Dateiname** die Option **Alle Dateien (*.*)** ein. Dann tauchen auch die *.odt*-Dateien auf – sofern Sie sich im richtigen Ordner befinden.

# Kapitel 2
# Texte schreiben in Writer

Der Sinn und Zweck von Writer ist es in erster Linie, Texte zu schreiben und sie zu bearbeiten. Wie das Programm Ihnen dabei unter die Arme greift, erfahren Sie in diesem Kapitel.

## 2.1 Ihr erstes Dokument – Texte eingeben und bearbeiten

Um etwas zu schreiben, brauchen Sie zunächst natürlich ein leeres Blatt. Wenn ein solches Dokument nicht automatisch angezeigt wird – was in der Regel der Fall ist –, nachdem Sie Writer geöffnet haben, klicken Sie auf der Registerkarte **Datei** auf das Symbol **Neu**, das sich ganz links in der Menüleiste befindet.

**Abbildung 2.1** *Rufen Sie ein neues, leeres Dokument auf.*

**Writer in die Taskleiste legen**

Als fleißige Schreiberin oder als fleißiger Schreiber werden Sie Writer sehr oft aufrufen wollen. Daher bietet es sich an, das Programm auf die Taskleiste Ihres Rechners zu legen, damit Sie es mit einem Klick aufrufen können. Machen Sie Folgendes: Rufen Sie über das Windows-Symbol **Start** das Windows-Startmenü auf. Wandern Sie in der Liste aller Apps bis zum Ordner **LibreOffice** und öffnen Sie ihn per Mausklick. Klicken Sie **LibreOffice Writer** mit der rechten Maustaste an und wählen Sie die Option **An Taskleiste anheften**. Schon taucht das Symbol in der Taskleiste auf.

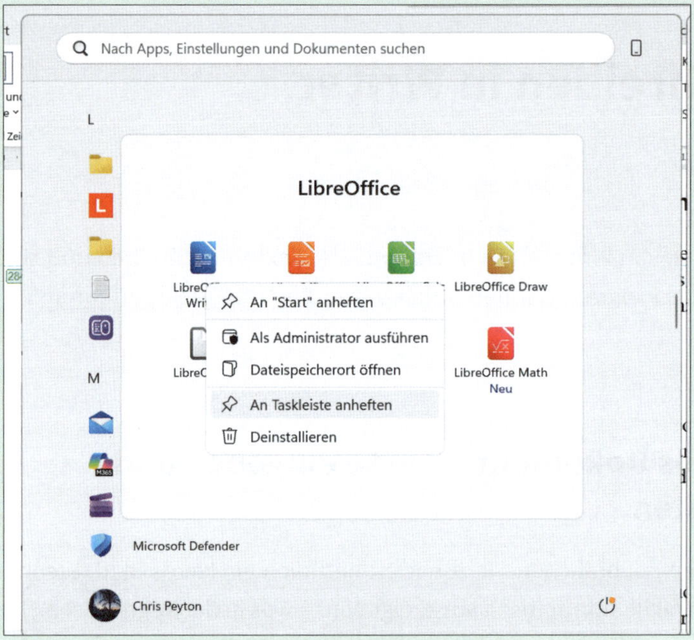


**Abbildung 2.2** *Writer auf die Taskleiste legen*

### 2.1.1 Text eingeben, korrigieren und löschen

Fangen Sie einfach an zu schreiben, ohne am Zeilenende einen Zeilenumbruch mit der [↵]-Taste zu erzeugen. Der Cursor wandert automatisch in die neue Zeile, wenn der rechte Rand der Seite erreicht ist. Nur wenn Sie einen Absatz benötigen, drücken Sie einmal [↵]. Wenn Sie dann weiterschreiben, beginnt ein neuer Absatz. Geizen Sie in längeren Texten nicht mit Absätzen, denn sie erhöhen die Lesbarkeit Ihres Textes erheblich.

Writer kümmert sich auch um den Seitenumbruch. Wenn der untere Rand einer Seite erreicht ist, wandert der Cursor auf die nächste Seite. In der Statuszeile steht jetzt **Seite 2 von 2**.

Natürlich schleichen sich bei der Texteingabe Fehler ein. Das ist kein Problem, denn die einfache Tatsache, dass man das Geschriebene unbegrenzt korrigieren kann, gehört nach wie vor zu den bestechenden Vorteilen jedes Textverarbeitungsprogramms. Auf die Schnelle korrigieren Sie einfach manuell. Setzen Sie dazu den Cursor an die entsprechende Stelle und löschen Sie den Vertipper. Mit [Entf] löschen Sie das Zeichen rechts vom Cursor. Die Taste mit dem [←]-Zeichen (oft als

Rückschritt-Taste bezeichnet) löscht links vom Cursor. Geben Sie dann den richtigen Buchstaben ein. Halten Sie eine dieser Tasten gedrückt, werden gleich mehrere Zeichen gelöscht. Im Beispiel drücken Sie Entf und tippen dann H.

**Abbildung 2.3** *Manuell zu korrigieren, ist sehr einfach.*

Um Textstellen oder einzelne Zeichen ersatzlos zu löschen, arbeiten Sie ebenfalls mit Entf oder der ←-Taste, je nachdem, wohin Sie den Cursor gesetzt haben. Möchten Sie eine ganze Textpassage löschen, geht es allerdings noch schneller, wenn Sie die Passage markieren und dann einfach Entf drücken. Zum Markieren ziehen Sie einfach mit gedrückter Maustaste vom ersten Zeichen zum letzten Zeichen oder umgekehrt. Aber achten Sie darauf, dass der Cursor nicht irgendwo in der Mitte des zu löschenden Textes steht.

Fehlt ein Buchstabe, ist das genauso schnell korrigiert: Setzen Sie den Cursor an die richtige Stelle und tippen Sie den Buchstaben ein. Keine Sorge, der übrige Text macht Platz und rutscht weiter nach rechts. Das funktioniert bei mehreren fehlenden Buchstaben ganz genauso.

### 2.1.2 Textpassagen markieren

Die gängigste Methode des Markierens habe ich eben schon erwähnt. Sie fahren einfach mit gedrückter linker Maustaste über die entsprechende Passage. Der Text wird markiert und mit einem freundlichen Graublau unterlegt.

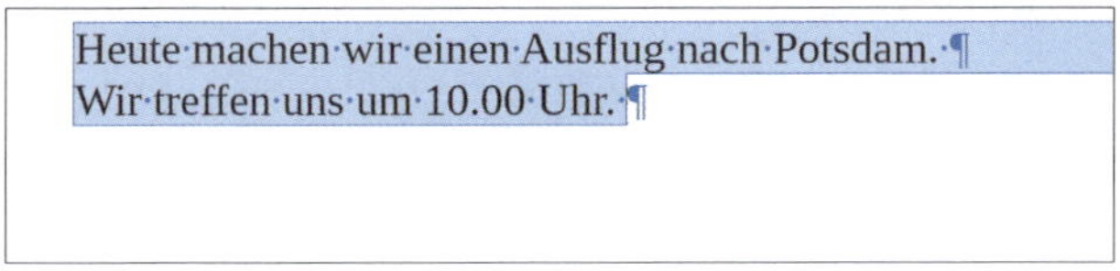


**Abbildung 2.4** *Markierter Text*

Um die Markierung wieder aufzuheben, klicken Sie einfach irgendwo außerhalb der Markierung auf die Seite. Und bedenken Sie, dass der nächste Tastaturanschlag eine Markierung ersetzt. Mit anderen Worten: Vergessen Sie nicht, vor dem Weiterschreiben zunächst die Markierung aufzuheben – es sei denn, Sie wollen die Auswahl ohnehin löschen oder durch anderen Text ersetzen.

Einfach mit der Maus zu markieren, geht zwar schnell und einfach, aber mitunter sind andere Methoden praktischer. Ich möchte Ihnen einige dieser Tricks verraten.

Insbesondere dann, wenn Sie nur ein oder wenige Zeichen auswählen möchten, will das Markieren mit der Maus mitunter nicht gelingen – man markiert entweder zu viel oder zu wenig. Nutzen Sie in solchen Fällen die Tastenkombination [⇧] + Pfeiltaste. Halten Sie die Umschalt-Taste [⇧] (sie wird oft in der englischen Variante als *Shift* bezeichnet) gedrückt und gehen Sie dann – sofern der Cursor links des/der zu markierenden Zeichen steht – mit der [→] über das/die Zeichen. Mit dieser Methode lässt sich die Auswahl sehr präzise steuern. Haben Sie versehentlich ein Zeichen zu viel markiert, nutzen Sie einfach die [←], um die Markierung zurückzunehmen. Zum Markieren mehrerer Zeilen nutzen Sie mit dieser Methode die [↓].

Wie auch in Microsoft Word markieren Sie mit einem Doppelklick ein einzelnes Wort, und ein schneller Dreifachklick markiert den Absatz, in dem der Cursor steht. Bei Texten mit mehreren oder gar sehr vielen Seiten wäre es mühselig, mit der Maus zu markieren. Nutzen Sie stattdessen am besten die bekannte Tastenkombination [Strg] + [A]. Damit markieren Sie das gesamte Dokument von Anfang bis Ende, wobei es egal ist, wo der Cursor vor dem Drücken der Tastenkombination steht. Auch wenn Sie ansonsten nicht viel für Tastenkombinationen übrig haben (da man viele ohnehin wieder vergisst), lohnt es sich, sich zumindest [Strg] + [A] zu merken.

Eine weitere Möglichkeit soll noch erwähnt werden. Im Regelfall werden Sie zusammenhängende Textpassagen markieren wollen, aber Sie können auch nicht-zusammenhängende Texte markieren, d. h. einzelne Wörter, die verstreut im Text liegen. Dies nennt sich *Mehrfachmarkierung*. So gehen Sie vor: Markieren Sie das erste Wort, halten Sie [Strg] gedrückt und markieren Sie die nächsten Wörter. Halten Sie [Strg] während der ganzen Zeit gedrückt und lassen Sie die Taste erst los, wenn Sie nichts mehr markieren möchten.

Sie fragen sich an dieser Stelle vielleicht, zu welchem Zweck Sie eine solche Aktion durchführen sollten? Nun, denken Sie beispielsweise daran, dass Sie auf diese Weise alle markierten Wörter auf einen Schlag formatieren könnten. Das geht bedeutend schneller, als immer wieder neu zu markieren und dann (wie im Beispiel) auf **Kursiv** zu klicken.

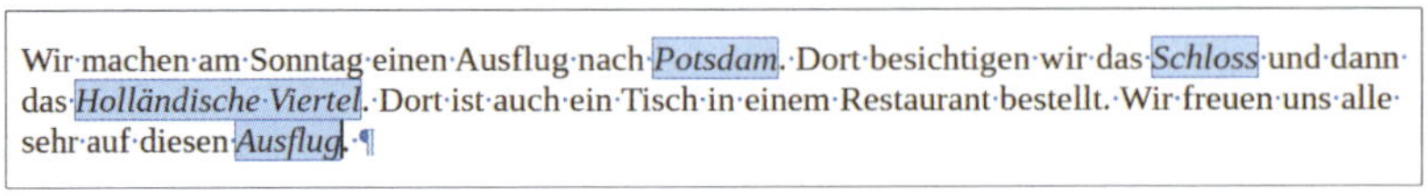
Wir·machen·am·Sonntag·einen·Ausflug·nach·*Potsdam*.·Dort·besichtigen·wir·das·*Schloss*·und·dann·das·*Holländische·Viertel*.·Dort·ist·auch·ein·Tisch·in·einem·Restaurant·bestellt.·Wir·freuen·uns·alle·sehr·auf·diesen·*Ausflug*.·¶

**Abbildung 2.5** *Mehrere Wörter im Text markieren*

### Text kopieren, verschieben und einfügen

Sie arbeiten mit einem Textverarbeitungsprogramm, nicht mit Stift und Papier. Daher können Sie Ihren geschriebenen Text nach Lust und Laune umgestalten, d. h., Sätze oder Absätze an einer Stelle wegnehmen und an anderer Stelle einfügen. Dies nennt sich *Verschieben*. Sie können diese Passagen auch kopieren und erneut im Text platzieren – dies nennt sich eben *Kopieren*. Das alles ist kein Problem. Und wie so oft gibt es wieder mehrere Wege, um das Ziel zu erreichen.

Beginnen Sie mit dem Kopieren. Der ganz klassische Weg ist dieser:

1. Markieren Sie den Satz/Text, den Sie kopieren möchten.

2. Klicken Sie auf der Registerkarte **Start** auf das Symbol **Kopieren**.

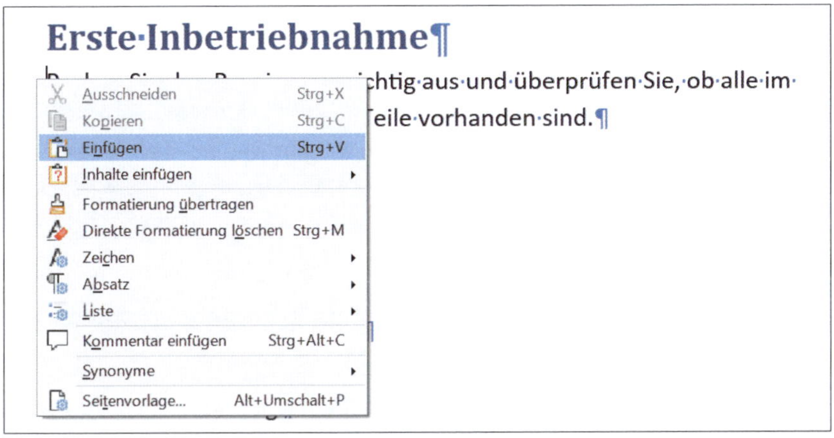


3. Setzen Sie den Cursor an den Zielort, und klicken Sie auf das Symbol **Einfügen**.

Beachten Sie, dass das Symbol **Kopieren** nicht aktiv ist, wenn nichts markiert wurde. Statt mit den Symbolen auf der Registerkarte **Start** können Sie auch mit dem *Kontextmenü* arbeiten: Markieren Sie den Text, klicken Sie den markierten Text mit der rechten Maustaste an und wählen Sie **Kopieren**. Dann setzen Sie den Cursor an den Zielort und wählen Sie im Kontextmenü **Einfügen**.

Zu guter Letzt der besonders schnelle Weg: Hier kommt wieder eine Tastenkombination ins Spiel, die Sie sich merken müssen. Sie markieren den zu kopierenden Text, drücken `Strg` + `C`, wandern zu der Stelle, an der der Text eingefügt werden soll, und drücken `Strg` + `V`.

Wenn Sie Text verschieben möchten, sind die Schritte praktisch identisch; auf der Registerkarte **Start** klicken Sie statt auf **Kopieren** auf das Symbol **Ausschneiden**, im Kontextmenü ebenfalls auf **Ausschneiden**. Die Tastenkombination zum Ausschneiden ist [Strg] + [X].

Außerdem steht eine besondere Methode zum Verschieben parat. Sie nennt sich *Drag-and-drop* (»ziehen und fallen lassen«): Markieren Sie den Text, führen Sie den Mauszeiger an die Markierung, halten Sie die Maustaste gedrückt und ziehen Sie den Text mit gedrückter Maustaste an den neuen Ort. Am Mauszeiger befindet sich bei dieser Aktion ein kleines viereckiges Symbol. Achten Sie darauf, dass Sie die Maustaste wirklich gedrückt halten; lassen Sie sie versehentlich los, landet der Text irgendwo, wo er nicht landen sollte.

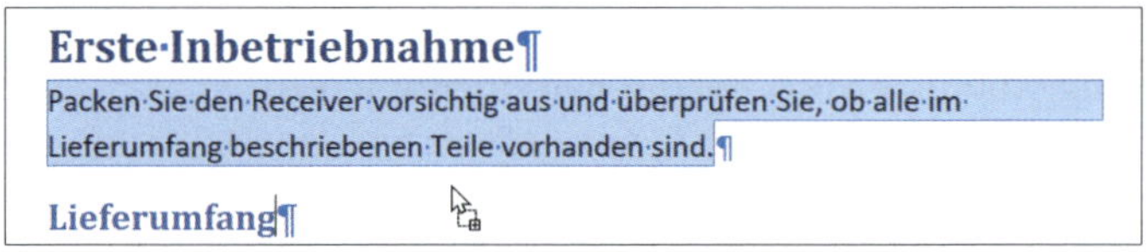


**Abbildung 2.6** *Verschieben mit »Drag-and-drop«*

Achten Sie auf den kleinen vertikalen Strich. Er gibt an, wo der Text eingefügt wird, wenn Sie die Maustaste loslassen.

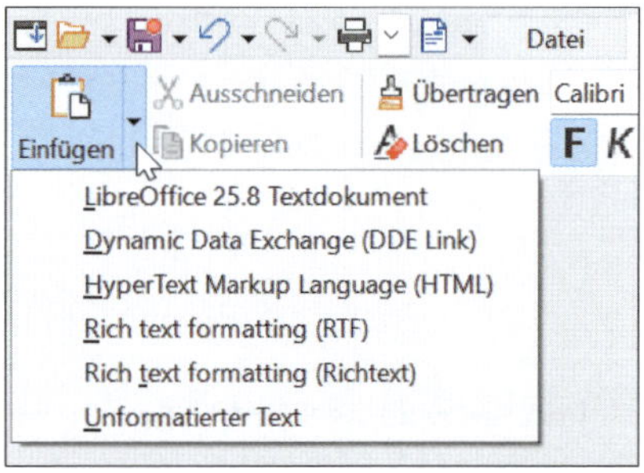


**Abbildung 2.7** *Verschiedene Einfüge-Optionen*

Wenn Sie nur auf das Symbol **Einfügen** klicken oder einfach [Strg] + [V] drücken, fügen Sie das Textstück originalgetreu ein. Der eingefügte Text sieht dann genauso aus wie der zuvor markierte. Wollen Sie bestimmen, mit welcher Formatierung der Text wieder eingefügt wird, klicken Sie auf den Pfeil am Symbol **Einfügen**. Sie können zwischen verschiedenen Optionen wählen.

Wenn Sie den kopierten/ausgeschnittenen Text schlicht und ohne Formatierungen einfügen möchten, wählen Sie die Option **Unformatierter Text**. Diese Option finden Sie auch im Kontextmenü unter **Inhalte einfügen**.

## 2.2 Tipps für die Texteingabe

Im Prinzip ist es ja ganz einfach, einen Text einzugeben (vorausgesetzt, Sie haben genug Ideen für den Inhalt) und ihn gegebenenfalls zu korrigieren. Einige Tipps und Hinweise machen die Sache noch einfacher und effektiver.

### 2.2.1 Erst schreiben, dann formatieren

Eine alte Regel besagt: *Erst schreiben, dann formatieren*. Das bedeutet, dass Sie Ihren Text zunächst schlicht eingeben, ohne sofort Formatierungen wie Fett oder Kursiv zuzuweisen. Viele Nutzer machen es umgekehrt, klicken also teils noch vor der Eingabe des Textes auf z. B. das Symbol **F** und schreiben dann. Die Crux ist, dass Sie die Fett-Formatierung »mitnehmen«, sobald Sie [↵] drücken, obwohl der nächste Satz/Absatz eventuell gar nicht mehr fett formatiert sein soll. Natürlich können Sie die Formatierung wieder aufheben, indem Sie den Satz markieren und erneut auf **F** klicken – aber warum dieser Umstand? Wenn Sie die Regel »Erst schreiben, dann formatieren« beherzigen, ersparen Sie sich diese Mühe. Sie schreiben einfach, lassen die Formatierungsmöglichkeiten zunächst beiseite und formatieren dann die Textpassagen, die hervorgehoben werden sollen.

### 2.2.2 Mit Absätzen und Zeilenumbrüchen arbeiten

Ich habe bereits erwähnt, dass Sie nicht mit Absätzen geizen sollten. Ein kompakter Text ohne Absätze ist nicht gut zu lesen.

Am einfachsten erzeugen Sie einen Absatz mit der [↵]-Taste; für einen optisch deutlicheren Absatz drücken Sie zweimal [↵], sodass Sie eine Leerzeile vor dem nächsten Absatz erhalten. Um einen sogenannten *weichen Zeilenumbruch* einzufügen, also mit dem Cursor an einer bestimmten Stelle zur nächsten Zeile zu springen, ohne einen neuen Absatz im Sinne von Writer zu erzeugen, drücken Sie [⇧] + [↵]. Statt einer Absatzmarke taucht ein nach links geknickter Pfeil auf (sofern Sie die Formatierungszeichen anzeigen lassen).

Neben der [↵]-Taste gibt es elegantere Methoden für die Erzeugung von Absätzen und die Festlegung der Abstände zwischen Absätzen. Dazu lesen Sie mehr in Abschnitt 3.4, »Abstände zwischen Zeilen und Absätzen einstellen«.

### 2.2.3 Formatierungszeichen einschalten

An dieser Stelle sei noch mal erwähnt, dass es sehr vorteilhaft ist, die Formatierungszeichen einzuschalten, sodass Sie genau sehen, wo Sie einen Absatz eingefügt und wie oft Sie [↵] gedrückt haben. Sie schalten sie über **Ansicht • Formatierungszeichen** ein.

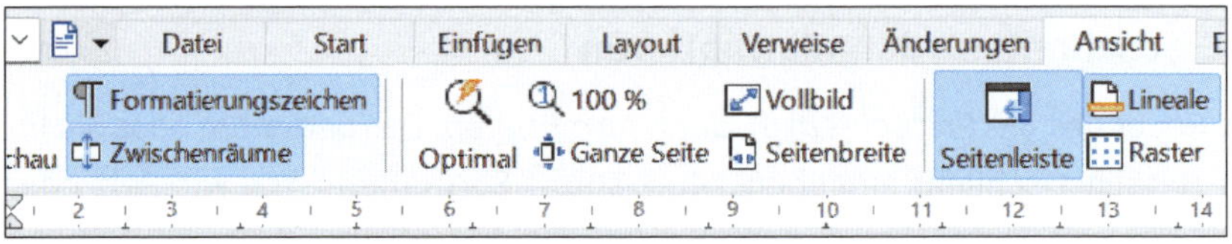


**Abbildung 2.8** *Die Formatierungszeichen anzeigen lassen*

**Formatierungszeichen in den Optionen**

Mit der Schaltfläche **Formatierungszeichen** auf der Registerkarte **Ansicht** aktivieren Sie alle Formatierungszeichen. Um differenziert einzustellen, welche Sie sehen möchten und welche nicht, rufen Sie den Dialog **Optionen** auf (über das Menü der drei horizontalen Striche oben rechts am Bildschirm). Hier klicken Sie auf das Pluszeichen vor **LibreOffice-Writer** und dann auf **Formatierungshilfen.** Nun sehen Sie die Liste der Formatierungszeichen und können gezielt auswählen, welche sichtbar sein sollen und welche nicht.

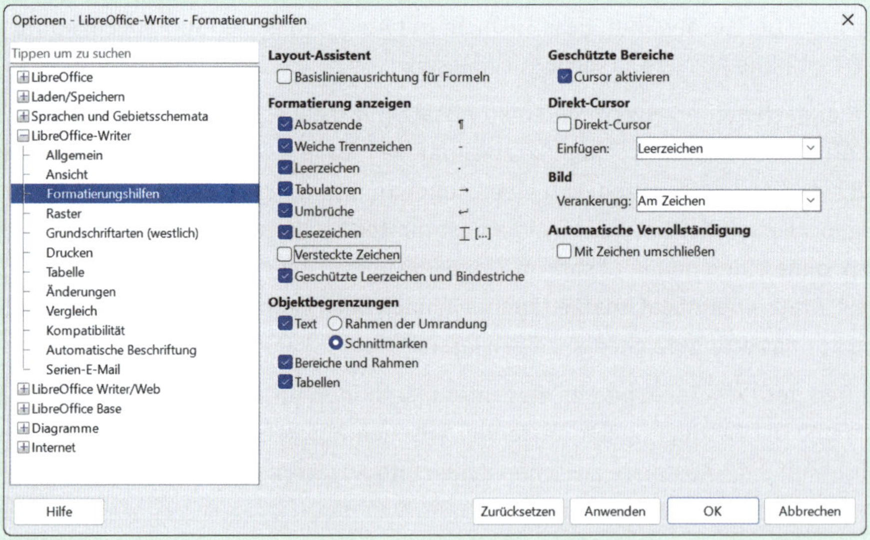


**Abbildung 2.9** *Differentiert festlegen, welche Formatierungszeichen angezeigt werden sollen*

Zu den gängigen Formatierungszeichen gehören

- Absatzmarken
- Zeilenumbrüche
- Tabulatoren
- Leerstellen
- Geschütze Leerzeichen und Bindestriche

Einen *weichen Zeilenumbruch* erzeugen Sie mit [⇧] + [↵]. Wie der Name sagt, beenden Sie damit unabhängig vom eingestellten rechten Rand die Zeile an einer bestimmten Stelle, allerdings ohne dass Sie einen regelrechten neuen Absatz beginnen. Wie weiter vorn schon erwähnt, erscheint als Zeichen ein kleiner, nach links geknickter Pfeil.

**Absätze vs. Zeilenumbrüche in Writer**

*Absätze* sind in sich geschlossene Abschnitte, die als Basis für Formatierungen wie zum Beispiel Ausrichtung und Zeilenabstand dienen. Nach und vor Absätzen werden festgelegte Abstände eingehalten. Oft erstellt man bei einem gewünschten Zeilenumbruch einfach per [↵] neue Absätze, was meistens problemlos ist. Zwei typische Beispiele für den sinnvollen Einsatz von weichen Zeilenumbrüchen sind:

Sie möchten in einer neuen Zeile weiterschreiben, aber keinen großen Absatzabstand erhalten, sondern nur den normalen Zeilenabstand.

Sie haben einen Absatz mit Aufzählungszeichen formatiert und möchten in diesem Aufzählungspunkt nur eine neue Zeile ohne einen neuen Aufzählungspunkt zu erzeugen.

Das *Tabulatorzeichen* erhalten Sie, wenn Sie die [⇆]-Taste drücken. Es steht für den Abstand zwischen zwei Tabstopps.

Mit *geschützten Leerstellen* wird erreicht, dass an dieser Stelle kein Zeilenumbruch erfolgt. Dies ist vor allem bei der Eingabe von Maßeinheiten gut und richtig. Wenn Sie zum Beispiel »15 km« schreiben, soll »15« nicht am Ende der einen Zeile stehen und »km« am Anfang der nächsten. Für solche Fälle nutzen Sie ein geschütztes Leerzeichen. Sie erzeugen es mit der Tastenkombination [⇧] + [Strg] + Leertaste. Statt des zierlichen Punkts mitten auf der Zeile, der eine normale Leerstelle kennzeichnet, sehen Sie dann einen kleinen Kreis.

*Geschützte Bindestriche* funktionieren ähnlich, nur dass es nicht um Leerstellen, sondern um Bindestriche geht. Wenn beispielsweise ein Eigenname mit Bindestrich in Ihrem Text auftaucht, dann sollen die beiden Teile des Namens nicht getrennt werden, sondern zusammenbleiben, auch wenn der Name ans Ende einer Zeile rutscht. Um dieses Problem zu lösen, drücken Sie ⇧ + Strg + - (Minus).

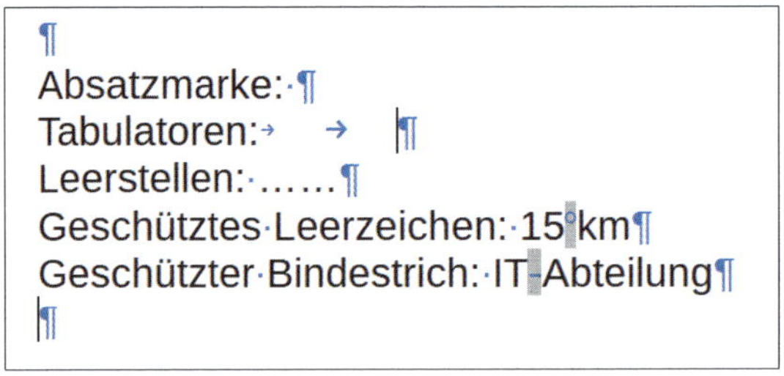


**Abbildung 2.10** *Formatierungszeichen*

## 2.2.4 Formatierung übertragen

Stellen Sie sich vor, Sie haben viele Überschriften in Ihrem Text und Sie fangen an, sie zu formatieren, zum Beispiel fett, in einer höheren Schriftgröße und einer anderen Schriftart. Damit diese Aktion schnell geht und Sie außerdem sicher sein können, dass Sie alle Überschriften identisch formatieren, können Sie zu einer Funktion greifen, die genau dies gewährleistet: **Formatierung übertragen**. Formatieren Sie die erste Überschrift nach Wunsch, und klicken Sie auf der Registerkarte **Start** doppelt auf das Symbol **Übertragen** (der kleine Pinsel). Wie Sie Texte gestalten und formatieren, erfahren Sie im Detail in Kapitel 3, »Schön gestalten – Texte professionell formatieren«.

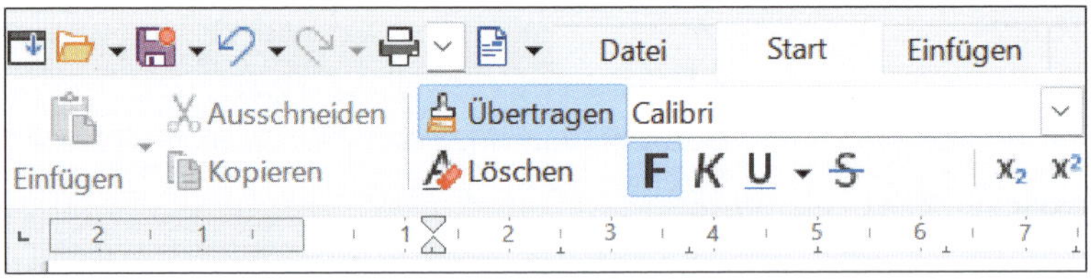


**Abbildung 2.11** *Übertragen Sie Formatierungen mit dem Pinsel.*

Bewegen Sie den Mauszeiger, der nun einen kleinen Farbtopf mitschleppt, zur nächsten zu formatierenden Überschrift und klicken Sie entweder einzeln in jedes Wort oder fahren Sie mit dem Mauszeiger über die entsprechenden Wörter. So fahren Sie fort, bis Sie Ihr Dokument »durchformatiert« haben. Beenden Sie die

Aktion mit [Esc]. Vergessen Sie das nicht, sonst übertragen Sie die Formatierung weiter, ohne dass Sie das wollen.

### 2.2.5 AutoKorrektur

Wie Sie die Rechtschreibprüfung effektiv einsetzen, erfahren Sie weiter hinten in diesem Kapitel. An dieser Stelle möchte ich auf die sogenannte *AutoKorrektur* eingehen, die – wie der Name in der merkwürdigen Schreibweise andeutet – selbsttätig Korrekturen vornimmt, ohne dass Sie eingreifen.

1. Aktivieren Sie die Registerkarte **Extras**.
2. Ganz rechts in der Menüleiste entdecken Sie die Schaltfläche **Extras**. Klicken Sie darauf.
3. Im Menü zeigen Sie auf die letzte Option: **AutoCorrect** und wählen im Untermenü **AutoCorrect Options**.

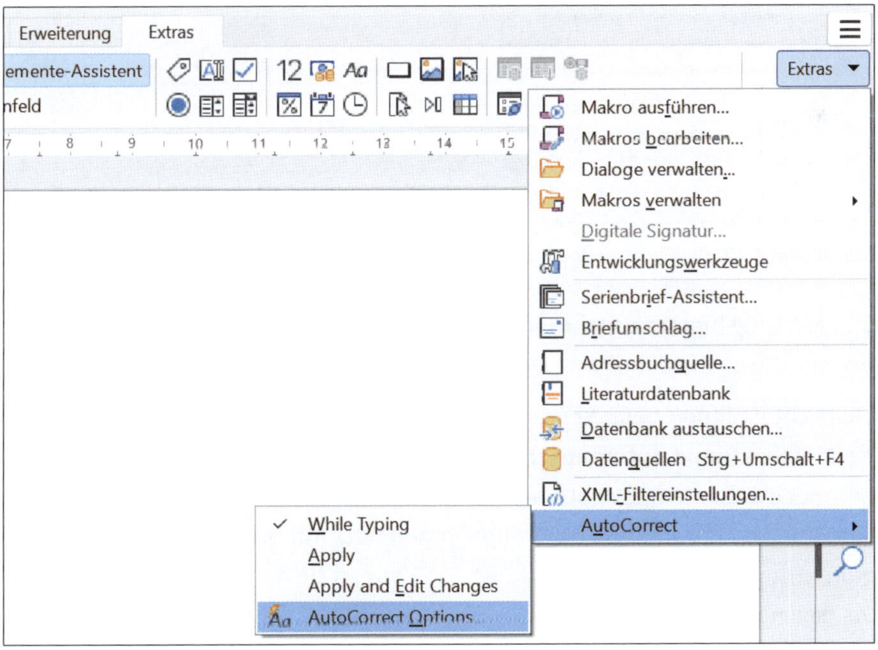


4. Der Dialog **AutoKorrektur** wird geöffnet. Er enthält mehrere Registerkarten.

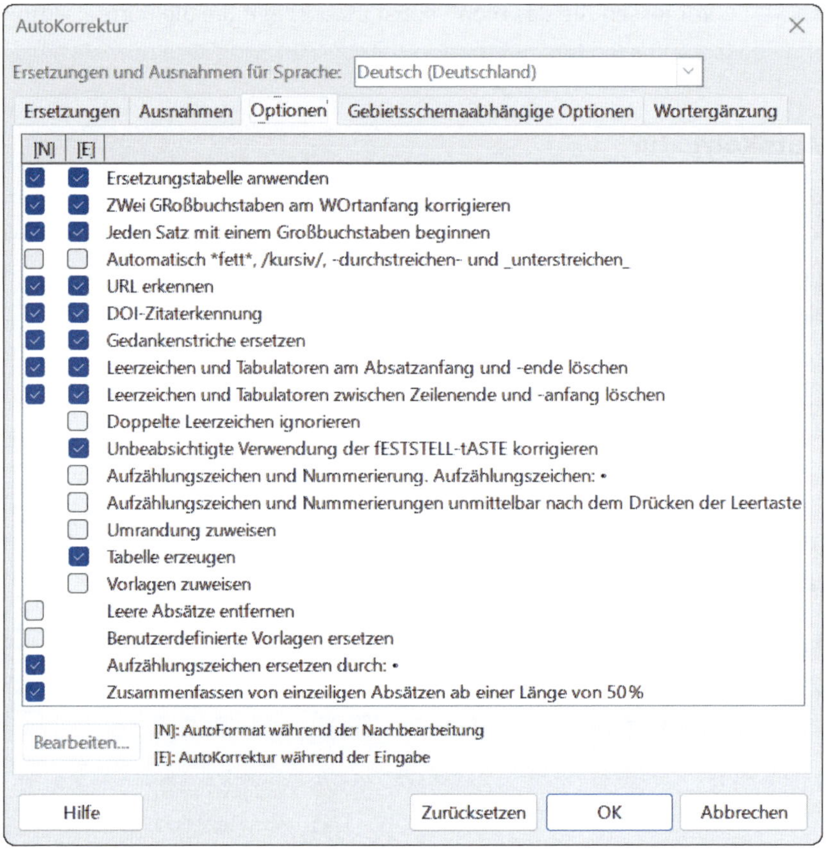


**Abbildung 2.12** *Der Dialog »AutoKorrektur«*

Dieser Dialog bietet zahllose Einstellungsmöglichkeiten für die AutoKorrektur. Aktivieren Sie die Registerkarte **Optionen**.

Vielleicht ist Ihnen beim Schreiben bereits aufgefallen, dass der erste Buchstabe nach einem Punkt automatisch großgeschrieben wird, auch wenn Sie einen kleinen Buchstaben eingetippt haben. Hier im Dialog sehen Sie: Es ist keine Magie, sondern liegt daran, dass die Option **Jeden Satz mit einem Großbuchstaben beginnen** standardmäßig angehakt ist. Sie können sie natürlich deaktivieren, wenn Sie das möchten.

Auch die Option **ZWei GRoßbuchstaben am WOrtanfang korrigieren** ist standardmäßig aktiviert, weil es beim Tippen tatsächlich recht oft vorkommt, dass man den Finger nicht rechtzeitig von der [⇧] (Umschalt-Taste) nimmt. So gesehen sollte man auch diese Option aktiviert lassen. Schreiben Sie einfach weiter, wenn Ihnen dieser Fehler unterläuft; Sie werden sehen, dass er wie von Zauberhand korrigiert wird.

Auch die Registerkarte **Ersetzungen** bietet zahlreiche Möglichkeiten – von der Erzeugung von Zeichen, die Sie nicht auf der Tastatur finden, über das Ersetzen von Text durch Bildchen bis hin zu der automatischen Korrektur von Tippfehlern und Buchstabendrehern, die Ihnen häufig unterlaufen.

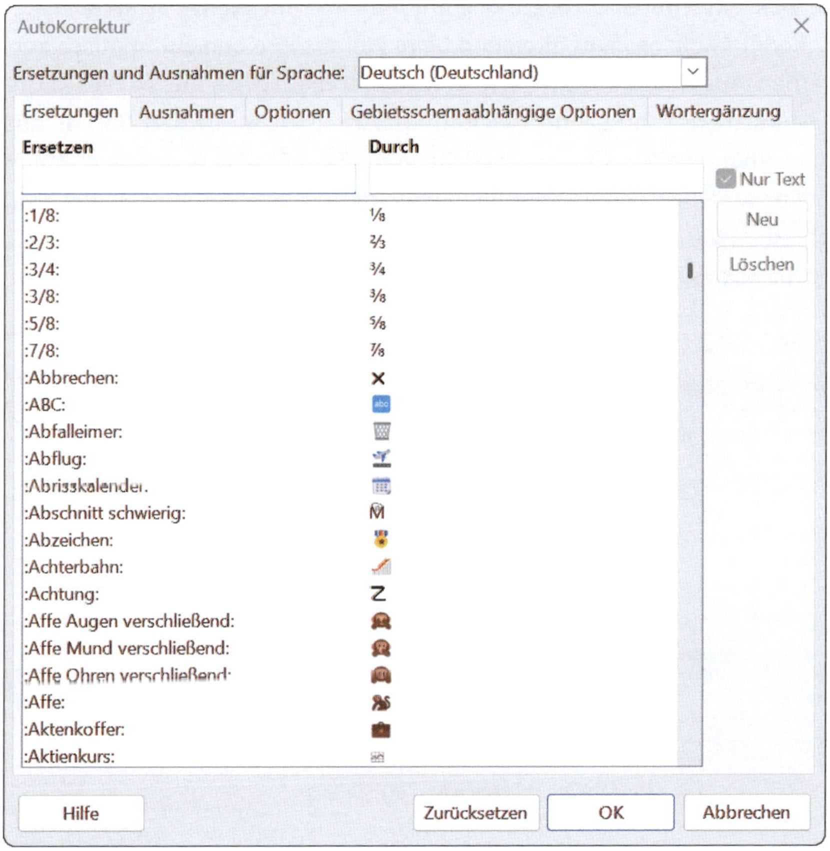


**Abbildung 2.13** *Eingaben werden durch Zeichen ersetzt.*

Grundsätzlich funktionieren die Ersetzungen so: Sie tippen das, was auf der linken Seite steht (zum Beispiel »:ABC:«), schreiben weiter, und im Nu wird :ABC: durch das entsprechende Symbol ausgetauscht.

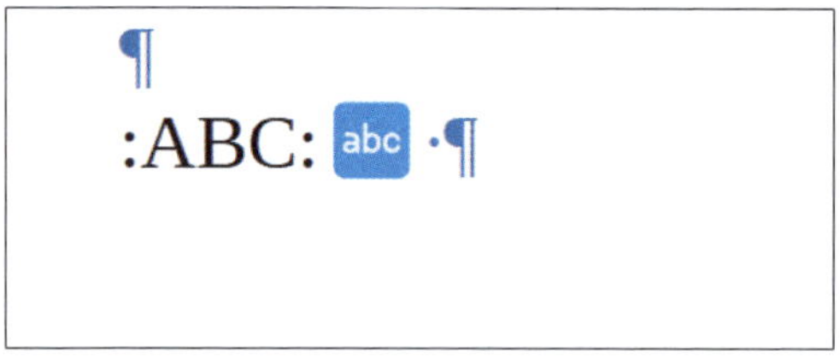


**Abbildung 2.14** *Ihre Eingabe »:ABC:« wird durch ein Symbol ersetzt.*

Wenn Sie weit nach unten scrollen, beginnt die Liste mit Wörtern, die Buchstabendreher oder Ähnliches enthalten und beim Weiterschreiben automatisch korrigiert werden. Aus »aderns« zum Beispiel wird automatisch »anders«. Diese Liste können Sie nach Lust und Laune erweitern. Dazu schreiben Sie das Wort, in das sich bei Ihnen häufig ein Fehler einschleicht, in das Feld **Ersetzen**, und zwar genau so, wie Sie es versehentlich häufig schreiben – im Beispiel »Beispeil«. In das Feld **Durch** schreiben Sie die korrigierte Version. Klicken Sie auf **Neu**, dann auf **OK** und probieren Sie es aus.

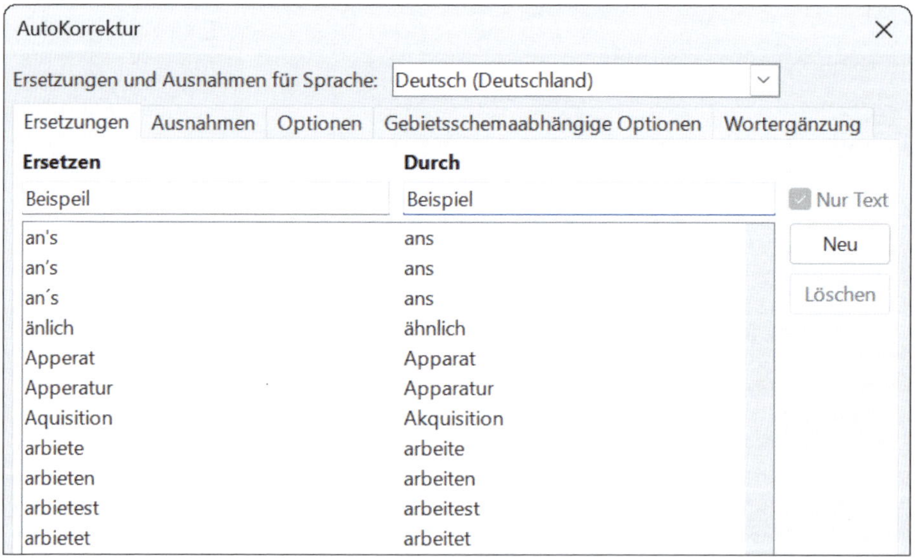


**Abbildung 2.15** *Lassen Sie »Beispeil« automatisch korrigieren.*

Tippen Sie »Beispeil«, und Sie sehen, dass daraus ohne Ihr Zutun automatisch »Beispiel« wird, sobald Sie weiterschreiben bzw. die Leertaste drücken. Das funktioniert natürlich nur, wenn Sie bei dem Wort denselben Fehler machen, der in der Liste eingetragen ist. Ein »Biespiel« würde nicht ersetzt werden.

Das Ganze ist ziemlich clever, aber Sie werden sehen, dass es noch andere pfiffige Änderungs- bzw. Korrekturmöglichkeiten gibt, zum Beispiel die Funktion **Ersetzen**, um die es unter anderem in Abschnitt 2.3, »Text suchen und ersetzen«, geht.

### 2.2.6 Die verschiedenen Ansichten

Zu guter Letzt möchte ich Sie auf die verschiedenen Ansichten aufmerksam machen, in denen Sie arbeiten können. Auch diese Ansichten spielen eine Rolle bei der Texteingabe. Sie finden sie links auf der Registerkarte **Ansicht: Normalansicht**, **Web** und **Druckvorschau**.

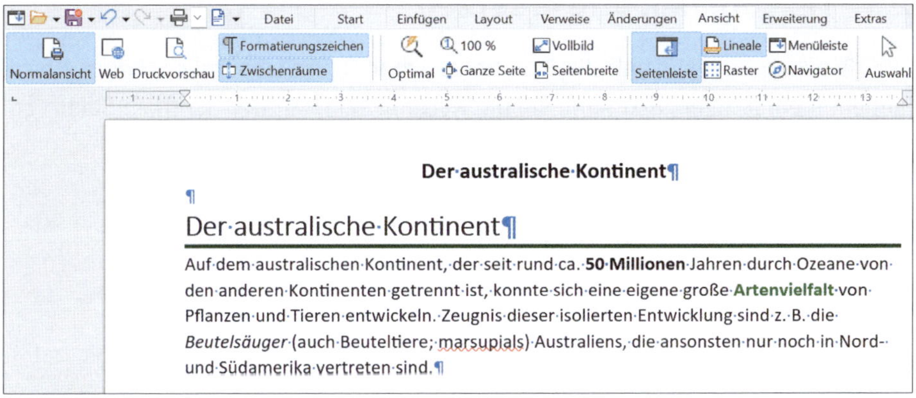


**Abbildung 2.16** *Die Normalansicht ist die »normale«.*

Normalerweise befinden Sie sich in der **Normalansicht** mit einer Einzelseite. Im Prinzip ist diese Ansicht zum Arbeiten die angenehmste; Sie erkennen direkt bei der Eingabe Ihres Textes die Seitenränder, die Seitenumbrüche und alle vorgenommenen Formatierungen. Belassen Sie es also am besten bei diesem Standard.

Die Ansicht **Web** zeigt, wie das Dokument als Webseite aussehen würde, und mit **Druckvorschau** rufen Sie, wie der Name schon sagt, eine Vorschau auf den Ausdruck auf – ein wirklich praktisches Feature, zeigt es doch im Überblick, ob das Layout stimmig ist oder ob noch Änderungen notwendig sind. Mehr über die Druckvorschau erfahren Sie in Abschnitt 1.6, »Dokumente drucken und als PDF exportieren«.

Achten Sie auch auf die drei kleinen Symbole in der Statusleiste links neben dem Zoomregler. Sie stehen für **Ansicht: Einzelseite**, **Ansicht: mehrere Seiten**, **Ansicht: Buch**.

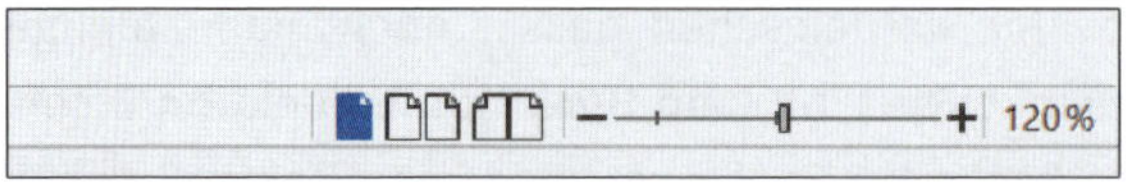


**Abbildung 2.17** *Die verschiedenen Ansichten in der Statusleiste*

Im Beispiel ist **Ansicht: Einzelseite** aktiv, die mir zum Schreiben und Überarbeiten am geeignetsten erscheint, was nicht heißt, dass Sie die anderen Ansichten nicht ruhig einmal ausprobieren sollten.

## 2.3 Text suchen und ersetzen

In einem kurzen Text spielt die Funktion **Suchen** kaum eine Rolle, aber in einem langen, mehrseitigen Text kann sie die Rettung sein. Mit der richtigen Suche gelangen Sie in Windeseile zu dem von Ihnen gesuchten Textstück.

### 2.3.1 Im Text suchen

So suchen und finden Sie effektiv:

1. Klicken Sie auf der Registerkarte **Start** auf die Schaltfläche **Suchen**. Sie befindet sich ganz rechts in der Menüleiste.

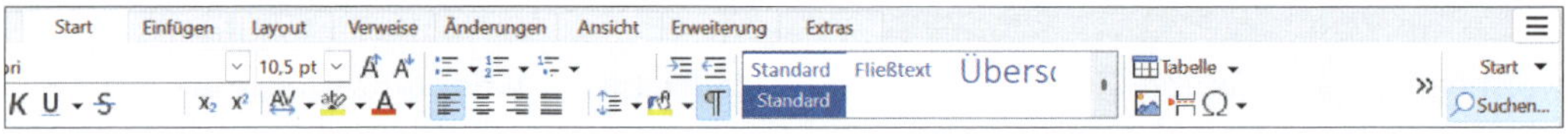


2. Daraufhin erhalten Sie unten am Bildschirm eine Suchleiste mit einem Suchfeld.
3. Tragen Sie hier den Begriff ein, nach dem Sie suchen.
4. Aktivieren Sie gegebenenfalls die Option **Groß-/Kleinschreibung beachten**; oft bietet sich die Aktivierung an, da Sie ansonsten zu viele Treffer erhalten, in denen das gesuchte Wort in irgendeiner Weise vorkommt. (Suchen Sie z. B. einfach nach »Sport«, wird auch »sportlich« angezeigt.)
5. Um nur den ersten Treffer zu sehen, drücken Sie ↵ oder klicken auf die Schaltfläche **Nächsten suchen**. Um alle Vorkommen des Suchbegriffs im Doku-

ment angezeigt zu bekommen, klicken Sie in der Suchleiste auf die Schaltfläche **Alle suchen**.

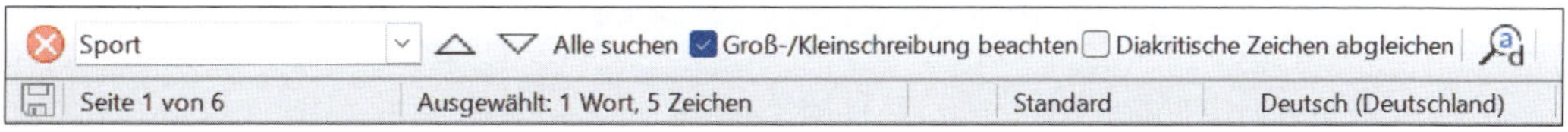


Der Suchbegriff wird angezeigt – einmal oder gleich mehrfach – und grau-blau unterlegt. Mit dem Abwärtspfeil in der Suchleiste (**Nächsten suchen**) wandern Sie erwartungsgemäß zum nächsten Treffer (sofern es einen gibt). Ein Mausklick hebt die Markierung wieder auf.

Sport·wurde·im·18.·und·19.·Jahrhundert·als·Begriff·für·eine·spezifische·Form·der· Leibesübungen·verwendet,·welche·von·England·her·nach·Europa·kam.·Der·Sport·in·seiner· Urform·zeichnete·sich·durch·das·Konkurrenz-·und·Rekordprinzip·aus.·Dadurch·grenzte·er· sich·deutlich·vom·damals·existierenden·völkisch-national·orientierten·Turnen·und·anderen·

**Abbildung 2.18** *Die Treffer werden grau-blau unterlegt.*

Um die Suchleiste wieder loszuwerden, klicken Sie auf das kleine Schließkreuz ganz links in der Leiste.

### 2.3.2 Text ersetzen

Sie haben Ihren Roman fast fertig geschrieben und entscheiden auf der letzten Seite, dass der Held nicht Harald, sondern doch lieber Harry heißen soll. Dies wäre ein Fall für die Funktion **Ersetzen**. Mit dieser Funktion ersetzen Sie ohne viel Aufwand im ganzen Dokument einen Begriff durch einen anderen. So gehen Sie vor:

1. Klicken Sie auch für diese Aktion auf **Suchen** auf der Registerkarte **Start**. Achten Sie zuvor darauf, dass der Cursor am Anfang des Dokuments steht.
2. In der Suchleiste unten klicken Sie ganz rechts auf das Lupen-Symbol.
3. Im Dialog **Suchen und Ersetzen** geben Sie im Feld **Suchen** den Begriff ein, den Sie ersetzen möchten. In das Feld **Ersetzen** tragen Sie den neuen Begriff ein.
4. Wenn Sie sicher sind, dass Sie tatsächlich alle Vorkommen des Wortes ersetzen möchten, klicken Sie auf **Alle ersetzen**.

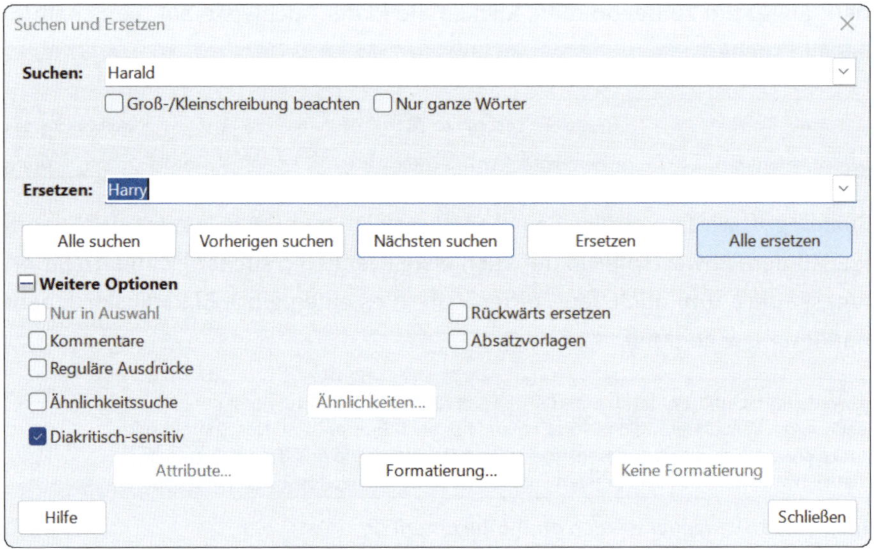


**Abbildung 2.19** *So ersetzen Sie Wörter im Dokument.*

Sie erhalten daraufhin die Meldung, wie oft der Suchbegriff ersetzt wurde. Auch in der Suchleiste wird Ihnen dies mitgeteilt.

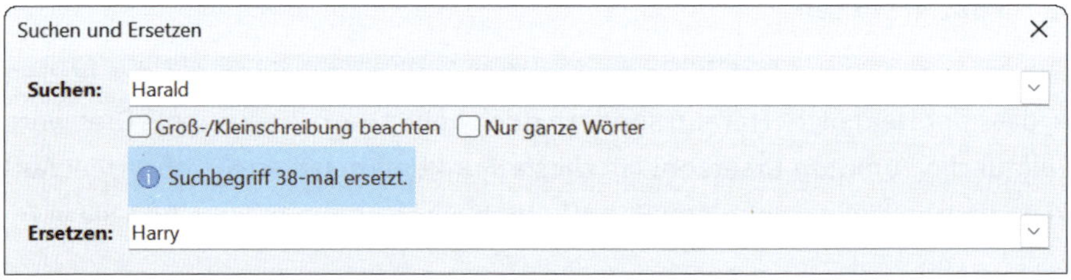


**Abbildung 2.20** *Der Suchbegriff wurde 38-mal ersetzt.*

Schließen Sie den Dialog per Klick auf **Schließen**. Sollten Sie sich umentscheiden und doch zu Harald zurückkehren wollen, starten Sie den Vorgang einfach erneut, nur dass Sie nun nach Harry suchen und in das Feld **Ersetzen** »Harald« eingeben.

Falls Sie sich mit den Ersetzungen nicht ganz sicher sind und Sie die einzelnen Ersetzungen lieber manuell überprüfen möchten, klicken Sie im Dialog jeweils auf **Ersetzen**. Der Cursor springt dann von Begriff zu Begriff. Möchten Sie eine Ersetzung aus irgendeinem Grund überspringen, klicken Sie auf **Nächsten suchen** und danach wieder auf **Ersetzen**.

### Formatierungen ersetzen

Wenn Sie Lust haben, sich noch ausführlicher mit den Feinheiten der Ersetzung zu befassen, schauen Sie sich an, wie Sie auch bestimmte Formatierungen ersetzen können. Ich zeige hier ein Beispiel mit kursiv formatierten Wörtern; diese Formatierung möchte ich im ganzen Dokument loswerden.

1. Rufen Sie den Dialog **Suchen und Ersetzen** wie eben beschrieben auf und setzen Sie den Cursor in das Feld **Suchen**.
2. Klicken Sie auf die Schaltfläche **Formatierung** unten im Dialog.
3. Im Dialog **Nach einer Formatierung suchen** klicken Sie auf der Registerkarte **Schriftart** auf den Pfeil am Feld **Schriftschnitt** und wählen im Menü **Kursiv**. Klicken Sie auf **OK**.

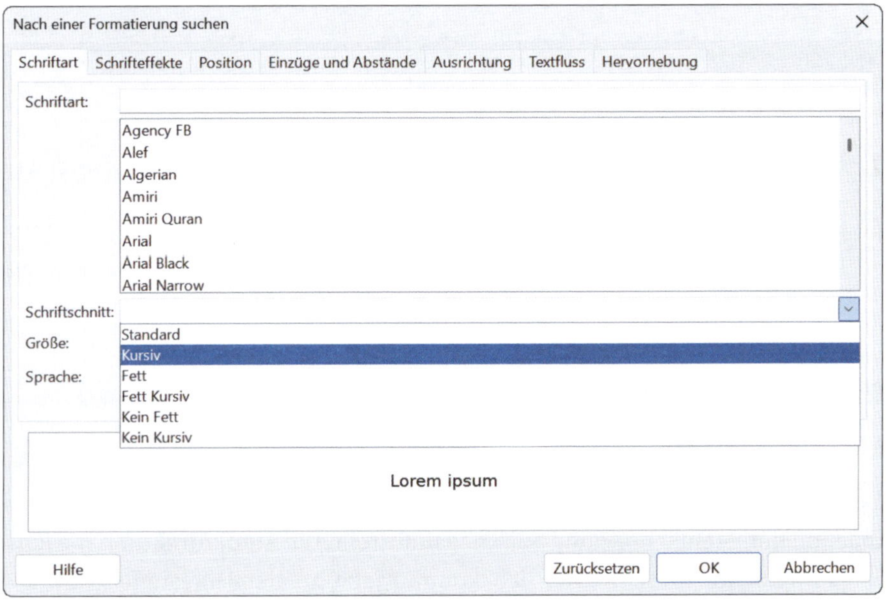


4. Setzen Sie den Cursor nun in das Feld **Ersetzen** und klicken Sie erneut auf **Formatierung**, um wieder den Dialog **Nach einer Formatierung suchen** aufzurufen.
5. Klicken Sie im Menü des Feldes **Schriftschnitt** auf **Kein Kursiv** und dann auf **OK**.

6. Zurück im Dialog **Suchen und Ersetzen** klicken Sie auf **Alle ersetzen**.

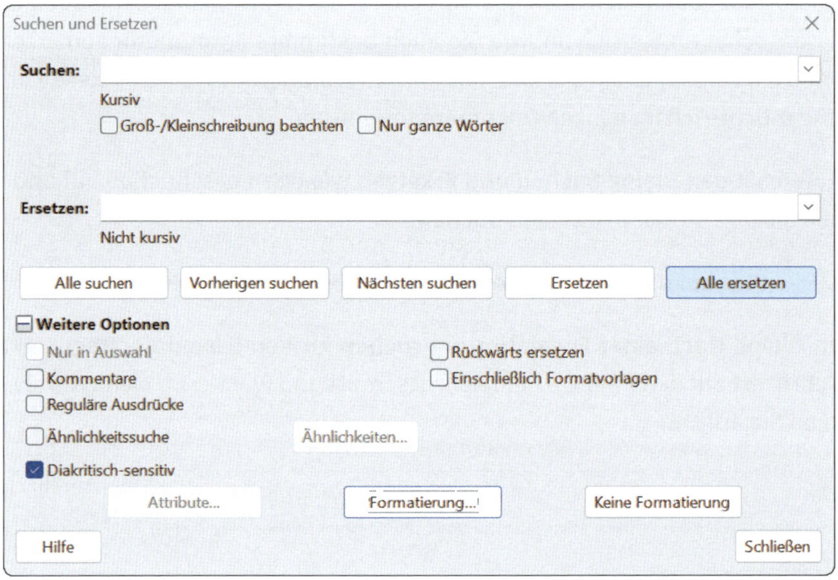


7. Sie erhalten dann im Dialog die Meldung, wie oft der Suchbegriff ersetzt wurde.

8. Schließen Sie den Dialog mit der Schaltfläche **Schließen** und bewundern Sie Ihren Erfolg!

## 2.4 Die Rechtschreibprüfung: Fehler finden und beheben

Beim schnellen Tippen schleichen sich oft Fehler ein, sei es aus Versehen oder weil man mit der Rechtschreibung auf Kriegsfuß steht. Die Autokorrektur habe ich weiter vorne schon beschrieben, ich komme jetzt zu der Hilfestellung durch die Rechtschreibprüfung, die so gut wie jede Textverarbeitung – und so auch Writer – dankenswerterweise anbietet.

### 2.4.1 Korrektur per Kontextmenü

Es ist Ihnen sicherlich schon aufgefallen, dass Writer manche Wörter rot und wellenförmig unterstreicht. Falls Sie das noch nicht gesehen haben: Glückwunsch, Sie haben bisher fehlerfrei geschrieben, denn diese Unterstreichungen signalisieren einen Rechtschreibfehler. Anders ausgedrückt: Ihre Eingaben stimmen nicht mit der Rechtschreibung laut Writer-Wörterbuch überein, enthalten also – vermutlich – einen Fehler. Vielleicht haben Sie aber auch die automatische Rechtschreibprüfung deaktiviert, um sich nicht von den vielen Wellenlinien erschrecken zu lassen?

Dann schalten Sie sie am besten wieder ein, denn diese Unterstreichungen sind eine große Hilfe, um auf die Schnelle zu korrigieren. Wechseln Sie zur Registerkarte **Änderungen** und klicken Sie auf **Automatische Rechtschreibprüfung**.

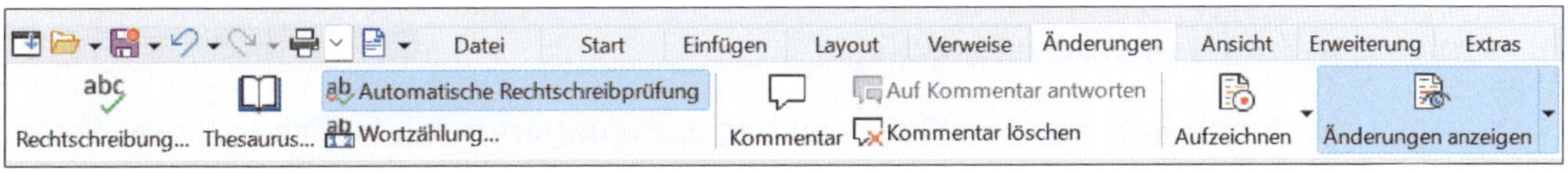


**Abbildung 2.21** *Die Rechtschreibprüfung ist aktiviert.*

Nun sehen Sie in Ihrem Dokument vermutlich das eine oder andere mit einer roten Wellenlinie unterstrichene Wort. Klicken Sie das unterstrichene Wort mit der rechten Maustaste an. Im Kontextmenü werden Ihnen in der Regel Korrekturvorschläge angeboten. Klicken Sie auf den Vorschlag, den Sie übernehmen möchten.

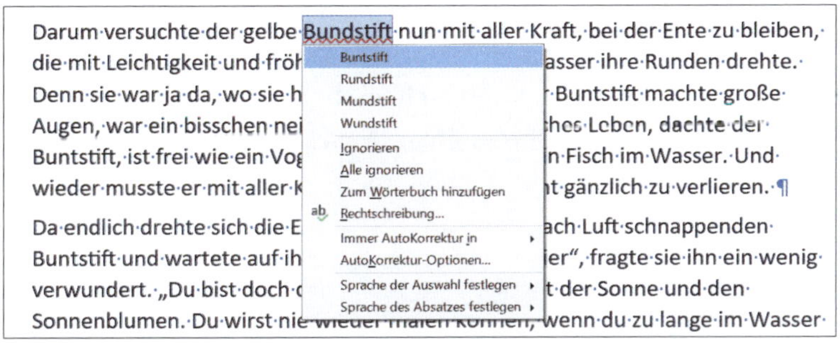


**Abbildung 2.22** *Im Kontextmenü werden Korrekturvorschläge angeboten.*

**Der Rechtschreibprüfung nicht blind vertrauen**

Die allermeisten, aber nicht alle Vorschläge, die angeboten werden, sind korrekt. Daher sollten Sie sie nicht gedankenlos übernehmen, sondern sie notfalls – zum Beispiel mit einem anderen Wörterbuch – überprüfen, wenn Sie Zweifel haben. Insbesondere mit zusammengesetzten Wörtern, deren Bestandteile durch einen Bindestrich getrennt sind, steht die Rechtschreibprüfung oft auf Kriegsfuß; die Schreibweise wird vielleicht zu Recht moniert, aber wenn der Vorschlag keinen Bindestrich, sondern nur eine Leerstelle enthält, ist das nicht korrekt. Die Rechtschreibprüfung folgt hier scheinbar einem allgemeinen Trend, denn auf vielen Plakaten, Tafeln etc. in der Öffentlichkeit fehlt in zusammengesetzten Wörtern dieser kleine Strich! Generell gilt also: Vertrauen ist gut, Kontrolle ist besser.

Das Kontextmenü bietet weitere interessante Optionen:

- **Ignorieren**
- **Alle ignorieren**
- **Zum Wörterbuch hinzufügen**

Mit **Ignorieren** machen Sie genau das: Sie ignorieren den Fehler an dieser Stelle, korrigieren ihn also nicht.

Die Option **Alle ignorieren** ignoriert alle Vorkommen dieser fehlerhaften Wörter im Dokument, wodurch auch die rote Unterstreichung unter allen Wörtern verschwindet.

Es kommt auch vor, dass Wörter rot unterstrichen werden, die korrekt geschrieben sind, die Writer aber nicht kennt (die also nicht im Wörterbuch enthalten sind). Dies kann ein Fall für die Option **Zum Wörterbuch hinzufügen** sein, mit der genau das passiert, was die Bezeichnung verspricht: Sie erweitern das Wörterbuch um diesen Begriff und er wird in Zukunft nicht mehr als falsch identifiziert (es sei denn, es schleicht sich ein Rechtschreibfehler in das hinzugefügte Wort ein). Nutzen Sie diese Option zum Beispiel für Eigennamen und Fremdwörter, die Sie beim Schreiben häufig verwenden.

**Wort-Alternativen finden**

Auf der Registerkarte **Änderungen** entdecken Sie direkt neben der Rechtschreibprüfung die Schaltfläche **Thesaurus**. Der Thesaurus (das Wort bedeutet ursprünglich »Schatz« oder »Schatzhaus«) bietet zu vielen Begriffen in einem Text Alternativen mit derselben Bedeutung, sogenannte *Synonyme*. Wir wissen ja alle, dass unser Einfallsreichtum mitunter begrenzt ist und wir immer wieder zu demselben eingeschliffenen Vokabular greifen. Wenn Sie also in Ihrem Roman mit dem Protagonisten Harry häufige Wortwiederholungen vermeiden möchten, Ihnen aber partout keine Alternativen einfallen, können Sie den Thesaurus zurate ziehen. Klicken Sie in das Wort, für das Sie eine Alternative suchen, und rufen Sie per Klick auf **Thesaurus** diesen Wort-Schatz auf. Aus der Liste können Sie sich dann etwas Passendes aussuchen. Markieren Sie den ausgewählten Begriff und klicken Sie auf **Ersetzen**.

## 2.4.2 Rechtschreibprüfung im Dialog

Statt Wörter einzeln per Kontextmenü zu korrigieren, können Sie auch in einem Dialog arbeiten, der die fehlerhaften Wörter hintereinander anzeigt und in dem Sie dann jeweils entscheiden können, ob Sie ein Wort korrigieren oder die Meldung ignorieren möchten.

1. Setzen Sie den Cursor an den Anfang Ihres Dokuments.
2. Wechseln Sie zur Registerkarte **Änderungen**.
3. Klicken Sie ganz links in der Menüleiste auf **Rechtschreibung prüfen**.

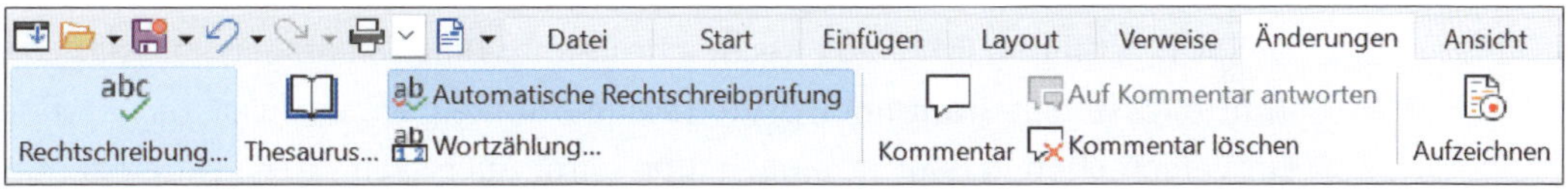


4. Im Dialog **Rechtschreibung: Deutsch**, der daraufhin geöffnet wird, wird nun – rot hervorgehoben – der erste Fehler angezeigt bzw. das erste Wort, das nicht im Wörterbuch vorkommt. Rechts sehen Sie die Optionen, die mehr oder minder selbsterklärend sind (und denen im Kontextmenü entsprechen), und im unteren Teil die Liste der Vorschläge.

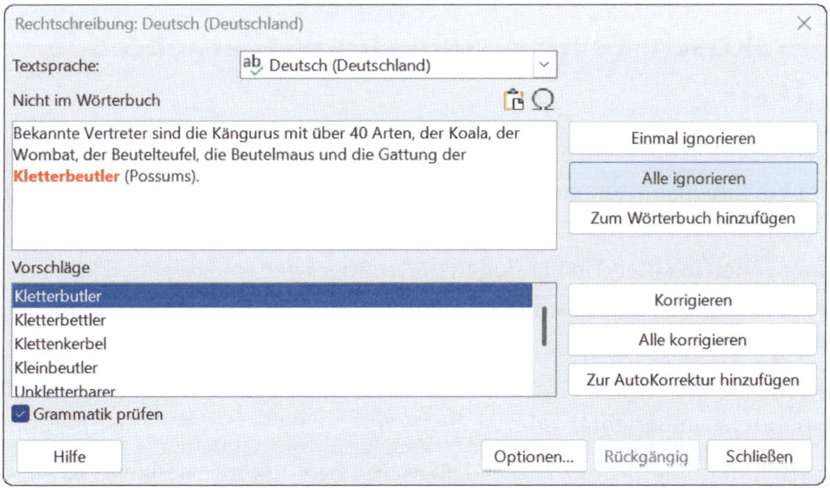


5. Ist ein passender Vorschlag dabei, markieren Sie ihn und klicken auf **Korrigieren**. (Im Beispiel klicken wir aber auf **Alle ignorieren**, da der Begriff nicht fehlerhaft ist und auch im Rest des Dokuments nicht moniert werden soll.)

6. Der Dialog zeigt dann automatisch den nächsten Begriff an, den Writer entdeckt hat. Klicken Sie wieder auf eine der Optionen.

Auf diese Weise wandern Sie durch Ihr Dokument. Am Ende erhalten Sie die Meldung, dass die Rechtschreibprüfung abgeschlossen ist. Beenden Sie den Dialog mit der Schaltfläche **Schließen**.

Wie Sie vermutlich festgestellt haben, ist die Arbeit im Dialog ein sehr praktisches Vorgehen. Selbst längere Dokumente können Sie auf diese Weise schnell überprüfen, vor allem, wenn Sie auch die Optionen **Alle ignorieren** bzw. **Alle korrigieren** nutzen.

**Grammatikprüfung**

Vielleicht ist Ihnen im Dialog **Rechtschreibung: Deutsch** aufgefallen, dass das Kontrollkästchen **Grammatik prüfen** standardmäßig angehakt ist. Das ist leider ein Versprechen, das nicht eingehalten wird. Auch wenn der Text eindeutige und einfach zu erkennende Grammatikfehler enthält, gibt es keinen Hinweis darauf (wie etwa in Microsoft Word mit einer doppelten blauen Unterstreichung). Sie müssen selbst auf solche Fehler achten. (Dazu zählen »dass« anstelle von »das«, falsche Verbformen oder Ähnliches.)

## 2.5 Praktisch: Textbausteine für wiederkehrende Texte

Dieser Abschnitt beschreibt eine Funktion, die eindeutig Superfood wäre, wenn es sich um ein Lebensmittel handeln würde! Es geht um sogenannte *Textbausteine* oder *AutoTexte*, wie Writer sie nennt. Dahinter verbergen sich Textpassagen, die Sie ganz schnell in einen Text einfügen und immer wieder verwenden können. Sie können sich vorstellen, dass diese Möglichkeit wirklich praktisch ist und Ihnen eine Menge Arbeit und Zeit sparen kann, sofern Sie privat oder beruflich häufig die gleichen Sätze oder Floskeln schreiben müssen, zum Beispiel in geschäftlicher Korrespondenz, in Berichten oder Ähnlichem.

Prinzipiell funktionieren *AutoTexte* so: Sie schreiben einen Text einmal, markieren ihn und legen ihn dann unter einem bestimmten Namen als Textbaustein ab. Einmal angelegt, können Sie diesen Baustein immer wieder in neue Dokumente einfügen. Er bleibt Ihnen erhalten, solange Sie ihn nicht bewusst löschen. Ich habe zum Beispiel meinen Namen und meine Adresse als Baustein angelegt, und nutze ihn jedes Mal, wenn ich einen Brief schreibe, als Briefkopf – ich muss also diesen Briefkopf nie wieder tippen. Erwähnt sei noch, dass Textbausteine beliebig lang sein können und dass sie per Tastendruck blitzschnell eingefügt werden können.

### 2.5.1 Einen AutoText anlegen

Probieren Sie nun, sich einen ersten Baustein bzw. AutoText anzulegen. Folgen Sie diesen Schritten:

1. Schreiben Sie den Text, den Sie als Baustein anlegen möchten, und achten Sie darauf, dass er keine Fehler enthält.
2. Markieren Sie den Text.
3. Wechseln Sie auf die Registerkarte **Einfügen** und klicken Sie hier auf **AutoText**.

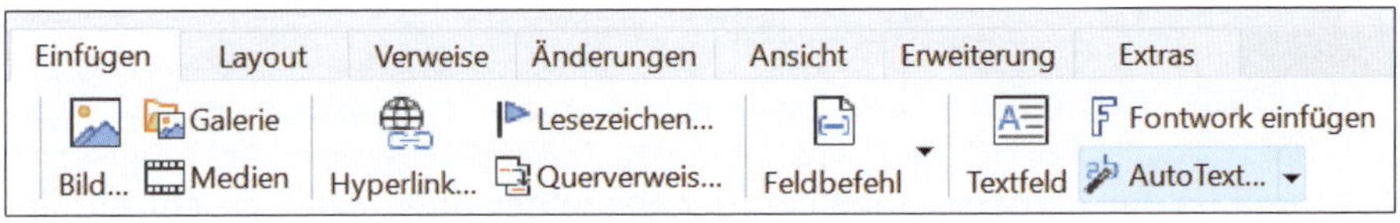


4. Im gleichnamigen Dialog sind bereits ein Name (die ersten Wörter des Textes) und ein Kürzel eingetragen. Kürzel sind das A und O, denn mit ihnen können Sie die AutoTexte, wie Sie noch sehen werden, am schnellsten in ein Dokument einfügen. Im Beispiel steht im Feld **Kürzel** »KM«, also die Anfangsbuchstaben des Vornamens und des Nachnamens, was als Abkürzung gut passt. Sie könnten sich aber auch für »KA« oder Ähnliches entscheiden.

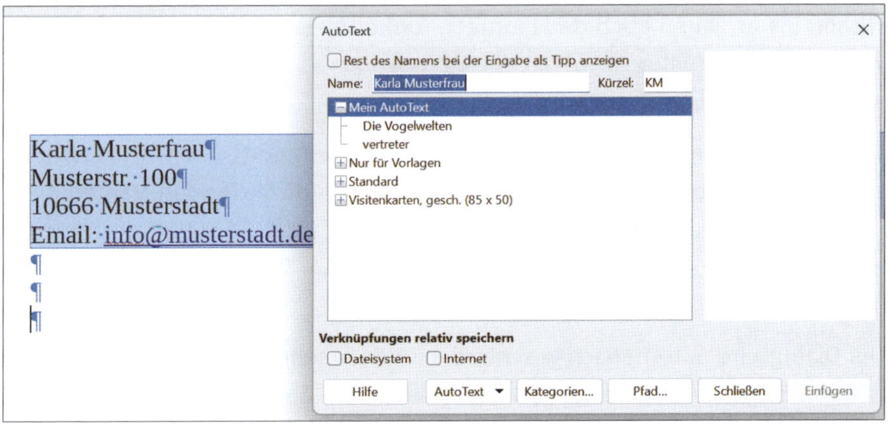

5. Klicken Sie nun auf die Schaltfläche **AutoText** und in deren Menü auf **Neu**.

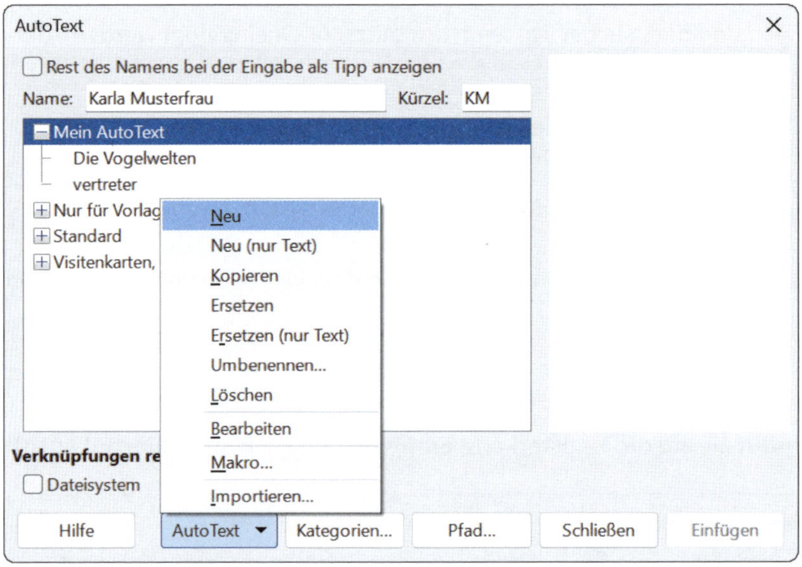


6. Damit ist der AutoText angelegt; der Name des AutoTextes taucht nun in der Liste unter **Mein AutoText** auf.

7. Schließen Sie den Dialog mit der Schaltfläche **Schließen**.

### 2.5.2 AutoTexte in Dokumenten verwenden

Da der Name des neuen AutoTextes zu der Liste der AutoTexte hinzugefügt wurde, können Sie davon ausgehen, dass das Anlegen des Bausteins geklappt hat. Genau wissen Sie es, wenn auch das Einfügen funktioniert. Dazu gibt es prinzipiell drei Wege: über den Dialog **AutoText**, über das Menü des Symbols **AutoText** oder über eine Tastenkombination.

Der Weg über den Dialog ist einfach: Rufen Sie erneut den Dialog **AutoText** auf und markieren Sie dort in der Liste der vorhandenen AutoTexte den Namen des Textes, den Sie einfügen möchten. Rechts im Dialog wird der Inhalt des AutoTextes angezeigt, sodass Sie sicher sein können, dass Sie den richtigen Baustein erwischen. Klicken Sie auf **Einfügen**.

Der Dialog wird automatisch geschlossen und Sie sehen den Text Ihres AutoTextes in Ihrem Dokument. Glückwunsch zu Ihrem ersten Baustein!

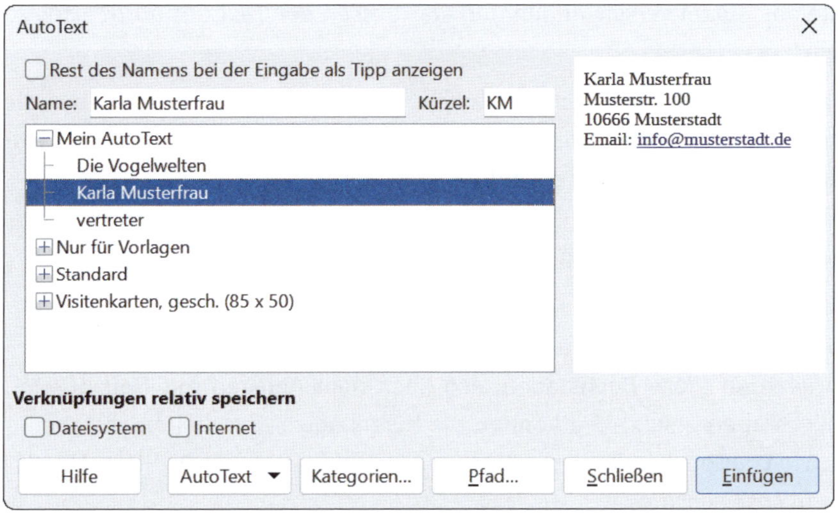


**Abbildung 2.23** *Den AutoText über den Dialog einfügen*

Für die zweite Variante müssen Sie nicht den Dialog bemühen. Klicken Sie auf den Pfeil am Symbol **AutoText** und zeigen Sie in seinem Menü auf den Eintrag **Mein AutoText**. Im Untermenü werden die vorhandenen AutoTexte namentlich und mit ihren jeweiligen Kürzeln aufgelistet. Klicken Sie zum Einfügen auf den gewünschten Baustein.

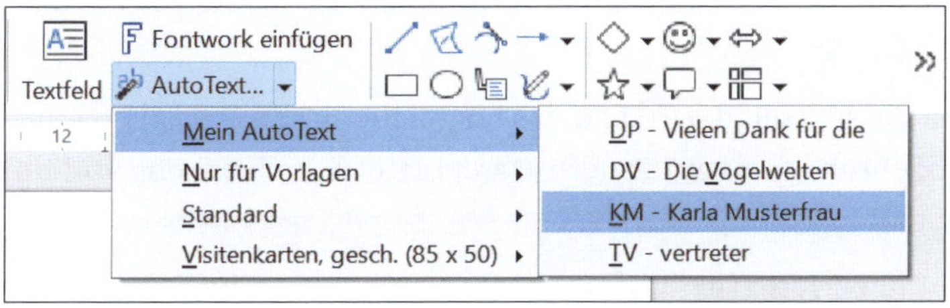


**Abbildung 2.24** *Den AutoText über das Untermenü einfügen*

Die dritte Variante ist die schnellste, setzt aber voraus, dass Sie sich das Kürzel gemerkt haben – was bei wenigen AutoTexten gut machbar ist, aber schwierig wird, wenn Sie sehr viel mit diesen Bausteinen arbeiten.

1. Setzen Sie den Cursor genau an die Stelle, an der Sie den AutoText einfugen möchten.
2. Geben Sie das Kürzel, im Beispiel »KM«, ein.
3. Drücken Sie direkt danach die Taste F3.

Nun sollte das Kürzel verschwinden und stattdessen der Text des AutoTextes zu sehen sein.

Nein? Dann ist irgendetwas schiefgelaufen. Vielleicht haben Sie nicht auf die Großschreibung geachtet, vielleicht haben Sie versehentlich [↵] und dann erst [F3] gedrückt? Probieren Sie es erneut.

**Das Kürzel in Klein- oder Großbuchstaben ist Writer egal**

Meiner Erfahrung nach zeigt Writer Kürzel nach dem Anlegen automatisch in Großbuchstaben an. Wenn Sie ein Kürzel mit Kleinbuchstaben in das Feld eintragen, werden diese Buchstaben also nach dem Anlegen mit **Neu** durch Großbuchstaben ersetzt. Sie können die Kürzel sowohl in Kleinbuchstaben als auch in Großbuchstaben schreiben und per [F3] einfügen. Die Kürzel sind also nicht *case-sensitive*.

### 2.5.3 AutoTexte bearbeiten und löschen

Wenn Sie den Inhalt eines AutoTextes ändern möchten, ist die naheliegende Methode, dass Sie den AutoText einfügen, die Änderung vornehmen und diesen Text als AutoText wie oben beschrieben neu anlegen. Sie müssen lediglich ein anderes Kürzel eingeben, was Ihnen Writer auch mitteilt, wenn Sie versuchen, es bei dem alten Kürzel zu belassen.

Aber vielleicht haben Sie sich mit der Zeit an das Kürzel für diesen speziellen AutoText gewöhnt und möchten es ungern ändern. Dann bietet es sich an, den vorhandenen AutoText zu bearbeiten.

Dazu rufen Sie den Dialog **AutoText** auf, markieren den zu bearbeitenden Baustein und wählen im Menü der Schaltfläche **AutoText** die Option **Bearbeiten**. Daraufhin wird automatisch eine neue Datei mit dem Namen des AutoTextes und dem eingefügten AutoText gebildet und geöffnet. Im Beispiel sehen Sie den Namen »AutoText: Karla Musterfrau« ganz oben am Bildschirm.

Diesen AutoText bearbeiten Sie nun. Danach markieren Sie den Text, rufen erneut den Dialog **AutoText** auf und wählen im Menü der Schaltfläche **AutoText** nun die Option **Ersetzen**. Schließen Sie den Dialog.

**Abbildung 2.25** *Eine neue Datei mit dem Namen des AutoTextes wurde geöffnet.*

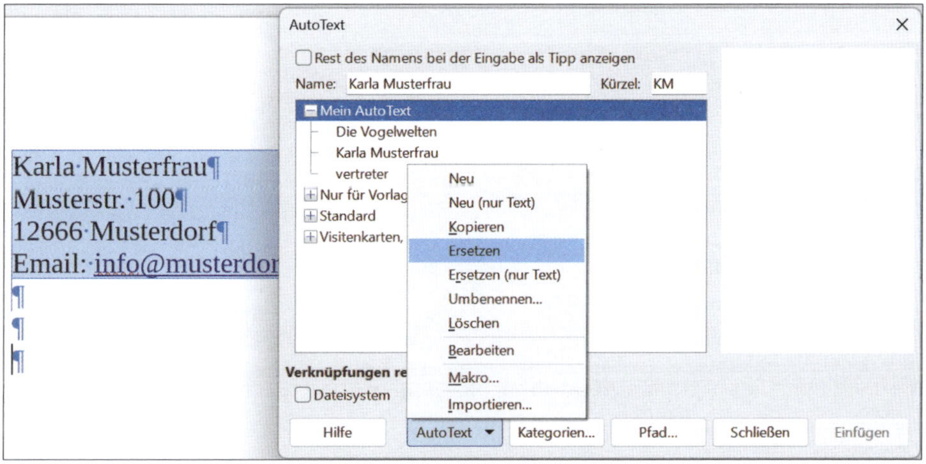


**Abbildung 2.26** *Einen AutoText, der korrigiert wurde, ersetzen*

Wenn Sie nun das Kürzel eingeben und F3 drücken, sollte der veränderte Auto-Text erscheinen. Und auch im Dialog **AutoText** können Sie die Änderung erkennen. Markieren Sie den AutoText und schauen Sie rechts auf den Inhalt.

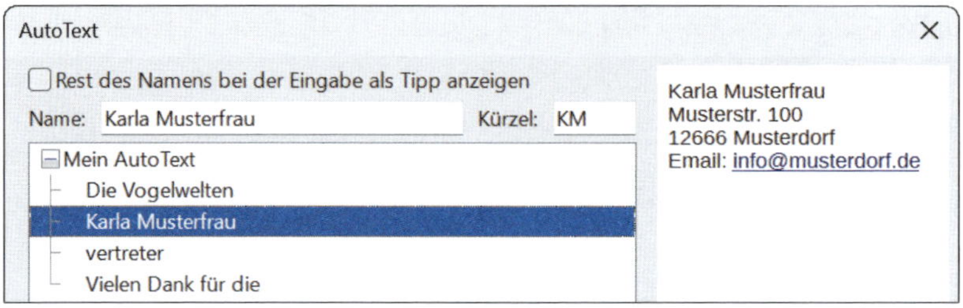


**Abbildung 2.27** *Der AutoText wurde geändert und ersetzt.*

Wenn Sie einen AutoText gar nicht mehr brauchen, können Sie ihn löschen. Rufen Sie dazu den Dialog **AutoText** auf, markieren Sie den entsprechenden AutoText und klicken Sie im Menü der Schaltfläche **AutoText** auf **Löschen**. Bestätigen Sie die Nachfrage.

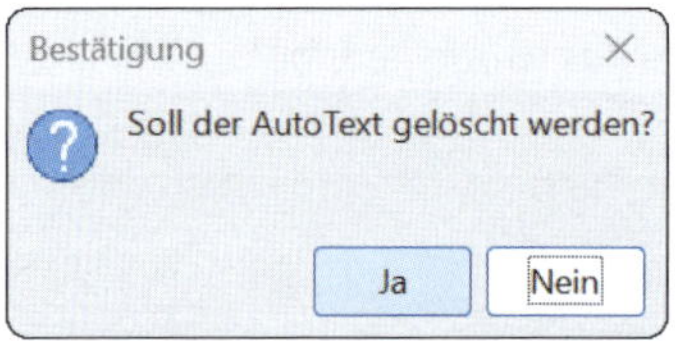


**Abbildung 2.28** *Einen AutoText löschen*

# Kapitel 3
# **Schön gestalten – Texte professionell formatieren**

Einen einmal geschriebenen Text können Sie nach Lust und Laune bzw. je nach Anforderungen mit all den Tools der Formatierung optisch verschönern. Die folgenden Abschnitte beschreiben die vielen Möglichkeiten der Zeichen- und Absatzformatierung. Ich beginne mit der Zeichenformatierung, d. h. mit der Bearbeitung von Zeichen, wobei es keine Rolle spielt, ob es um einige wenige Zeichen, ein paar Zeilen oder um einen kompletten Text geht.

## 3.1 Schriftart, Schriftgröße und Farbe auswählen

Die Schriftart, die Schriftgröße und gegebenenfalls eine Schriftfarbe können das Aussehen eines Textes massiv verändern, je nachdem, für welche Optionen Sie sich jeweils entscheiden. Während die Veränderung der Schriftart sich oft auf den ganzen Text bezieht, nutzt man die Veränderung der Schriftgröße und der Schriftfarbe oft nur für ausgewählte Passagen oder Zeilen wie etwa Überschriften. Aber egal, was Sie bearbeiten möchten, der erste Schritt besteht immer darin, dass Sie das entsprechende Textstück markieren.

### 3.1.1 Eine Schriftart auswählen

Writer bietet Schriftarten in Hülle und Fülle. Für jeden Geschmack und jeden Zweck ist etwas dabei. Wenn Sie ein neues Dokument beginnen, hat Writer eine Standardschriftart für Sie ausgewählt, in der Regel eine Schriftart aus der *Liberation*-Familie (Sans, Serif und Mono).

In einem Dokument eine andere Schriftart einzustellen, ist einfach. Markieren Sie den entsprechenden Textabschnitt (denken Sie an die Tastenkombination `Strg` + `A`, sofern Sie den gesamten Text markieren möchten) und klicken Sie auf der Registerkarte **Start** auf den Pfeil am Feld **Schriftart**. Wählen Sie aus der Liste der Schriftarten die gewünschte aus, zum Beispiel **Calibri**, die Standardschriftart in Microsoft Word. Das war's auch schon.

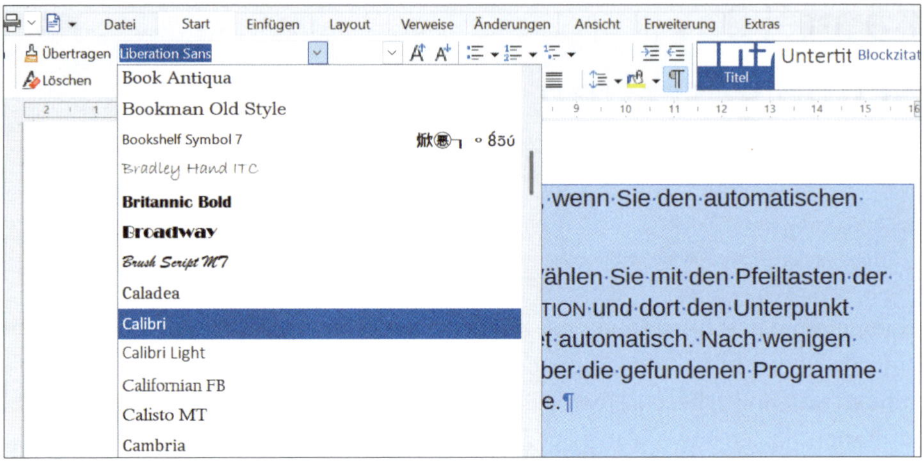


**Abbildung 3.1** *Eine andere Schriftart auswählen*

Sofern Sie es gewohnt sind, oft mit dem Kontextmenü zu arbeiten, geht auch das: Klicken Sie den markierten Text mit der rechten Maustaste an und wählen Sie im Kontextmenü den Punkt **Zeichen** und im Untermenü wieder **Zeichen**. Im Dialog **Zeichen** wechseln Sie zur Registerkarte **Schrift**.

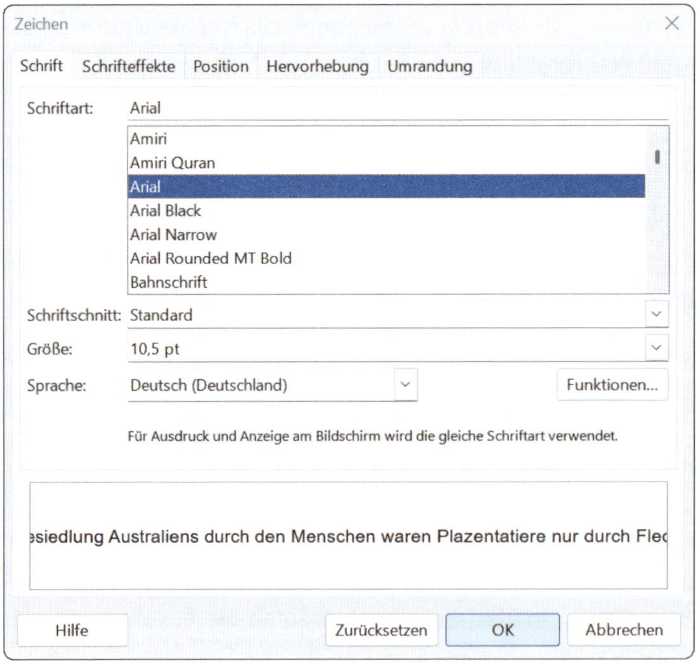


**Abbildung 3.2** *Eine Schriftart im Dialog auswählen*

In der Auflistung der Schriftarten wählen Sie die Schriftart, die Ihnen vorschwebt oder die Sie ausprobieren möchten. Bestätigen Sie den Dialog mit **OK**.

**Nur ein Wort formatieren**

Wenn Sie nur ein Wort formatieren möchten, reicht es, den Cursor in das entsprechende Wort zu setzen. Es ist nicht notwendig, es zuvor zu markieren. Dies gilt übrigens auch für alle in den folgenden Abschnitten beschriebenen Zeichenformatierungen.

**Den Dialog »Zeichen« aufrufen**

Es gibt noch eine Möglichkeit, den Dialog **Zeichen** aufzurufen, die oft übersehen wird: Klicken Sie auf die Schaltfläche **Start** ganz rechts am Bildschirm und wählen Sie in ihrem Menü den Eintrag **Zeichen**.

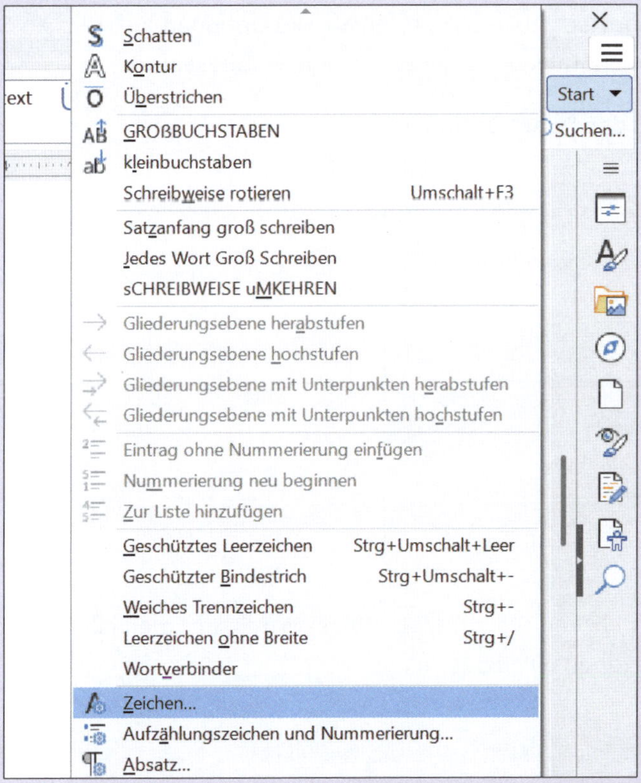


**Abbildung 3.3** *Eine weitere Möglichkeit, den Dialog »Zeichen« aufzurufen*

Auf diese Weise weisen Sie dem Text in einem Dokument eine andere Schriftart zu. Sie können aber auch grundsätzlich die Standardschriftart ändern, sofern das Schriftbild mit **Liberation** nicht ganz Ihrem Geschmack entspricht.

**Die Schriftart Liberation**

*Liberation* ist ein freies Schriftartenpaket. Es wurde im Auftrag von Red Hat vom Unternehmen Ascender Corp. entwickelt. Alle Zeichen haben dieselben Höhen und Breiten wie die entsprechenden Zeichen der weitverbreiteten proprietären Microsoft-Schriftarten *Arial*, *Times New Roman* und *Courier New*.

Damit können die Liberation-Schriftarten als freier Ersatz für die Microsoft-Schriftarten eingesetzt werden, ohne dass sich am Umbruch bestehender Dokumente etwas ändert. Von der metrischen Identität mit den Microsoft-Schriftarten abgesehen, gibt es aber leichte optische Unterschiede.

1. Um die Standardschriftart zu ändern, rufen Sie die Optionen auf. Klicken Sie dazu auf die drei horizontalen Striche rechts oben am Bildschirm.

2. Wählen Sie im Menü den Punkt **Optionen**.

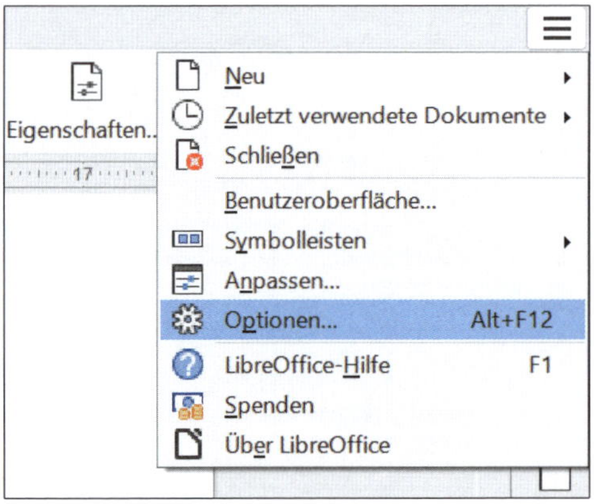


3. Im Dialog **Optionen** klicken Sie auf **LibreOffice-Writer**, um die Liste mit den verschiedenen Kategorien aufzuklappen.

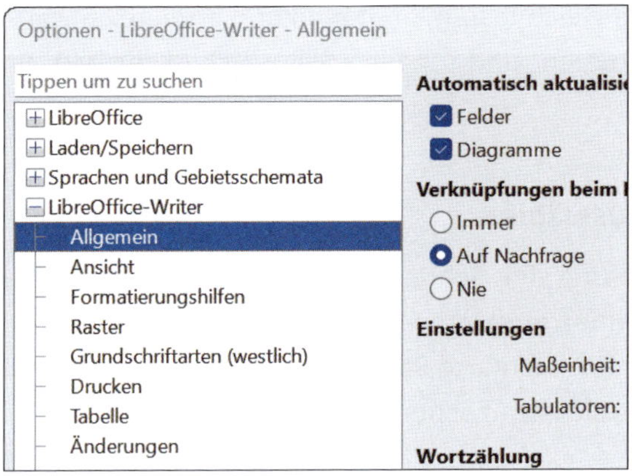


4. Klicken Sie hier auf **Grundschriftarten (westlich)**.

5. Auf der rechten Seite des Dialogs klicken Sie auf den Pfeil am Feld **Standard**, wählen aus der Liste die gewünschte Schriftart aus und klicken auf **OK**.

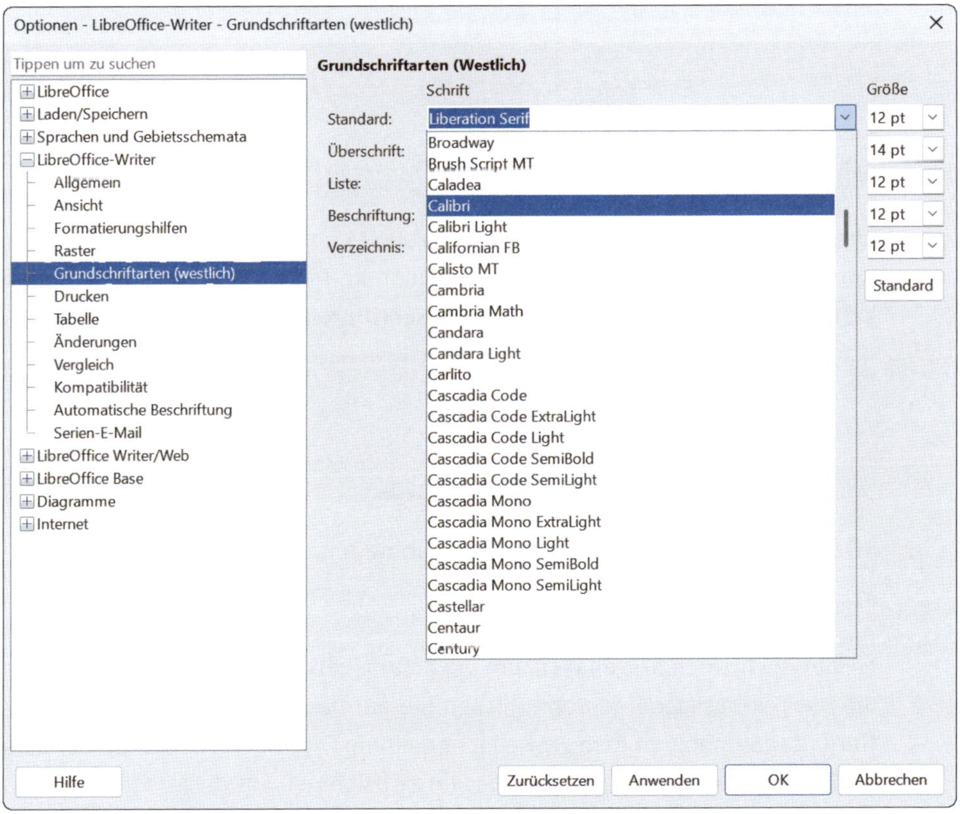

Wenn Sie möchten, können Sie gleich testen, ob Ihre Aktion erfolgreich war. Öffnen Sie einfach ein neues Dokument und schauen Sie, welche Schriftart eingestellt ist.

### 3.1.2 Eine Schriftgröße auswählen

Ähnlich einfach wie die Änderung der Schriftart ist die Auswahl einer neuen Schriftgröße. Auch bei dieser Aktion markieren Sie als Erstes den entsprechenden Text und klicken dann auf der Registerkarte **Start** auf den Pfeil am Feld **Schriftgröße**. Aus der Liste wählen Sie die gewünschte Größe aus.

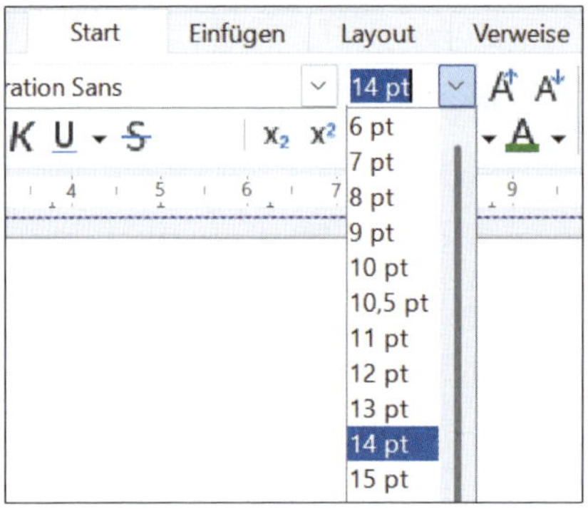


**Abbildung 3.4** *Eine Schriftgröße auswählen*

Alternativ klicken Sie – wie oben beschrieben – den markierten Text an, wählen im Kontextmenü **Zeichen • Zeichen** und stellen im Dialog **Zeichen** auf der Registerkarte **Schrift** am Feld **Schriftgröße** eine Schriftgröße ein.

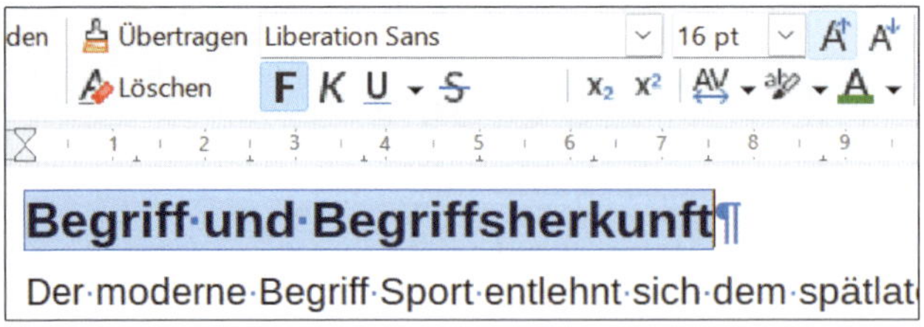


**Abbildung 3.5** *Auch mit den »A«-Symbolen können Sie die Schriftgröße verändern.*

Es gibt noch einen dritten Weg, um die Schriftgröße zu ändern. Wieder markieren Sie die Textpassage und dann klicken Sie auf das Symbol **Schriftgröße vergrößern** (das Symbol mit dem großen A und einem Pfeil nach oben) bzw. auf **Schriftgröße verkleinern**, je nachdem, was Ihre Absicht ist. Mit dieser Funktion vergrößern oder verkleinern Sie die Schriftgröße je nach eingestellter Schriftart schrittweise um ein oder zwei Punkt.

Um die Standardschriftgröße zu ändern, verfahren Sie ähnlich wie bei der Änderung der Schriftart: Sie rufen wie beschrieben die Optionen auf, klicken auf **LibreOffice-Writer** und dann auf **Grundschriftarten (westlich)**. Auf der rechten Seite klicken Sie neben dem Feld **Standard** auf den Pfeil am Feld **Größe** und wählen aus der Liste die Schriftgröße aus, die in Zukunft automatisch eingestellt sein soll.

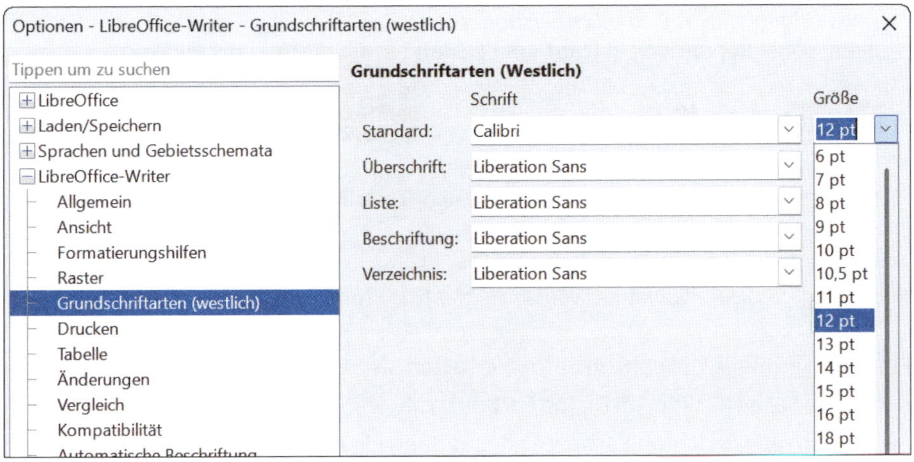


**Abbildung 3.6** *Die Standardschriftgröße einstellen*

Sie können übrigens mit wenigen Mausklicks zu den Standardeinstellungen zurückkehren: Rufen Sie erneut den Dialog **Optionen** mit der Kategorie **LibreOffice-Writer • Grundschriftarten (westlich)** auf und klicken Sie hier auf die Schaltfläche **Standard**. Im Nu ist alles wie gehabt!

### 3.1.3 Eine Schriftfarbe auswählen

Mit einer anderen Schriftfarbe lassen sich Textpassagen optisch gut hervorheben. Gehen Sie dazu wie folgt vor:

1. Markieren Sie die entsprechende Textpassage.

2. Wechseln Sie gegebenenfalls auf die Registerkarte **Start**.

3. Klicken Sie auf den Pfeil am Symbol **Zeichenfarbe**.

4. Klicken Sie in der Farbpalette auf die gewünschte Farbe.

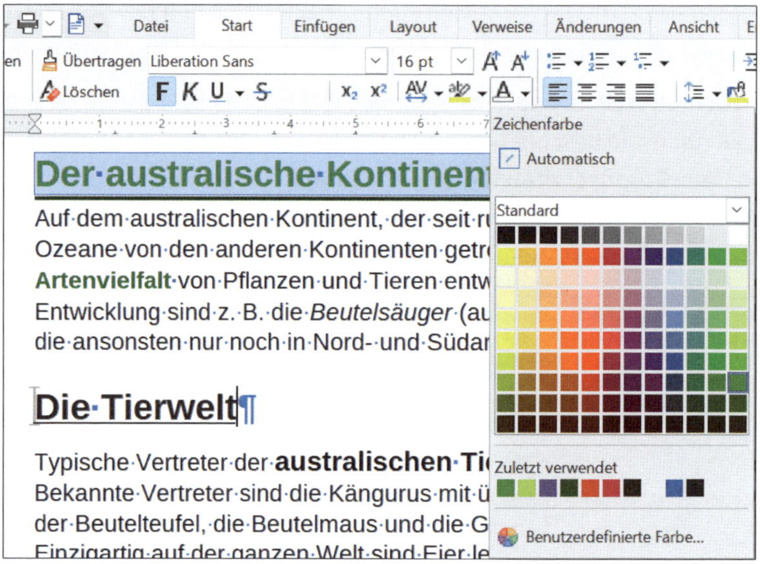


**Abbildung 3.7** *Die Farbpalette – wählen Sie hier eine Schriftfarbe.*

Eine noch größere Auswahl an Farben erhalten Sie, wenn Sie im Menü auf **Benutzerdefinierte Farbe** klicken. Im Dialog **Farbauswahl** wandern Sie mit dem Farbregler zunächst zum gewünschten Farbbereich und dann klicken Sie in dem Farbfeld auf den Farbton, den Sie sich vorstellen. Im unteren Bereich des Dialogs sehen Sie in den beiden Farbfeldern links die neu eingestellte Farbe und rechts die ursprüngliche.

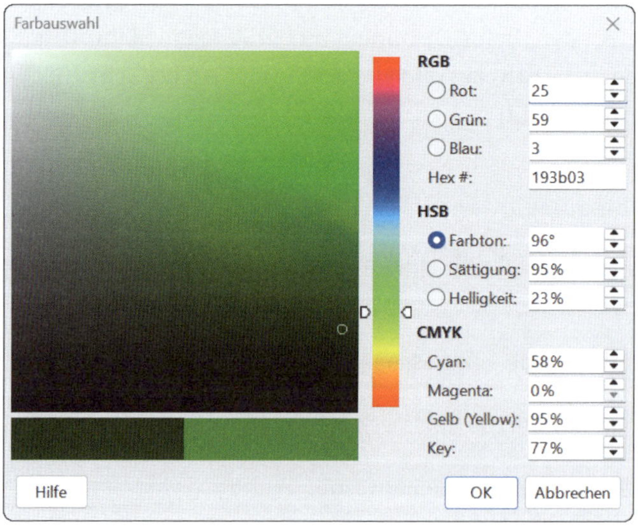


**Abbildung 3.8** *Mit dem Regler können Sie Ihre Farbauswahl feintunen.*

Rechts im Dialog **Farbauswahl** werden die Werte der verschiedenen Farbmodelle angezeigt. Diese Werte könnten Sie zum Beispiel dazu nutzen, einer Textstelle genau die Farbe zuzuweisen, die Sie für ein anderes Textstück verwendet haben. Markieren Sie das neue Textstück und geben Sie dann in den RGB-Feldern genau die Werte ein, die Sie zuvor abgelesen haben. So treffen Sie exakt den richtigen Ton!

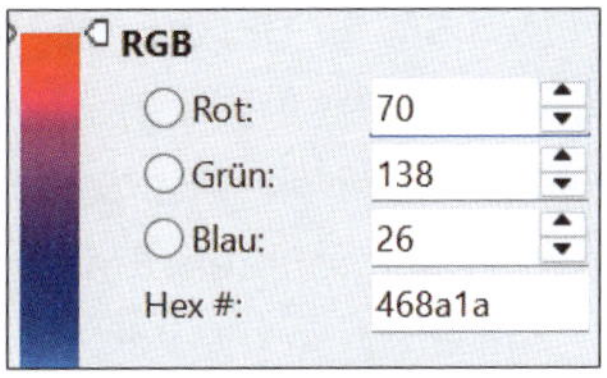


**Abbildung 3.9** *Die RGB-Werte der Farbe*

Wenn Sie im Dialog **Zeichen** arbeiten möchten (er hat den Vorteil, dass Sie mehrere Dinge auf einmal einstellen können), klicken Sie im Kontextmenü auf **Zeichen** und im Untermenü erneut auf **Zeichen**. Wechseln Sie auf die Registerkarte **Schrifteffekte** und öffnen Sie über den Pfeil am Feld **Schriftfarbe** die Farbpalette.

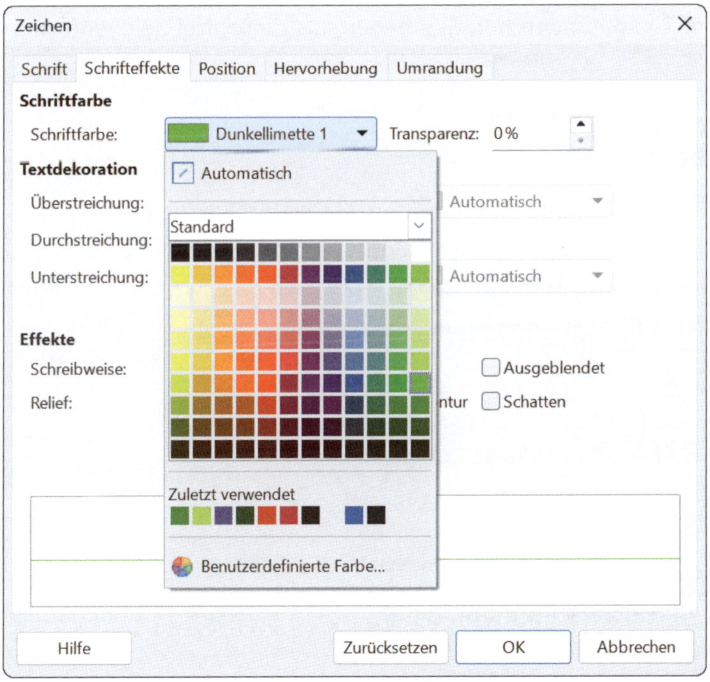


**Abbildung 3.10** *Auch hier können Sie die Schriftfarbe einstellen.*

Falls Sie zu kräftig in den Farbtopf gegriffen haben, lässt sich das leicht beheben. Markieren Sie die entsprechende Textstelle, klicken Sie auf den Pfeil am Symbol **Zeichenfarbe** und klicken Sie im Menü auf **Automatisch**.

**Weniger ist oft mehr**

Auch wenn es Sie reizt, mit den Farben zu spielen, sollten Sie Ihr Dokument nicht zu bunt machen. Reservieren Sie die Zeichenfarbe für Überschriften oder ganz besondere Textpassagen. Und natürlich hängt es von der Art des Dokuments ab, ob Sie überhaupt eine Schriftfarbe verwenden möchten. Eine Einladung zum Geburtstag kann bunt daherkommen, ein Brief an die Versicherung eher nicht!

## 3.2 Fett, kursiv, unterstrichen – Texte hervorheben

Die Schriftschnitte **Fett**, **Kursiv** und **Unterstrichen** sind alte Bekannte. Nichts ist besser geeignet, um Textpassagen hervorzuheben, als diese drei Zeichenformatierungen.

### 3.2.1 Fett und Kursiv

Die Formatierung **Fett** ist schnell vorgenommen. Markieren Sie die entsprechenden Zeichen und klicken Sie auf das Symbol **Fett** auf der Registerkarte **Start**. Daraufhin wird die Formatierung dem Text zugewiesen, und das Symbol wird farbig unterlegt. Sie sehen die farbige Unterlegung, solange der Cursor in der formatierten Textstelle steht.

**Abbildung 3.11** *Fett formatierter Text*

Denken Sie an den oben stehenden Hinweis, dass Sie nicht markieren müssen, wenn es nur um die Formatierung eines Wortes geht. Es reicht, den Cursor in das Wort zu setzen.

Diese Formatierung funktioniert wie ein Schalter. Möchten Sie die Formatierung wieder loswerden, markieren Sie die entsprechende Textstelle und klicken auf das Symbol **Fett**. Dadurch wird die Formatierung aufgehoben.

Sie können auch für diese Formatierung wieder mit dem Dialog **Zeichen** arbeiten, den Sie im Kontextmenü über **Zeichen • Zeichen** aufrufen. Im Dialog **Zeichen** aktivieren Sie die Registerkarte **Schrift**, klicken auf den Pfeil am Feld **Schriftschnitt** und wählen **Fett**. Um auf diesem Weg die Formatierung loszuwerden, klicken Sie hier auf **Standard**.

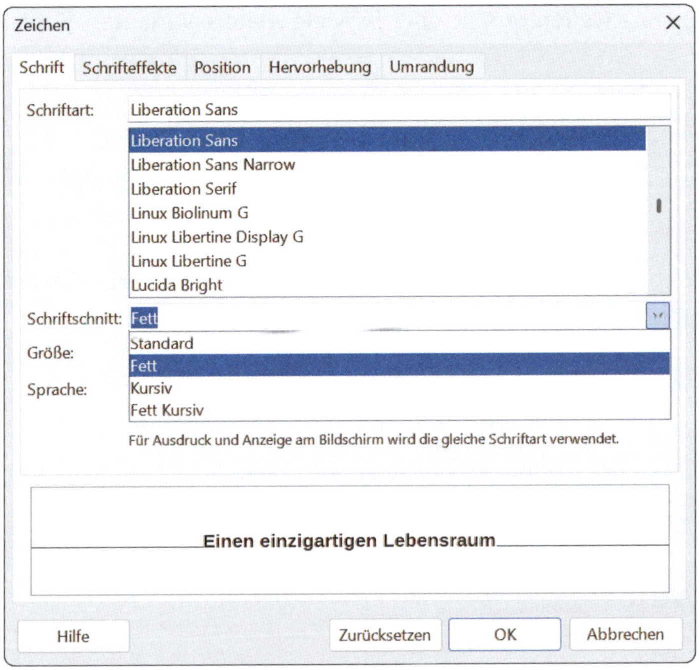


**Abbildung 3.12** *Text im Dialog formatieren*

Um Wörter oder Textpassagen kursiv zu formatieren, verfahren Sie ganz genauso, nur dass Sie auf das Symbol **Kursiv** klicken. Sofern Sie den Dialog **Zeichen** aufrufen, finden Sie hier in der Auflistung des Feldes **Schriftschnitt** auch die Option **Fett Kursiv**; mit ihr können Sie also mit einem Klick beide Formatierungen gleichzeitig zuweisen.

**Abbildung 3.13** *Fett und kursiv formatiertes Textstück*

Und auch diese Formatierung ist ein Schalter. Klicken Sie erneut auf das Symbol **Kursiv**, um die kursive Formatierung zurückzunehmen.

### 3.2.2 Text unterstreichen

In LibreOffice Writer ist Unterstreichen nicht gleich Unterstreichen, denn es gibt diverse Optionen. Sie können sich für eine einfache Unterstreichung entscheiden, für eine doppelte, für eine wellenförmige oder für viele weitere Varianten. Sehen wir uns das an:

1. Markieren Sie den Text, der unterstrichen werden soll.
2. Für eine einfache Unterstreichung klicken Sie einfach auf das Symbol **Unterstrichen**.
3. Wenn Ihnen eine andere Art der Unterstreichung vorschwebt, klicken Sie auf den Pfeil am Symbol **Unterstrichen**.
4. In der Menüliste klicken Sie dann auf eine der angebotenen Varianten.

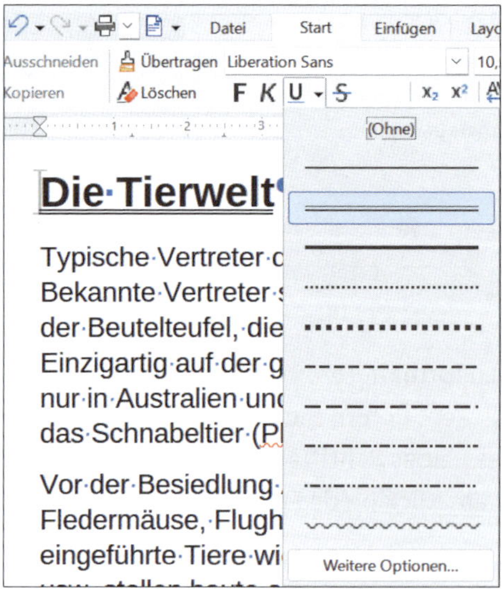

Sie entdecken in dem Menü des Symbols **Unterstrichen** auch die Option **Weitere Optionen**. Damit rufen Sie den Dialog **Zeichen** auf, in dem Sie auf der Registerkarte **Schrifteffekte** die Unterstreichungsoptionen finden. Klicken Sie auf den Pfeil am Feld **Unterstreichung**.

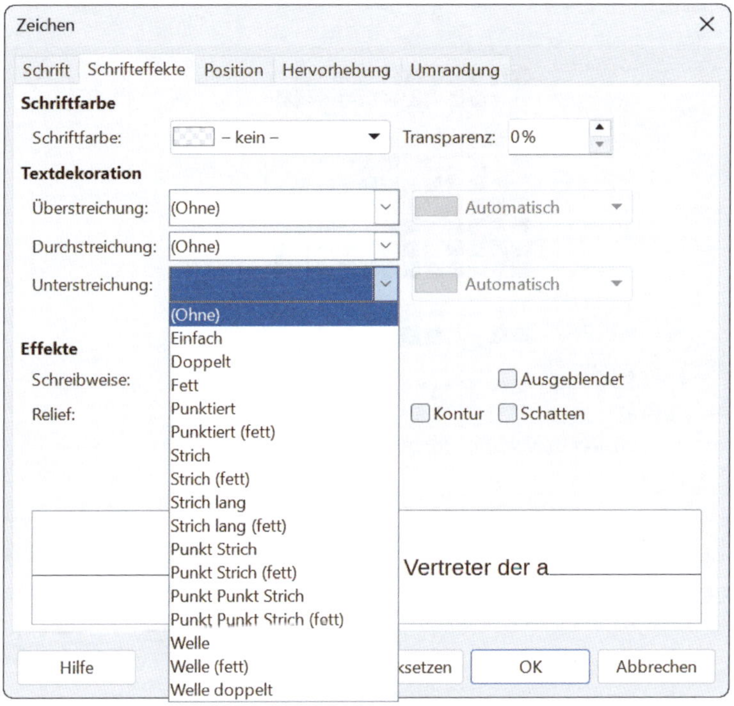


**Abbildung 3.14** *Hier werden die Unterstreichungsvarianten benannt.*

Im Gegensatz zu der Liste, die Sie mit dem Symbol öffnen, werden die Unterstreichungen hier benannt und nicht als Vorschau angeboten. Hinter dem Feld daneben, wo Sie standardmäßig **Automatisch** lesen, verbirgt sich eine Farbpalette, mit der Sie eine Unterstreichung einfärben können. Beachten Sie, dass Sie diese Farbpalette erst aufrufen können, nachdem Sie eine Unterstreichung gewählt haben. Ohne Unterstreichung ist dieses Feld nicht aktiv. Logisch, oder?

Beides, die Unterstreichung und die Farbe, werden Sie wieder los, indem Sie auf das Symbol **Unterstrichen** klicken und damit die Unterstreichung aufheben oder im Dialog **Zeichen** im Menü **Unterstreichung** die Option **(Ohne)** wählen.

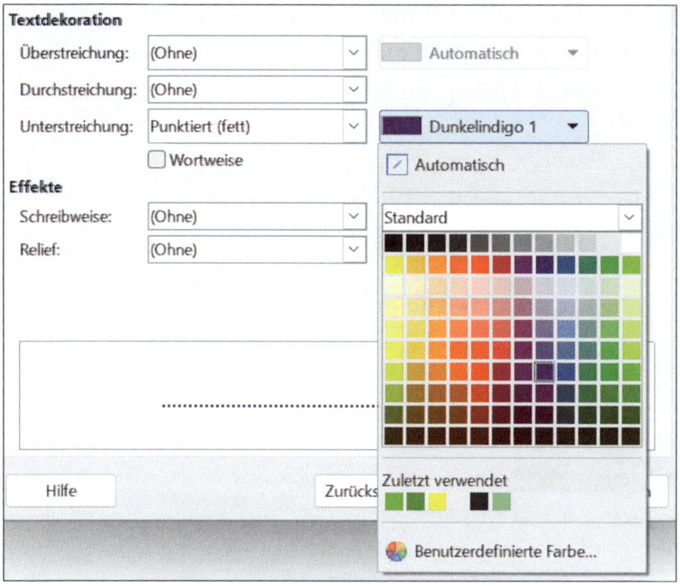


**Abbildung 3.15** *Eine farbige Unterstreichung einstellen*

Egal, was Sie als Letztes eingestellt hatten – eine Unterstreichungsvariante und vielleicht auch eine Farbe –, wenn Sie erneut ein Textstück markieren und auf das Symbol **Unterstrichen** klicken, wird wieder die einfache Unterstreichung ohne Farbe zugewiesen.

### Weitere Zeichenformatierungen

LibreOffice Writer geizt nicht mit Zeichenformatierungen. Es gibt neben den Klassikern auch noch Schatten und Konturen. Klicken Sie auf der Registerkarte **Start** ganz rechts in der Menüleiste auf den Pfeil an der Schaltfläche **Start** (sofern Sie die Symbole nicht auf Anhieb sehen). In dem Menü, das Sie dadurch öffnen, finden Sie die Effekte **Schatten** und **Kontur**. Das Beispiel zeigt eine Überschrift mit der Formatierung **Kontur**.

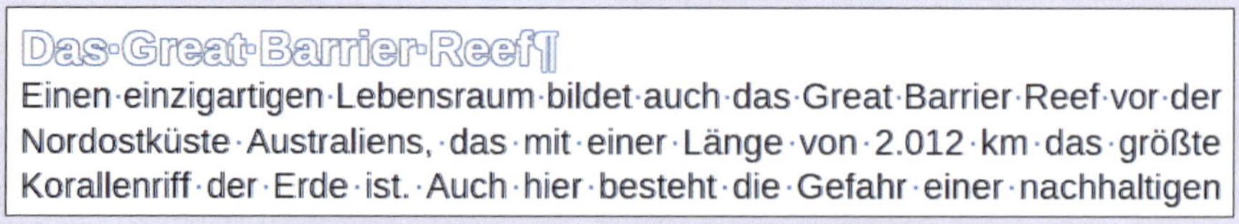
Das·Great·Barrier·Reef¶
Einen·einzigartigen·Lebensraum·bildet·auch·das·Great·Barrier·Reef·vor·der Nordostküste·Australiens,·das·mit·einer·Länge·von·2.012·km·das·größte Korallenriff·der·Erde·ist.·Auch·hier·besteht·die·Gefahr·einer·nachhaltigen

**Abbildung 3.16** *Die Überschrift ist als Kontur formatiert.*

## 3.3 Absätze ausrichten: linksbündig, zentriert oder im Blocksatz

In diesem Abschnitt zeige ich Ihnen die sogenannte *Absatzformatierung*. Damit ist gemeint, dass sich die Formatierung nicht auf die Zeichen bezieht, sondern auf die Gestaltung des Layouts durch die Veränderung der Ausrichtung von Absätzen und mit Absatzeinzügen.

### 3.3.1 Die Ausrichtung ändern

Wenn Sie eine neue, leere Seite aufrufen, haben Sie ein Blatt mit bestimmten Voreinstellungen vor sich. Abgesehen von den Seitenrändern schreiben Sie standardmäßig linksbündig und ohne irgendwelche Einzüge.

Es gibt vier verschiedene Ausrichtungen:

- Linksbündig
- Rechtsbündig
- Zentriert
- Blocksatz

*Linksbündig* heißt, dass die Zeilenanfänge links eine senkrechte Linie bilden. Die Zeichen stehen Zeile fur Zeile untereinander, und der rechte Rand ist »ausgefranst«. Das Pendant zu linksbündig ist eine *rechtsbündige* Ausrichtung. Hier ist es genau umgekehrt: Alle Zeilenenden stehen senkrecht untereinander, der linke Rand ist »ausgefranst«.

Mit einer *zentrierten* Ausrichtung richten Sie den Absatz genau in der Mitte zwischen den beiden Seitenrändern aus. Eine Zentrierung wird oft für Überschriften oder Zwischenüberschriften genutzt. Der *Blocksatz* ist die einzige Textausrichtung, bei der der Zeilenanfang und das Zeilenende vertikal exakt untereinander liegen. Die Zeilen sind also alle – bis auf die letzte – gleich lang. Blocksatz begegnen Sie am häufigsten in Büchern und Magazinen.

Das·Great·Barrier·Reef¶
Linksbündig:¶
Einen·einzigartigen·Lebensraum·bildet·auch·das·Great·Barrier·Reef·vor·der·Nordostküste·Australiens,·das·mit·einer·Länge·von·2.012·km·das·größte·Korallenriff·der·Erde·ist.·Auch·hier·besteht·die·Gefahr·einer·nachhaltigen·Störung·des·ökologischen·Gleichgewichts·durch·die·intensive·industrielle·Fischerei·in·den·umliegenden·Gewässern·und·den·Tauch-Tourismus.¶
¶

Das·Great·Barrier·Reef¶
Rechtsbündig:¶
Einen·einzigartigen·Lebensraum·bildet·auch·das·Great·Barrier·Reef·vor·der·Nordostküste·Australiens,·das·mit·einer·Länge·von·2.012·km·das·größte·Korallenriff·der·Erde·ist.·Auch·hier·besteht·die·Gefahr·einer·nachhaltigen·Störung·des·ökologischen·Gleichgewichts·durch·die·intensive·industrielle·Fischerei·in·den·umliegenden·Gewässern·und·den·Tauch-Tourismus.¶

Das·Great·Barrier·Reef¶
Zentriert:¶
Einen·einzigartigen·Lebensraum·bildet·auch·das·Great·Barrier·Reef·vor·der·Nordostküste·Australiens,·das·mit·einer·Länge·von·2.012·km·das·größte·Korallenriff·der·Erde·ist.·Auch·hier·besteht·die·Gefahr·einer·nachhaltigen·Störung·des·ökologischen·Gleichgewichts·durch·die·intensive·industrielle·Fischerei·in·den·umliegenden·Gewässern·und·den·Tauch-Tourismus.¶
¶

Das·Great·Barrier·Reef¶
Blocksatz:¶
Einen·einzigartigen·Lebensraum·bildet·auch·das·Great·Barrier·Reef·vor·der·Nordostküste·Australiens,·das·mit·einer·Länge·von·2.012·km·das·größte·Korallenriff·der·Erde·ist.·Auch·hier·besteht·die·Gefahr·einer·nachhaltigen·Störung·des·ökologischen·Gleichgewichts·durch·die·intensive·industrielle·Fischerei·in·den·umliegenden·Gewässern·und·den·Tauch-Tourismus.¶
¶

**Abbildung 3.17** *Absätze mit verschiedenen Ausrichtungen*

Diese verschiedenen Ausrichtungen sind sehr leicht zuzuweisen, selbst das für die Zeichenformatierung notwendige Markieren entfällt unter Umständen, nämlich dann, wenn Sie nur einen einzigen Absatz neu ausrichten möchten. Soll sich die Einstellung auf mehrere Absätze beziehen, müssen diese zuvor markiert werden.

1. Setzen Sie den Cursor irgendwo in den Absatz, dessen Ausrichtung Sie ändern möchten.

2. Klicken Sie auf der Registerkarte **Start** auf das Symbol für die gewünschte Ausrichtung, zum Beispiel auf **Zentriert ausrichten**.

3. Der Absatz wird zentriert, rutscht also in die Mitte des Blattes.

**Überschriften zentrieren**

Beachten Sie, dass auch eine Zeile im Sinne von LibreOffice Writer (oder anderen Textverarbeitungsprogrammen) ein Absatz ist, wenn Sie nach dieser einen Zeile die [↵]-Taste betätigen wie zum Beispiel bei einer Überschrift. Um eine solche Zeile zu zentrieren, reicht es also, den Cursor einfach in diese Zeile bzw. diesen Absatz zu setzen.

Während Sie eine zentrierte Ausrichtung oft für einzelne Zeilen nutzen und eine rechtsbündige Ausrichtung vielleicht für einen Absatz, ist es unüblich, nur einzelnen Absätzen eines Dokuments Blocksatz zuzuweisen und anderen nicht. Blocksatz wird tendenziell für das ganze Dokument eingestellt. So gesehen, müssen Sie also auch das ganze Dokument markieren, bevor Sie auf das Symbol **Blocksatz** klicken.

Wenn Sie zur Linksbündigkeit zurückkehren möchten, setzen Sie den Cursor in den entsprechenden Absatz – oder markieren die Absätze – und klicken einfach auf das Symbol **Linksbündig ausrichten**.

Auch für die Zuweisung einer anderen Ausrichtung können Sie einen Dialog aufrufen. Dies sind die Schritte:

1. Klicken Sie den Absatz mit der rechten Maustaste an und wählen Sie im Kontextmenü die Option **Absatz** und im Untermenü erneut **Absatz**. Alternativ klicken Sie ganz rechts im Menü auf die Schaltfläche **Start** und wählen **Absatz**.

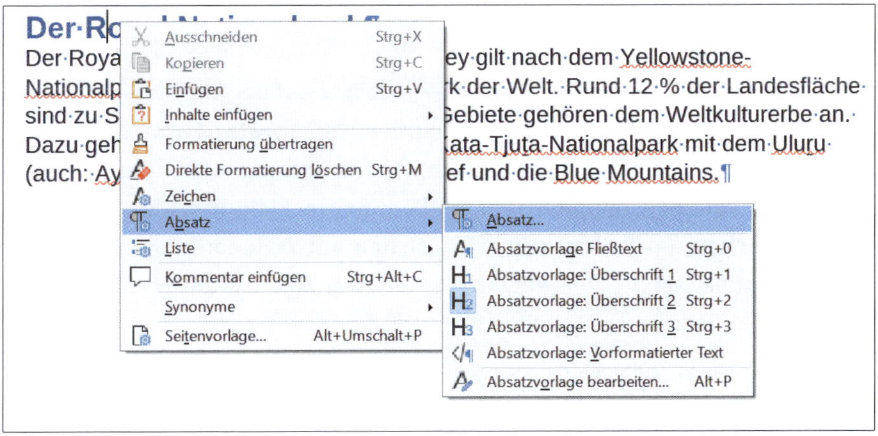


2. Im Dialog **Absatz** wechseln Sie auf die Registerkarte **Ausrichtung**.

3. Hier aktivieren Sie unter **Optionen** die gewünschte Ausrichtung.

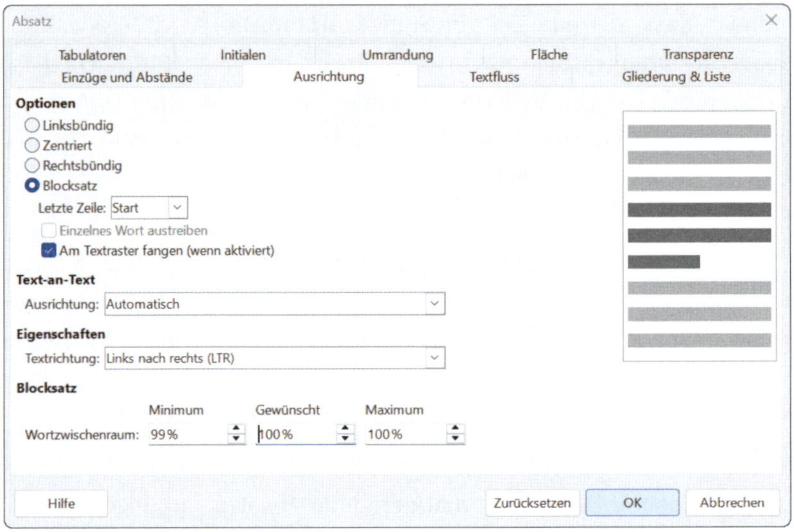


### 3.3.2 Blocksatz und Silbentrennung

Bei der Ausrichtung **Blocksatz** entstehen naturgemäß etwas größere Lücken zwischen den einzelnen Wörtern, da die Zeichen am Zeilenende ja jeweils untereinanderstehen sollen. Damit diese Lücken nicht zu groß wirken, wird Blocksatz oft zusammen mit der Silbentrennung genutzt. Auf diese Weise passt am Ende der Zeile gegebenenfalls noch ein Teil eines Wortes in die obere Zeile, während der andere Teil des Wortes in die nächste Zeile rutscht.

Diese Silbentrennung stellen Sie im Dialog **Absatz** auf der Registerkarte **Textfluss** ein. Klicken Sie dazu zunächst im Kontextmenü auf **Absatz • Absatz**. Aktivieren Sie nun die Option **Automatisch** im Bereich **Silbentrennung** und ändern Sie gegebenenfalls die voreingestellten Optionen. Zum Beispiel könnten Sie die Zahl in den Feldern **Zeichen am Zeilenende** und **Zeichen am Zeilenanfang** erhöhen, da es nicht besonders schön aussieht, wenn nur zwei Zeichen am Ende bzw. Anfang einer Zeile stehen. Bestätigen Sie Ihre Einstellung mit **OK**.

Sofern es im Dokument trennbare Wörter am Zeilenende gibt, werden sie durch einen Bindestrich getrennt. Machen Sie sich keine Sorgen: Diese Bindestriche sind sogenannte *bedingte Trennstriche*, d. h., sie bleiben nur erhalten, wenn der Text so bleibt, wie er ist. Sollte das getrennte Wort durch eine Änderung am Text nicht mehr am Zeilenende stehen, wird auch nicht getrennt.

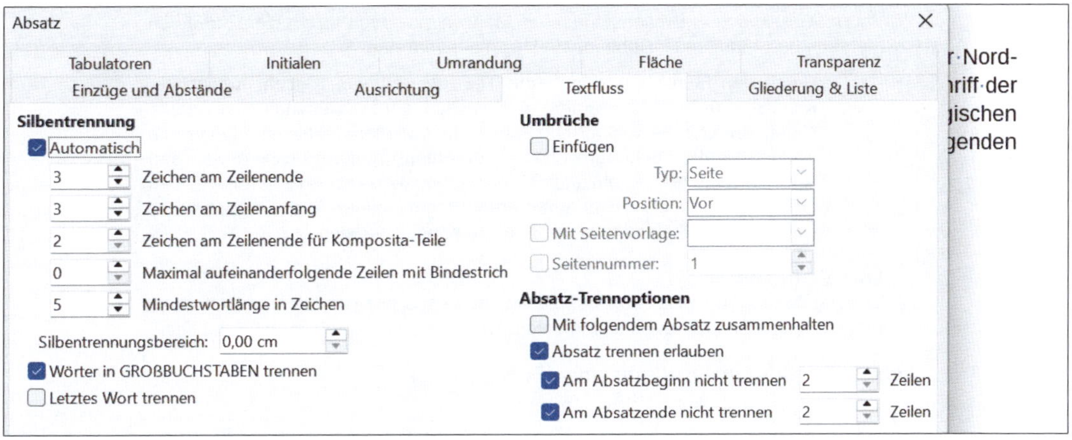


**Abbildung 3.18** *Die Silbentrennung einstellen*

### Silbentrennung manuell festlegen

Es gibt eine weitere Möglichkeit der Silbentrennung. Aktivieren Sie die Registerkarte **Layout** und klicken Sie hier auf die Schaltfläche **Silbentrennung**. Dies öffnet den gleichnamigen Dialog. In diesem Dialog werden Trennvorschläge gemacht, die Sie annehmen (dazu klicken Sie auf **Trennen**) oder ignorieren können (dazu klicken Sie auf **Weiter**). Sie entscheiden also selbst, ob Sie das Wort trennen möchten. Manche Wörter, z. B. Eigennamen, sollte man nicht trennen.

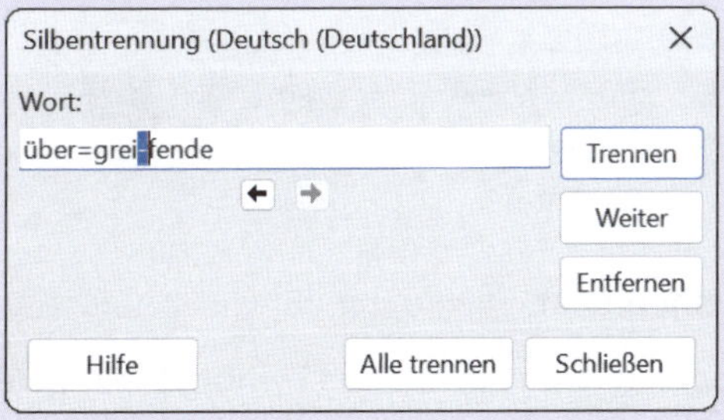


**Abbildung 3.19** *Entscheiden Sie, welches Wort getrennt werden soll.*

## 3.3.3 Absätze einziehen

Einzüge sind ein probates Mittel, um bestimmte Absätze hervorzuheben. Mit einem *Einzug* rückt der Text – sofern es sich um einen linken Einzug handelt – vom linken Seitenrand gesehen ein Stück nach rechts.

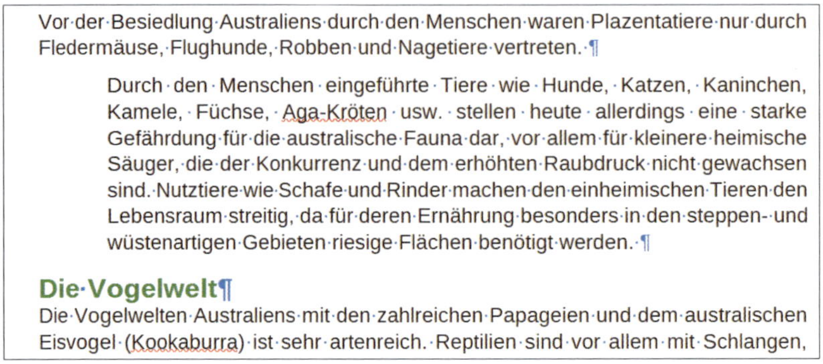

Vor der Besiedlung Australiens durch den Menschen waren Plazentatiere nur durch Fledermäuse, Flughunde, Robben und Nagetiere vertreten. ¶

Durch den Menschen eingeführte Tiere wie Hunde, Katzen, Kaninchen, Kamele, Füchse, Aga-Kröten usw. stellen heute allerdings eine starke Gefährdung für die australische Fauna dar, vor allem für kleinere heimische Säuger, die der Konkurrenz und dem erhöhten Raubdruck nicht gewachsen sind. Nutztiere wie Schafe und Rinder machen den einheimischen Tieren den Lebensraum streitig, da für deren Ernährung besonders in den steppen- und wüstenartigen Gebieten riesige Flächen benötigt werden. ¶

Die Vogelwelt¶

Die Vogelwelten Australiens mit den zahlreichen Papageien und dem australischen Eisvogel (Kookaburra) ist sehr artenreich. Reptilien sind vor allem mit Schlangen,

**Abbildung 3.20** *Ein Absatz mit einem linken Einzug*

Einzüge gehören zur Absatzformatierung. Dies bedeutet, dass sich die entsprechende Formatierung auf den aktiven Absatz bezieht, also auf den Absatz, in dem der Cursor steht. Es gibt Standardeinzüge und manuell festgelegte Einzüge. Der Standardeinzug beträgt 1,25 cm.

1. Um einen Standardeinzug einzustellen, setzen Sie den Cursor irgendwo in den entsprechenden Absatz.
2. Sollen mehrere Absätze eingezogen werden, markieren Sie diese Absätze.
3. Klicken Sie auf der Registerkarte **Start** auf das Symbol **Einzug vergrößern**.

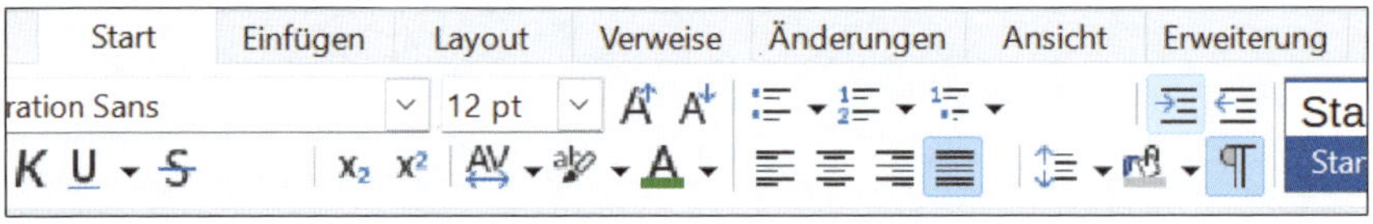


**Abbildung 3.21** *Einen Absatz einrücken*

Schon wird der Absatz, wie Sie sehen, eingerückt.

Um diese Einrückung wieder aufzuheben, klicken Sie auf das Symbol **Einzug verkleinern** direkt daneben; achten Sie auch hierbei darauf, dass der Cursor im Absatz steht.

**Einzug vergrößern**

Wenn Sie einen Standardeinzug zugewiesen haben und erneut auf das Symbol **Einzug vergrößern** klicken, wird der Einzug mit jedem Klick erneut um 1,25 cm vergrößert.

Ein Einzug um 1,25 cm passt nicht immer. Daher ist es gut, dass Sie auch selbst bestimmen können, wie weit Sie den Absatz einrücken möchten. Dazu brauchen Sie den Dialog **Absatz**. Klicken Sie den Absatz mit der rechten Maustaste an und wählen Sie im Kontextmenü die Option **Absatz** und im Untermenü erneut **Absatz**. Alternativ klicken Sie ganz rechts im Menü auf die Schaltfläche **Start** und wählen **Absatz**.

1. Im Dialog **Absatz** wechseln Sie auf die Registerkarte **Einzüge und Abstände**.
2. Im Bereich **Einzug** vergrößern Sie den Einzug, indem Sie auf den nach oben zeigenden Pfeil beim Feld **Vor dem Text** klicken.

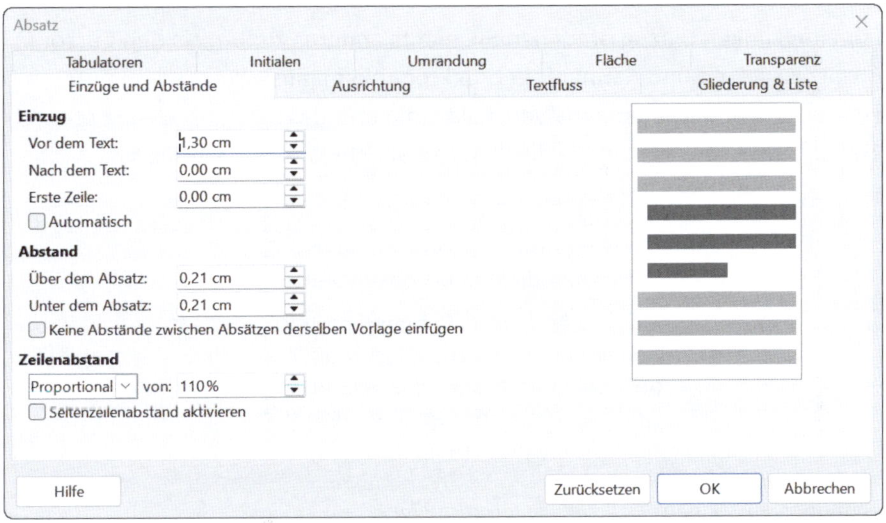


3. Sie können auch ein Maß eingeben. Achten Sie dann darauf, dass Sie ein Komma eingeben und keinen Punkt.
4. Bestätigen Sie Ihre Einstellung mit **OK**.

Um in diesem Dialog einen Einzug wieder zurückzunehmen, geben Sie im Feld **Vor dem Text** einfach eine 0 ein.

Aller guten Dinge sind drei, und daher gibt es noch einen Weg, um Absätze einzurücken, und zwar einfach mit der Maus. Für diese Methode muss unbedingt das Lineal am oberen Rand des Bildschirms zu sehen sein; holen Sie dies also unter Umständen nach, indem Sie die Registerkarte **Ansicht** aktivieren und auf **Lineale** klicken.

Im Lineal sehen Sie an der Position des linken Seitenrandes zwei kleine Dreiecke. Das untere repräsentiert einen linken Einzug, das obere einen Einzug für die erste Zeile eines Absatzes.

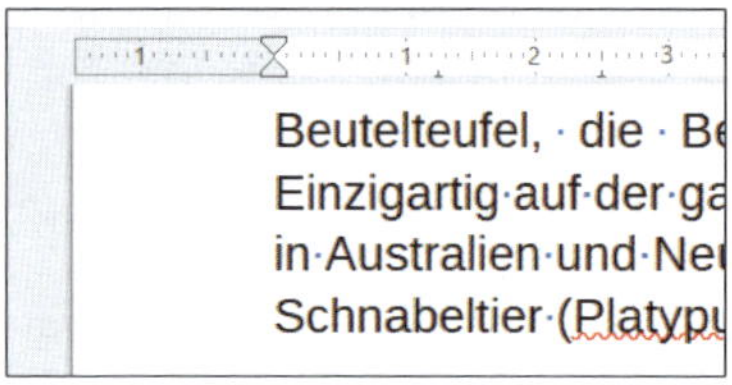


**Abbildung 3.22** *Die beiden Dreiecke für Einzüge*

Für einen linken Einzug brauchen Sie nichts anderes zu tun, als den Cursor in den Absatz zu setzen und dann mit gedrückter linker Maustaste an dem unteren Dreieck zu ziehen. Sie sehen eine vertikale Linie und dass Sie den Absatz schon beim Ziehen einrücken. Lassen Sie die Maus an der gewünschten Stelle los.

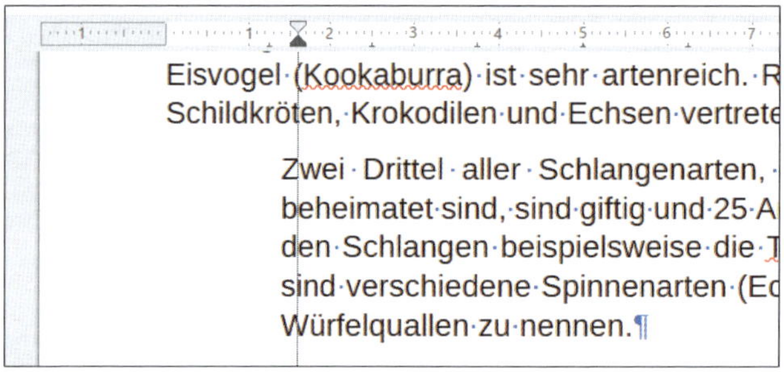


**Abbildung 3.23** *Einen Einzug im Lineal einstellen*

Um einen Erst-Zeilen-Einzug einzustellen, verfahren Sie genauso, nur das Sie an dem oberen Dreieck ziehen (siehe auch den nächsten Abschnitt).

**Einzug versus Leertaste**

Viele User einer Textverarbeitung nutzen für das Einrücken eines Absatzes die manuelle Methode: Sie drücken am Ende der Zeile ↵ und rücken dann mit der Leertaste den Text ein. Lassen Sie die Finger von dieser Methode, ich bitte Sie! Ein auf diese Art erzeugter Einzug ist nicht flexibel; sobald Sie am Text etwas ändern, ihn kürzen oder ergänzen, sind die Leerstellen und Absatzmarken an der falschen Stelle und Sie müssen mühselig nachkorrigieren. Hingegen bleibt Ihnen ein nach den Regeln der Kunst eingezogener Absatz für immer erhalten. Sie können an dem Text herumspielen, so viel Sie möchten.

### 3.3.4 Erst-Zeilen-Einzüge

Erst-Zeilen-Einzüge kennen Sie aus Magazinen oder Büchern. Ein solcher Einzug rückt nur die erste Zeile eines Absatzes um den angegebenen Wert ein, der Rest des Absatzes bleibt wie gehabt.

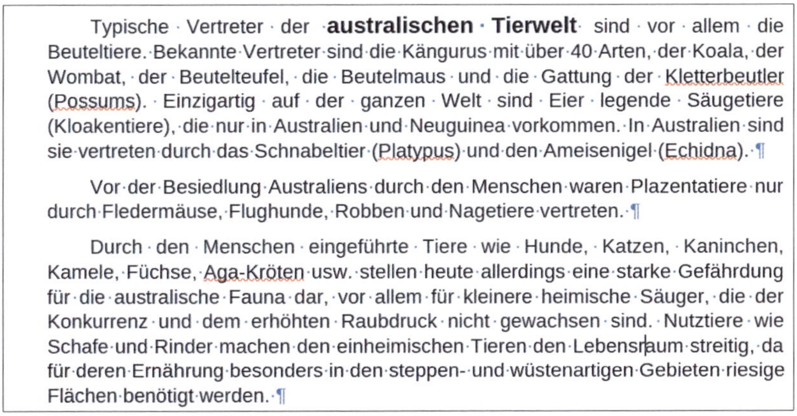

Typische Vertreter der **australischen Tierwelt** sind vor allem die Beuteltiere. Bekannte Vertreter sind die Kängurus mit über 40 Arten, der Koala, der Wombat, der Beutelteufel, die Beutelmaus und die Gattung der Kletterbeutler (Possums). Einzigartig auf der ganzen Welt sind Eier legende Säugetiere (Kloakentiere), die nur in Australien und Neuguinea vorkommen. In Australien sind sie vertreten durch das Schnabeltier (Platypus) und den Ameisenigel (Echidna). ¶

Vor der Besiedlung Australiens durch den Menschen waren Plazentatiere nur durch Fledermäuse, Flughunde, Robben und Nagetiere vertreten. ¶

Durch den Menschen eingeführte Tiere wie Hunde, Katzen, Kaninchen, Kamele, Füchse, Aga-Kröten usw. stellen heute allerdings eine starke Gefährdung für die australische Fauna dar, vor allem für kleinere heimische Säuger, die der Konkurrenz und dem erhöhten Raubdruck nicht gewachsen sind. Nutztiere wie Schafe und Rinder machen den einheimischen Tieren den Lebensraum streitig, da für deren Ernährung besonders in den steppen- und wüstenartigen Gebieten riesige Flächen benötigt werden. ¶

**Abbildung 3.24** *Absätze mit Erst-Zeilen-Einzug*

Auch für Erst-Zeilen-Einzüge gilt die Regel, dass es reicht, den Cursor in den entsprechenden Absatz zu setzen. Da man diese Art von Einzug normalerweise aber für das ganze Dokument einstellt und nicht nur für einen einzigen Absatz, müssen Sie den Text zuvor markieren. Dann geben Sie auf der Registerkarte **Einzüge und Abstände** im Bereich **Einzug** im Feld **Erste Zeile** einen Wert ein oder nutzen den Pfeil. In der Abbildung sehen Sie einen Wert von 0,80 cm. Der Wert 0 hebt den Einzug wieder auf. Sie können also ruhig probieren, ob diese Gestaltung Ihnen gefällt; alles lässt sich rückgängig machen – jedenfalls am PC!

**Erst-Zeilen-Einzug im Lineal**

Wie weiter oben schon erwähnt, können Sie den Erst-Zeilen-Einzug auch über das Lineal einstellen. Ziehen Sie mit der Maustaste an dem oberen kleinen Dreieck bis zum gewünschten Maß.

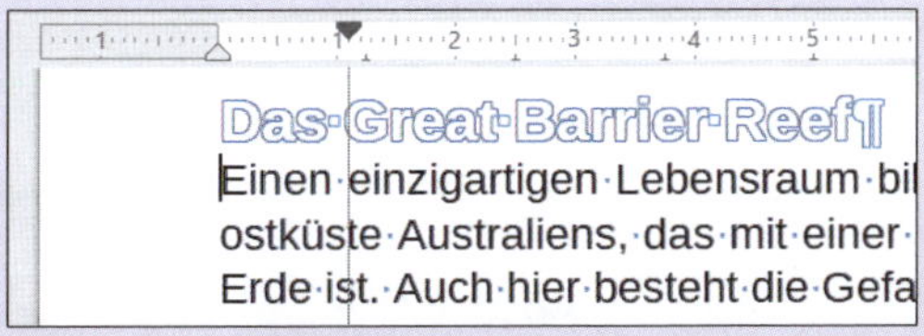


**Abbildung 3.25** *Einen Erst-Zeilen-Einzug im Lineal einstellen*

## 3.4 Abstände zwischen Zeilen und Absätzen einstellen

Auch bezogen auf den Zeilenabstand und den Abstand zwischen Absätzen gibt es eine Standardeinstellung für jedes neue Dokument. Sie schreiben zunächst einzeilig, d. h., der Absatz zwischen zwei Absätzen ist auf 0 eingestellt. Aber es wird Sie nicht überraschen, wenn ich Ihnen sage, dass sich das nach Wunsch ändern lässt.

### 3.4.1 Den Zeilenabstand einstellen

Der vorab eingestellte Zeilenabstand ist nicht für jedes Dokument passend. Die Zeilen liegen relativ dicht beieinander, was nicht unbedingt zur Lesefreundlichkeit beiträgt. Vor allem, wenn es darum geht, ein Dokument zu korrigieren, ist ein größerer Abstand oft hilfreich. Und das nur nebenbei: Ein größerer Zeilenabstand sorgt für ein längeres Dokument – sofern es also auf die Seitenzahl ankommt, können Sie mit dem Zeilenabstand unter Umständen ein bisschen »schummeln«.

Das Symbol **Zeilenabstand einstellen** finden Sie auf der Registerkarte **Start**. Wenn Sie das Symbol anklicken und der Cursor im entsprechenden Absatz steht, sehen Sie den aktuell eingestellten Zeilenabstand. Über den Pfeil am Feld **Zeilenabstand** erhalten Sie die weiteren Optionen.

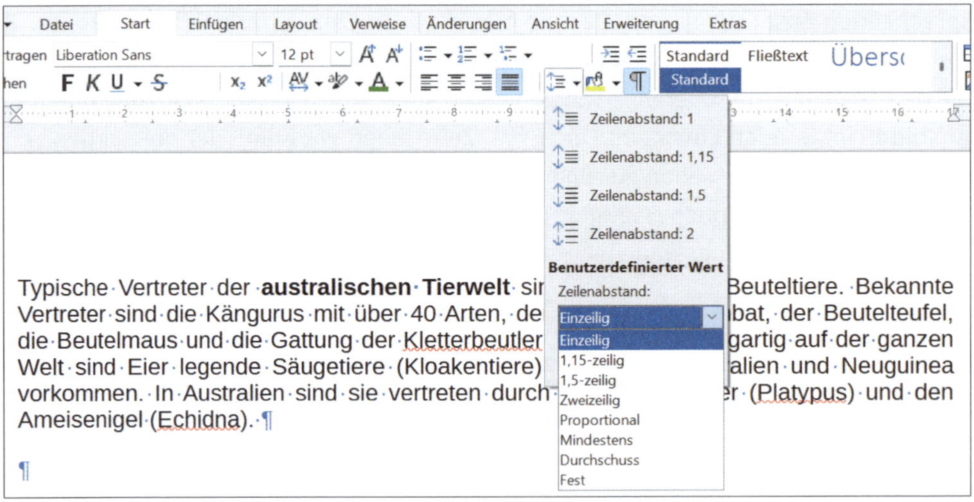


**Abbildung 3.26** *Zeilenabstände einstellen*

> **Maßeinheiten**
>
> Die Zeilenabstände – und auch die im nächsten Abschnitt behandelten Absatzabstände – werden standardmäßig in Zentimeter (cm) gemessen. Das

können Sie in den Optionen überprüfen oder auch ändern, wenn Sie möchten. Klicken Sie auf die drei horizontalen Striche oben rechts am Bildschirm. Wählen Sie **Optionen** und klicken Sie auf das Pluszeichen neben **LibreOffice-Writer**. In der Liste klicken Sie auf **Allgemein**. Im Bereich **Einstellungen** sehen Sie das Feld **Maßeinheit**.

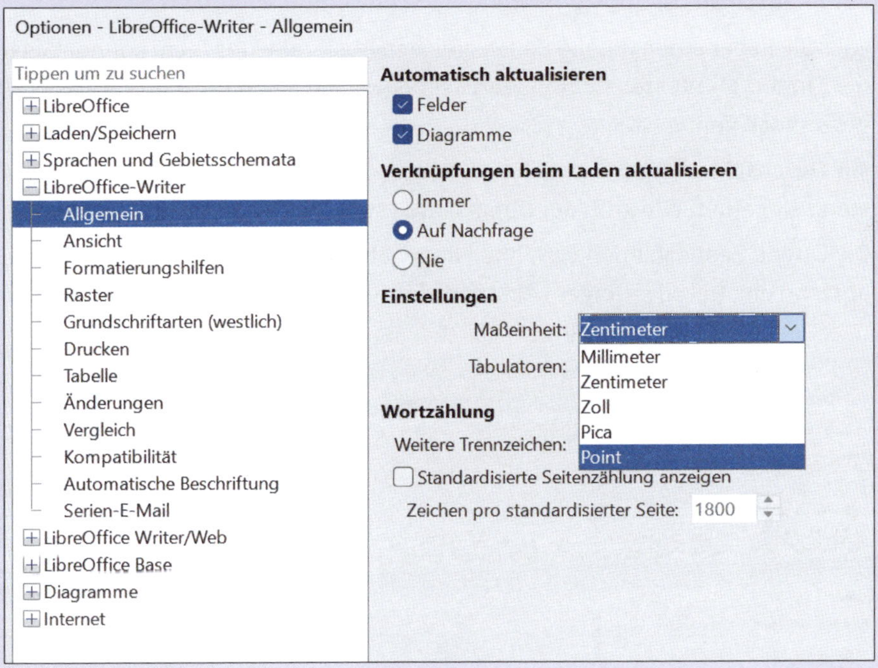


**Abbildung 3.27** *Die Maßeinheiten in den Optionen*

Am besten, Sie probieren verschiedene Einstellungen aus. Ganz deutlich ist der Unterschied zum Beispiel, wenn Sie **Zweizeilig** wählen.

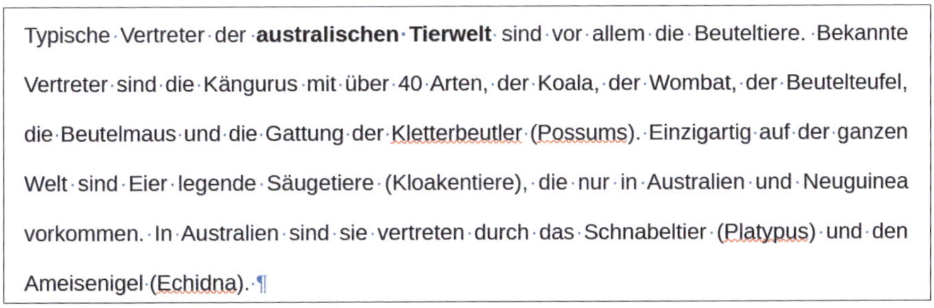

Typische Vertreter der **australischen Tierwelt** sind vor allem die Beuteltiere. Bekannte Vertreter sind die Kängurus mit über 40 Arten, der Koala, der Wombat, der Beutelteufel, die Beutelmaus und die Gattung der Kletterbeutler (Possums). Einzigartig auf der ganzen Welt sind Eier legende Säugetiere (Kloakentiere), die nur in Australien und Neuguinea vorkommen. In Australien sind sie vertreten durch das Schnabeltier (Platypus) und den Ameisenigel (Echidna). ¶

**Abbildung 3.28** *Ein zweizeiliger Zeilenabstand*

Gängige Zeilenabstände sind zum Beispiel 1,15 und 1,5.

- Mit der Einstellung **Proportional** geben Sie im Feld **Wert** darunter einen Prozentsatz bezogen auf die Schriftgröße ein. Ein gut lesbarer Zeilenabstand beträgt etwa 120 % der verwendeten Schriftgröße. Wenn Sie innerhalb eines Absatzes unterschiedliche Schriftgrößen verwenden, wird der Zeilenabstand automatisch an die größte verwendete Schriftgröße angepasst.
- Falls Sie lieber einen für alle Zeilen gleichen Abstand wünschen, können Sie mit der Option **Mindestens** einen Wert festlegen, der auch für die größte Schriftgröße hoch genug ist.
- Mit **Durchschuss** wird zusätzlich zum normalen Zeilenabstand ein Höhenabstand eingefügt. Wie groß der Durchschuss sein soll, legen Sie im Feld **Wert** fest.
- Die Option **Fest** setzt den von Ihnen angegebenen Wert als den exakten Zeilenabstand ein. Bei zu geringem Abstand werden die Buchstaben abgeschnitten.

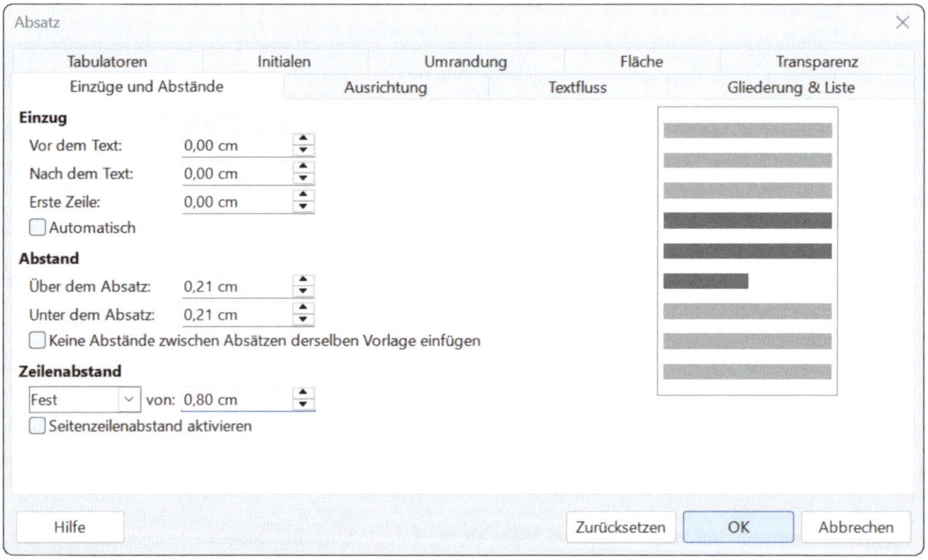


**Abbildung 3.29** *Den Zeilenabstand im Dialog »Absatz« einstellen*

### Durchschuss

Der Begriff *Durchschuss* hat historische Wurzeln. Er stammt aus der Zeit des Bleisatzes, als dünne Metallstreifen (eben der Durchschuss) zwischen die Zeilen gelegt wurden, um den Abstand zu vergrößern und damit die Lesbarkeit zu verbessern.

Wie nicht anders zu erwarten, können Sie über das Kontextmenü auch den Dialog **Absatz** aufrufen und hier den gewünschten Zeilenabstand zuweisen. Klicken Sie auf der Registerkarte **Einzüge und Abstände** auf den Pfeil am Feld **Zeilenabstand** unten im Dialog und wählen Sie eine Option aus der Liste. Je nach Option geben Sie im Feld daneben einen Wert ein.

### 3.4.2 Den Absatzabstand einstellen

Ich hatte weiter oben bereits erwähnt, dass der Absatz zwischen zwei Absätzen standardmäßig auf 0 eingestellt ist. Dies können Sie im Dialog **Absatz** überprüfen.

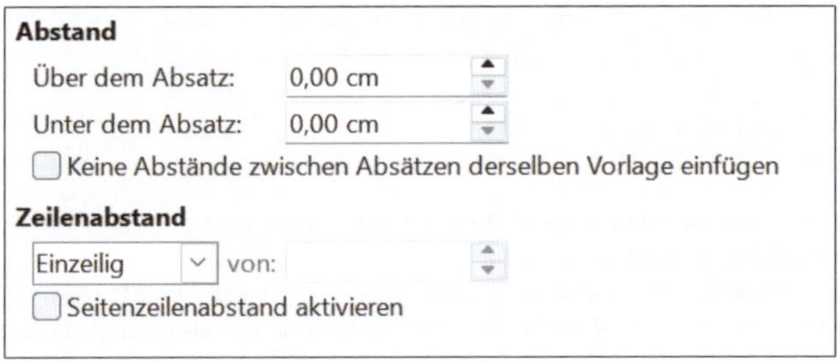


**Abbildung 3.30** *Der Standardabstand ist auf 0 gesetzt.*

Mit dieser Einstellung erhalten Sie naturgemäß keinen Abstand nach einem Absatz, d. h., wenn Sie die ↵-Taste drücken, um einen neuen Absatz zu beginnen. Optisch ansprechender sind etwas größere Abstände, insbesondere in einem längeren Dokument; außerdem garantiert die Verwendung der Funktion **Absatzabstand**, dass es zwischen jedem Absatz einen identischen Abstand gibt.

Auch bei diesen Abständen gilt in der Regel, dass Sie die gewählte Einstellung für den gesamten Text einstellen, was bedeutet, dass Sie als Erstes alles markieren müssen. Dann folgenden Sie diesen Schritten:

1. Klicken Sie im Kontextmenü des markierten Textes auf **Absatz**.
2. Im Dialog **Absatz** brauchen Sie wieder die Registerkarte **Einzüge und Abstände**.
3. Geben Sie im Feld **Unter dem Absatz** (oder wahlweise auch im Feld **Über dem Absatz**) einen Wert ein oder nutzen Sie den Pfeil und bestätigen Sie die Einstellung mit **OK**.

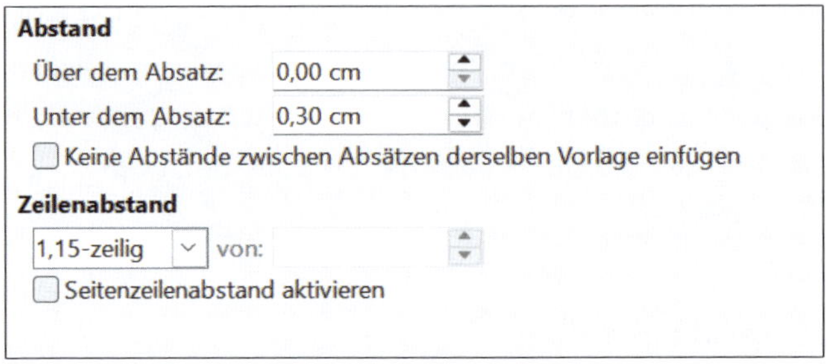


Im Beispiel sehen Sie ein Abstand von 0,30 cm zwischen den Absätzen.

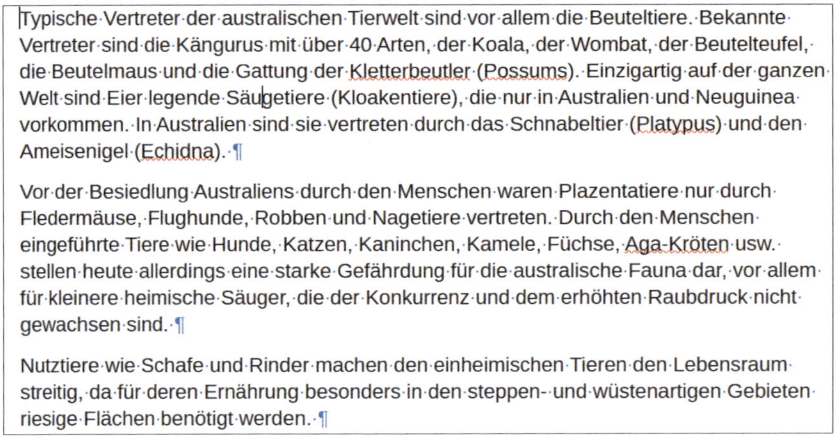

Typische Vertreter der australischen Tierwelt sind vor allem die Beuteltiere. Bekannte Vertreter sind die Kängurus mit über 40 Arten, der Koala, der Wombat, der Beutelteufel, die Beutelmaus und die Gattung der Kletterbeutler (Possums). Einzigartig auf der ganzen Welt sind Eier legende Säugetiere (Kloakentiere), die nur in Australien und Neuguinea vorkommen. In Australien sind sie vertreten durch das Schnabeltier (Platypus) und den Ameisenigel (Echidna). ¶

Vor der Besiedlung Australiens durch den Menschen waren Plazentatiere nur durch Fledermäuse, Flughunde, Robben und Nagetiere vertreten. Durch den Menschen eingeführte Tiere wie Hunde, Katzen, Kaninchen, Kamele, Füchse, Aga-Kröten usw. stellen heute allerdings eine starke Gefährdung für die australische Fauna dar, vor allem für kleinere heimische Säuger, die der Konkurrenz und dem erhöhten Raubdruck nicht gewachsen sind. ¶

Nutztiere wie Schafe und Rinder machen den einheimischen Tieren den Lebensraum streitig, da für deren Ernährung besonders in den steppen- und wüstenartigen Gebieten riesige Flächen benötigt werden. ¶

**Abbildung 3.31** *Gleichmäßige Absatzabstände*

## 3.5 Texte in Reih und Glied – Tabstopps

Wenn Sie eine Auflistung schreiben möchten, bei der die einzelnen Einträge getrennt und dann mit den weiteren Zeilen immer hübsch untereinander stehen, kommen Tabstopps ins Spiel.

**Tabstopps**

Ein *Tabstopp* ist ein Punkt in einer Textzeile, an dem der Cursor anhält, wenn die Tabulator-Taste (⭾) gedrückt wird.

### 3.5.1 Standard-Tabstopps nutzen

Auf jeder Tastatur befindet sich eine Tabulator-Taste (↹). Mit dieser Taste gehen Sie nicht eine Leerstelle weiter, sondern hüpfen standardmäßig jeweils um 1,25 cm zum voreingestellten Tabstopp. Im Lineal sehen Sie diesen Stopp als winzigen kleinen Strich – allerdings nur mit Brille oder sehr guten Augen! Sofern Sie die Formatierungszeichen anzeigen lassen, erscheint mit jeder Betätigung der ↹ ein nach rechts weisender Pfeil.

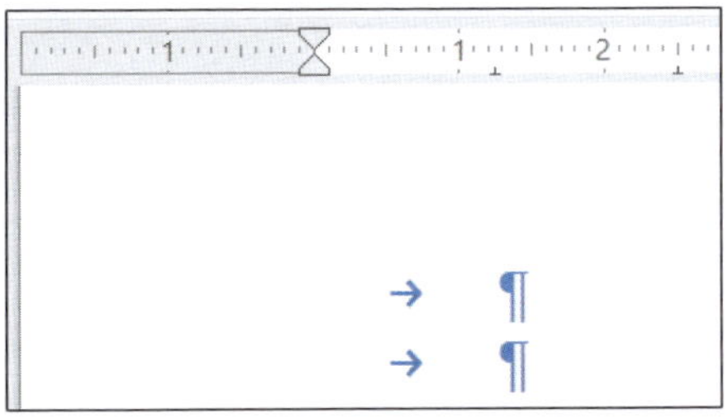

**Abbildung 3.32** *Die Pfeile stehen für einen Schritt mit der »Tab«-Taste.*

Die Abbildung macht im Prinzip deutlich, wie Sie mit der ↹-Taste umgehen: Sie drücken sie einmal oder auch zweimal, je nach Länge der Einträge, und am Ende der Zeile drücken Sie ↵, um in die nächste Zeile zu gelangen. Dort verfahren Sie genauso.

| | | | |
|---|---|---|---|
| **Stadt** → | **Land** → → | **Hotel** → → | **belegt**¶ |
| Berlin → | Deutschland → | Continental → | nein¶ |
| London → | England → → | Four·Seasons → | nein¶ |
| Mailand → | Italien → → | Bellavista → | ja¶ |
| Madrid → | Spanien → → | Don·Carlos → | ja¶ |
| ¶ | | | |

**Abbildung 3.33** *Eine Tabelle, die mit der »Tab«-Taste erzeugt wurde*

Sie sehen also: Mithilfe der ↹-Taste eine Tabelle zu schreiben, ist relativ schnell gemacht. Die Tabulatoren lassen sich mit `Entf` oder der ←-Taste löschen.

### 3.5.2 Eigene Tabstopps setzen

Sie müssen nicht mit den voreingestellten Tabstopps vorliebnehmen, sondern können passend zu der Tabelle, die Sie schreiben möchten, individuelle Tabstopps setzen. Mit der ↹-Taste springen Sie dann nicht um 1,25 cm, sondern genau zu dem von Ihnen gesetzten Tabstopp.

Für den schnellen Weg, sich eigene Tabstopps zu setzen, brauchen Sie zwingend das Lineal (zur Erinnerung: **Ansicht • Lineale**), denn dort fügen Sie die Tabstopps ein. Schauen Sie nun bitte ganz links auf der Höhe des Lineals auf den Bildschirm. Sie sehen dort ein unscheinbares Symbol, ein **L**. Dies repräsentiert einen linksbündigen Tabstopp.

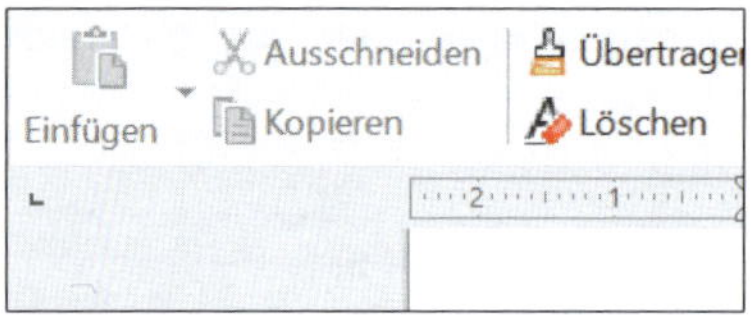


**Abbildung 3.34** *Das L steht für einen linksbündigen Tabstopp.*

Zum Setzen eines Tabstopps machen Sie nun einfach Folgendes: Sie überlegen sich, an welcher Position Sie einen Tabstopp benötigen, und klicken genau dort in das Lineal. Dadurch erscheint das Symbol für den linksbündigen Tabstopp im Lineal. Wenn Sie jetzt die [Tab]-Taste drücken, springt der Cursor genau zu diesem Tabstopp. Einschränkend sei gesagt, dass der Tabstopp nur für den aktiven Absatz gilt, aber durch Drücken von [Enter] am Ende der Zeile ziehen Sie ihn mit in die nächste Zeile.

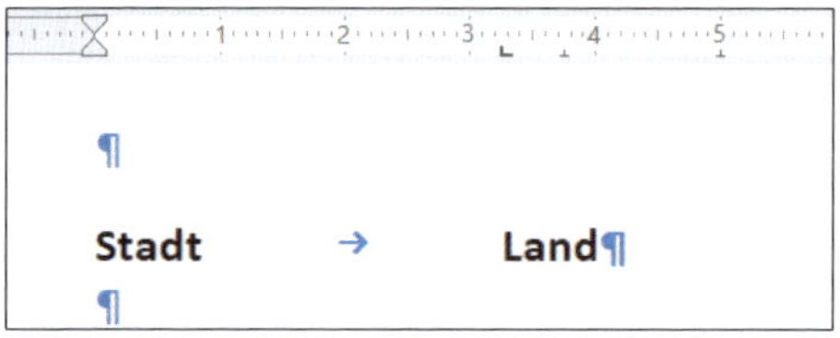


**Abbildung 3.35** *Ein linksbündiger Tabstopp im Lineal*

Lassen Sie uns klären, warum es *linksbündiger Tabstopp* heißt. Mit einem solchen Stopp beginnen die Einträge in der Tabelle genau an dem vertikalen Strich – die Ausrichtung ist also linksbündig. Und Sie ahnen es: Wenn es eine linksbündige Ausrichtung gibt, gibt es sicher auch andere Ausrichtungen. Richtig. Auch **Rechts**, **Zentriert** und **Dezimal** sind im Angebot.

**Abbildung 3.36** *Die Tabstopp-Zeichen*

- Mit einem rechtsbündigen Tabstopp schreiben Sie von rechts nach links, angefangen am vertikalen Strich.
- Ein zentrierter Tabstopp beginnt am kleinen Strich und Sie schreiben nach rechts und nach links; der Text wird also um den Tabstopp herum zentriert.
- Pfiffig ist der Dezimalstopp. Er eignet sich für Zahlen mit Kommastelle. Das Komma ist immer genau an der Position des Tabstopps, egal wie viele Zahlen Sie vor und/oder nach dem Komma schreiben.

Mit diesen verschiedenen Ausrichtungen können Sie also eine Tabelle schreiben, die ganz an Ihr Vorhaben angepasst ist.

Um die jeweilige Ausrichtung zu ändern, haben Sie zwei Möglichkeiten: Sie klicken mit der linken Maustaste so oft auf das Tabstopp-Symbol links am Bildschirm, bis die Ausrichtung erscheint, die Sie für den/die nächsten Tabstopp(s) benötigen, oder Sie klicken mit der rechten Maustaste direkt auf einen bereits gesetzten Tabstopp im Lineal, um ein Kontextmenü zu öffnen, in dem Sie den Typ des Tabulators ändern können. Aber aufgepasst: Wenn Sie im Kontextmenü zum Beispiel **Rechts** wählen, verwandeln Sie damit nur den aktuellen Tabstopp in einen rechtsbündigen Tabstopp; Sie ändern nicht grundsätzlich die Ausrichtung der Tabstopps, die Sie setzen. Dies geschieht nur durch Anklicken des kleinen Tabstopp-Symbols.

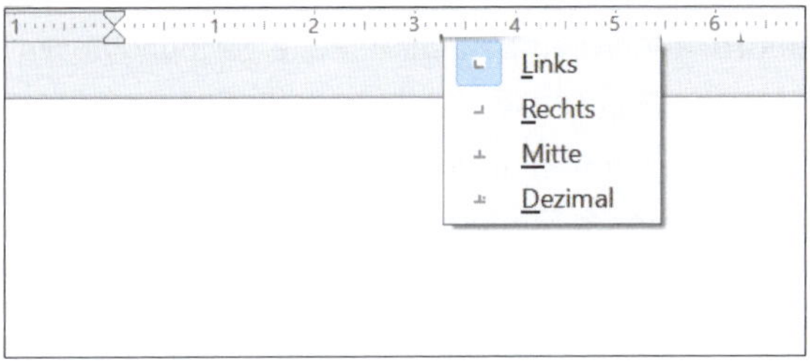


**Abbildung 3.37** *Die Ausrichtung eines Tabstopps ändern*

Als kleine Übung basteln Sie doch einmal folgende Tabelle:

RECHNUNG¶
¶
¶

| POS | Bezeichnung | Menge | E-Preis | Gesamt¶ |
|---|---|---|---|---|
| 001 | Rotwein | 20 | 7,90 | 158,00¶ |
| 002 | Kaffee | 3 | 12,95 | 38,85¶ |
| 003 | Gin | 10 | 15,60 | 156,00¶ |

¶

**Abbildung 3.38** *Eine Tabelle mit individuellen Tabstopps*

1. Die erste Zeile (»POS« usw.) erstellen Sie nur mit passenden linksbündigen Tabstopps.
2. Für die zweite Zeile setzen Sie zunächst einen linksbündigen Tabstopp bei ca. 4 cm.
3. Dann ändern Sie die Ausrichtung und wählen **Rechtsbündig** (Sie klicken *einmal* auf das kleine Symbol links am Bildschirm); setzen Sie den Tabstopp bei ca. 9,0 cm.
4. Wählen Sie als nächste Ausrichtung **Dezimal** (klicken Sie *dreimal* auf das kleine Tabstopp-Symbol) und setzen Sie jeweils einen Tabstopp bei ca. 11,5 cm und bei 15,0 cm.
5. Schreiben Sie »001« an den Anfang der Zeile, drücken Sie einmal die [⇆]-Taste und geben Sie »Rotwein« ein.
6. Drücken Sie die [⇆]-Taste und geben Sie die Menge ein.
7. Drücken Sie die [⇆]-Taste und geben Sie den E-Preis ein.
8. Springen Sie mit der [⇆]-Taste zum nächsten Tabstopp und geben Sie den Wert unter »Gesamt« ein.

Damit haben Sie die erste bzw. zweite Zeile der Tabelle geschrieben. Nun brauchen Sie nichts weiter zu tun, als [↵] zu drücken, um die nächste Zeile genauso auszufüllen. Durch [↵] werden die Tabstopps jeweils in die nächste Zeile übertragen.

Sie können die Position der Tabstopps korrigieren, indem Sie die kleinen Symbole mit gedrückter linker Maustaste an eine andere Stelle ziehen. Aber Achtung: Diese Korrektur gilt nur für die aktive Zeile. Um die Tabstopps für alle Zeilen zu ändern, müssen Sie die Tabelle zuvor markieren.

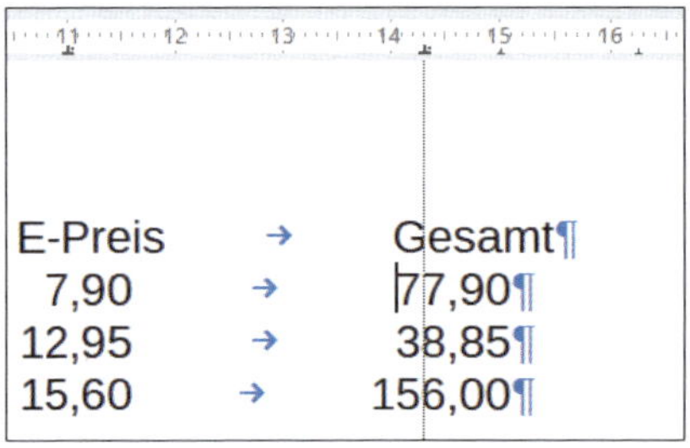


**Abbildung 3.39** *Die Position eines Tabstopps ändern*

Um einen Tabstopp ganz loszuwerden, ziehen Sie ihn mit der linken Maustaste aus dem Lineal heraus.

### 3.5.3 Eigene Tabstopps im Dialog setzen

Mit der eben beschriebenen Methode erstellen Sie Tabellen, die in der Regel ihren Zweck erfüllen, aber es gibt einen Wermutstropfen: Die Tabstopps sind nicht unbedingt millimetergenau. Um das zu erreichen, rufen Sie den Dialog **Absatz** auf (**Absatz • Absatz** im Kontextmenü) und aktiveren die Registerkarte **Tabulatoren**.

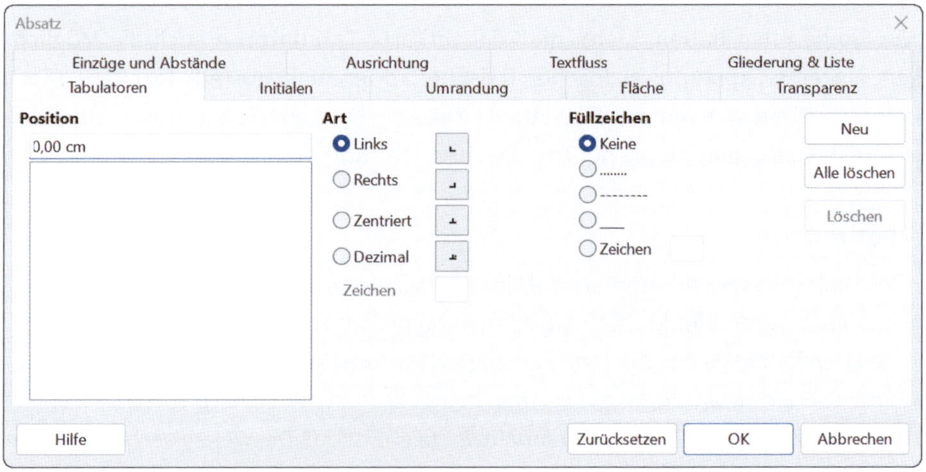


**Abbildung 3.40** *Tabstopps im Dialog einstellen*

Hier geben Sie im Feld **Position** die gewünschte Tabstopp-Position ein und wählen im Bereich **Art** die Ausrichtung. Um den Stopp zu bestätigen, klicken Sie auf **Neu**. Der eben definierte Tabstopp wird dann unter **Position** angezeigt. Für den nächsten Tabstopp verfahren Sie genauso. Erst, wenn Sie alle Stopps gesetzt haben, klicken Sie im Dialog auf **OK** – klicken Sie also nicht vorschnell auf diese Schaltfläche.

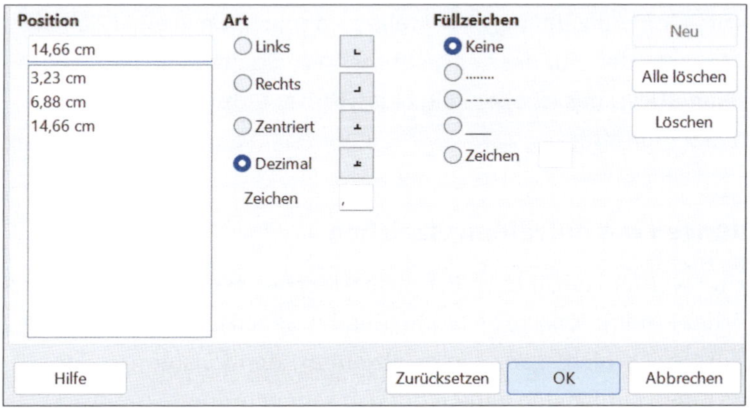


**Abbildung 3.41** *Die gesetzten Tabstopps*

Sie sehen nun die so gesetzten Tabstopps im Lineal und können sie für die anstehende Tabelle nutzen.

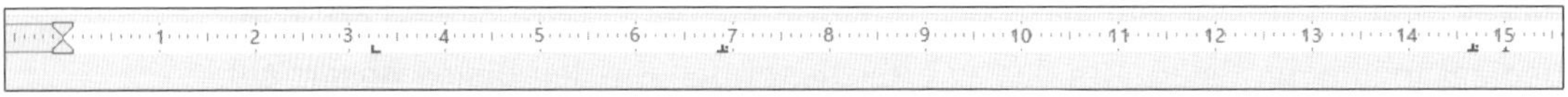

**Abbildung 3.42** *Die Tabstopps im Lineal*

Wie Sie gesehen haben, bietet die Registerkarte **Tabulatoren** auch die Möglichkeit, einzelne Tabstopps zu löschen (**Löschen**) oder auch alle (**Alle löschen**). Diese Befehle wirken sich nur auf die aktuelle Zeile aus; um alle Tabstopps in allen Zeilen zu löschen, müssen Sie die Tabelle vor der Aktion markieren.

**Füllzeichen**

Im Dialog **Absatz** können Sie auf der Registerkarte **Tabulatoren** auch Füllzeichen aktivieren: Punkte, Striche oder einen durchgezogenen Strich. Mit diesen Zeichen füllen Sie den Abstand zwischen zwei Tabstopps. Die Füllzeichen sollen unter anderem verhindern, dass man beim Lesen in der Zeile verrutscht (insbesondere bei langen Listen oder Inhaltsverzeichnissen). Deswegen verbinden sie zwei Informationen, die weit auseinanderliegen, optisch miteinander.

## 3.6 Aufzählungen und nummerierte Listen erstellen

In vielen Texten, die Sie schreiben müssen oder möchten, nutzen Sie zur Strukturierung des Textes Aufzählungen und nummerierte Listen (wie auch in diesem Buch). Die Elemente einer Aufzählung/Liste stehen – ähnlich wie in einer Tabelle – Zeile für Zeile untereinander, nur dass es nicht mehrere Spalten gibt. Oft werden die Zeilen leicht eingerückt, das ist aber kein Muss. Writer unterstützt Sie beim Erstellen solcher Listen tatkräftig.

### 3.6.1 Aufzählungen mit Aufzählungszeichen

In LibreOffice Writer werden Aufzählungslisten überraschenderweise als *Ungeordnete Listen* bezeichnet (nummerierte Listen heißen im Gegensatz dazu *Geordnete Listen*). Das ist sprachlich nicht ganz nachvollziehbar, denn Listen mit Aufzählungszeichen sind übersichtlich und wirken optisch sehr geordnet!

Wenn Sie in Ihrem Text eine nicht nummerierte Auflistung einbauen möchten, haben Sie prinzipiell zwei Möglichkeiten: Sie schreiben die Liste und weisen dann Aufzählungszeichen zu oder Sie geben das erste Element ein, versehen es mit einem Aufzählungszeichen und setzen die Liste durch Drücken von [↵] jeweils fort. Die Abbildung zeigt die zweite Methode.

**Abbildung 3.43** *Die Aufzählungszeichen werden fortgesetzt.*

Hier sind die Schritte:

1. Schreiben Sie das erste Element Ihrer Aufzählung.
2. Wechseln Sie auf die Registerkarte **Start**.
3. Klicken Sie auf das Symbol **Ungeordnete Liste umschalten**.

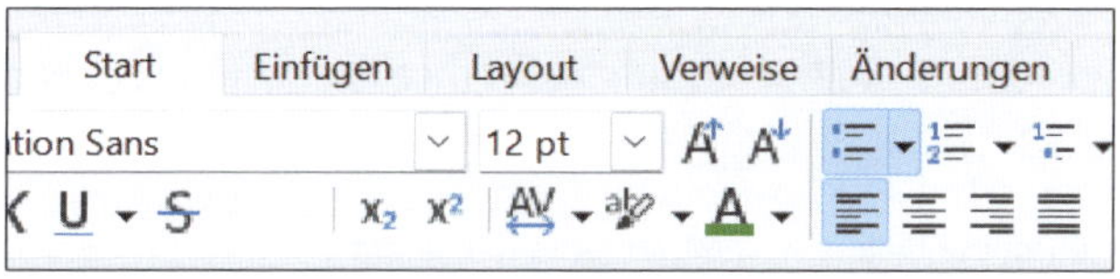


4. Drücken Sie [↵], um die Liste fortzusetzen.

Mit diesen Schritten weisen Sie dem Element einen einfachen, kleinen, schwarzen Kreis (*Bullet Point*) zu; außerdem wird die Zeile leicht eingerückt. Im Übrigen funktioniert das Symbol **Ungeordnete Liste umschalten** wieder wie ein Schalter: Steht der Cursor in der Zeile mit einem zugewiesenen Zeichen, ist das Symbol unterlegt, also aktiv. Klicken Sie erneut auf das Symbol, wird die Aufzählung aufgehoben.

Der andere Weg ist genauso einfach: Sie schreiben zunächst untereinander Ihre Liste, markieren sie und nutzen dann das Symbol **Ungeordnete Liste umschalten**, um das Aufzählungszeichen allen Zeilen zuzuweisen.

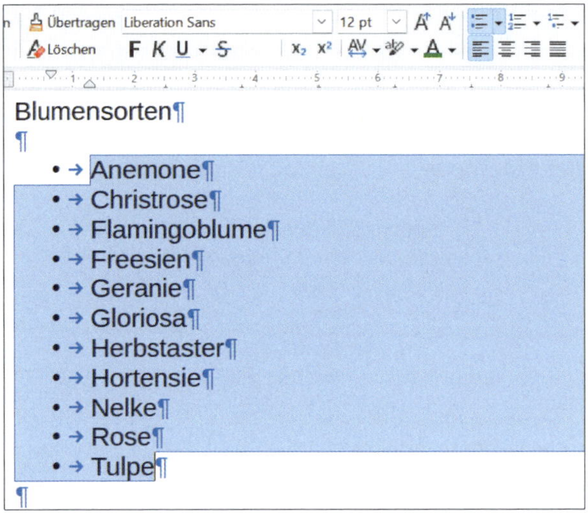


**Abbildung 3.44** *Eine Liste mit Aufzählungszeichen*

**Listen mit längeren Einträgen**

Die obere Abbildung zeigt eine Liste, in der jede Zeile (genau genommen jeder Absatz) nur aus einem Eintrag besteht. Aber eine Liste könnte auch aus Sätzen oder Satzfragmenten, d. h. aus längeren Einträgen, bestehen. Rutscht der Eintrag in die nächste Zeile, verliert die Aufzählung nicht ihre Form, sondern wird weiterhin sauber eingerückt.

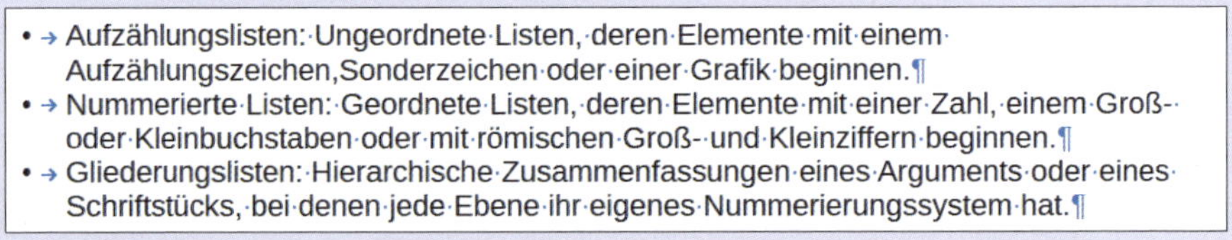
- → Aufzählungslisten: Ungeordnete Listen, deren Elemente mit einem Aufzählungszeichen,Sonderzeichen oder einer Grafik beginnen.¶
- → Nummerierte Listen: Geordnete Listen, deren Elemente mit einer Zahl, einem Groß- oder Kleinbuchstaben oder mit römischen Groß- und Kleinziffern beginnen.¶
- → Gliederungslisten: Hierarchische Zusammenfassungen eines Arguments oder eines Schriftstücks, bei denen jede Ebene ihr eigenes Nummerierungssystem hat.¶

**Abbildung 3.45** *Eine Aufzählung mit langen Einträgen*

## 3.6.2 Aufzählungszeichen auswählen

Die vorgestellten Bullet Points sind nicht die einzigen Aufzählungszeichen, die Writer auf Lager hat. Ein anderes Zeichen ist schnell ausgewählt. Klicken Sie auf den Pfeil am Symbol **Ungeordnete Liste umschalten** und klicken Sie in der **Aufzählungszeichen-Bibliothek** auf eines der angebotenen Zeichen.

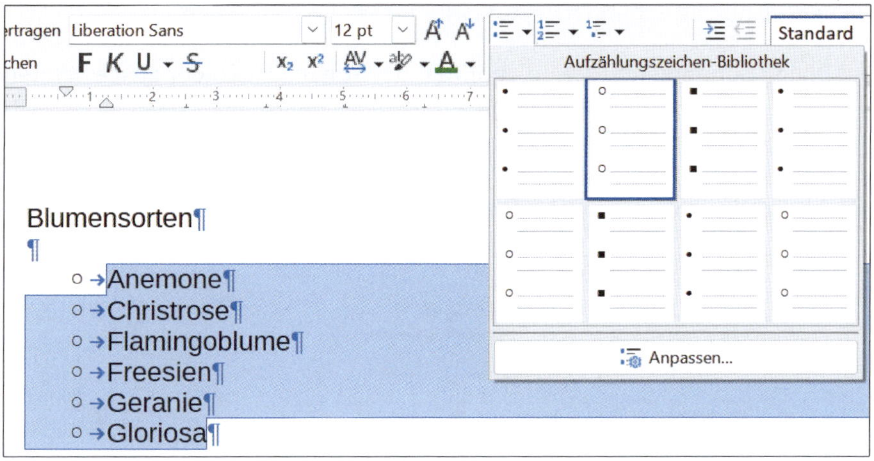


**Abbildung 3.46** *Aufzählungszeichen in der Aufzählungszeichen-Bibliothek*

Allerdings wirkt das Angebot zunächst nicht überwältigend. Der Weg zu einem größeren Sortiment erfordert mehrere Klicks:

1. Setzen Sie den Cursor in die erste Zeile der Aufzählung oder markieren Sie die bereits geschriebene Liste.
2. Klicken Sie im Menü des Symbols **Ungeordnete Liste umschalten** auf **Anpassen**.
3. Wechseln Sie im Dialog **Aufzählungszeichen und Nummerierung** auf die Registerkarte **Ungeordnet**.

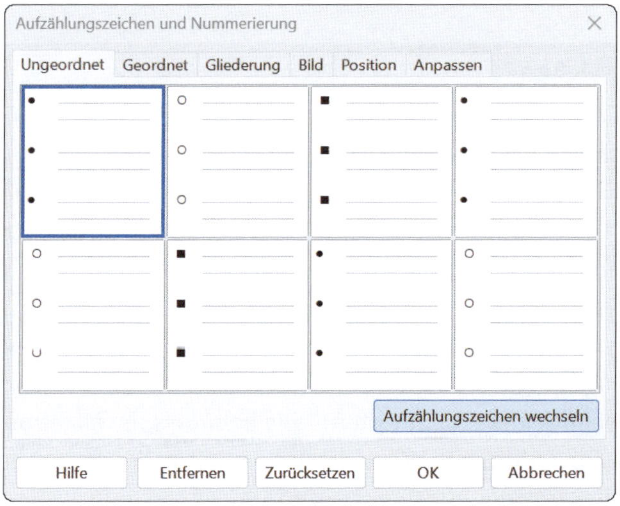

4. Klicken Sie auf die Schaltfläche **Aufzählungszeichen wechseln**.
5. Der Dialog **Sonderzeichen** wird geöffnet, der abhängig von der ausgewählten Schriftart zahlreiche Paletten mit unterschiedlichsten kleinen Zeichen, Formen und Grafiken enthält (siehe den Kasten »Der Dialog ›Sonderzeichen‹«).
6. Hier klicken Sie das gewünschte Zeichen an und klicken dann zweimal auf **OK**.

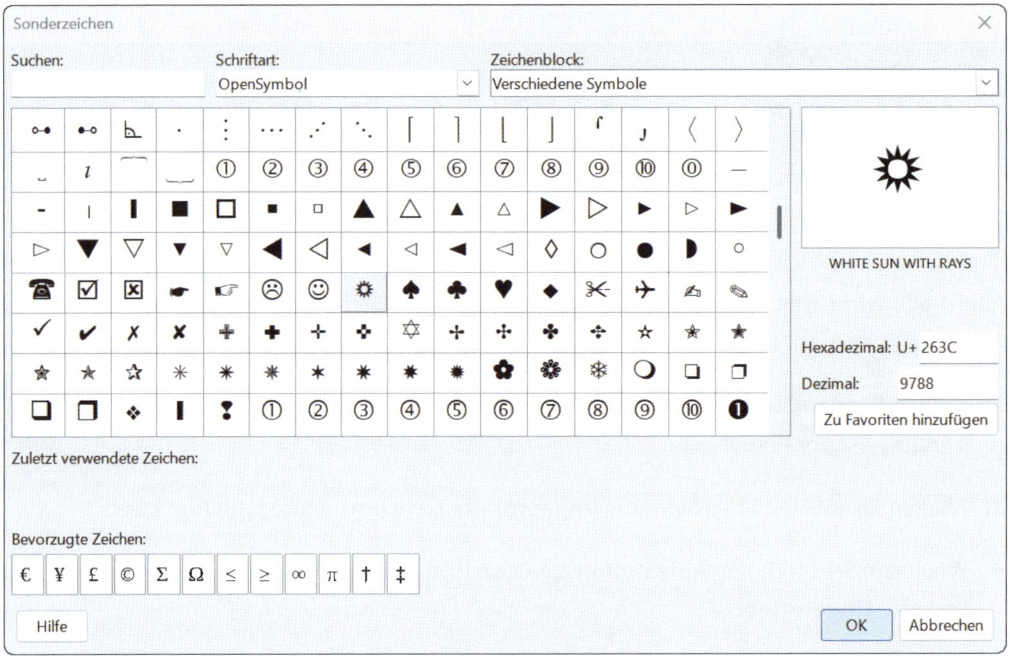


### Der Dialog »Sonderzeichen«

Der Dialog **Sonderzeichen** hat es in sich. Er bietet eine schier unendliche Menge an Zeichen, wobei es jeweils darauf ankommt, welche Schriftart Sie im gleichnamigen Feld einstellen. Die Liste der Schriftarten ist allerdings sehr lang, sodass es mühselig ist, alle Paletten durchzusehen, um ein Zeichen zu finden, das Sie verwenden möchten. Für eine Auswahl netter Zeichen (von sternförmigen Grafiken über Spielkartensymbole bis hin zu Schneeflocken oder einem Telefonsymbol) empfehle ich Ihnen die Schriftart *OpenSymbol* oder das altbekannte *Windings*. Stöbern Sie ruhig einmal in diesen Paletten, Sie werden erstaunt sein. Andere Schriftarten – wie zum Beispiel *Liberation Sans* – bieten eher Zeichen, die Sie für Texte in anderen Sprachen brauchen, etwa ein e mit Circumflex (ê) oder Buchstaben mit Tilde.

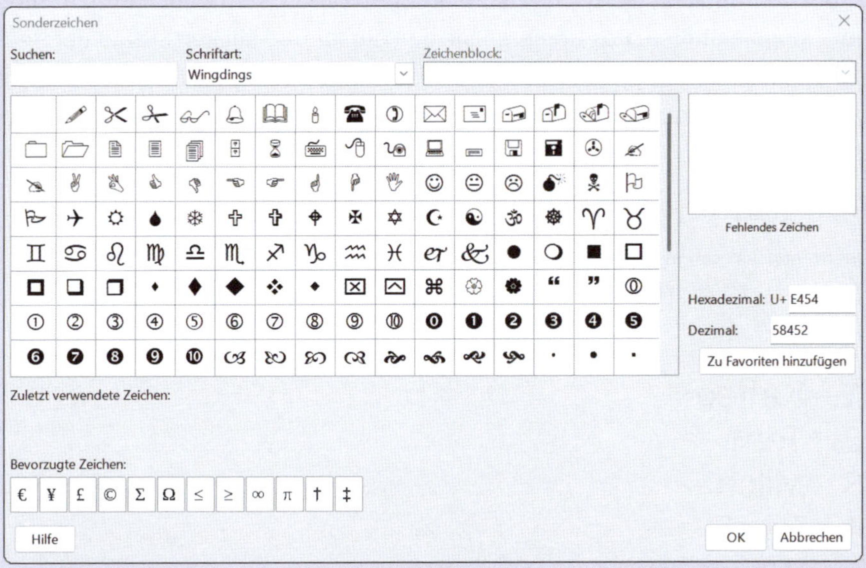


**Abbildung 3.47** *Die Palette der Schriftart »Wingdings«*

Damit wird das Zeichen, das Sie sich ausgesucht haben, allen Elementen der Aufzählung vorangestellt.

**Abbildung 3.48** *Blümchen als Aufzählungszeichen*

Einmal ausgewählte Zeichen wandern in die Aufzählungszeichen-Bibliothek; ein Klick auf das Symbol **Ungeordnete Liste umschalten** erzeugt aber immer das Aufzählungszeichen, das im Text *über* der aktuellen Position verwendet wird.

### 3.6.3 Nummerierte Listen erstellen

Egal ob es um schrittweise Anleitungen (wie in diesem Buch) geht, um Informationen, bei denen die Reihenfolge wichtig ist, oder um Elemente, die durchgezählt werden sollen – in all diesen Fällen kommen nummerierte Listen ins Spiel. Für LibreOffice Writer sind dies *geordnete Listen*.

Wie bei den Aufzählungszeichen können Sie solche Listen ganz bequem direkt beim Tippen erstellen. Positionieren Sie den Cursor und klicken Sie auf der Registerkarte **Start** auf das Symbol **Geordnete Liste umschalten**. Dann geben Sie Ihren Text ein und drücken jeweils ↵, um in die nächsten Zeilen zu gelangen und die Liste fortzusetzen.

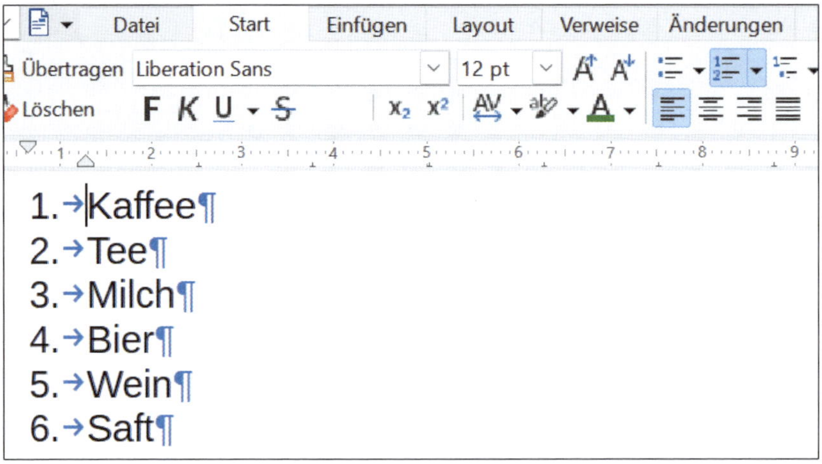


**Abbildung 3.49** *Eine nummerierte Liste*

Genauso gut können Sie zunächst die Auflistung schreiben, sie markieren und dann auf das Symbol **Geordnete Liste umschalten** klicken.

Falls Sie einen Eintrag vergessen haben, ist das kein Drama; die Nummerierung wird stets angepasst. Probieren Sie es aus: Drücken Sie innerhalb der Liste auf ↵; Sie sehen, dass sowohl die neue Zeile als auch die nächsten Zeilen wieder richtig nummeriert werden.

**Abbildung 3.50** *Die Nummerierung wird immer angepasst.*

Um am Ende der Liste einen neuen Absatz ohne Nummerierung zu erzeugen, drücken Sie einmal ↵ und klicken dann auf das Symbol **Geordnete Liste umschalten**, um die Nummerierung aufzuheben. Alternativ drücken Sie einfach zweimal ↵.

Sofern Sie nach einer Leerzeile die Nummerierung wieder einschalten, wird sie fortgesetzt. Schreiben Sie zunächst eine Überschrift oder irgendeinen Text in die unnummerierte Zeile, beginnt die Nummerierung wieder bei 1.

**Abbildung 3.51** *Die Nummerierung wird fortgesetzt oder beginnt neu.*

Um die Nummerierung nicht mit 1, sondern mit einer anderen Zahl beginnen zu lassen, müssen Sie Writer dies mitteilen.

1. Klicken Sie dazu auf den Pfeil am Symbol **Geordnete Liste umschalten**.
2. Im Menü klicken Sie auf **Anpassen**.
3. Im Dialog **Aufzählungszeichen und Nummerierung** aktivieren Sie die Registerkarte **Anpassen**.

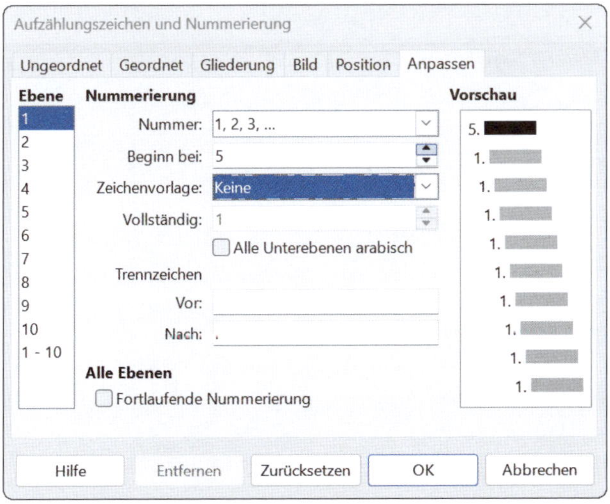

4. Legen Sie im Feld **Beginn bei** den gewünschten Wert fest, indem Sie ihn eintragen oder einfach eine der Pfeilschaltflächen nutzen.

Im Menü **Geordnete Liste umschalten** entdecken Sie auch andere Nummerierungszeichen, zum Beispiel Zahlen in Klammern, römische Ziffern oder Buchstaben. Auch diese Nummerierungen werden durch [↵] fortgesetzt bzw. beginnen wieder neu – zum Beispiel bei »(a)« –, wenn Sie die Liste durch eine neue Überschrift unterbrechen.

# 3.7 Rahmen und Schattierungen für besondere Textpassagen

Umrandungen und/oder Schattierungen sind probate Mittel, um Textpassagen besonders hervorzuheben. Umrandungen gehören zur Absatzformatierung, d. h., die entsprechenden Befehle wirken sich jeweils auf den aktiven Absatz aus.

## 3.7.1 Textpassagen umranden

Sie beginnen damit, den Cursor in den Absatz zu setzen, den Sie umranden möchten. Dann öffnen Sie den Dialog **Absatz** (**Absatz • Absatz** im Kontextmenü). Im Dialog **Absatz** aktivieren Sie die Registerkarte **Umrandung**. Diese Registerkarte bietet eine ganze Menge Möglichkeiten.

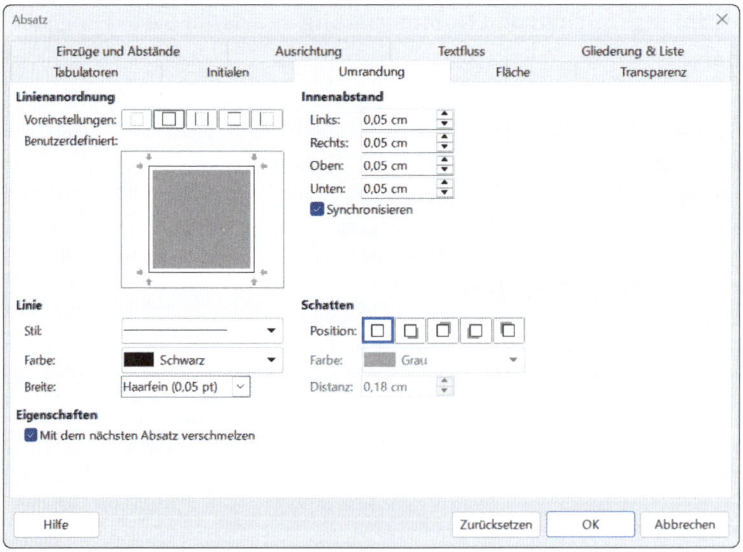


**Abbildung 3.52** *Einen Absatz umranden*

Für eine komplette Umrandung des Absatzes klicken Sie im Bereich **Linienanordnung** auf das Symbol **Alle vier Ränder**. Achten Sie auf das Vorschaubild, es deutet die Linien an allen vier Seiten an.

Wenn Sie keine weiteren Wünsche haben (jedenfalls in diesem Zusammenhang), war's das schon und Sie müssen nur noch mit **OK** bestätigen.

Der·Royal·Nationalpark¶

Der·Royal-Nationalpark·südlich·von·Sydney·gilt·nach·dem·Yellowstone-Nationalpark als·zweitältester·Nationalpark·der·Welt.·Rund·12·%·der·Landesfläche·sind·zu Schutzzonen·erklärt·worden.·Elf·Gebiete·gehören·dem·Weltkulturerbe·an.·Dazu gehören·unter·anderem·der·Uluru-Kata-Tjuta-Nationalpark·mit·dem·Uluru·(auch: Ayers·Rock),·das·Great·Barrier·Reef·und·die·Blue·Mountains.¶

**Abbildung 3.53** *Ein umrandeter Absatz*

Gefällt Ihnen die Umrandung doch nicht, klicken Sie auf der Registerkarte **Umrandung** einfach auf das Symbol **Keine Ränder**.

Aber es muss nicht unbedingt eine komplette Umrandung sein. Auch Linien links, rechts, oben oder unten (jeweils bezogen auf den Absatz) sind möglich. Ein netter optischer Effekt ist es zum Beispiel, unter einer Überschrift eine Linie zu erzeugen. Das geht so:

1. Setzen Sie den Cursor in den Absatz mit der Überschrift.
2. Rufen Sie den Dialog **Absatz** auf (**Absatz • Absatz** im Kontextmenü).
3. Aktivieren Sie die Registerkarte **Umrandung**.
4. Im Bereich **Voreinstellungen** finden Sie kein Symbol für eine Linie unterhalb des Absatzes; klicken Sie daher direkt im Vorschaukasten (**Benutzerdefiniert**) auf die untere Kante. Sie sehen nun, dass eine Linie angedeutet wird.
5. Zusätzlich können Sie sich noch eine Linienart und eine Farbe für die Linie auswählen. Klicken Sie ggf. auf den Pfeil am Feld **Stil**, um eine andere Linie einzustellen und/oder wählen Sie im Menü des Feldes **Farbe** eine Farbe aus der Farbpalette aus.
6. Im Feld **Breite** suchen Sie sich eine etwas stärkere Linie aus, wenn Sie das möchten.

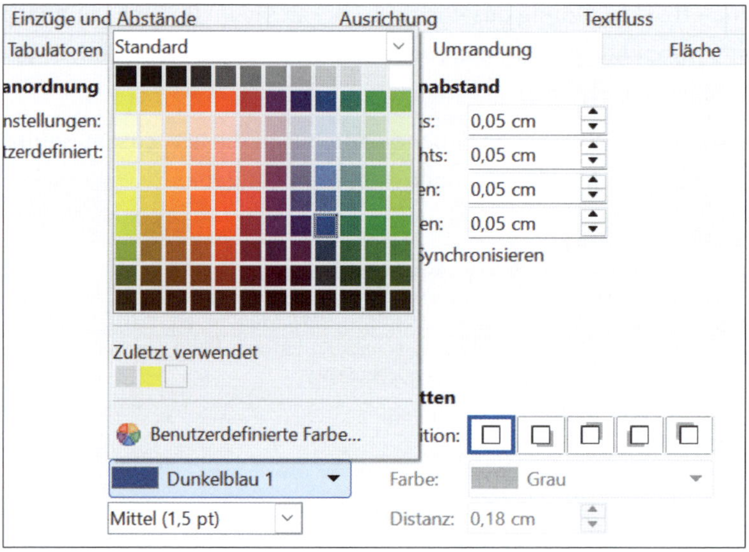


7. Bestätigen Sie mit **OK**.

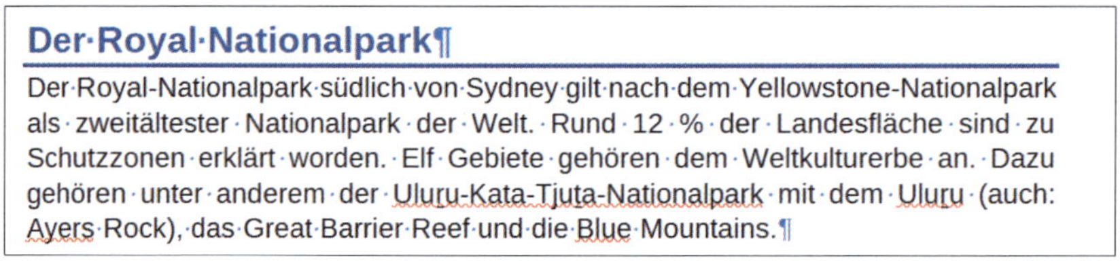

Der·Royal·Nationalpark¶

Der·Royal-Nationalpark·südlich·von·Sydney·gilt·nach·dem·Yellowstone-Nationalpark als·zweitältester·Nationalpark·der·Welt.·Rund·12·%·der·Landesfläche·sind·zu Schutzzonen·erklärt·worden.·Elf·Gebiete·gehören·dem·Weltkulturerbe·an.·Dazu gehören·unter·anderem·der·Uluru-Kata-Tjuta-Nationalpark·mit·dem·Uluru·(auch: Ayers·Rock),·das·Great·Barrier·Reef·und·die·Blue·Mountains.¶

**Abbildung 3.54** *Eine Linie unterhalb der Überschrift*

**Linien**

Für Linien, die nicht im Bereich **Voreinstellungen** angeboten werden, klicken Sie jeweils direkt auf die Ränder an dem Kasten im Vorschaubereich; er symbolisiert sozusagen einen Absatz.

**Schatten**

Vorsicht vor den Optionen im Bereich **Schatten**! Die Schatten, die damit um die Linien herum »geworfen« werden, sind etwas grob und optisch nicht ansprechend.

**Zentrierte Überschriften mit Linie**

Wie Sie sehen, ist die Linie automatisch so lang wie der Absatz. Aber Sie können diese Linie auch »einkürzen«. Stellen Sie sich zum Beispiel eine zentrierte Überschrift mit einer Linie unterhalb des Absatzes vor. Um die Linie links und rechts des Textes zu kürzen, nutzen Sie Einzüge von links und von rechts. Setzen Sie den Cursor in die Überschrift und ziehen Sie im Lineal mit gedrückter Maustaste an dem Symbol für einen linken Einzug sowie um genauso viele Zentimeter am Symbol für einen rechten Einzug an der rechten Seite des Lineals. Wenn Ihnen das zu ungenau ist, aktivieren Sie im Dialog **Absatz** die Registerkarte **Einzüge und Abstände** und stellen hier Einzüge im Feld **Vor dem Text** und im Feld **Nach dem Text** ein.

Der·Royal·Nationalpark¶

Der·Royal-Nationalpark·südlich·von·Sydney·gilt·nach·dem·Yellowstone-Nationalpark als·zweitältester·Nationalpark·der·Welt.·Rund·12·%·der·Landesfläche·sind·zu Schutzzonen·erklärt·worden.·Elf·Gebiete·gehören·dem·Weltkulturerbe·an.·Dazu gehören·unter·anderem·der·Uluru-Kata-Tjuta-Nationalpark·mit·dem·Uluru·(auch: Ayers·Rock),·das·Great·Barrier·Reef·und·die·Blue·Mountains.¶

**Abbildung 3.55** *Eine links und rechts eingekürzte Linie*

### 3.7.2 Textpassagen mit Hintergrundfarbe

Eine weitere Möglichkeit der optischen Gestaltung besteht darin, Textpassagen/Absätze farblich zu unterlegen. Das funktioniert ähnlich wie die Umrandung. Das heißt, die Zuweisung einer Farbe bezieht sich auf den aktiven Absatz, und auch diese Schattierungen können wie eben beschrieben durch Einzüge gekürzt werden.

Das Symbol für eine Hintergrundfarbe finden Sie direkt auf der Registerkarte **Start**. Klicken Sie das Symbol an und wählen Sie eine Farbe aus der Farbpalette. Alternativ können Sie im Dialog arbeiten, der mehr Möglichkeiten bietet als das Symbol **Hintergrundfarbe**.

Hier sind die Schritte:

1. Setzen Sie den Cursor in den entsprechenden Absatz.
2. Rufen Sie den Dialog **Absatz** auf (**Absatz • Absatz** im Kontextmenü).
3. Aktivieren Sie die Registerkarte **Fläche**.

4. Klicken Sie hier auf die Schaltfläche **Farbe**.

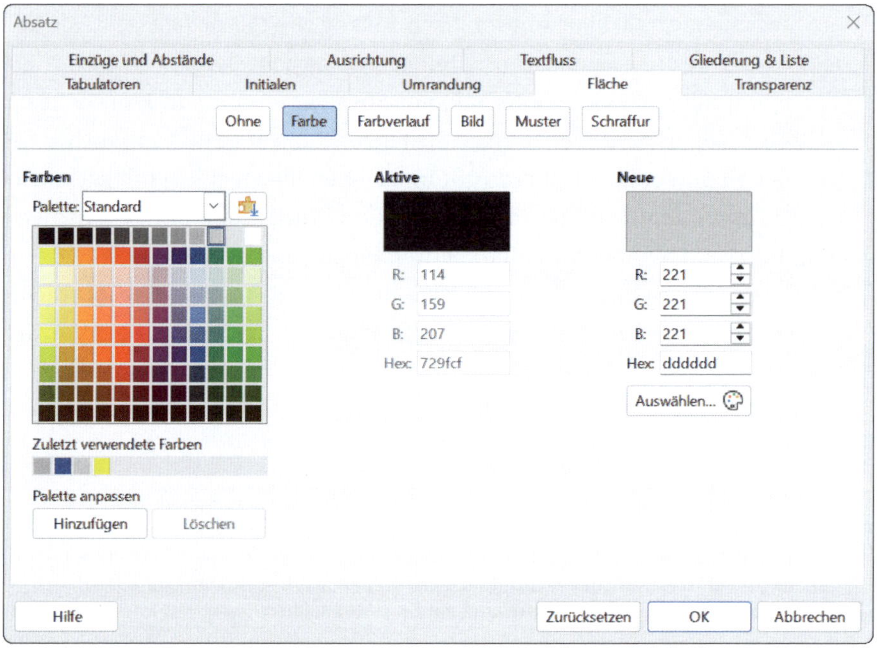


5. Wählen Sie aus der Farbpalette eine Farbe aus, zum Beispiel ein leichtes Grau.

6. Klicken Sie auf **OK**.

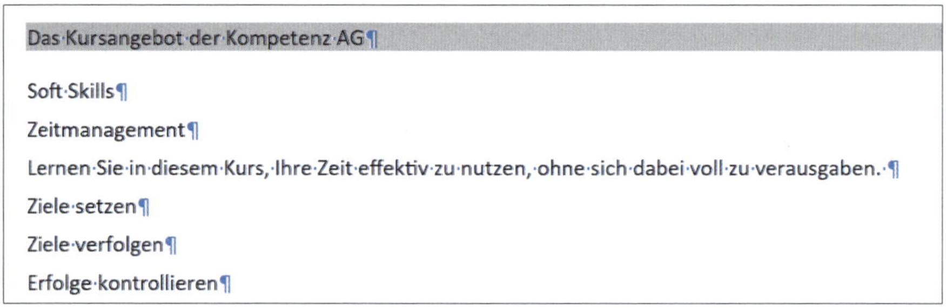


**Abbildung 3.56** *Ein grau hinterlegter Absatz*

Umrandungen/Linien und farbliche Hintergründe sind kein Entweder-oder. Sie können beides kombinieren, zum Beispiel einen Absatz komplett umranden und diesen Absatz dann farblich hinterlegen. Ansprechend (in meinen Augen) wirken auch Schattierungen mit einer Linie unterhalb des Absatzes.

**Abbildung 3.57** *Ein Absatz mit Schattierung und Linie*

### Weitere Hintergründe

Die Registerkarte **Fläche** im Dialog **Absatz** bietet nicht nur farbige Hintergründe. Es gibt vier weitere Schaltflächen: **Farbverlauf**, **Bild**, **Muster** und **Schraffur**.

Die Möglichkeiten auf den Registerkarten **Muster** und **Schraffur** sind recht eindeutig. Sie können sich ein Muster oder eine Schraffur auswählen, wobei sowohl für die Muster als auch für die Schraffuren eine Reihe von Optionen bereitstehen, mit denen Sie die vorgefertigten Angebote noch manipulieren können. Auf der Registerkarte **Muster** verändern Sie die Vordergrundfarbe und die Hintergrundfarbe in den gleichnamigen Feldern.

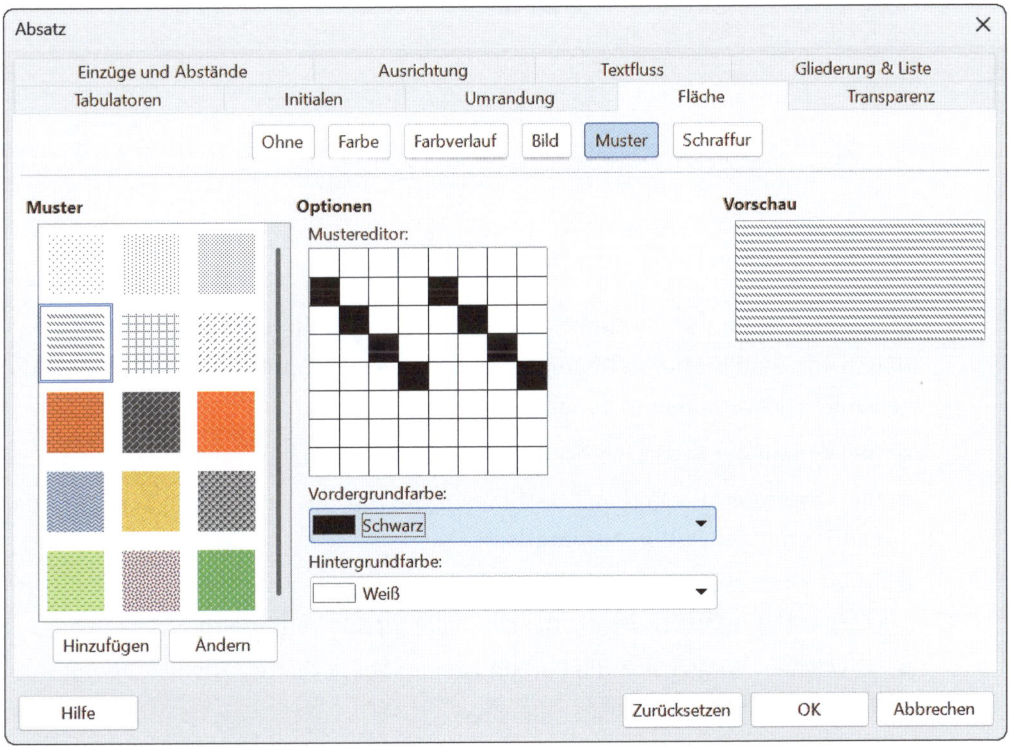


**Abbildung 3.58** *Ein Muster als Hintergrund*

Auf der Registerkarte **Schraffur** können Sie die ausgewählte Schraffur mit den Optionen in den Feldern **Abstand**, **Winkel**, **Linientyp** und **Linienfarbe** bearbeiten. Achten Sie jeweils auf die **Vorschau**: Sie zeigt alle Veränderungen, die Sie hier vornehmen, recht deutlich.

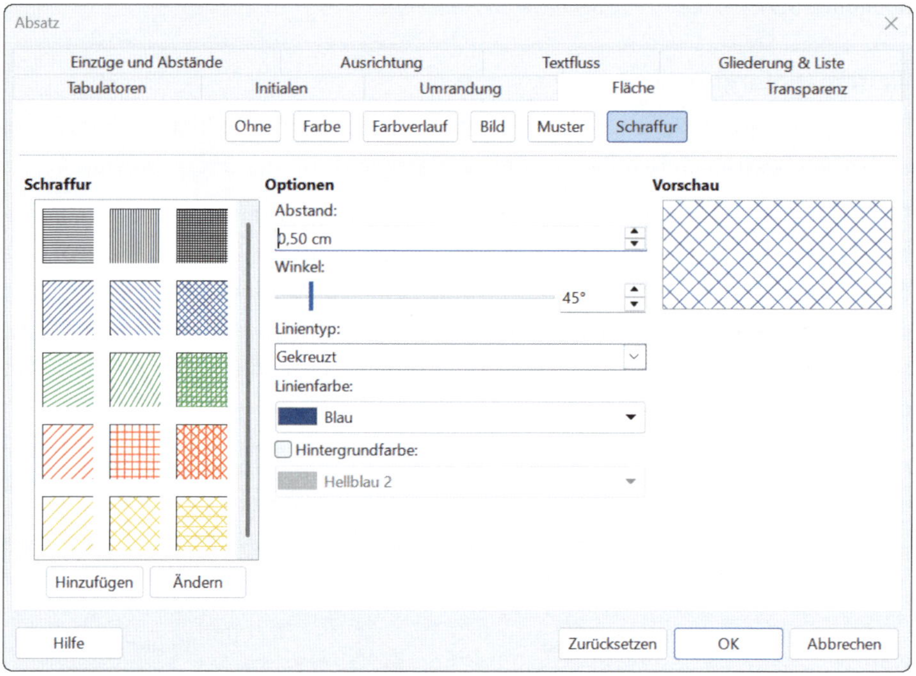


**Abbildung 3.59** *Eine Schraffur als Hintergrund*

Die Registerkarte **Farbverlauf** bietet eine Reihe vorgefertigter Farbverläufe, von **Hauch von Blau** bis hin zu **Regenbogen**. Mit diversen Optionen lässt sich der ausgewählte Farbverlauf manipulieren:

- Den Verlauf der Farben selbst regeln Sie im Feld **Typ**.
- Die Abstufung des Verlaufs bestimmen Sie mit der Anzahl der **Schritte** oder nahtlos mit der Option **Automatisch**.
- An welcher Stelle die Farben ineinander verlaufen, legen Sie im Feld **Zentrum (X/Y)** fest. (Die Option **Zentrum** steht nicht für alle Verläufe zur Verfügung.)
- In welchem Winkel sich die Farben zueinander verhalten, stellen Sie mit dem Regler im Feld **Winkel** ein.
- Mit dem Regler **Verlaufsbeginn** verändern Sie die Stärke des Verlaufs.

Achten Sie bei all diesen Optionen auf das Vorschaubild. Ohne dieses Bild wäre man ein wenig verloren, aber die Vorschau zeigt die Veränderungen unmittelbar an, sodass Sie die Effekte gut erkennen können. Mit den Pfeilen an den Feldern **Startfarbe** und **Endfarbe** rufen Sie Farbpaletten auf. Hier können Sie sich die Farben, aus denen der Verlauf bestehen soll, selbst aussuchen.

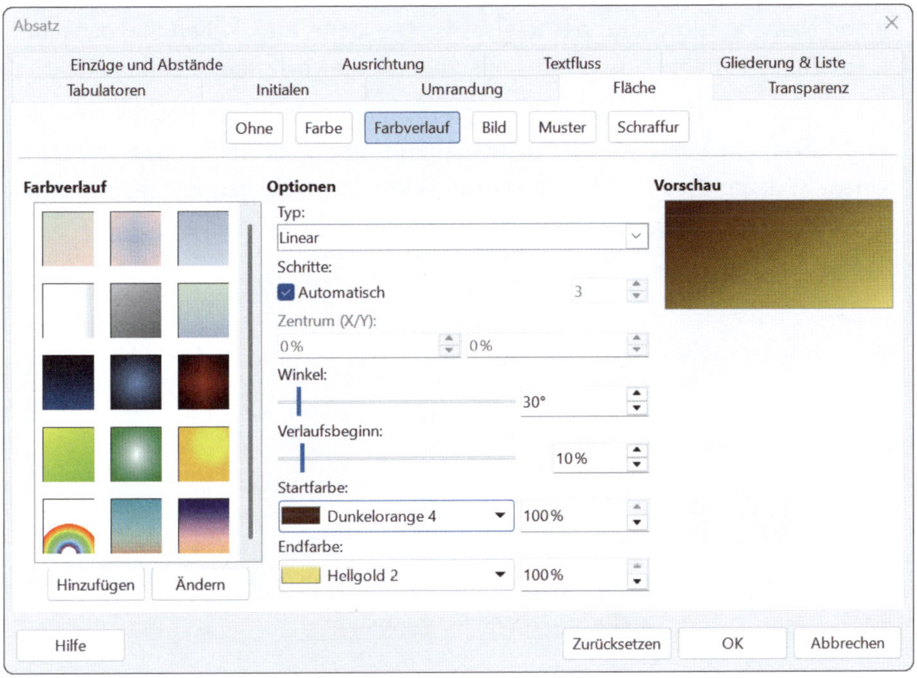


**Abbildung 3.60** *Einen Farbverlauf als Hintergrund*

Es gibt auch noch die Schaltfläche **Bild**. Näheres dazu lesen Sie im Kasten »Ein Bild als Hintergrund«. Um all die schönen Hintergründe wieder loszuwerden, falls sie doch nicht gefallen oder schlicht als Hintergrund nicht passen, klicken Sie auf den Registerkarten jeweils auf **Ohne**.

### Ein Bild als Hintergrund

Mit der Schaltfläche **Bild** erhalten Sie eine kleine Auswahl an Bildern, die aber auch eher an Muster oder Schraffuren erinnern – nur dass hier für die Bearbeitung andere Optionen angeboten werden, z. B. das Feld **Stil** (achten Sie auf die Vorschau). Spannender ist die Möglichkeit, ein eigenes Bild zu hinterlegen, wobei die entsprechenden Einstellungen etwas tricky sind. Die Schwierigkeit beginnt damit, ein passendes Bild zu haben (bzw. es vorab entsprechend zu bearbeiten), damit es als Hintergrund taugt. Es sollte z. B. möglichst hell sein und eher wenig Details zeigen.

Auf der Registerkarte **Fläche • Bild** klicken Sie zum Laden des Bildes auf **Hinzufügen/Importieren**. Sie wählen das gewünschte Bild im Dialog **Bild hinzufügen** per Doppelklick aus und geben dem Bild im nächsten kleinen Dialog einen Namen. Zurück auf der Registerkarte **Fläche/Bild**, sehen Sie, dass im Feld **Stil** die Variante **Gekachelt** eingestellt ist; die Vorschau zeigt den Effekt.

Alternativ wählen Sie im Feld **Stil** die Option **Benutzerdefinierte Position/Größe** und setzen ein Häkchen vor **Prozentual zum übergeordneten Objekt**. Nach einem Klick auf **OK** sehen Sie den Effekt. Nun müssen Sie vermutlich noch den Text/Absatz anpassen; nutzen Sie dafür Zeilenumbrüche, die Sie mit ⇧ + ↵ erzeugen.

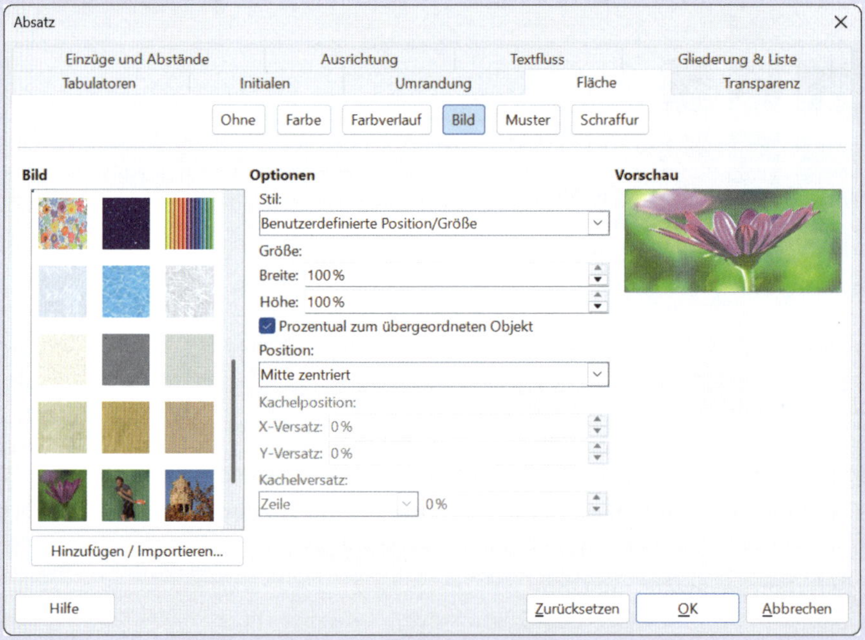


**Abbildung 3.61** *Ein Bild als Hintergrund für einen Absatz*

## 3.8 Texte aus einem Guss – Formatvorlagen

Die gängigen Formatierungsmittel bieten eine Menge Möglichkeiten der optischen Gestaltung – von der Zeichenformatierung bis hin zu den im letzten Abschnitt beschriebenen Umrandungen oder einer farblichen Hinterlegung von Absätzen. Und das alles ist in der Regel mit den bisher beschriebenen Schritten schnell erledigt. Um ein langes Dokument von A bis Z zu formatieren, gibt es aber noch eine elegantere Methode. Das Zauberwort heißt *Formatvorlagen*.

Formatvorlagen sind gespeicherte Kombinationen aus Schriftart, Größe, Farbe und Abständen; sie garantieren nicht nur ein einheitliches Layout, sondern ermöglichen eine schnelle Formatierung auch langer Dokumente. Sie können individuell angepasst oder neu erstellt werden.

### 3.8.1 Formatvorlagen nutzen

In LibreOffice Writer finden Sie die fertigen Formatvorlagen auf der Registerkarte **Start** im Bereich **Vorlagenvorschau**.

**Abbildung 3.62** *Die Formatvorlagen*

Wie Sie sehen, haben Formatvorlagen Namen, die auf ihre Verwendung hindeuten: **Überschrift**, **Titel**, **Untertitel** etc. Sofern Sie noch keine andere Formatvorlage zugewiesen haben, schreiben Sie Ihren Text automatisch mit der Formatvorlage **Standard**.

Um einem Absatz, zum Beispiel einer Überschrift, eine passende Formatvorlage zuzuweisen, brauchen Sie nichts weiter zu tun, als den Cursor in diesen Absatz zu setzen und auf die gewünschte Formatvorlage zu klicken. Im Nu nimmt der Text bzw. Absatz die Eigenschaften der Formatvorlage an, im Beispiel die der Vorlage **Überschrift 1**.

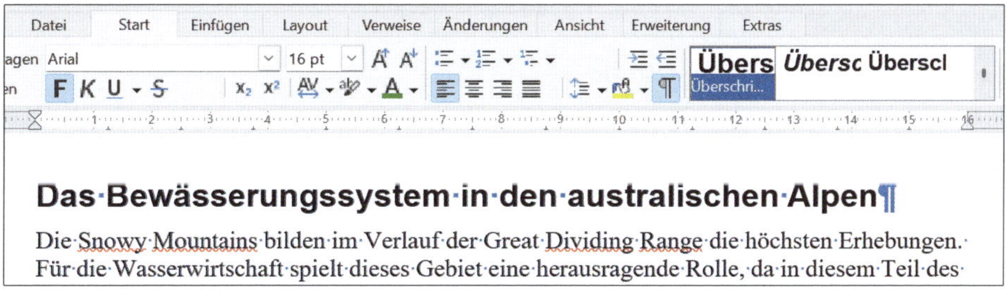


**Abbildung 3.63** *Eine Überschrift mit der Formatvorlage »Überschrift 1«*

Auf diese Weise können Sie einen Text rasch durchformatieren, Zwischenüberschriften versehen Sie zum Beispiel mit der Vorlage **Überschrift 2** usw.

**Das Bewässerungssystem in den australischen Alpen**

Die Snowy Mountains bilden im Verlauf der Great Dividing Range die höchsten Erhebungen. Für die Wasserwirtschaft spielt dieses Gebiet eine herausragende Rolle, da in diesem Teil des 'Wüstenkontinents' Australiens die jährlich höchsten Niederschläge fallen (vielleicht mit der Ausnahme kleinerer Flächen im nördlichen Küstenbereich). Das Gebiet liegt im Einflussbereich der Passatwinde (der großen das Wettersystem des südlichen Pazifiks dominierenden Winde). Aber die Wasserscheide in Australien liegt sehr nahe an der Ostküste, und die Passatwinde regnen sich schnell im Osten an den Bergen ab, so dass bereits 200 Kilometer von der Küste entfernt kaum noch Niederschläge fallen. Gleichzeitig fließt der größte Teil der Niederschläge ungenutzt in Richtung Pazifik.

***Murry und Snowy***

Die beiden größten Wasserlieferanten sind der Murry und der Snowy, sie entspringen in den Snowy Mountains. Dort findet man auch die höchsten Berge der australischen Alpen (Mt.

**Abbildung 3.64** *Mit Formatvorlagen lässt sich Text schnell formatieren.*

## 3.8.2 Navigieren mit Formatvorlagen

Die Verwendung von Formatvorlagen hat einen weiteren großen Vorteil, der vor allem in längeren Arbeiten von unschätzbarem Wert ist: Sie können sie zum Navigieren in Dokumenten nutzen.

Dazu müssen Sie im ersten Schritt den Überschriften (Kapitelüberschriften oder Ähnlichem) passende Formatvorlagen zuordnen. Keine Sorge, falls Sie andere optische Vorstellungen haben – die vorhandenen Formatvorlagen lassen sich anpassen (das beschreibe ich im nächsten Abschnitt). Zum Navigieren wechseln Sie auf die Registerkarte **Ansicht** und aktivieren die Schaltfläche **Navigator**.

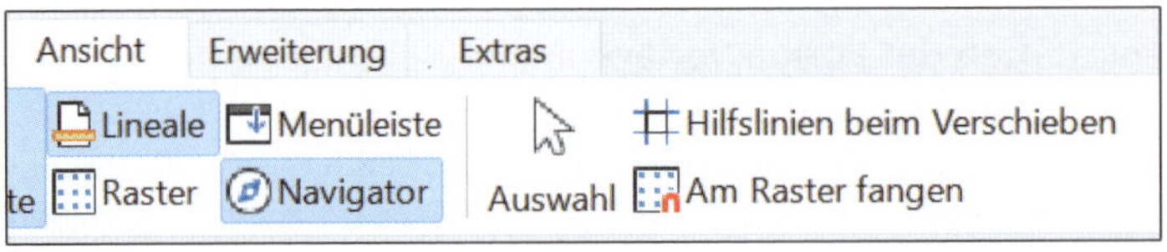


**Abbildung 3.65** *Den Navigator aktivieren*

Dadurch erscheint an der linken Seite der Bereich **Navigator**. Hier klicken Sie auf das Pluszeichen vor **Überschriften**, sodass die Unterschriften im Dokument auftauchen. Klicken Sie gegebenenfalls auch auf weitere Pluszeichen, um die hierarchische Struktur aller Überschriften zu sehen. Mit den Pfeilen (**Vorherige Überschrift**, **Nächste Überschrift**) neben dem oberen Feld, in dem **Überschriften** steht, können Sie zu den einzelnen Überschriften springen.

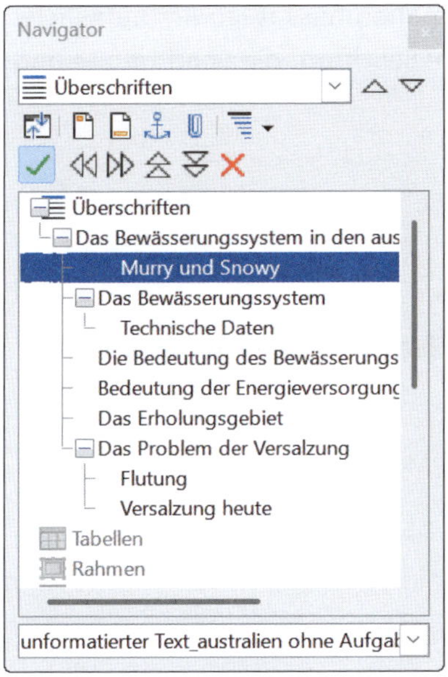


**Abbildung 3.66** *Überschriften im Navigator*

### 3.8.3 Formatvorlagen anpassen

Sie müssen die Formatvorlagen nicht so hinnehmen, wie sie angeboten werden. Wie so vieles, lassen sich auch Vorlagen anpassen.

1. Klicken Sie mit der rechten Maustaste die Vorlage im Bereich **Vorlagenvorschau** an.

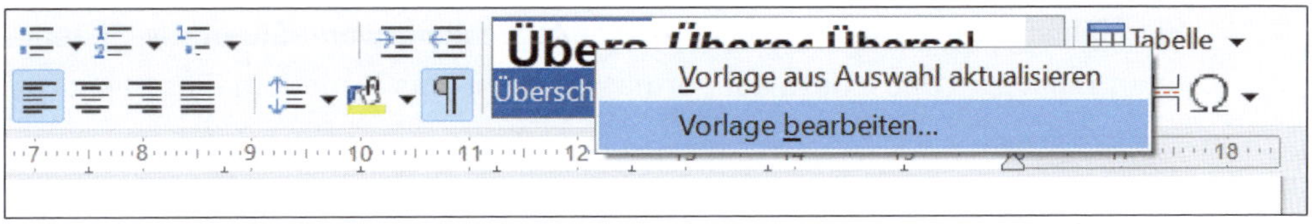


2. Wählen Sie im Menü **Vorlage bearbeiten**.
3. Nun haben Sie den Dialog mit dem Namen der Vorlage vor Augen, die Sie bearbeiten wollen, im Beispiel ist das die *Absatzvorlage Überschrift 1*. In der Kategorie **Allgemein** werden die aktuellen Eigenschaften im Bereich **Enthält** aufgelistet.

4. Links im Dialog werden die möglichen Formatierungskategorien aufgelistet. Klicken Sie beispielsweise auf **Schrift**, um die Schriftart, die Schriftgröße und/oder den Schriftschnitt zu ändern.

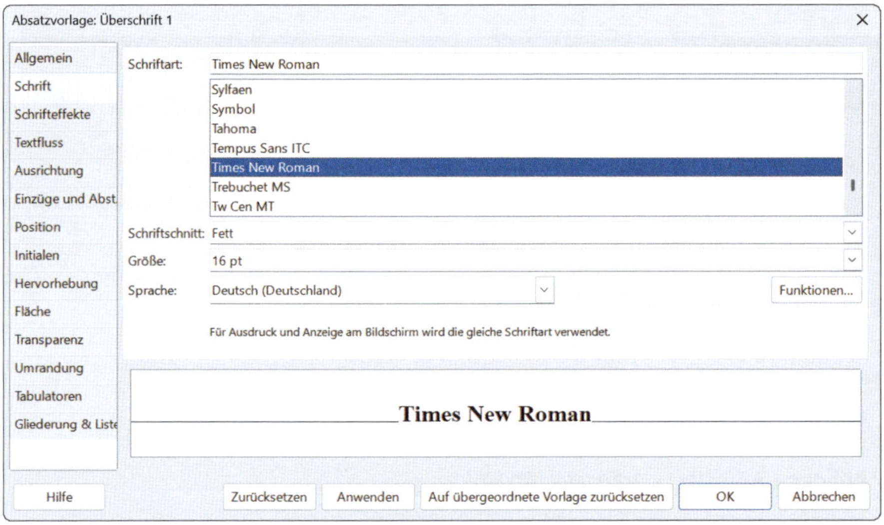


Die Änderungen, die Sie auf diese Weise vornehmen, betreffen lediglich das aktuelle Dokument. Wenn Sie die **Überschrift 1** in einem neuen Dokument verwenden, hat die Vorlage wieder die ursprünglichen Eigenschaften.

### 3.8.4 Eine neue Formatvorlage erstellen

Anstatt eine Vorlage zu bearbeiten, können Sie auch eine komplett neue Formatvorlage erstellen. Sie entdecken diese Möglichkeit, wenn Sie in der Seitenleiste ganz rechts am Bildschirm auf **Formatvorlagen** (das A mit dem Pinsel) klicken.

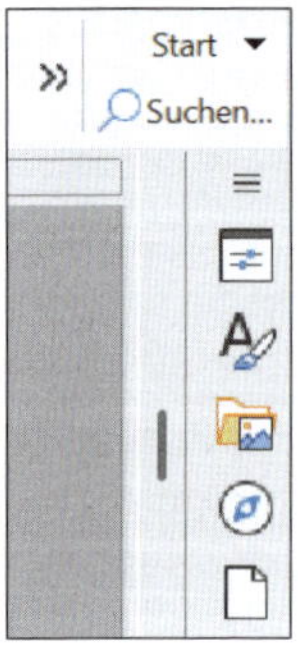


**Abbildung 3.67** *In der Seitenleiste finden Sie das Symbol »Formatvorlagen«.*

Dies öffnet eine Liste mit allen Formatvorlagen, wobei Sie mit den Symbolen oberhalb der Liste entscheiden, welcher Vorlagentyp (z. B. Absatzvorlagen oder Zeichenvorlagen) aufgelistet werden soll.

Im Beispiel soll eine neue Absatzvorlage erstellt werden. Klicken Sie also auf das entsprechende Symbol.

1. Klicken Sie in der Auflistung den Eintrag **Standard** mit rechts an und wählen Sie im Kontextmenü **Neu**.

2. Im Dialog **Absatzvorlage: Unbenannt 1** geben Sie der Formatvorlage zunächst einen Namen. Achten Sie darauf, dass Sie im Feld **Folgevorlage** aus der Liste die Option **Standard** wählen, denn damit sorgen Sie dafür, dass Sie nach dem Drücken von ↵ mit der Standardvorlage weiterschreiben (siehe den Kasten »Die Folgevorlage« am Ende des Kapitels).

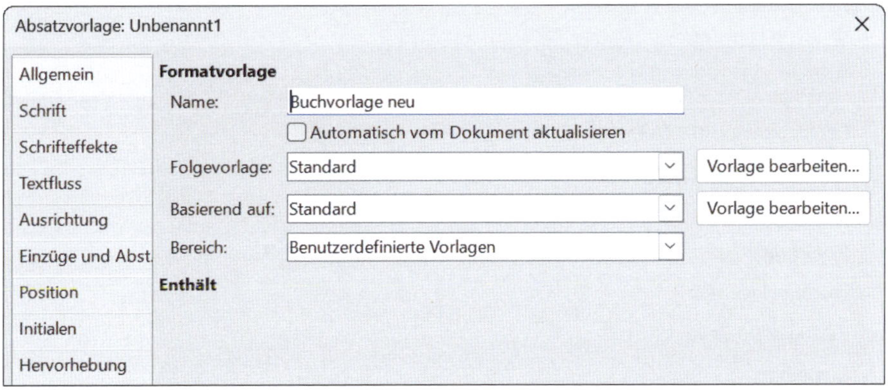

3. Klicken Sie z. B. auf die Kategorie **Schrift**, um eine Schriftart, eine Schriftgröße und/oder einen Schriftschnitt einzustellen.

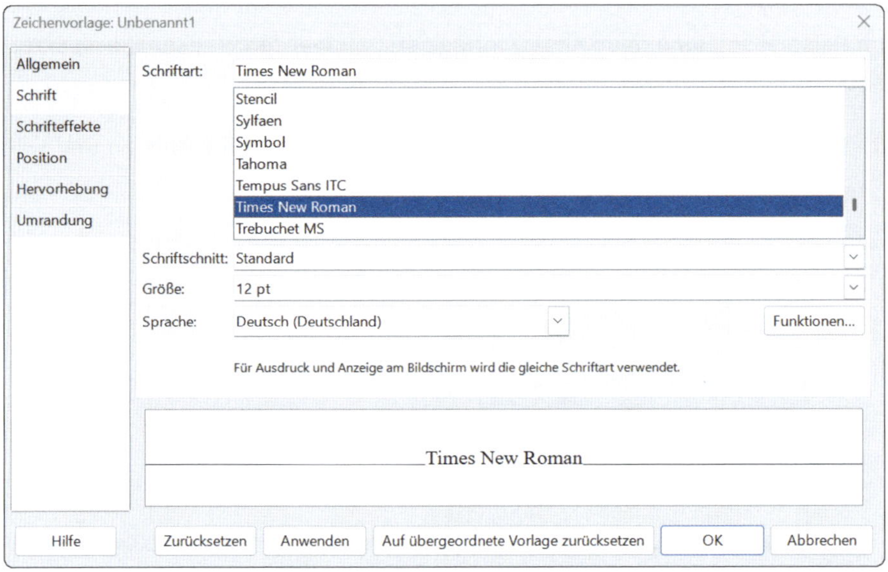


4. Aktivieren Sie die Kategorie **Schrifteffekte**, wenn Sie z. B. eine Schriftfarbe wählen möchten.

5. Nach allen Einstellungen klicken Sie auf **OK**.

Nun taucht der Name der neuen Vorlage in der Liste der Absatzformatvorlagen sowie auf der Registerkarte **Start** im Bereich **Vorlagenvorschau** auf.

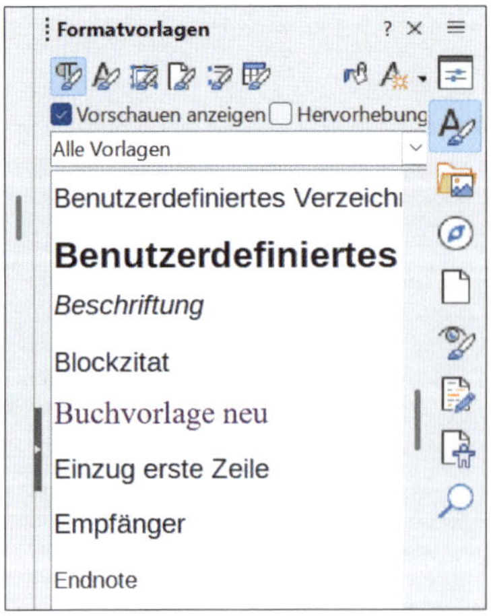


**Abbildung 3.68** *Die neue Vorlage wird aufgelistet.*

Setzen Sie den Cursor in den Absatz und klicken Sie in der Vorlagenvorschau auf den Namen der Vorlage, um sie dem Absatz zuzuweisen.

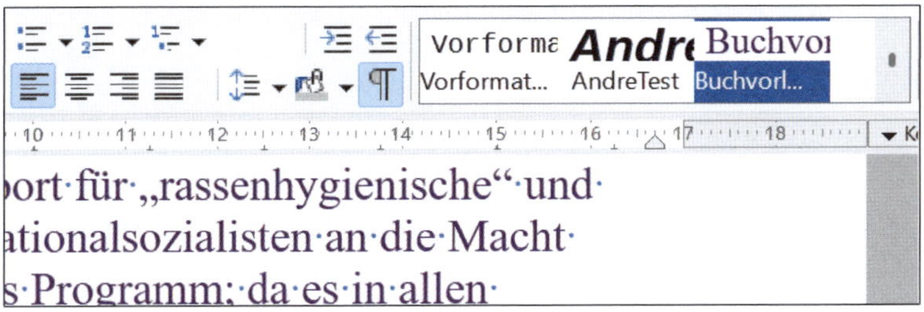


**Abbildung 3.69** *Die Formatvorlage zuweisen*

**Die Folgevorlage**

Was Sie im Feld **Folgevorlage** einstellen sollten, hängt vom Zweck der Vorlage ab. Soll sie hauptsächlich für Überschriften genutzt werden, ist es auf jeden Fall sinnvoll, **Standard** zu wählen oder eben eine Vorlage, die Sie für »normalen« Text erstellt haben. Wenn Sie nicht auf diese Einstellung achten, schreiben Sie nach dem Drücken von [↵] mit der Vorlage für Überschriften weiter, was nicht im Sinne des Erfinders ist. Natürlich könnten Sie das wieder ändern, aber wozu die Extramühe?

# Kapitel 4
# Seiten einrichten – vom Rand bis zur Fußzeile

Jedes Dokument, das Sie aufrufen, besitzt bestimmte Einstellungen: eine Schriftart, eine Schriftgröße und unter anderem auch voreingestellte Seitenränder. Diese Seitenränder sind oft passend, aber mitunter brauchen Sie auch schmalere oder breitere Ränder. Für Dokumente über mehrere oder gar viele Seiten sind Kopf- und/oder Fußzeilen das beste Mittel, um bestimmte wiederkehrende Angaben zum Dokument auf jeder Seite automatisch zu wiederholen. Oder möchten Sie nicht einspaltig schreiben, wie es der Standard vorsieht, sondern in mehreren Spalten, sodass Ihr Dokument einem Zeitungslayout ähnelt? All das ist möglich, und wie es geht, wird in den folgenden Abschnitten beschrieben.

## 4.1 Seitenränder und Papierformat festlegen

Wenn Sie die voreingestellten Ränder ändern, gelten die Einstellungen, die Sie vornehmen, automatisch für das ganze Dokument. Daher spricht man auch – im Gegensatz zur Zeichen- und Absatzformatierung – von *Seitenformatierung*. Von daher spielt es auch keine Rolle, wo der Cursor im Dokument steht. Zum Ändern der Seitenränder machen Sie Folgendes:

1. Wechseln Sie auf die Registerkarte **Layout**.
2. Klicken Sie auf den Pfeil am Symbol **Seitenränder**.
3. Im Menü wählen Sie eine der angebotenen Optionen (**Schmal** oder **Breit**) oder klicken auf den Punkt **Weitere Optionen**.

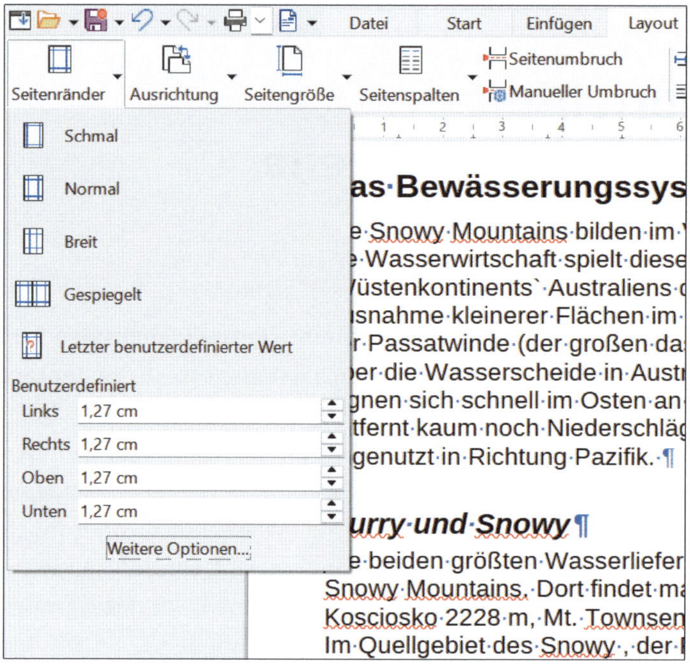


4. Im Dialog **Seitenvorlage** aktivieren Sie links die Kategorie **Seite**.

5. Im Bereich **Seitenränder** legen Sie die Maße für die Seitenränder fest; nutzen Sie dafür die Pfeile oder tragen Sie die Maße ein.

6. Bestätigen Sie Ihre Einstellung mit **OK**.

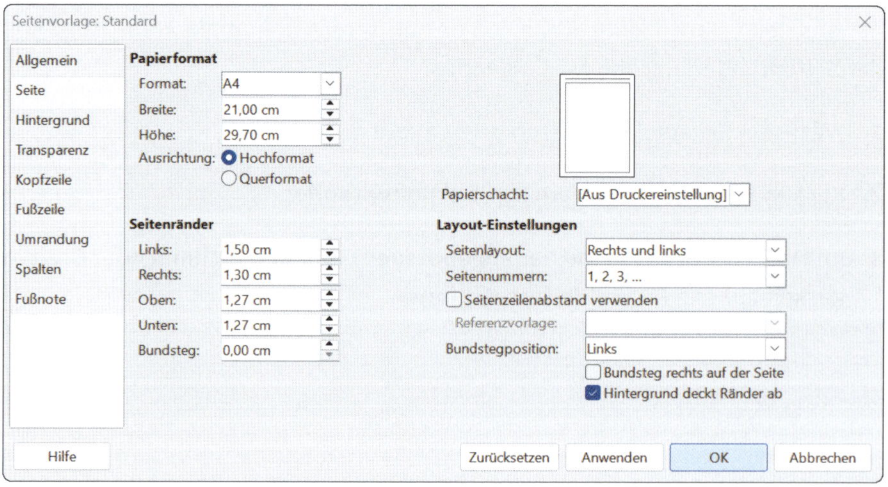

**Bundsteg**

Im Bereich **Seitenränder** gibt es auch das Feld **Bundsteg**. Dabei handelt es sich um einen typografischen Terminus aus der Buchgestaltung; er bezeichnet den inneren, also den rechten Innenrand der linken Seite und den linken Innenrand der rechten Seite. Ein optimaler Bundsteg stellt sicher, dass das Dokument trotz Bindung vollständig lesbar bleibt und ist zum Beispiel bei einer Bachelorarbeit wichtig.

Das war schnell gemacht, aber noch schneller geht es über das Lineal (**Ansicht • Lineale**). Zeigen Sie mit der Maus im Lineal genau auf die Schnittstelle zwischen dem oberen und dem unteren Dreieck, sodass der Mauszeiger zu einem Doppelpfeil wird. Nun ziehen Sie den Pfeil mit gedrückter Maustaste um die gewünschten Zentimeter nach links oder rechts. Ein vertikaler Strich hilft bei der Orientierung.

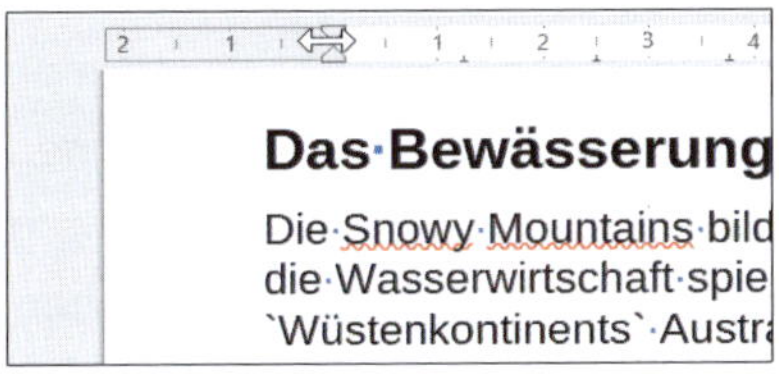


**Abbildung 4.1** *Den Seitenrand im Lineal verändern*

Die Kategorie **Seite** im Dialog **Seitenvorlage** bietet weitere Einstellungsmöglichkeiten. Im Bereich **Papierformat** (hier ist standardmäßig das klassische DIN A4 eingestellt) können Sie bei Bedarf ein anderes Format auswählen, allerdings muss Ihr Drucker das Format unterstützen. Für größere Formate, etwa DIN A3 oder A2, braucht es spezielle Drucker.

Außerdem könnten Sie hier auch die Ausrichtung von Hochformat zu Querformat wechseln; haken Sie einfach die entsprechende Option an. Das Querformat ist oft in Dokumenten praktisch, die zum Beispiel breite Tabellen mit vielen Spalten enthalten oder Bilder, die nebeneinander angeordnet sein sollen. Sie finden das Symbol **Ausrichtung** aber auch direkt auf der Registerkarte **Layout**.

## 4.2 Zeitungslayout – mehrere Spalten

Ein Dokument, das in mehrere Spalten eingeteilt ist, kann sehr interessant wirken und erinnert im Layout an Zeitungen und Zeitschriften. Da die Spaltenfunktion auch zur Seitenformatierung gehört, spielt es keine Rolle, wo der Cursor im Dokument steht. Klicken Sie einfach auf der Registerkarte **Layout** auf das Symbol **Seitenspalten** und entscheiden Sie im Menü, ob Sie das Dokument in zwei oder drei Spalten einteilen möchten. Sie sehen die Auswirkung sofort.

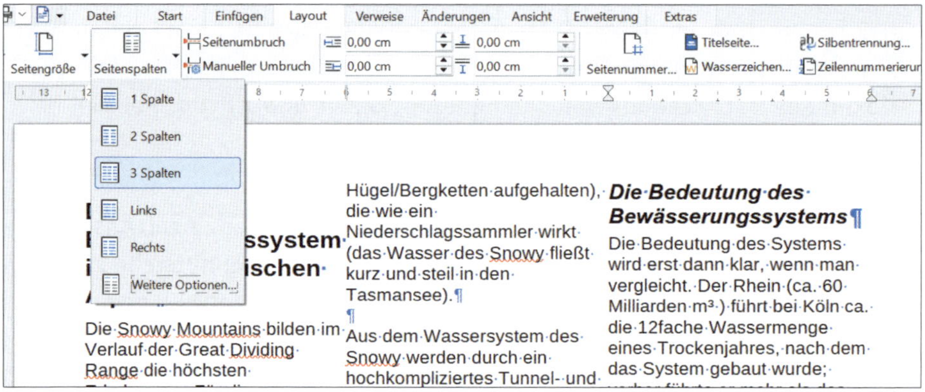


**Abbildung 4.2** *Text in Spalten*

Die Option **Weitere Optionen** im Menü **Seitenspalten** öffnet wie zu erwarten einen Dialog mit weiteren Möglichkeiten. Sie können hier auch vier oder mehr Spalten auswählen (wobei zu viele Spalten auf einem normalen DIN-A4-Blatt logischerweise nicht mehr funktionieren) und zum Beispiel eine Trennlinie zwischen den Spalten festlegen.

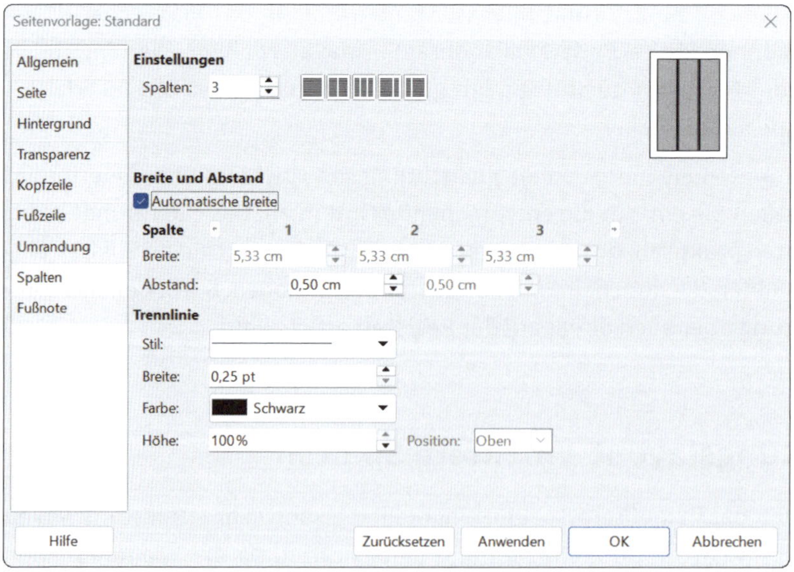


**Abbildung 4.3** *Spalten einrichten*

Am einfachsten ist es, hier die Option **Automatische Breite** zu aktivieren. Für eine Trennlinie klicken Sie auf den Pfeil am Feld **Stil** und wählen eine der Linien aus, am besten die Variante **Durchgängig**.

Ein in mehrere Spalten aufgeteiltes Dokument hat oft ein paar Schönheitsfehler, die es zu beheben gilt. So passen längere Wörter oft kaum mehr in eine Zeile und rutschen eine Zeile nach unten. Das Schriftbild sieht deutlich besser aus, wenn man lange Wörter trennt. Dazu schauen Sie den Text durch und drücken überall dort, wo ein Teil des Wortes noch auf die obere Zeile passen könnte, die Tastenkombination [Strg] + [-] (Minuszeichen), um *bedingte Trennstriche* zu setzen.

Bewässerungssystem in den australischen Alpen¶
Die Snowy Mountains bilden im Verlauf der Great Dividing Range die höchsten Erhebungen. Für die Wasserwirtschaft spielt dieses Gebiet eine herausragende Rolle, da in diesem Teil des Wüsten-kontinents Australiens die jährlich höchsten Niederschläge fallen (vielleicht mit der Ausnahme kleinerer Flächen im nördlichen Küstenbereich). Das Gebiet liegt im Einflussbereich der Passat-winde (der großen das Wetter-system des südlichen Pazifiks dominierenden Winde). Aber die

**Abbildung 4.4** *Mit Trennstrichen sieht das Schriftbild besser aus.*

Sie können auch an bestimmten Stellen einen Spaltenumbruch einfügen, um den Text besser zu strukturieren. Setzen Sie den Cursor genau vor die Stelle, an der der Umbruch erfolgen soll, und klicken Sie auf der Registerkarte **Layout** auf **Manueller Umbruch**.

Im Dialog **Umbruch einfügen** wählen Sie die Option **Spaltenumbruch** und bestätigen mit **OK** (siehe Abbildung 4.5).

Zurück im Dokument sehen Sie, dass die Zeile, vor der Sie den Umbruch eingefügt haben (im Beispiel die Überschrift) in die nächste Spalte gerutscht ist (siehe Abbildung 4.6).

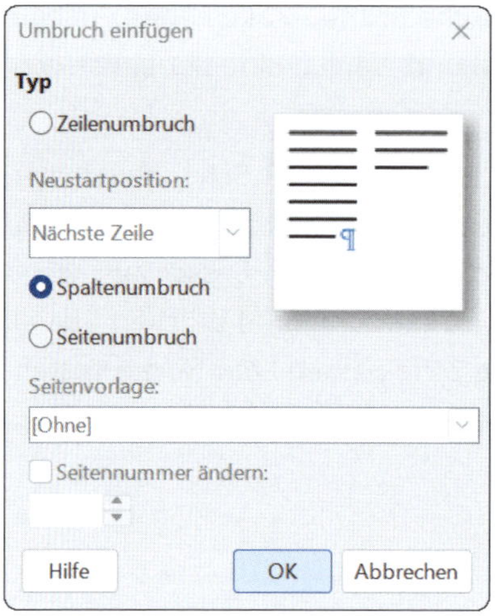


**Abbildung 4.5** *Einen Spaltenumbruch erzeugen*

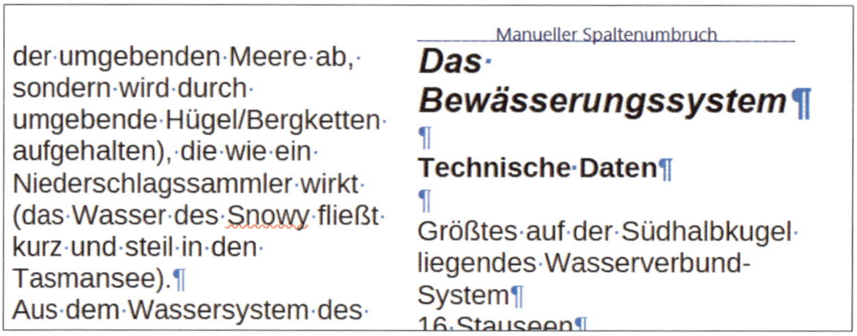


**Abbildung 4.6** *Text mit manuellem Spaltenumbruch*

Falls Ihnen die Aufteilung in Spalten letztendlich doch nicht gefällt, können Sie ganz einfach wieder zum einspaltigen Layout zurückkehren. Klicken Sie im Menü des Symbols **Seitenspalten** auf **Eine**.

## 4.3 Kopf- und Fußzeilen einfügen

Sie kennen Kopfzeilen und Fußzeilen aus Dokumenten jeglicher Art, denn sie werden gern für Kapitelüberschriften, Firmennamen, Briefköpfe etc. eingesetzt und sind sehr praktisch, da sie, einmal erstellt, automatisch auf jeder neuen Seite des Dokuments erscheinen. Im Folgenden lernen Sie im Wesentlichen Kopfzeilen kennen, der Umgang mit Fußzeilen ist identisch.

### 4.3.1 Eine Kopfzeile erstellen

Da Kopf- und Fußzeilen zum Layout des ganzen Dokuments gehören, brauchen Sie auch hierfür die Registerkarte **Layout** und den Dialog **Seitenvorlage**. Sie können diesen Dialog sowohl über **Seitenspalten • Weitere Optionen** als auch über **Seitenränder • Weitere Optionen** aufrufen. Dann verfahren Sie folgendermaßen:

1. Aktivieren Sie die Kategorie **Kopfzeile**.
2. In ihr aktivieren Sie die Option **Kopfzeile einschalten**.
3. Belassen Sie es bei der Option **Gleicher Inhalt auf linker und rechter Seite**.

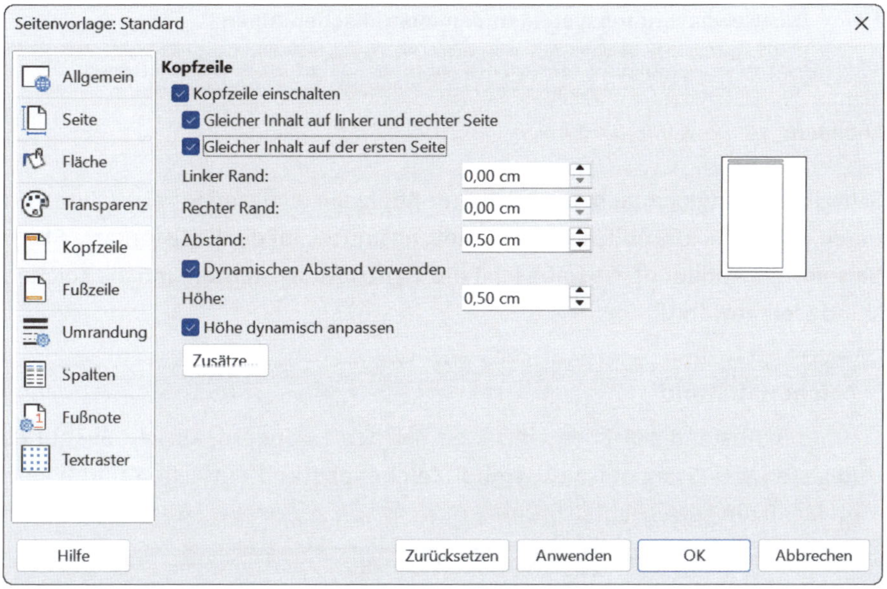


4. Belassen Sie es fürs Erste auch bei den übrigen Einstellungen.
5. Klicken Sie auf **OK**.

**Die Höhe der Abstände der Kopfzeile**

Der Wert im Feld **Abstand** bezieht sich auf den Abstand zwischen dem unteren Rand der Kopfzeile und dem oberen Rand des Dokumenttextes. Die Option **Dynamischen Abstand verwenden** bewirkt, dass die Kopfzeile in den Bereich zwischen Kopfzeile und Dokumenttext hineinragen kann. So weit die Erklärung der LibreOffice-Hilfe. In der Realität wird die Kopfzeile bis an den Fließtext ausgeweitet, was Sie mit einem Rahmen um die Kopfzeile gut erkennen. Weiterer Text wird abgeschnitten. Die Option **Höhe dynamisch anpassen** bewirkt, dass sich die Kopfzeile an den eingegebenen Text anpasst und der Fließtext nach unten rutscht.

Sie haben jetzt wieder Ihr Dokument vor Augen, allerdings mit zusätzlichem Platz am oberen Rand. Wenn Sie dort hineinklicken, wird der Kopfzeilenbereich angezeigt.

**Abbildung 4.7** *Der Kopfzeilenbereich*

Schreiben Sie nun einfach den Text Ihrer Kopfzeile in diesen Bereich. Zum Formatieren nutzen Sie die üblichen Formatierungsmittel auf der Registerkarte **Start** (im Beispiel aus Abbildung 4.9 habe ich **Fett**, **Zentriert ausrichten** und als Zeichenabstand **Weit** gewählt).

**Zeichenabstand**

Um den Abstand zwischen einzelnen Zeichen zu ändern, klicken Sie auf der Registerkarte **Start** auf das Symbol **Zeichenabstand einstellen** und wählen im Menü die gewünschte Option.

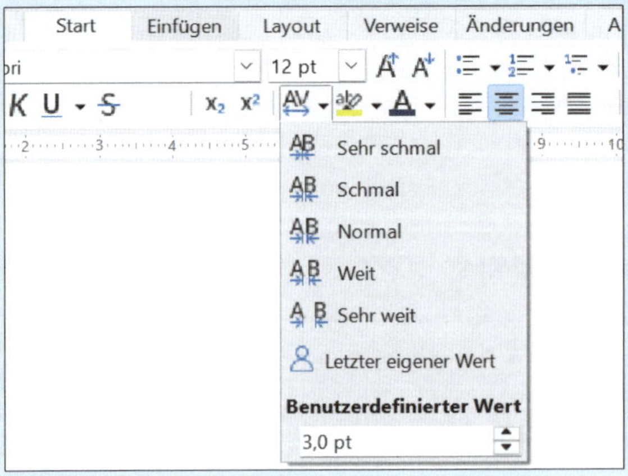


**Abbildung 4.8** *Den Zeichenabstand ändern*

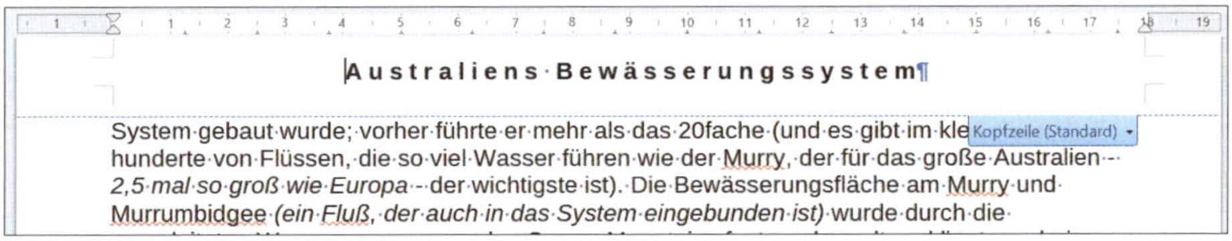


**Abbildung 4.9** *Kopfzeile mit Text*

Scrollen Sie durch Ihr Dokument. Sie werden feststellen, dass die Kopfzeile auf jeder Seite erscheint, was ja der Sinn dieses Elements ist.

Oft ist auf der ersten Seite eines Dokuments keine Kopfzeile (oder eine andere) gewünscht. Auch dafür gibt es eine Lösung. Deaktivieren Sie auf der Registerkarte **Kopfzeile** im Dialog **Seitenvorlage** die Option **Gleicher Inhalt auf der ersten Seite**. Daraufhin steht auf der ersten Seite des Dokuments **Kopfzeile für die erste Seite**. Hier geben Sie nun den Text für die Kopfzeile ein, der nur auf der ersten Seite erscheinen soll. Falls die erste Seite gar keine Kopfzeile haben soll, scrollen Sie direkt zur nächsten Seite und geben dort den Text für die Kopfzeile ein.

### Den Dialog »Seitenvorlage öffnen«

Den Dialog **Seitenvorlage öffnen** können Sie auch bequem aufrufen, indem Sie am rechten unteren Rand der Kopfzeile auf den Pfeil neben **Kopfzeile (Standard)** klicken. Im Menü klicken Sie auf **Kopfzeile formatieren**.

**Abbildung 4.10** *Eine Kopfzeile für die erste Seite*

Auf der Registerkarte **Kopfzeile** im Dialog **Seitenvorlage** entdecken Sie auch die Schaltfläche **Zusätze**. Wenn Sie darauf klicken, erhalten Sie den Dialog **Umrandung/Hintergrund** (der in Kapitel 3 bereits beschrieben wurde). Sie können hier Umrandungen, Linien und – auf der Registerkarte **Fläche** – einen farbigen Hintergrund, einen Farbverlauf oder gegebenenfalls auch ein Bild für die Kopfzeile festlegen. (Der Umgang mit der Gestaltung von Objekten wird in Kapitel 5, »Bilder, Tabellen und mehr – Dokumente aufwerten«, beschrieben.)

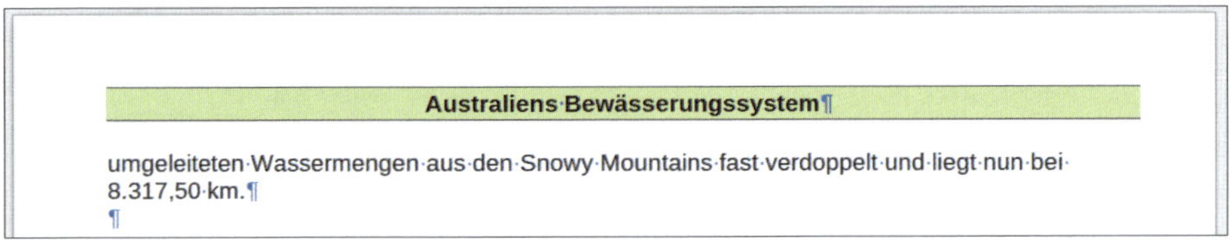


**Abbildung 4.11** *Eine Kopfzeile mit farbigem Hintergrund und Linien*

Sie können eine Kopfzeile auch wieder loswerden. Deaktivieren Sie dazu einfach im Dialog **Seitenvorlage** auf der Registerkarte **Kopfzeile** die Option **Kopfzeile einschalten**.

### 4.3.2 Eine Fußzeile erstellen

Um eine Fußzeile zu erstellen, klicken Sie im Dialog **Seitenvorlage** auf die Kategorie **Fußzeile** und aktivieren dann die Kategorie **Fußzeile einschalten**. Sie erhalten dadurch am Fuß jeder Seite den Fußzeilenbereich, in dem Sie den Text für die Fußzeile eingeben.

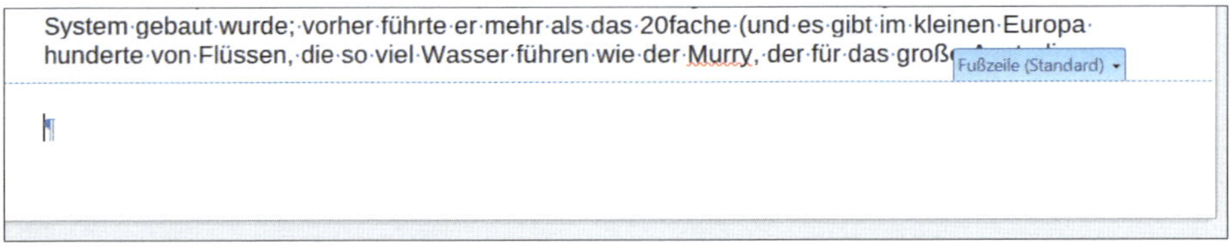


**Abbildung 4.12** *Der Fußzeilenbereich*

Soll auf der ersten Seite des Dokuments eine andere oder gar keine Fußzeile sein, verfahren Sie genauso wie im Zusammenhang mit Kopfzeilen beschrieben.

## 4.4 Seiten automatisch nummerieren

Längere Dokumente brauchen Seitenzahlen, vor allem, wenn Sie vorhaben, Ihr Werk auszudrucken. Und selbstverständlich tragen Sie die Seitenzahlen nicht manuell ein, sondern nutzen die entsprechende Funktion von Writer. Der Vorteil liegt auf der Hand: Auf diese Weise stellen Sie sicher, dass die Seitenzahlen automatisch angepasst werden, falls sich die Länge des Texts durch Löschungen, Ergänzungen oder Seitenumbrüche verändert – was in Berichten, Bachelorarbeiten, Abhandlungen etc. ja meistens der Fall ist. So gesehen ist die automatische Anpassung von unschätzbarem Gewinn: Die Seitennummerierung stimmt immer, egal wie ausgiebig Sie noch an Ihrem Text herumwerkeln.

**Seitenumbrüche**

Writer sorgt zwar von sich aus für den Seitenumbruch, aber um Dokumente zu strukturieren, muss man oft selbst bestimmen, an welcher Stelle ein Seitenumbruch erfolgen soll. Das ist schnell gemacht. Soll zum Beispiel eine Überschrift auf die nächste Seite rutschen, setzen Sie den Cursor genau vor die Überschrift und drücken die Tastenkombination `Strg` + `↵`.

Dies sind die Schritte:

1. Aktivieren Sie die Registerkarte **Layout**.
2. Klicken Sie auf **Seitennummer einfügen**.

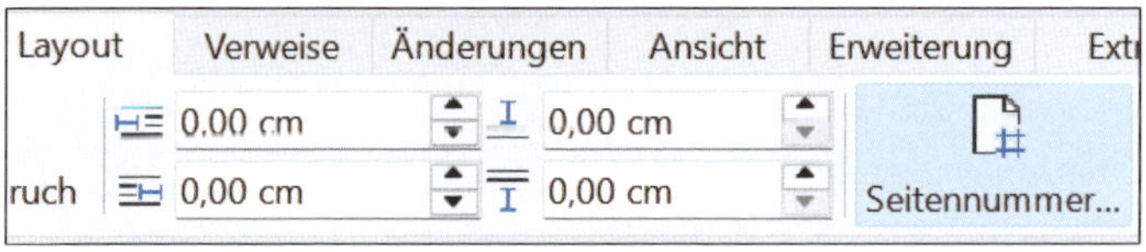


3. Im Dialog **Seitennummern-Assistent** legen Sie über das Menü des Feldes **Position** fest, ob die Seitenzahlen am **Seitenende (Fußzeile)** oder am **Seitenanfang** eingefügt werden sollen.
4. Im Feld **Ausrichtung** haben Sie die Wahl zwischen **Links**, **Zentriert** oder **Rechts**.
5. Haken Sie die Option **Seitenanzahl einbeziehen** an, wenn Sie möchten, dass die Seitenzahlen nach dem Muster »Seitenzahl / Seitenanzahl« (zum Beispiel »1 / 100«) eingetragen werden.
6. Wählen Sie im Menü des Feldes **Seitennummern** das Format der Seitenzahlen. Gängig ist »1, 2, 3«, aber es gibt auch »A, B, C« oder »Eins, Zwei, Drei« und viele weitere Formate.

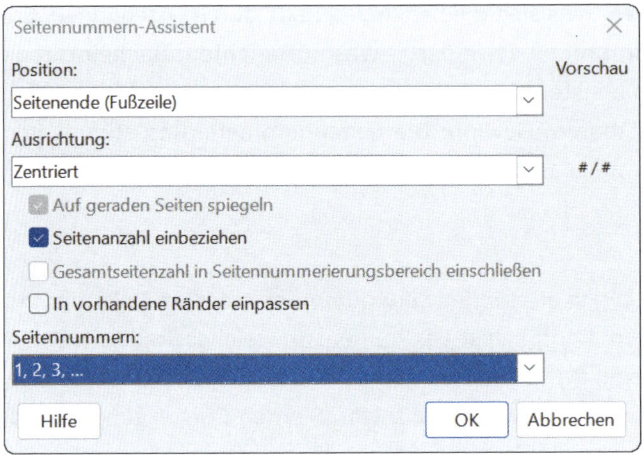


Mit den im Beispiel gewählten Einstellungen erhalten Sie zentrierte Seitenzahlen mit Angabe der Seitenanzahl am Fuß der Seite. Wenn Sie in diesen Bereich hineinklicken, sehen Sie, dass Sie mit dem Einfügen der Seitenzahlen auch eine Fußzeile erzeugt haben.

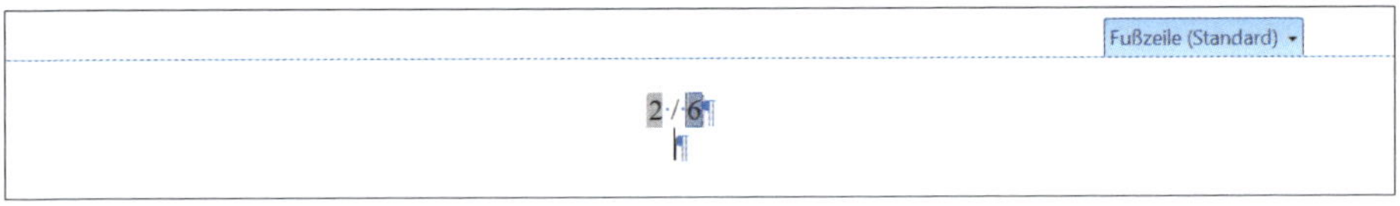


**Abbildung 4.13** *Die Seitenzahlen werden in der Fußzeile angezeigt.*

### Feldschattierung

Bei der Schattierung der Zahlen handelt es sich um eine sogenannte *Feldschattierung*. Feldschattierungen zeigen lediglich an, dass es sich um ein Feld handelt, was immer bedeutet, dass an dieser Stelle ein Feld steht, dessen Inhalt Writer selbst ermittelt und bei Bedarf aktualisiert – etwa ein Datum oder eine Seitenzahl. Im Ausdruck ist die Schattierung nicht zu sehen.

### Position der Seitenzahl

Wenn in der Fußzeile auch Text steht, wählen Sie für die Seitenzahl am besten die Ausrichtung **Rechts**, damit sich Text und Seitenzahl möglichst wenig in die Quere kommen.

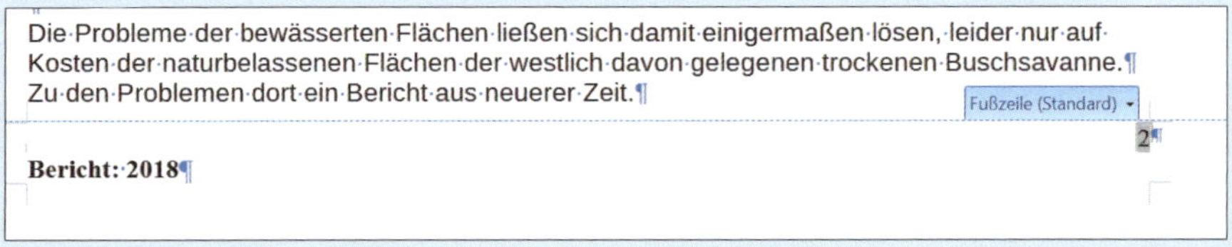


**Abbildung 4.14** *Die Seitenzahl erscheint rechts, der Text links.*

Falls Sie die Seitennummerierung aus irgendeinem Grund wieder loswerden möchten, müssen Sie die Fußzeile (bzw. die Kopfzeile, sofern Sie **Seitenanfang** gewählt haben) entfernen. Dazu rufen Sie den Dialog **Seitenvorlage** mit der Kategorie **Fußzeile** (bzw. Kopfzeile) auf und deaktivieren die Option **Fußzeile** (bzw. **Kopfzeile**) **einschalten**. Sie können die Seitenzahlen auch manuell löschen, aber dann bleibt der Fußzeilen- bzw. Kopfzeilenbereich erhalten.

## 4.5 Seitenumbrüche gezielt setzen

Writer sorgt zwar, wie im Kasten weiter oben schon erklärt, selbst für den Seitenumbruch, aber um Dokumente sinnvoll zu strukturieren, müssen Sie oft selbst bestimmen, an welcher Stelle ein Seitenumbruch erfolgen soll. Soll zum Beispiel eine Überschrift auf die nächste Seite rutschen, setzen Sie den Cursor genau vor die Überschrift und drücken die Tastenkombination `Strg` + `↵`. Alternativ klicken Sie auf der Registerkarte **Layout** auf die Schaltfläche **Seitenumbruch**. Sie sehen eine gestrichelte Linie, die den Seitenumbruch symbolisiert.

Wenn Sie mit der Maus genau auf diese Linie zeigen und dann auf den Pfeil klicken, erscheint ein kleines Menü mit zwei Optionen.

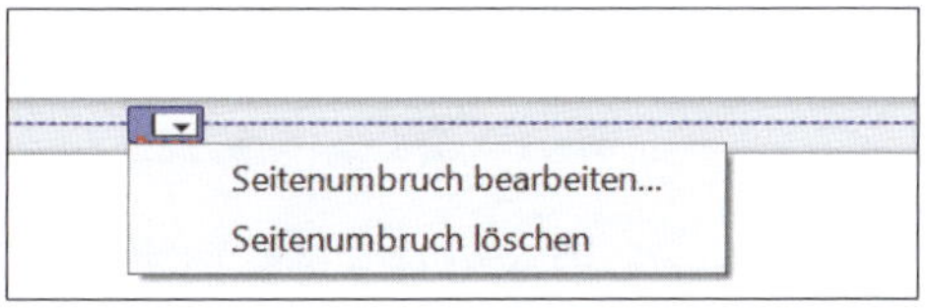


**Abbildung 4.15** *Optionen für den Seitenumbruch*

Mit **Seitenumbruch löschen** entfernen Sie den Seitenumbruch (logisch), **Seitenumbruch bearbeiten** ruft hingegen den Dialog **Absatz** mit der Registerkarte **Textfluss** auf.

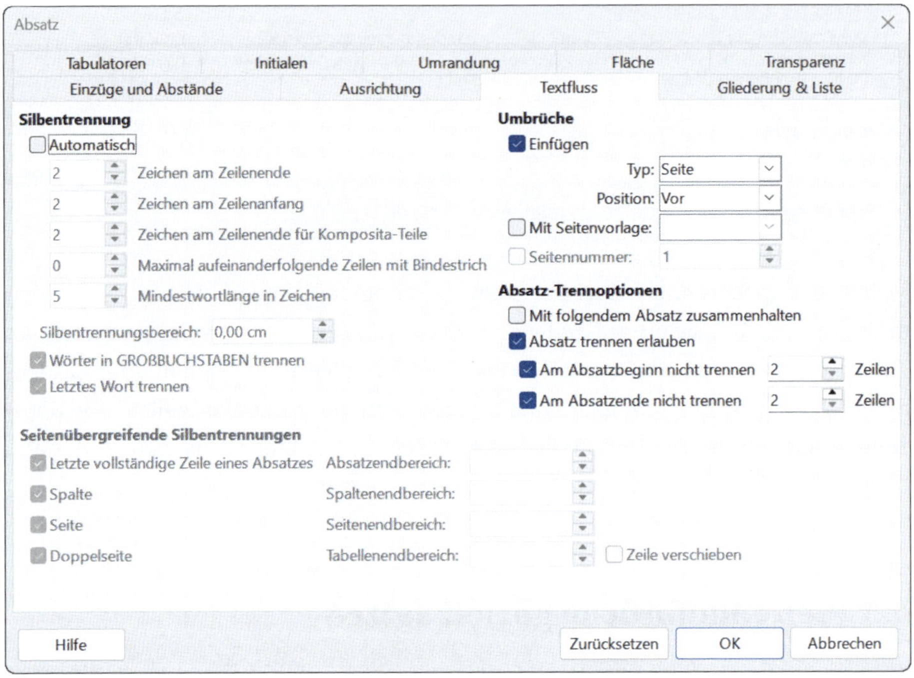


**Abbildung 4.16** *Die Registerkarte »Textfluss«*

Hier können Sie einige Einstellungen überprüfen bzw. ändern, zum Beispiel im Feld **Position**, dass der Seitenumbruch nach und nicht vor dem Absatz erfolgt, aber im Prinzip sind die Einstellungen völlig in Ordnung. Auch die Optionen im Bereich **Absatz-Trennoptionen** sollten Sie aktiviert lassen. Die Einstellungen **Am Absatzbeginn nicht trennen** und **Am Absatzende nicht trennen** mit jeweils zwei Zeilen sorgen dafür, dass im Text keine (um historische Begriffe aus der Typografie zu nutzen) »Witwen und Waisen« entstehen. Diese Begriffe spielen immer dann eine Rolle, wenn es um das Layout eines Textes geht.

### Witwen und Waisen

Als »Witwe« wird die letzte Zeile eines Absatzes bezeichnet, wenn diese gleichzeitig die erste Zeile auf einer neuen Seite beziehungsweise in einer neuen Spalte ist. Dies stört den Lesefluss, da der Satz ohne sinnvollen Kontext auf der neuen Seite fortgesetzt wird. Außerdem sieht die Seite optisch nicht sehr ansprechend aus, wenn sie mit einem halben Satz beginnt.

Als »Waise« wird die erste Zeile eines Absatzes bezeichnet, die allein am Seiten- oder Spaltenende steht und erst auf der nächsten Seite fortgesetzt wird.

## 4.6 Vorlagen nutzen und eigene Vorlagen speichern

Eine Dokumentvorlage ist ein Dokument, das Formatvorlagen, Grafiken, Tabellen, Objekte und weitere Informationen enthält. Solche Dokumentvorlagen werden als Grundlage zum Erstellen anderer Dokumente verwendet; sie ermöglichen einfach und unkompliziert die einheitliche Gestaltung von Dokumenten (z. B. Briefe, Berichte etc.) durch gespeicherte Formate.

LibreOffice Writer verfügt über eine Reihe vordefinierter Dokumentvorlagen, mit denen Sie verschiedene Arten von Textdokumenten erstellen können, beispielsweise Geschäftsbriefe.

### 4.6.1 Eine Dokumentvorlage nutzen

Sie finden die Dokumentvorlagen, die Writer anbietet, auf der Registerkarte **Datei**. Klicken Sie hier auf **Dokumentvorlagen**.

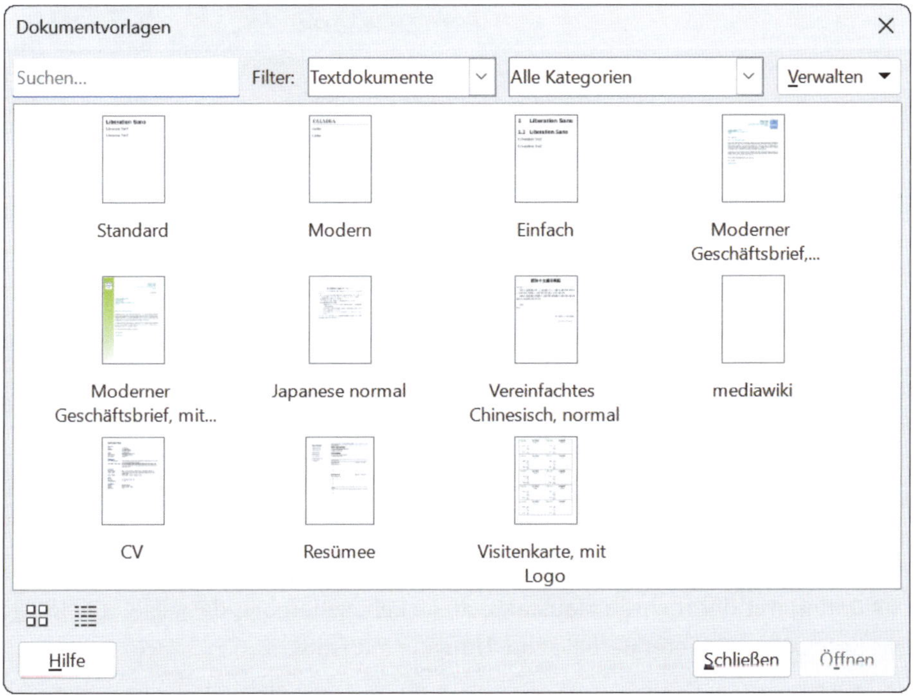


**Abbildung 4.17** *Das Angebot an Dokumentvorlagen*

**Dokumentvorlagen in LibreOffice Writer**

Das Angebot an Vorlagen ist – gelinde gesagt – sehr mager. Und die wenigen, die angeboten werden, helfen Ihnen kaum. Sie enthalten lediglich einige Tabstopps und Einzüge, die Sie auch selbst festlegen könnten. Die Geschäftsbriefe entsprechen nicht der Norm, und die Vorlagen für Lebensläufe müssen auch stark angepasst werden. So gesehen könnten Sie diese Vorlagen auch links liegen lassen, aber ich gehe der Vollständigkeit halber dennoch kurz auf sie ein.

Im Dialog **Dokumentvorlagen** werden die vorhandenen Vorlagen präsentiert. Mit einem Doppelklick rufen Sie eine Vorlage auf, im Beispiel **Moderner Geschäftsbrief**.

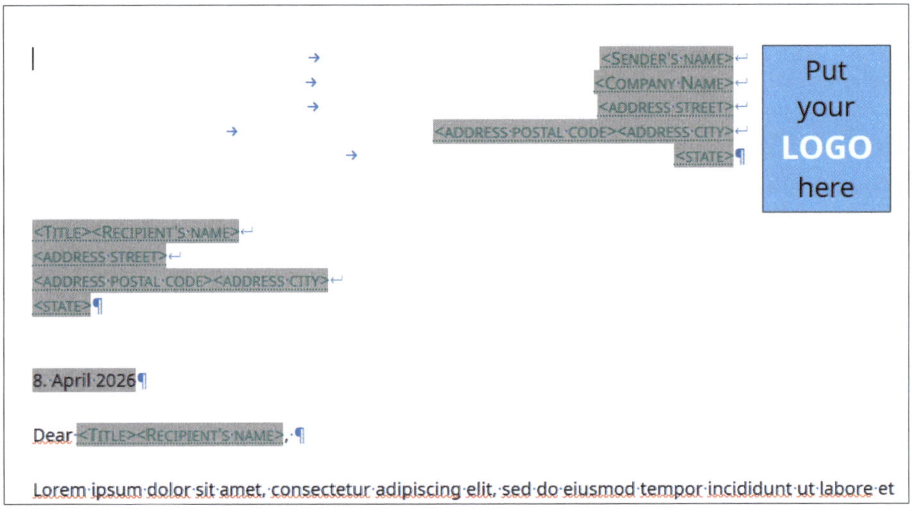


**Abbildung 4.18** *Die Dokumentvorlage »Moderner Geschäftsbrief«*

Die Vorlage enthält Text, den Sie überschreiben; die Zeilen, die Sie nicht benötigen, löschen Sie einfach. Bei dem Datum handelt es sich um ein Feld. Dies bedeutet, dass das Datum immer an das aktuelle Datum angepasst wird. Auch wenn Sie das Datum mit der rechten Maustaste anklicken, sehen Sie, dass es ein Feld ist: Das Kontextmenü bietet Befehle zum Umgang mit Feldern.

Für das Logo brauchen Sie eine geeignete Bild- bzw. Grafikdatei, die Sie auf Ihrem Rechner gespeichert haben.

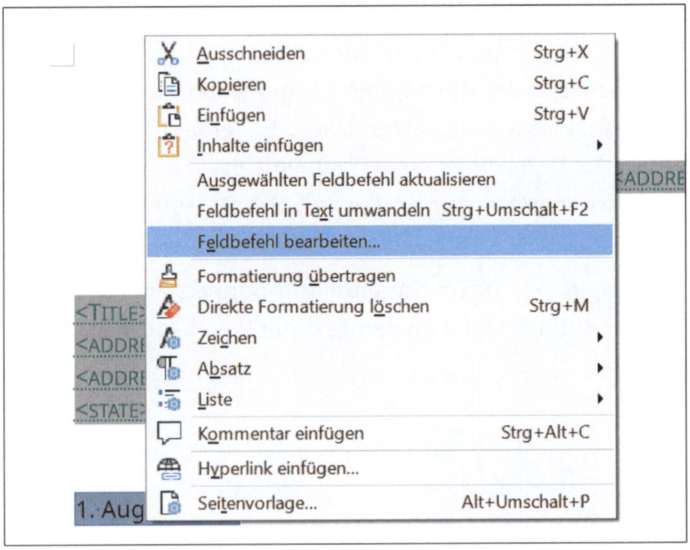


**Abbildung 4.19** *Feldbefehle*

Zum Einfügen Ihrer Grafikdatei klicken Sie die Form mit der rechten Maustaste an und wählen im Kontextmenü **Fläche**. Im Dialog **Fläche** wechseln Sie auf die Registerkarte **Bild**.

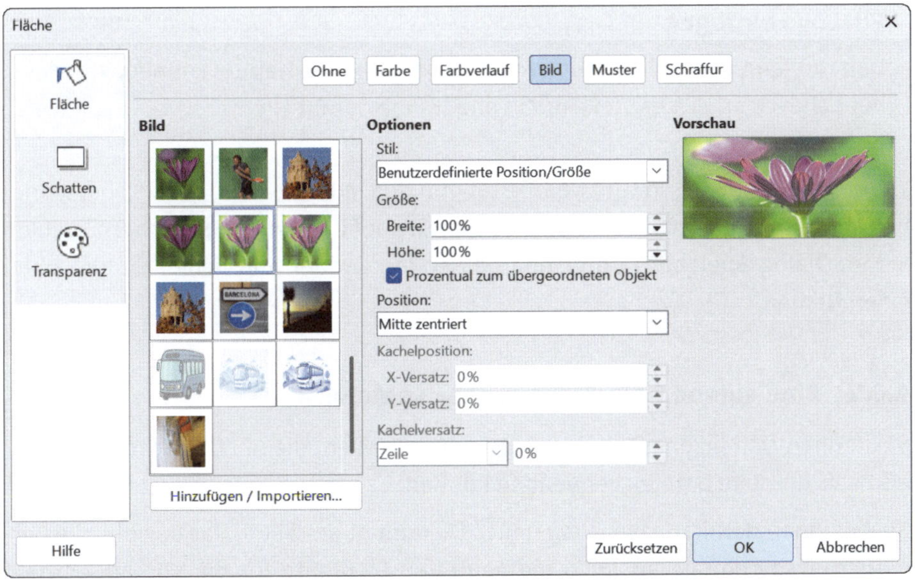


**Abbildung 4.20** *Ein Bild für das Logo hinzufügen*

Hier wählen Sie im Feld **Stil** zunächst **Benutzerdefinierte Position/Größe**. Im Bereich **Größe** haken Sie die Option **Proportional zum übergeordneten Objekt** an. Dann klicken Sie auf die Schaltfläche **Hinzufügen / Importieren**. Im Dialog **Bild einfügen** doppelklicken Sie auf die gewünschte Datei. Sie erhalten dann einen kleinen Dialog, in dem Sie der Datei einen neuen Namen geben, wenn Sie möchten. Zurück im Dialog **Fläche** bestätigen Sie alles mit **OK**. Daraufhin landet die Datei passgenau in der Form.

Den Text in der Form löschen Sie, indem Sie die Form doppelt anklicken; nun blinkt der Cursor in der Form und Sie können den Text mit `Entf`- oder der `←`-Taste entfernen.

**Abbildung 4.21** *Ein Bild für das Logo*

> **Ein Logo einfügen**
> Den Umgang mit Bilddateien lernen Sie im nächsten Kapitel kennen. Von daher gehe ich an dieser Stelle nur in aller Kürze darauf ein.

Wenn Sie die Vorlage so weit bearbeitet und den Mustertext ebenfalls überschrieben haben, speichern Sie die Datei. Klicken Sie auf das Symbol **Speichern**, wählen Sie im Dialog **Speichern unter** den passenden Ordner und geben Sie der Datei einen Namen.

### 4.6.2 Eine eigene Dokumentvorlage speichern

Sie können sich eigene Dokumentvorlagen erstellen, die Sie dann immer wieder als Basis für neue Dateien verwenden können.

Sie beginnen damit, dass Sie ein neues Dokument erstellen, das sowohl alle Formatierungsmerkmale als auch die neutralen Elemente für die Vorlage enthält, zum Beispiel eine Kopfzeile, vielleicht auch eine Überschrift, ein Datum etc. Das hängt davon ab, für welche zukünftigen Dokumente Sie die Vorlage erstellen.

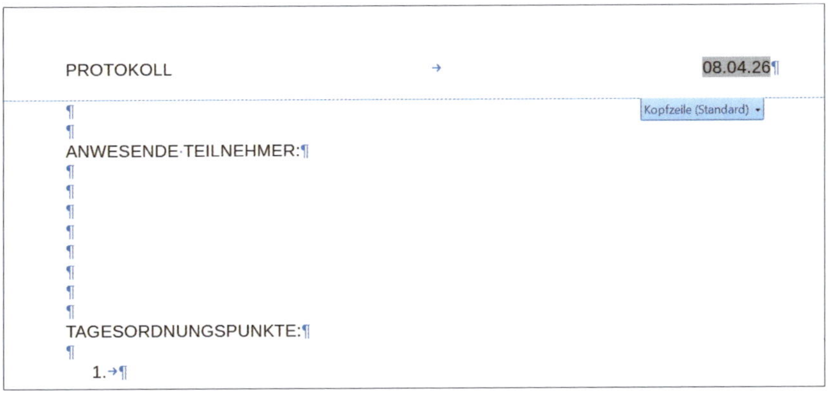


**Abbildung 4.22** *Der Text für eine Dokumentvorlage*

Wenn Sie damit fertig sind, speichern Sie das Dokument als Vorlage. Dies sind die Schritte:

1. Klicken Sie auf der Registerkarte **Datei** auf **Als Dokumentvorlage speichern**.

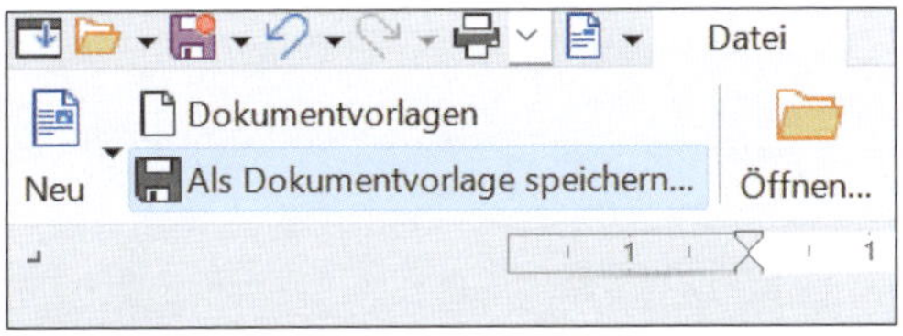


2. Wählen Sie im gleichnamigen Dialog eine Kategorie aus, am besten **Meine Dokumentvorlagen**.

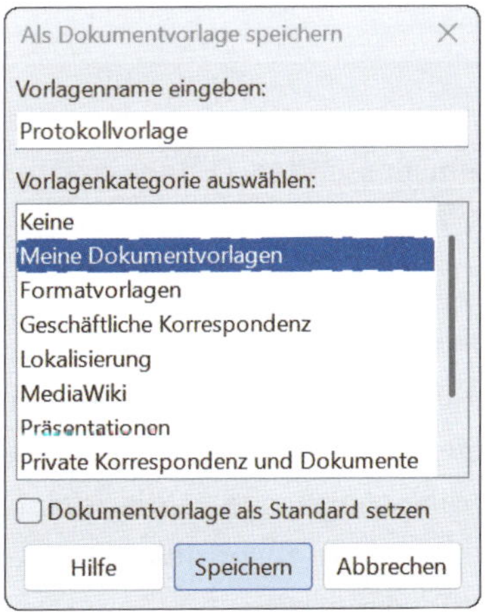

3. Geben Sie der Vorlage einen aussagekräftigen Namen, im Beispiel »Protokollvorlage«.

4. Klicken Sie auf **Speichern**.

Um diese Vorlage nun zu nutzen, rufen Sie über **Datei • Dokumentvorlagen** wieder den Dialog **Dokumentvorlagen** auf. Hier belassen Sie es nicht bei **Alle Kategorien**, sondern wählen **Meine Dokumentvorlagen**. Die eben erstellte Vorlage wird im Fenster angezeigt. Markieren Sie sie und klicken Sie auf **Öffnen**.

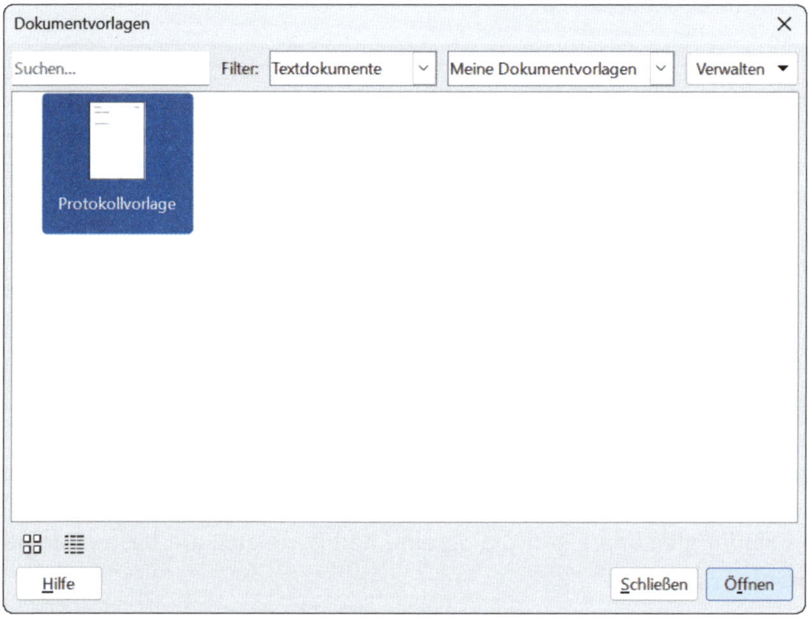


**Abbildung 4.23** *Eine eigene Dokumentvorlage aufrufen*

Nun können Sie die Vorlage für Ihre weitere Arbeit verwenden. Speichern Sie Ihr Dokument im Dialog **Speichern unter** in einem passenden Ordner und unter einem passenden Namen.

**Ein aktualisierbares Datum einfügen**

Soll eine Vorlage ein Datum enthalten, soll es in aller Regel kein festes, sondern ein aktualisierbares Datum sein. So fügen Sie ein solches Datum ein: Klicken Sie auf der Registerkarte **Einfügen** auf die Schaltfläche **Feldbefehl**. Im Menü wählen Sie **Datum (variabel)**. Denken Sie daran, zuvor den Cursor an die Stelle zu setzen, an der Sie das Datum einfügen möchten.

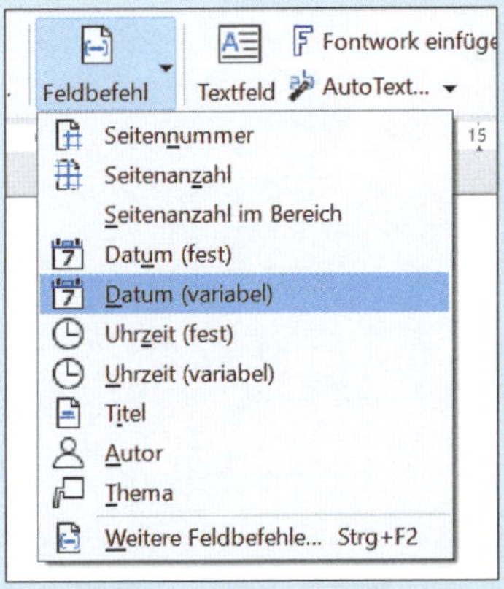


**Abbildung 4.24** *Ein variables Datum einfügen*

**Dokumentvorlage speichern**

Sie können ein Dokument auch im Dialog **Speichern unter** als Vorlage speichern. Dazu wählen Sie im Feld **Dateityp** das Format **ODF-Textdokumentvorlage** – sofern die Erweiterungen angezeigt werden, mit dem Zusatz **.ott*. »ott« ist die Dateierweiterung für Textdokumentvorlagen in LibreOffice Writer.

# Kapitel 5
# Bilder, Tabellen und mehr – Dokumente aufwerten

In diesem Kapitel geht es um verschiedene Elemente, die Sie in ein Dokument einfügen können: Bilder, Formen, Tabellen etc. Sie werden sehen, dass Writer auch in dieser Hinsicht eine Menge zu bieten hat.

## 5.1 Fotos und Grafiken einfügen und positionieren

Lange Zeit hatte die Redewendung »Ein Bild sagt mehr als 1.000 Worte« ihre Berechtigung. Seit wir jedoch mit KI-generierten Fake-Bildern konfrontiert sind, hat diese Aussage leider nur noch sehr bedingt Gültigkeit. Aber lassen wir uns davon nicht entmutigen, und nutzen wir dennoch die Möglichkeit, ein Dokument mit schönen und/oder passenden Fotos zu illustrieren.

Ich gehe davon aus, dass Sie die Bilder, die Sie in Ihrem Dokument nutzen möchten, auf Ihrem Rechner gespeichert haben. Um ein Bild einzufügen, sind nur wenige Schritte notwendig:

1. Wechseln Sie auf die Registerkarte **Einfügen**.

2. Gehen Sie im Dialog **Bild einfügen** zu dem Ordner, in dem Sie das gesuchte Bild aufbewahren.

3. Klicken Sie das Bild zum Einfügen doppelt an oder markieren Sie es und klicken Sie dann auf **Öffnen**.

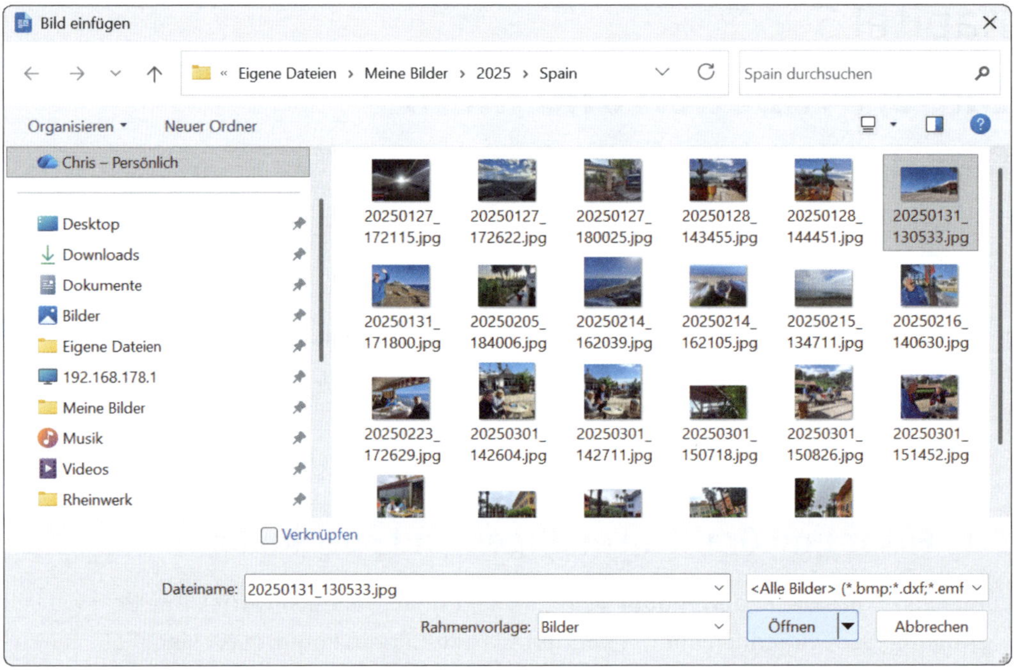


Das Bild landet in Ihrem Dokument, zunächst in voller Größe.

### 5.1.1 Die Größe anpassen

Um als Erstes die Größe anzupassen, klicken Sie auf das Bild, sodass die sogenannten *Ziehpunkte* erscheinen. Wenn Sie den Mauszeiger auf einen dieser Ziehpunkte halten, sehen Sie, dass er sich in einen Doppelpfeil verwandelt.

**Abbildung 5.1** *Die Größe eines Bildes verändern*

Nun können Sie das Bild mit gedrückter linker Maustaste auf die gewünschte Größe ziehen.

**Abbildung 5.2** *Die Größe des Bildes wurde angepasst.*

Sobald Sie das Bild anklicken, erscheinen nicht nur die Ziehpunkte, sondern es passiert noch etwas anderes: Im Menü gibt es die zusätzliche Registerkarte **Bild**. Auf dieser Kontext-Registerkarte finden Sie zahlreiche Funktionen, die der Bearbeitung des Bildes dienen; einige davon lernen Sie in den nächsten Abschnitten kennen.

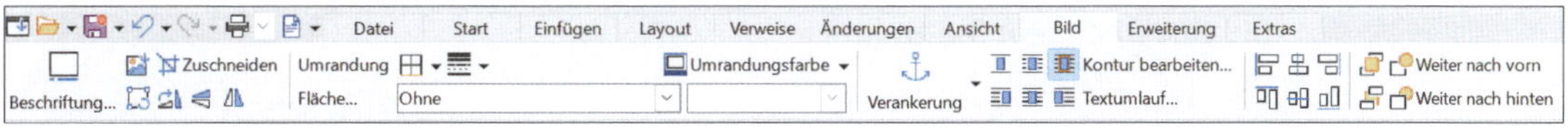


**Abbildung 5.3** *Die Registerkarte »Bild«*

**Die Größe ändern**

Achten Sie beim Anpassen der Größe eines Bildes darauf, dass Sie mit dem Doppelpfeil an einer der Ecken ziehen und nicht an den Ziehpunkten in der Mitte der Seiten. Damit sorgen Sie dafür, dass Sie die Proportionen erhalten.

## 5.1.2 Das Bild positionieren

Nun soll das Bild natürlich noch an die richtige Stelle, d. h., Sie müssen es positionieren. Das ist im ersten Schritt ganz einfach. Klicken Sie das Bild an und ziehen Sie es mit gedrückter linker Maustaste zum Zielort.

**Abbildung 5.4** *Das Bild positionieren*

Aber Sie werden, sofern das Bild von Text umgeben ist, feststellen, dass der Text zu dicht am Bild »klebt«, was optisch störend wirkt. Dies ändern Sie mit den Einstellungen für den Textfluss bzw. – wie es in Writer heißt – den *Textumlauf*.

1. Markieren Sie das Bild durch Anklicken.
2. Klicken Sie auf der Registerkarte **Bild** auf **Textumlauf**.

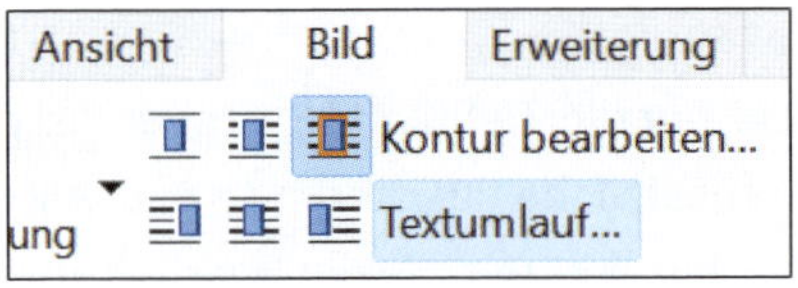


3. Im Dialog **Bild** ist in der Regel die Registerkarte **Umlauf** bereits aktiviert, ansonsten wechseln Sie zu ihr.

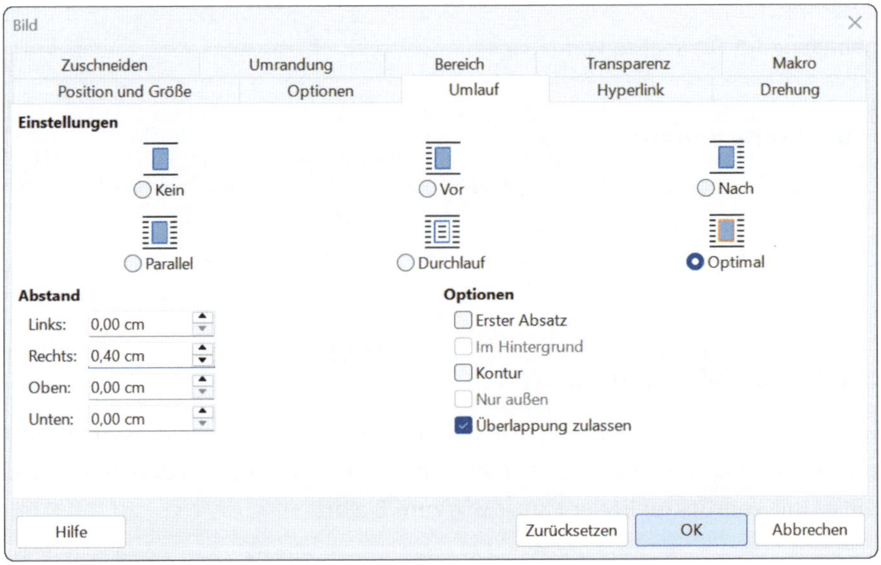


4. Im Bereich **Abstand** stellen Sie die Abstände zwischen Bild und Text ein. Vergrößern Sie beispielsweise den Abstand im Feld **Rechts** (wie im Beispiel) oder auch in allen Feldern (abhängig von der Position des Bildes).

**Abbildung 5.5** *Ein Bild mit Abstand zum Text*

Sie sehen, dass auf der Registerkarte **Umlauf** im Bereich **Einstellungen** auch die Optionen für den generellen Textumlauf angeboten werden – also wie der Text um ein Bild »fließt«. Voreingestellt ist die Option **Optimal**. Probieren Sie ruhig die weiteren Einstellungen aus; meiner Erfahrung nach ist auch **Parallel** eine gute Option, wenn das Bild von allen Seiten von Text umgeben sein soll. **Vor** lässt die Fläche rechts vom Bild leer, **Nach** bewirkt das Gegenteil. **Durchlauf** bewirkt, dass das Bild über dem Text liegt. Der Text im Hintergrund ist an dieser Stelle verdeckt.

Die Symbole für den Textumlauf finden Sie auch direkt auf der Registerkarte **Bild** und auch im Kontextmenü des Bildes. Dort heißt der Punkt **Umlauf**. Im Kontextmenü gibt es zusätzlich die Option **Im Hintergrund**. Diese Option verschiebt das Bild erwartungsgemäß hinter den Text.

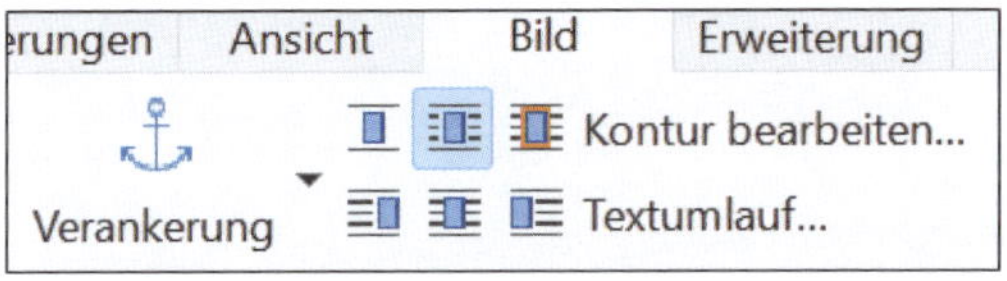


**Abbildung 5.6** *Die Symbole für den Textumlauf*

**Verankerung von Objekten**

Bilder können verankert werden wie Schiffe. Gängig ist die Verankerung am aktuellen Absatz. Dies bedeutet, dass das Bild bzw. Objekt immer in dem Absatz bleibt, auch wenn er durch Überarbeitung nach unten oder oben rutscht. Wenn das Objekt ausgewählt ist, sehen Sie tatsächlich ein kleines Ankersymbol – in diesem Fall am Absatzbeginn. Die Optionen zur Verankerung finden Sie auf der Registerkarte **Bild • Verankerung**. Dort finden Sie folgende Optionen:

- **Am Absatz**: Verankert das ausgewählte Objekt im aktuellen Absatz.
- **Am Zeichen**: Verankert das ausgewählte Objekt an einem Zeichen. Ziehen Sie den Anker mit der Maus auf das gewünschte Zeichen.

- **Als Zeichen**: Verankert das ausgewählte Objekt als Zeichen im aktuellen Text. Die Höhe der aktuellen Textzeile wird erweitert, wenn sich das Objekt über (und/oder unter) der Grenze für das höchste Zeichen oder Objekt in der aktuellen Textzeile befindet.

**Abbildung 5.7** *Das Bild ist verankert.*

Anstatt das Bild mit der Maus an Ort und Stelle zu ziehen, können Sie auch die klassischen Ausrichtungsmethoden nutzen, also das Bild nach links, in die Mitte oder nach rechts setzen. Diese Möglichkeiten finden Sie ebenfalls auf der Registerkarte **Bild**. Markieren Sie das Bild und klicken Sie auf **Links**, **Zentriert** oder **Rechts**. Auch im Kontextmenü des Bildes werden Sie fündig. Klicken Sie hier auf **Objekte ausrichten** und im Untermenü auf die gewünschte Option.

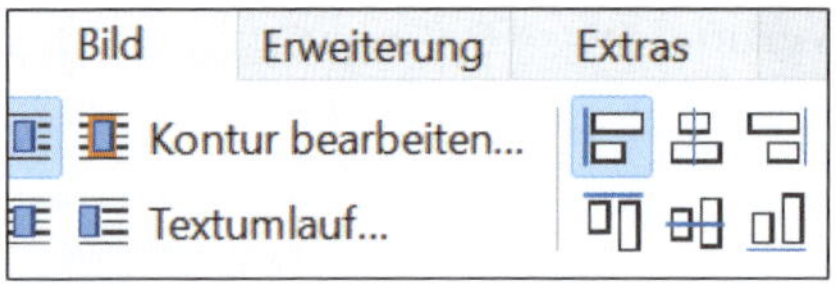


**Abbildung 5.8** *Objekte ausrichten*

## 5.1.3 Bilder drehen

Wenn Sie Lust dazu haben, können Sie Bilder auch drehen. Die Punkte zum Drehen erhalten Sie, wenn Sie das bereits markierte Bild erneut anklicken. Sie sehen dann grüne Kreise, die Sie dazu nutzen, das Bild mit gedrückter Maustaste frei in die gewünschte Richtung zu drehen.

**Abbildung 5.9** *Bilder drehen*

Diese Drehpunkte können Sie auch setzen, wenn Sie auf der Registerkarte **Bild** auf das Symbol **Drehen** klicken. Daneben gibt es das Symbol **90° rechtsherum drehen**. Dieses Symbol macht, was es verspricht: Es dreht das Bild bei jedem Anklicken jeweils um 90°.

**Abbildung 5.10** *Die Symbole zum Drehen eines Bildes*

**Abbildung 5.11** *Gedrehte Bilder*

## 5.2 Bilder zuschneiden und anpassen

Eingefügte Bilder lassen sich in vielfältiger Weise bearbeiten. Die Registerkarte **Bild** bietet alle möglichen Funktionen zur Bearbeitung und Manipulation eines Bildes. Ich garantiere Ihnen, wenn Sie alle diese Funktionen ausgiebig anwenden, werden Sie Ihr ursprüngliches Bild kaum noch wiedererkennen. Aber Sie wissen ja: Weniger ist oft mehr.

### 5.2.1 Bilder zuschneiden

Es gibt Fotos, von denen Sie eigentlich nur bestimmte Ausschnitte behalten möchten; manche Bildelemente wirken störend oder ärgern Sie sogar. Früher wurde der Ex-Lover krude mit der Schere aus dem Bild entfernt, heute stehen Ihnen die Mittel der Bildbearbeitung zur Verfügung, in diesem Fall die Funktion **Zuschneiden**.

1. Markieren Sie das Bild, das Sie zuschneiden möchten.

2. Klicken Sie im Kontextmenü des Bildes oder auf der Registerkarte **Bild** auf das Symbol **Zuschneiden**.

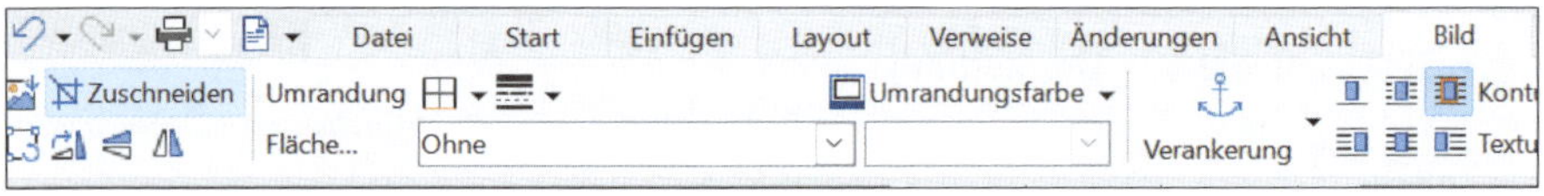


3. Die ursprünglichen Ziehpunkte verwandeln sich in Griffe; ziehen Sie nun mit der Maus an dem Griff, der geeignet ist, den unerwünschten Teil des Bildes zu entfernen.

4. Lassen Sie die Maus los, wenn der Ausschnitt passt, und klicken Sie erneut, um die Griffe loszuwerden.

Falls Sie mit dem Zuschneiden zu vorschnell waren und Sie doch lieber wieder das Originalbild haben möchten, brauchen Sie wieder den Dialog **Bild**. Klicken Sie auf der Registerkarte **Bild** auf **Textumlauf** (Sie können das Bild stattdessen auch doppelt anklicken oder im Kontextmenü des Bildes **Eigenschaften** wählen) und wechseln Sie im Dialog **Bild** auf die Registerkarte **Zuschneiden**. Zur Wiederherstellung des Originals klicken Sie auf **Zuschneiden zurücksetzen** und dann auf **OK**.

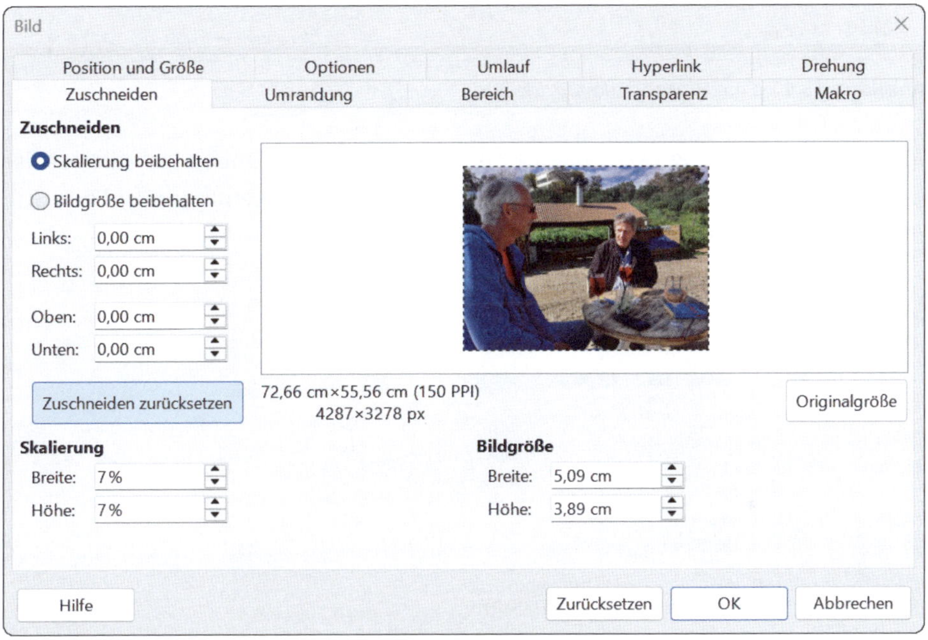


**Abbildung 5.12** *Das Zuschneiden eines Bildes zurücknehmen*

Die Registerkarte **Zuschneiden** hat noch mehr in petto. Sie können hier in den Feldern **Links**, **Rechts**, **Oben** und **Unten** exakte Maße für das Zuschneiden eingeben (die Vorschau hilft Ihnen dabei mit einer vertikalen Linie) und überprüfen, ob die Skalierung, d. h. das Größenverhältnis, beibehalten wird. Dafür sorgt die Option **Skalierung beibehalten**, die in der Regel aktiviert ist.

Die Optionen im Bereich **Skalierung** haben nichts mit dem Zuschneiden zu tun. Sie ändern damit die Größe des Bildes.

### 5.2.2 Einen Rahmen für das Bild

Wie wäre es mit einem schicken Rahmen für Ihr Bild? Das ist schnell gemacht, und zwar im entsprechenden Dialog oder mit den Symbolen für eine Umrandung auf der Registerkarte **Bild**. Den Dialog rufen Sie per Klick auf **Umrandung** auf.

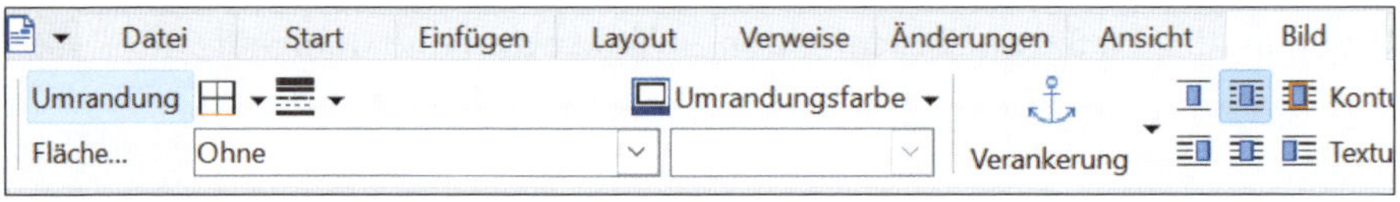


**Abbildung 5.13** *Eine Umrandung für das Bild*

Im Dialog **Umrandung** legen Sie die gewünschten Einstellungen fest: die Art der Umrandung mit den Symbolen neben dem Eintrag **Voreinstellungen** und den **Stil**, die **Farbe** und die **Breite** in den gleichnamigen Feldern.

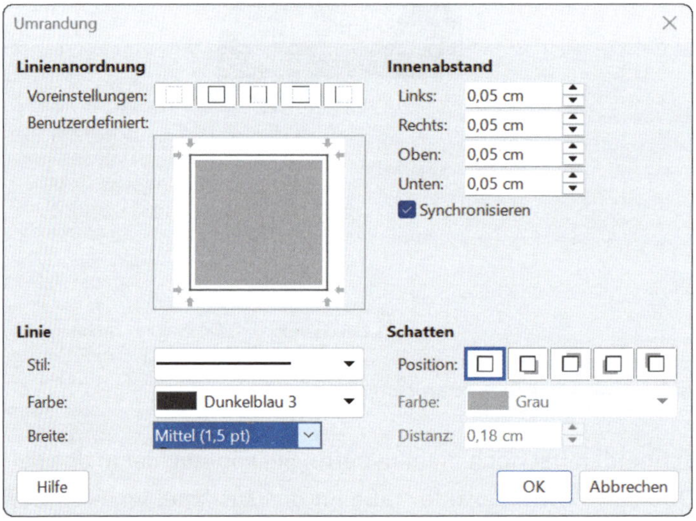


**Abbildung 5.14** *Legen Sie hier die Art der Umrandung fest.*

Anstatt im Dialog zu arbeiten, können Sie für eine Umrandung bzw. Linien an bestimmten Seiten genauso gut die Optionen im Menü des Symbols **Umrandung** nutzen. Sie finden es rechts neben der Schaltfläche **Umrandung**, daneben sehen Sie das Symbol **Umrandungsstil** und weiter rechts das Symbol **Umrandungsfarbe**; ein Symbol für die Breite suchen Sie hier vergeblich (siehe Abbildung 5.13).

Sofern Ihnen die ganze Umrandung doch missfällt, klicken Sie im Menü des Symbols **Umrandung** auf **Keine Ränder**. Sie können also nach Herzenslust experimentieren, und mit einem – genau genommen zwei – Klicks machen Sie alles wieder ungeschehen.

**Abbildung 5.15** *Ein Bild mit Umrandung*

### 5.2.3 Eine Beschriftung hinzufügen

In Fotoalben hat man früher unter oder neben die eingeklebten Bilder zur Erinnerung oft eine Erklärung geschrieben: »Mutti auf der Rialtobrücke, August 1984«. Beliebt waren auch humoristische Bemerkungen, etwa »Mutti traut sich nicht ins Wasser« oder Ähnliches. So wusste man beim Durchblättern gleich Bescheid.

Auch in LibreOffice können Sie die eingefügten Bilder natürlich beschriften:

1. Markieren Sie das Bild.
2. Klicken Sie es mit der rechten Maustaste an und wählen Sie **Beschriftung einfügen** oder klicken Sie auf der Registerkarte **Bild** ganz links auf **Beschriftung einfügen**.

3. Füllen Sie den gleichnamigen Dialog aus (die Vorschau zeigt Ihnen vorab das Resultat) und klicken Sie auf **OK**.

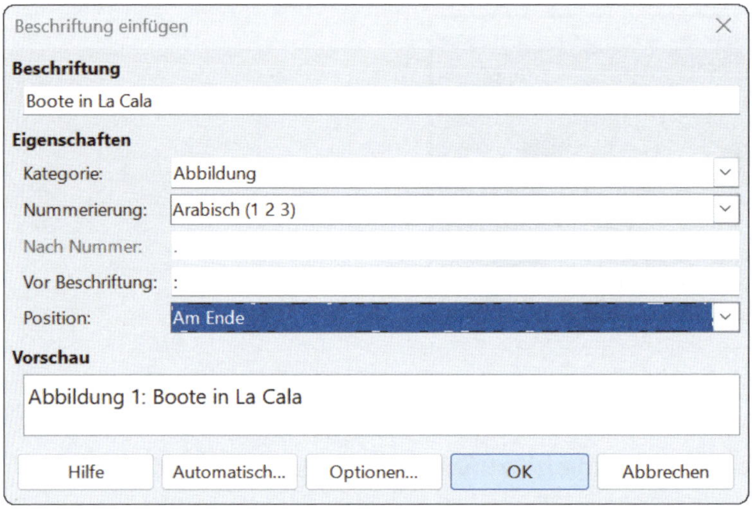


Bei der Nummerierung in der Bildunterschrift handelt es sich übrigens wieder um ein Feld, zu erkennen an der Feldschattierung. Zur Erinnerung: Felder bedeuten, dass der Inhalt jeweils aktualisiert wird. Würden Sie vor die Abbildung 1 ein weiteres Bild einfügen und beschriften, würde aus Abbildung 1 automatisch Abbildung 2 werden.

**Abbildung 5.16** *Bild mit Beschriftung*

### 5.2.4 Bilder manipulieren und Filter einsetzen

Auf der Registerkarte **Bild** finden Sie auch mehr oder minder klassische Bildbearbeitungsmöglichkeiten.

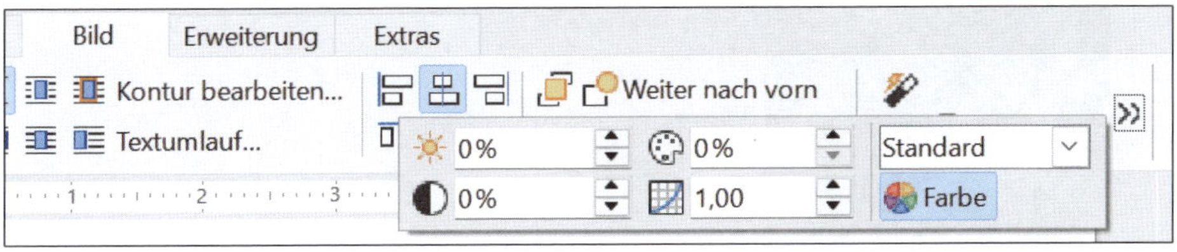


**Abbildung 5.17** *Die Registerkarte »Bild« mit diversen Bearbeitungsmöglichkeiten*

Sie können zum Beispiel die **Helligkeit** erhöhen und den **Kontrast schärfen** (in den gleichnamigen Feldern). Probieren Sie es ruhig aus, Sie sehen den Effekt unmittelbar – mit 0 % setzen Sie alle Effekte wieder zurück. Mit der Option **Transparenz** verliert das Bild an Farbintensität und wird immer blasser, je höher Sie den Prozentsatz setzen. Diese Bearbeitungsoption eignet sich zum Beispiel bei Bildern, die nicht vom Text umgeben sind, sondern hinter dem Text liegen sollen, sodass das Bild nur durchscheint (Textumlauf **Im Hintergrund**, zu entdecken im Kontextmenü des Bildes über **Umlauf • Im Hintergrund**).

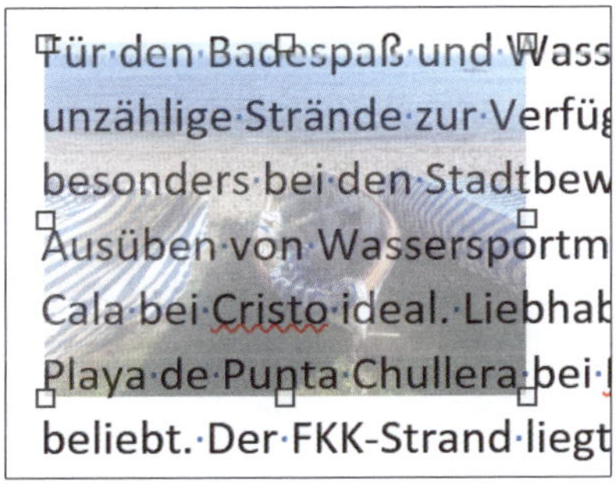


**Abbildung 5.18** *Ein transparentes Bild als Hintergrund*

Möchten oder brauchen Sie das Bild in Graustufen oder als Schwarz-Weiß-Bild, klicken Sie auf die Schaltfläche **Standard**. Im Menü finden Sie beide Optionen.

Einzelne Farbwerte erhöhen Sie, indem Sie auf **Farbe** klicken und in dem kleinen Dialog den jeweiligen Farbanteil hochsetzen (im Beispiel den **Grünanteil**).

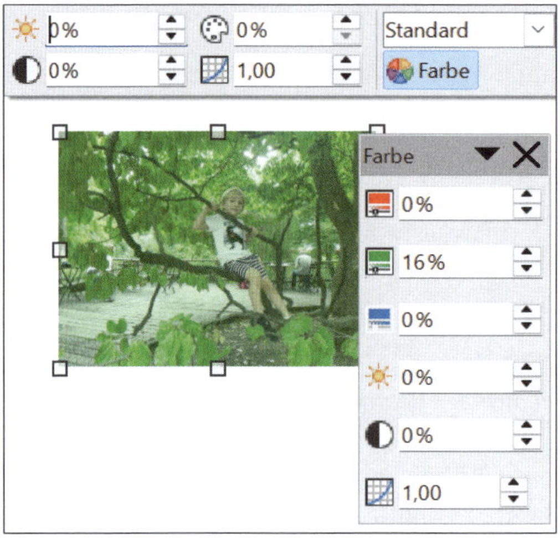


**Abbildung 5.19** *Farbwerte hochsetzen*

Per Klick auf **Filter** öffnen Sie ein Menü mit diversen Funktionen, die (abgesehen von den Funktionen **Schärfen** und **Rauschen entfernen**) dazu dienen, das Bild zu verfremden. Es gibt zum Beispiel die Effekte **Pop-Art**, **Relief** oder **Kohlezeichnung**. Die Ergebnisse sind oft verblüffend – oder verblüffen uns in Zeiten KI-generierter Bilder auch nicht mehr.

**Abbildung 5.20** *Filteroptionen*

**Grafiken aus der Galerie**

Wenn Sie auf der Registerkarte **Einfügen** auf **Galerie** klicken (oder in der Seitenleiste auf den Punkt **Galerie**), öffnet sich am rechten Rand des Bildschirms ein Bereich mit diversen Kategorien. Je nach Kategorie erhalten Sie eine Sammlung unterschiedlicher Cliparts, Grafiken etc. Mit dem Befehl **Einfügen** im Kontextmenü einer Grafik fügen Sie sie in Ihr Blatt ein.

## 5.3 Formen und Linien zeichnen

Mit Writer können Sie – wie Sie es vielleicht aus Microsoft Office kennen – auch zeichnen. Mühelos zaubern Sie zum Beispiel ein Sechseck, einen Zylinder oder ein Kreissegment auf das Blatt, auch wenn Ihnen ansonsten zeichnerisches Talent fehlt. Bei solchen Aufgaben hilft die Palette mit vorgefertigten Formen, die die Registerkarte **Einfügen** anbietet.

### 5.3.1 Formen aufziehen

Die Auswahl an Formen finden Sie direkt als Symbole auf der Registerkarte **Einfügen** oder in den Menüs der einzelnen Symbole.

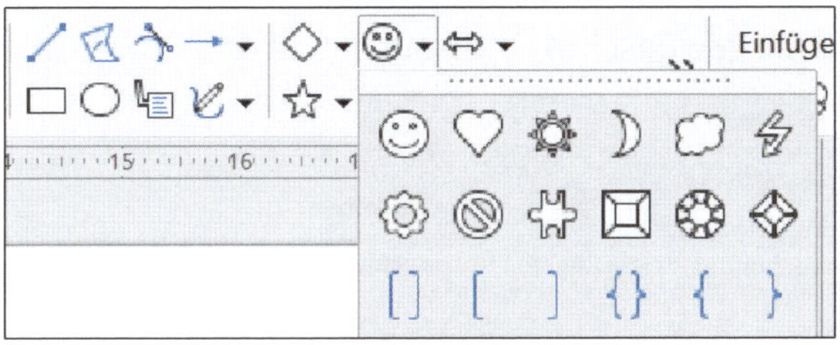


**Abbildung 5.21** *Das Angebot an Formen*

Prinzipiell funktioniert die Arbeit mit diesen Formen folgendermaßen: Sie klicken die gewünschte Form an, führen den Mauszeiger auf das Blatt und ziehen die Form mit gedrückter linker Maustaste auf – in etwa auf die gewünschte Größe, aber keine Sorge, Sie können die Größe natürlich noch anpassen. Wichtig ist, dass Sie dann einmal Esc drücken, um aus dem Zeichenmodus wieder herauszukommen. Ansonsten setzen Sie mit jedem Mausklick weitere Formen.

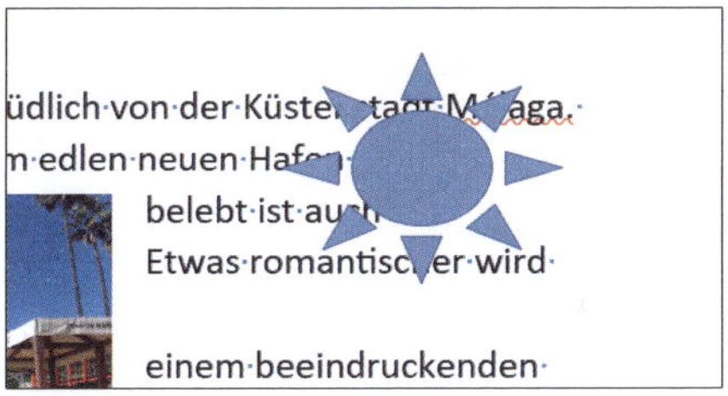

**Abbildung 5.22** *Eine Form auf dem Blatt*

Sobald Sie eine Form anklicken, erscheint in der Menüleiste die Registerkarte **Zeichnen**, die alle möglichen Bearbeitungsmittel parat hält. Eine Reihe dieser Funktionen kennen Sie bereits von der Registerkarte **Bild**.

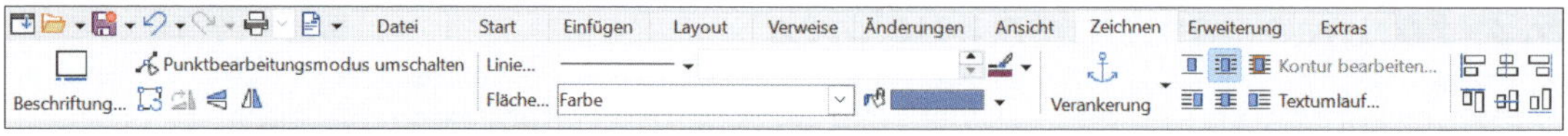


**Abbildung 5.23** *Die Registerkarte »Zeichnen«*

## 5.3.2 Die Farbe anpassen

Vermutlich möchten Sie lieber eine gelbe Sonne haben statt einer traurig graublauen. Beginnen wir also mit der Farbe:

1. Markieren Sie die Form durch Anklicken.
2. Klicken Sie auf der Registerkarte **Zeichnen** auf **Füllfarbe**.
3. In der Farbpalette wählen Sie die gewünschte Farbe aus.

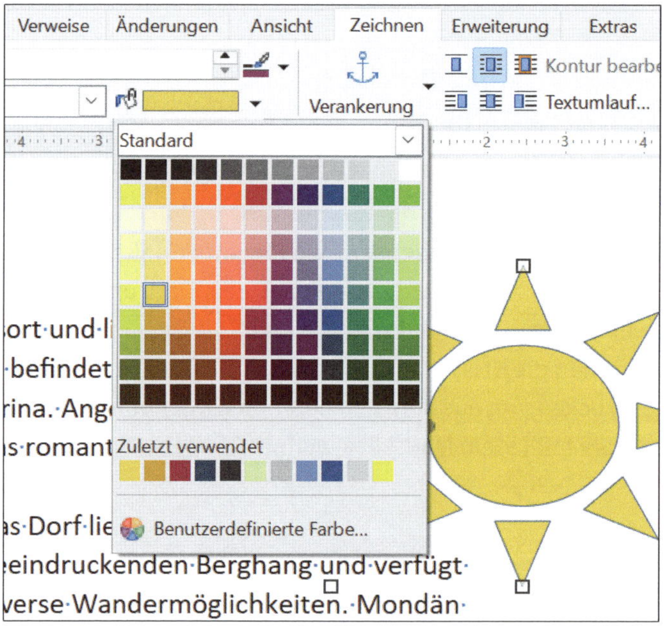


Schon scheint die Sonne, was man von der Costa del Sol auch erwarten darf!

Standardmäßig besitzen Formen eine Kontur. Soll diese verschwinden, greifen Sie zu einem Trick, da es keinen Befehl wie »Keine Kontur« oder Ähnliches gibt. Klicken Sie auf das Symbol **Linienfarbe** und wählen Sie in der Palette die Farbe, die Sie auch als Füllfarbe gewählt haben. Die Form wirkt dann so, als hätte sie keine Kontur.

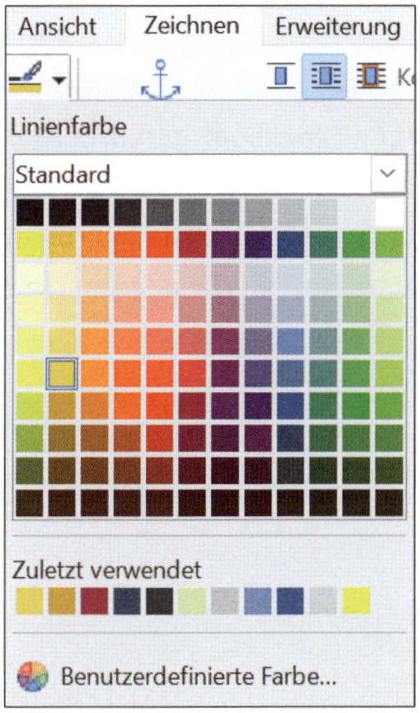


**Abbildung 5.24** *Eine Farbe für die Kontur auswählen*

### Eine Form mit einem Bild füllen

Um eine Form mit einem Bild zu füllen, klicken Sie auf der Registerkarte **Zeichnen** auf **Fläche** und im gleichnamigen Dialog auf **Bild**. Hier wählen Sie im Feld **Stil** die Option **Benutzerdefinierte Größe/Position** und aktivieren die Option **Prozentual zum übergeordneten Objekt**. Klicken Sie auf **Hinzufügen/ Importieren**, um im Dialog **Bild einfügen** das gewünschte Bild per Doppelklick auszuwählen. Bestätigen Sie Ihre Einstellungen mit **OK**.

**Abbildung 5.25** *Eine Form, gefüllt mit einem Bild*

### 5.3.3 Die Größe und Position anpassen

Die Größe und die Position der Form bestimmen Sie genau wie bei Bildern oder anderen Objekten. Für die Veränderung der Größe ziehen Sie also mit gedrückter linker Maustaste an den Ziehpunkten nach innen oder außen; um die Form zu verschieben, klicken Sie sie an, führen den Mauszeiger, der zum Vierfachpfeil wird, an die Form und ziehen sie – ebenfalls mit gedrückter Maustaste – an die gewünschte Stelle auf dem Blatt.

**Abbildung 5.26** *Eine Form positionieren*

Für eine sehr genaue Größen- und Positionsangabe klicken Sie die Form mit der rechten Maustaste an und wählen **Position und Größe**. Im gleichnamigen Dialog legen Sie die Werte fest.

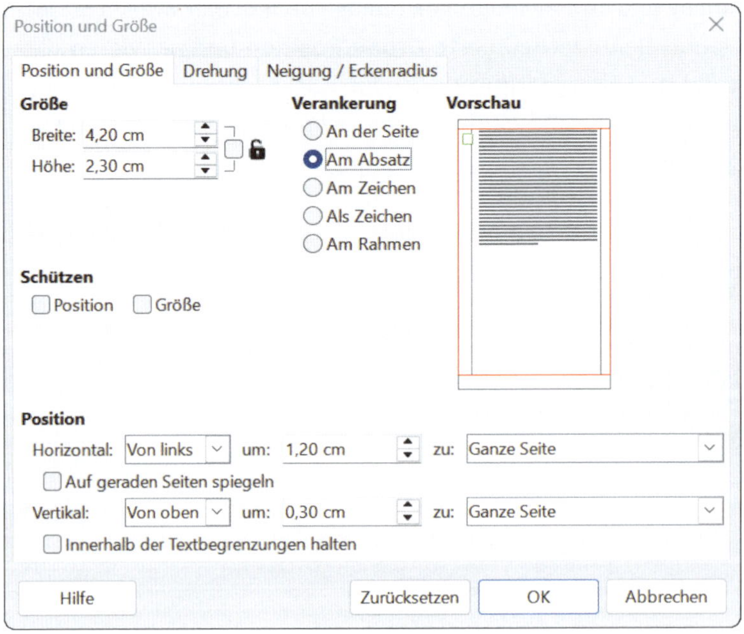


**Abbildung 5.27** *Die Größe exakt festlegen*

### Größe und Position schützen

Wenn Sie im Dialog **Position und Größe** im Bereich **Schützen** beide oder eine der beiden Optionen aktivieren, lässt sich die Form danach nicht mehr bzw. nur noch teilweise mit der Maus verändern: Mit der Option **Größe** können Sie nicht mehr an den Ziehpunkten ziehen (der Mauszeiger wird zu einem kleinen Verbotsschild) und mit der Option **Position** können Sie die Form nicht mehr verschieben (der Vierfachpfeil taucht gar nicht erst auf).

Beachten Sie auch die beiden anderen Registerkarten: **Drehung** und **Neigung / Eckenradius**. Auf der Registerkarte **Drehung** können Sie sehr genau den Winkel für eine Drehung festlegen, auf der Registerkarte **Neigung / Eckenradius** den Winkel für eine Neigung.

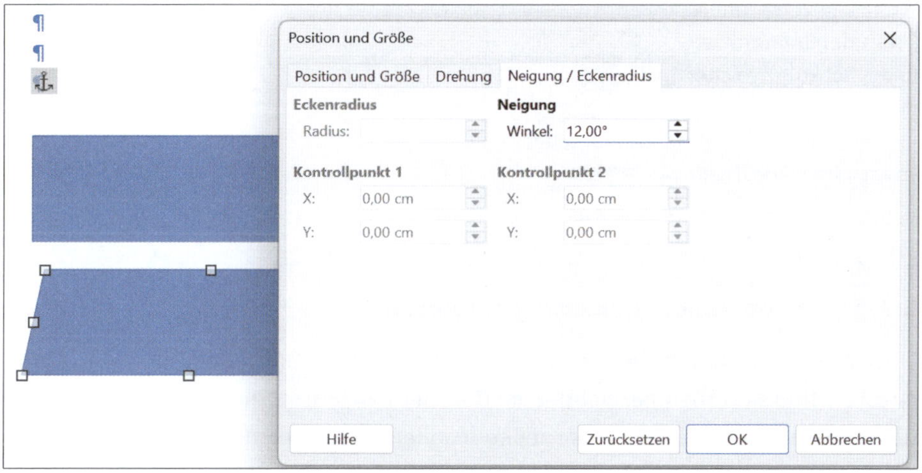


**Abbildung 5.28** *Eine Neigung einstellen*

### Drehungen und Neigungen

Etwas weniger präzise können Sie auch mit Drehungen und Neigungen spielen, wenn Sie eine markierte Form erneut anklicken. Sie erhalten dann Punkte zum Drehen (an den Ecken) und für Neigungen (an den Seitenrändern).

Wie sich Text und Form zueinander verhalten, regeln Sie wieder über den Textumlauf. Drei Wege führen nach Rom: Klicken Sie entweder auf der Registerkarte **Zeichnen** auf eines der Symbole für den Textumlauf oder wählen Sie im Kontextmenü **Umlauf** und entscheiden Sie sich im Untermenü für eine Option oder klicken Sie auf **Textumlauf**, um den Dialog **Umlauf** zu öffnen.

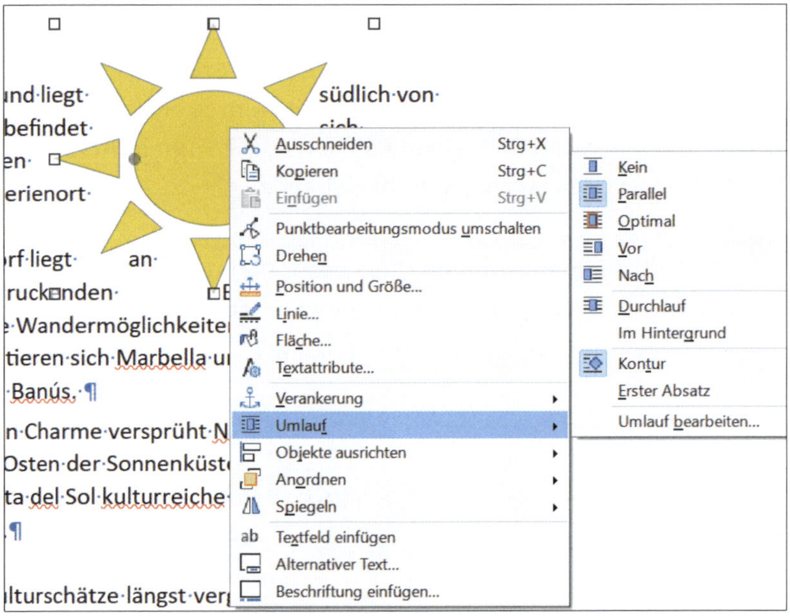


**Abbildung 5.29** *Den Textumlauf festlegen*

## 5.3.4 Formen anordnen und gruppieren

Möglicherweise haben Sie für eine bestimmte Zeichnung (ein Logo oder Ähnliches) mehrere Formen gezeichnet. Ist dies der Fall, entscheiden Sie zunächst, wie die Formen zueinander angeordnet sein sollen, d. h., welche der Formen im Vordergrund, welche im Hintergrund sein soll etc.

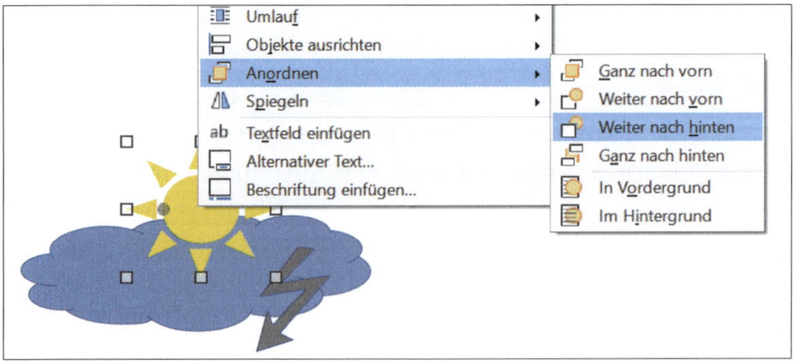


**Abbildung 5.30** *Eine Form anordnen*

Um die Sonne in diesem besonders gelungenen Beispielkunstwerk hinter die Wolke zu setzen, klicken Sie sie mit der rechten Maustaste an und wählen im Kontextmenü **Anordnen • Weiter nach hinten**. (**Im Hintergrund** hätte hier auch funktioniert, da es ja nur die eine Form, nämlich die Wolke, gibt, hinter die die Sonne rutschen kann.)

**Abbildung 5.31** *Die Sonne verschwindet hinter der Wolke.*

Die anderen Optionen im Untermenü sind relevant, wenn Sie mit zahlreichen Formen spielen, die alle in einer bestimmten Weise angeordnet werden sollen.

Wenn Sie mit der Anordnung zufrieden sind, ist der nächste empfehlenswerte Schritt, dass Sie die einzelnen Formen zu einer Gruppe zusammenfassen, damit Sie diese Formen en bloc verschieben oder in der Größe verändern können. Dies sind die Schritte dazu:

1. Klicken Sie die einzelnen Formen an und halten Sie dabei die ⇧-Taste gedrückt (Mehrfachmarkierung).
2. Wenn alle Formen markiert sind, rufen Sie mit der rechten Maustaste das Kontextmenü auf.
3. Im Kontextmenü wählen Sie **Gruppieren**.

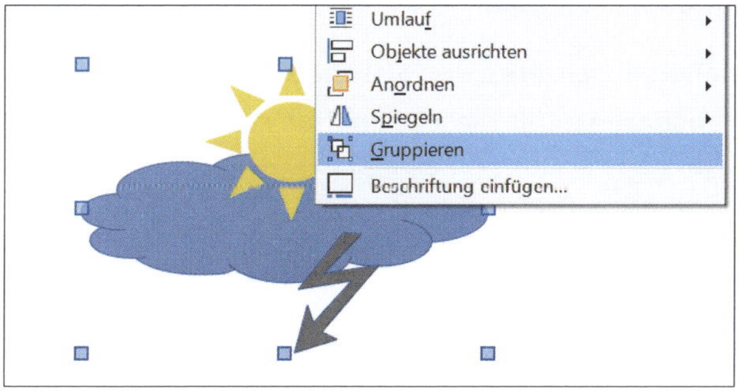

Nach dieser Aktion sehen Sie, dass die Formen, wenn sie markiert sind, insgesamt und nicht einzeln von Markierungspunkten umgeben sind. Machen Sie den Test und verschieben Sie die Formen; sie müssten nun als Paket verschoben werden.

Um die Gruppierung wieder aufzuheben, klicken Sie im Kontextmenü der Form auf **Aufheben**.

**Text für die Formen**

Mitunter sollen die Formen Text enthalten. Das ist ganz einfach. Klicken Sie eine Form doppelt an. Dies setzt den Cursor in die Form und Sie können schreiben.

### 5.3.5 Eine Linie zeichnen

Eine Linie zeichnen Sie im Prinzip genauso wie jede andere Form: Sie klicken auf der Registerkarte **Einfügen** das Symbol **Linie einfügen** an und ziehen die Linie dann mit gedrückter Maustaste in der gewünschten Länge auf.

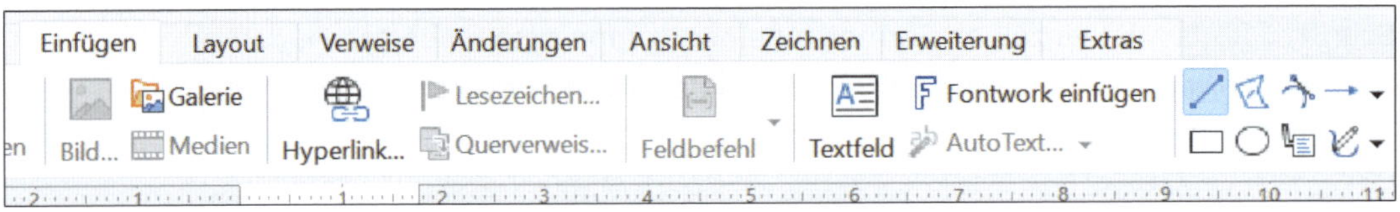


**Abbildung 5.32** *Eine Linie einfügen*

Sobald die Linie markiert ist, taucht wieder die Registerkarte **Zeichnen** auf. Hier gibt es im Falle einer Linie ein paar Funktionen, die bei anderen Formen keine Rolle spielen.

Klicken Sie auf das Symbol **Linie** und schauen Sie sich an, was der Dialog **Linie** zu bieten hat – eine ganze Menge, wie Sie sehen.

Sie können im Bereich **Linieneigenschaften** den **Stil** ändern, die **Farbe**, die **Breite** und gegebenenfalls die **Transparenz**; mit dieser Funktion schimmert der Hintergrund der Linie je nach Prozentsatz mehr oder weniger stark durch.

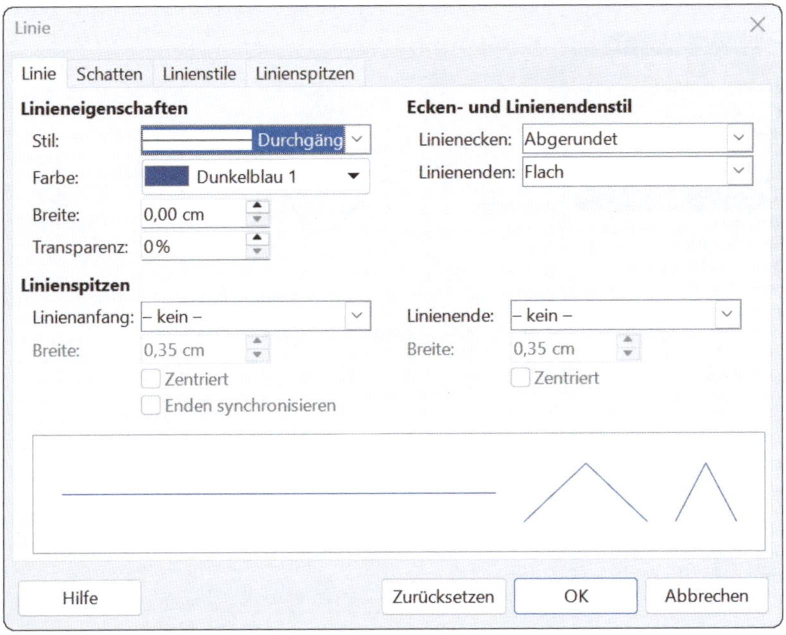


**Abbildung 5.33** *Der Dialog »Linie«*

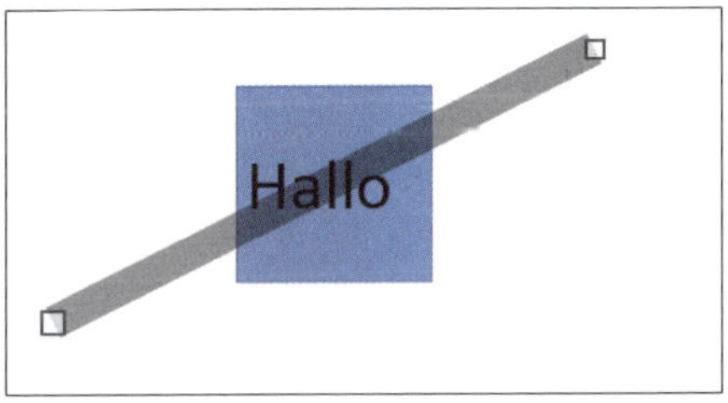


**Abbildung 5.34** *Eine Linie mit Transparenz*

Die Einstellungen im Bereich **Ecken- und Linienendstil** kann man eigentlich nur bemerken, wenn man als Erstes die Breite der Linie erhöht. Wenn Sie dann die Optionen der Menüs **Linienecken** und **Linienenden** durchspielen, zeigt die Vorschau den jeweiligen Effekt.

Der Bereich **Linienspitzen** hält mit **Linienanfang** und **Linienende** mehr Möglichkeiten an Pfeilen, Kreisen, Dreiecken etc. parat, als Sie sich vermutlich vorgestellt haben. Auch hier zeigt die Vorschau den jeweiligen Effekt.

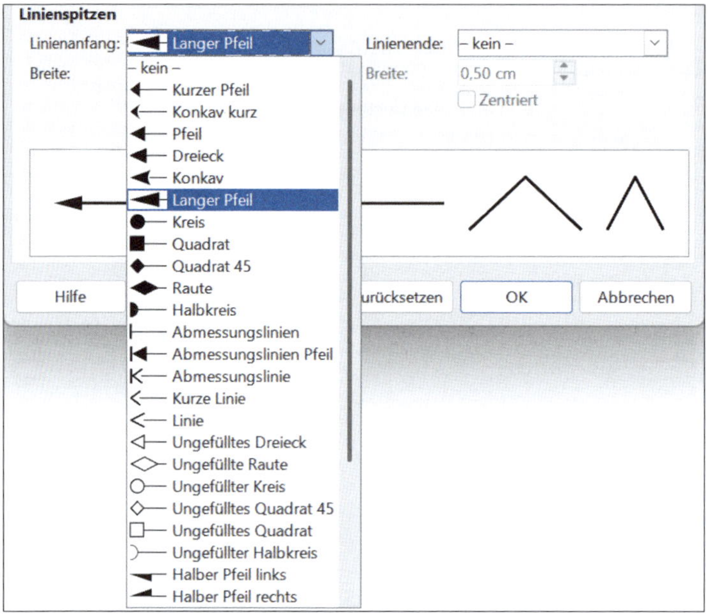


**Abbildung 5.35** *Einen Pfeiltyp auswählen*

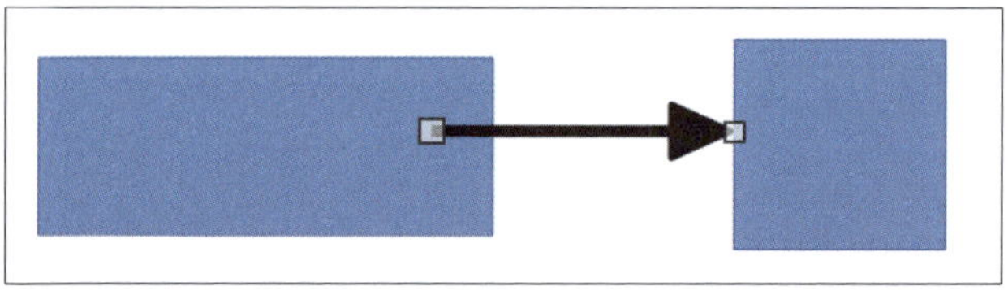

**Abbildung 5.36** *Eine Linie als Pfeil*

Mit den Optionen auf der Registerkarte **Schatten** lassen Sie die Linie einen Schatten werfen. Klicken Sie zunächst die Option **Schatten anwenden** an und befassen Sie sich dann mit den Feinheiten. Indem Sie eine der Seiten an dem Rechteck anklicken, legen Sie fest, wo der Schatten fallen soll.

Auf der Registerkarte **Linienstile** können Sie den jeweils gewählten Stil verändern oder auch einen neuen hinzufügen. Wenn Sie das möchten, nehmen Sie als Erstes die gewünschten Einstellungen vor (die Vorschau hilft hier leider wenig) und klicken dann auf **Hinzufügen**. In dem nächsten kleinen Dialog geben Sie dem Stil einen Namen. Unter diesem Namen taucht er dann in der Liste der Stile auf der Registerkarte **Linie** auf und Sie können ihn auswählen.

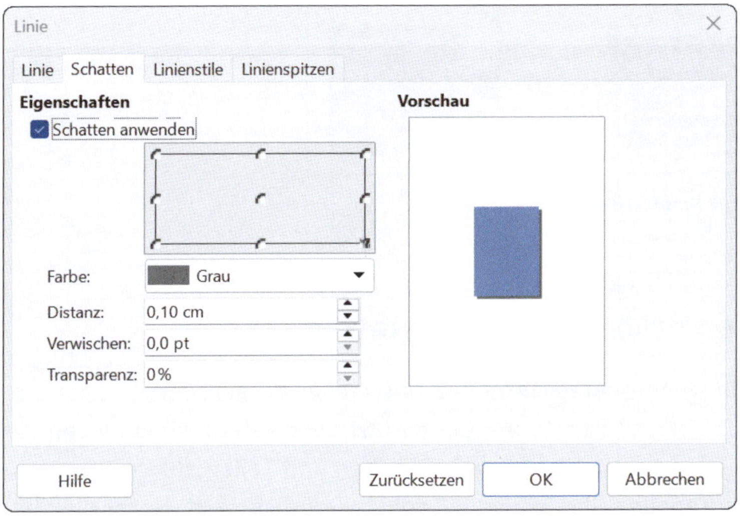


**Abbildung 5.37** *Schatten werfen lassen*

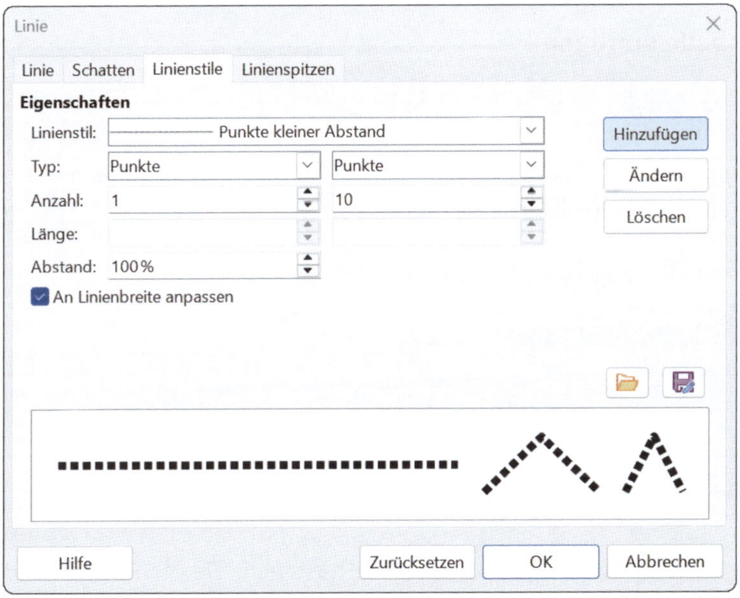


**Abbildung 5.38** *Der eigene Linienstil*

Meiner Erfahrung nach müssen Sie eine ganze Weile mit den Optionen herumspielen, bis Sie den Effekt erreichen, den Sie sich vorstellen. Abbildung 5.39 zeigt den neuen Stil (**Punkte kleiner Abstand**) mit den Einstellungen aus Abbildung 5.38.

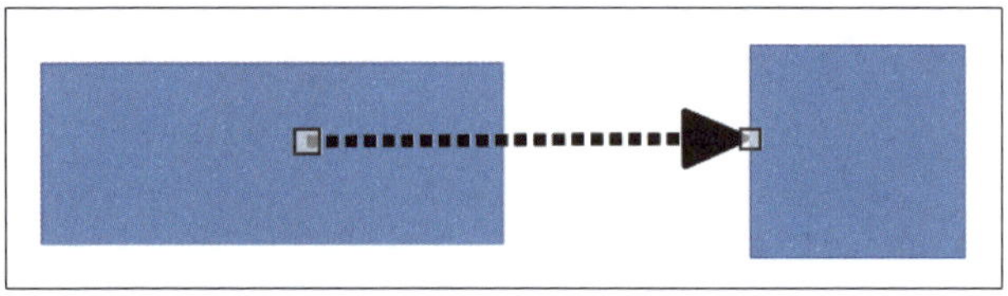

**Abbildung 5.39** *Eine neue Linie*

## 5.4 Tabellen erstellen und gestalten

Tabellen sind ein wunderbares Mittel, um Daten aller Art gesammelt, geordnet und übersichtlich darzustellen. Writer unterstützt Sie bei der Erstellung von Tabellen, indem Sie auf ganz einfache Weise Spalten und Zeilen auf Ihr Blatt zaubern können. Die Tabelle selbst können Sie dann natürlich nach Herzenslust bearbeiten.

### 5.4.1 Eine Tabelle einfügen

Vermutlich haben Sie eine Vorstellung vom Layout Ihrer Tabelle, d. h., Sie wissen, wie viele Spalten, vielleicht auch, wie viele Zeilen Sie benötigen (sofern Ihre Vorstellung nicht hinhaut, ist das kein Problem, Sie können die Tabelle jederzeit um Spalten und Zeilen ergänzen). Dann legen Sie los:

1. Wechseln Sie auf die Registerkarte **Einfügen**.
2. Klicken Sie auf das Symbol **Tabelle einfügen**.

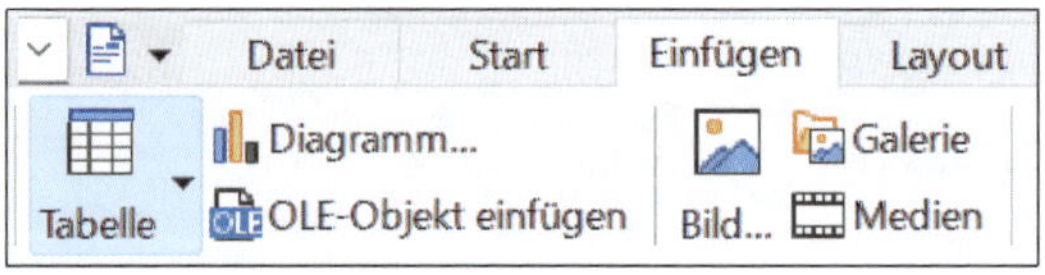


3. Fahren Sie mit gedrückter Maustaste über die Kästchen, die die Spalten und Zeilen repräsentieren, und zwar über so viele, wie Sie für Ihre Tabelle brauchen.
4. Um die Tabelle einzufügen, lassen Sie die Maustaste einfach los.

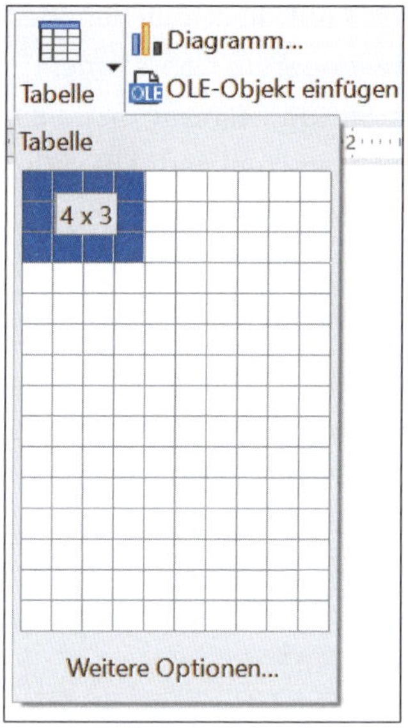


**Abbildung 5.40** *Den Aufbau einer Tabelle können Sie frei gestalten.*

Sie haben nun das Gerüst einer Tabelle vor Augen. Sofern der Cursor in der Tabelle steht, sehen Sie auch, dass es eine neue Registerkarte gibt: **Tabelle**.

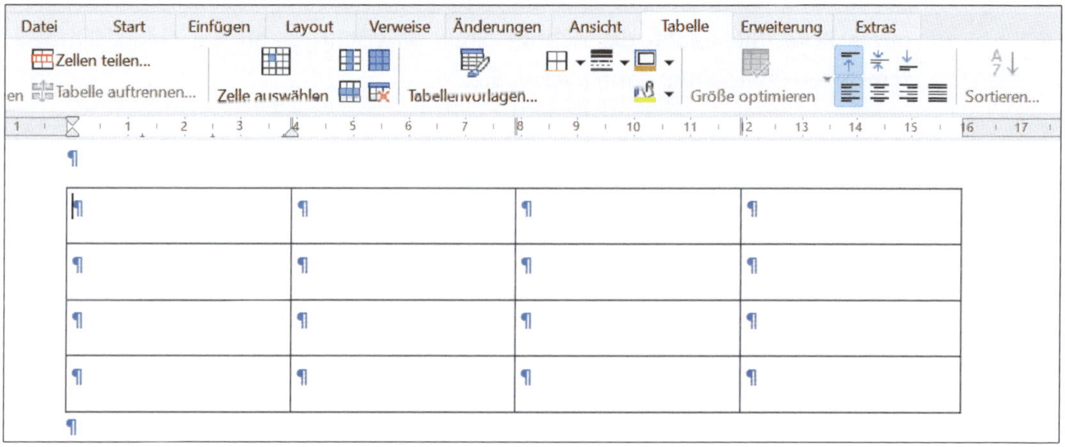


**Abbildung 5.41** *Die Tabelle auf dem Blatt*

## 5.4.2 Tabellen ausfüllen, markieren und formatieren

Schreiben Sie Ihre Daten in die jeweiligen Zellen. Die erste Zeile wird in der Regel für die Überschrift genutzt. Um von einer Zelle zur nächsten zu gelangen, nutzen Sie einfach die [Tab]-Taste oder [→]. Das ist schneller, als jeweils zur Maus zu greifen.

Möchten Sie Ihre Eingaben formatieren, machen Sie das auf dem üblichen Weg und mit den üblichen Mitteln (auf der Registerkarte **Start** oder im Kontextmenü). Um eine Zeichenformatierung anzuwenden, müssen Sie den Eintrag bzw. die Spalte/Zeile zuvor markieren. Um die Einträge auszurichten (zentriert, linksbündig etc.), ist das Markieren für eine einzelne Zelle nicht notwendig: Es reicht, den Cursor entsprechend zu platzieren. Wenn Sie aber alle Einträge in einem Rutsch z. B. zentrieren möchten, müssen Sie die Zeile/Spalte markieren.

Zum Markieren von Spalten oder Zeilen gibt es eine schnelle Methode: Halten Sie den Mauszeiger über die entsprechende Spalte bzw. links neben die entsprechende Zeile. Sobald der Mauszeiger zu einem Pfeil geworden ist, klicken Sie.

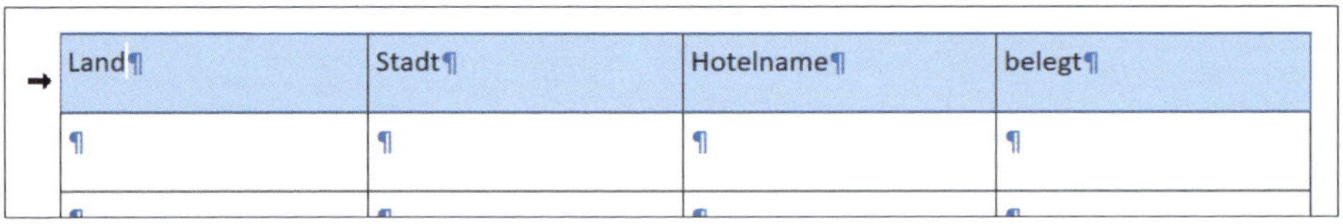


**Abbildung 5.42** *Eine Zeile markieren*

Auch um die ganze Tabelle zu markieren (z. B. weil Sie die Schriftart für alle Eingaben ändern möchten), gibt es einen Trick: Halten Sie den Mauszeiger an die linke obere Ecke. Sie haben die richtige Stelle erwischt, wenn Sie einen schrägen schwarzen Pfeil sehen; dann klicken Sie.

### Spalten, Zeilen oder eine Tabelle markieren

Die Registerkarte **Tabelle** bietet auch entsprechende Symbole zum Markieren – eine gute Alternative, wenn es mit der Maus nicht klappen will. Positionieren Sie den Cursor und klicken Sie auf das Symbol **Spalte**, **Zeile** oder **Tabelle**.

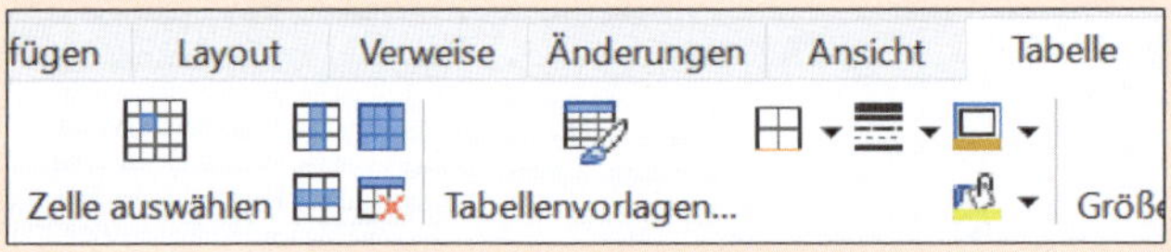


**Abbildung 5.43** *Markieren mit Symbolen*

Für die Ausrichtung der Einträge in einer Tabelle stehen spezielle Symbole auf der Registerkarte **Tabelle** zur Verfügung – mehr, als die Registerkarte **Start** anbietet. Zusätzlich zu den üblichen Absatzausrichtungen gibt es für eine Tabelle auch die Möglichkeit, den Text innerhalb einer Zelle am oberen Rand, in der Mitte oder am unteren Rand auszurichten. Beachten Sie aber, dass diese Optionen nur wirksam werden, wenn die Zeilenhöhe passt (siehe den nächsten Abschnitt). Mit der Standardeinstellung sehen Sie keine Veränderung der vertikalen Ausrichtung.

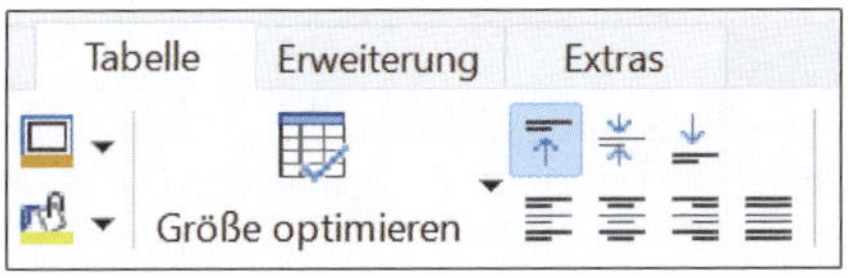


**Abbildung 5.44** *Die Einträge in einer Zelle ausrichten*

In Abbildung 5.45 sind alle Einträge in der Mitte (**Mittig ausrichten**) und zentriert ausgerichtet.

**Abbildung 5.45** *Die Einträge sind horizontal und vertikal in der Mitte.*

## 5.4.3 Tabellen bearbeiten

Tabellen passen nicht immer auf Anhieb; mal sind die Spalten zu breit, mal fehlt eine Spalte oder eine Zeile etc. Kommen wir zunächst zur Breite von Spalten und zur Höhe der Zeilen. Diese können Sie einfach mit der Maus ändern.

Setzen Sie den Mauszeiger genau an die Linie zwischen zwei Spalten und ziehen Sie ihn mit gedrückter Maustaste nach links bzw. rechts.

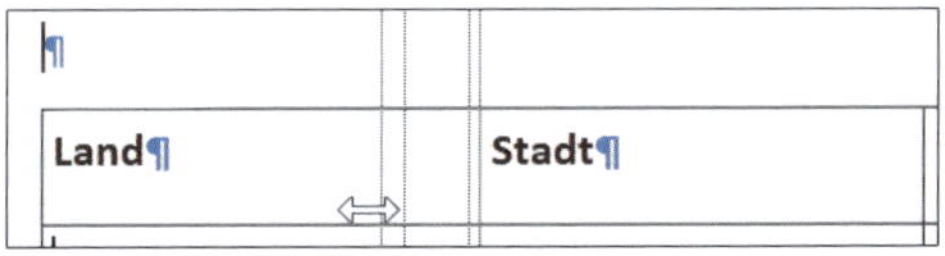


**Abbildung 5.46** *Die Breite einer Spalte verändern*

Sofern Sie eine präzise Breite brauchen, klicken Sie eine Spalte mit der rechten Maustaste an und wählen im Kontextmenü **Größe • Spaltenbreite**.

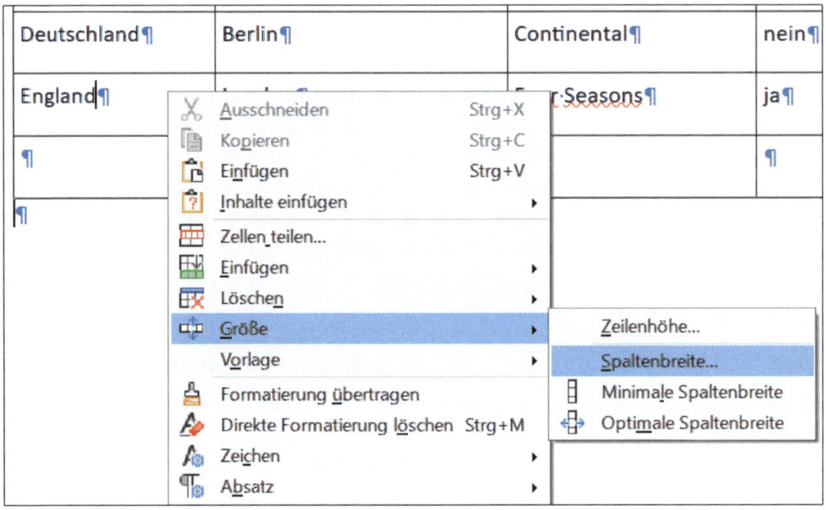


**Abbildung 5.47** *Den Dialog »Spaltenbreite« aufrufen*

In dem gleichnamigen Dialog geben Sie an, für welche Spalte Sie die Breite einstellen möchten, und tragen im Feld **Breite** dann das genaue Maß ein.

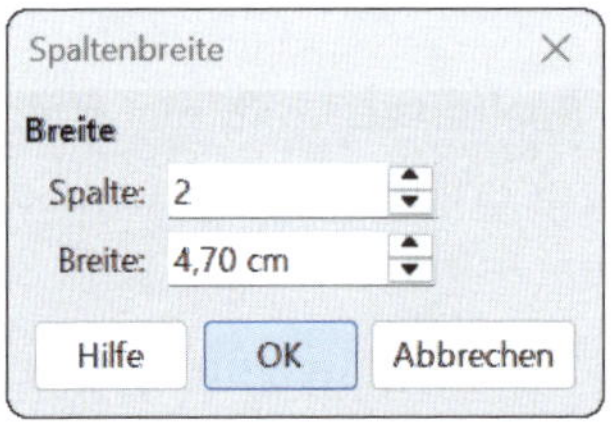


**Abbildung 5.48** *Ein genaues Maß eingeben*

Das Maß für die Zeilenhöhe legen Sie ganz ähnlich fest, nur dass Sie im Kontextmenü **Größe • Zeilenhöhe** wählen. In dem kleinen Dialog gibt es außerdem die standardmäßig aktivierte Option **dynamisch anpassen**. Diese sorgt dafür, dass die Zeilenhöhe sich bei längeren Einträgen jeweils anpasst, also quasi mitwächst, je länger der Text ist. Belassen Sie es am besten bei dieser Einstellung, denn so vermeiden Sie, dass die Zeilenhöhe nicht ausreicht und Text abgeschnitten wird.

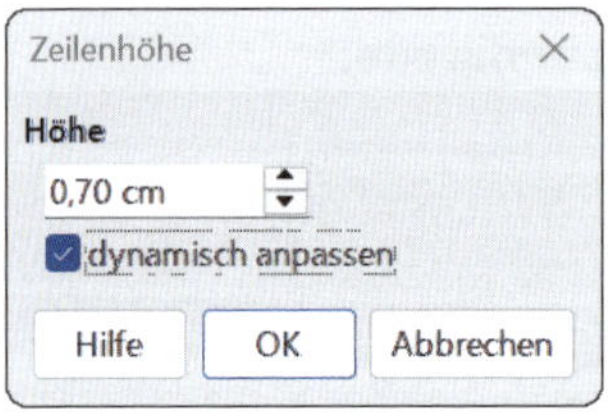


**Abbildung 5.49** *Die Zeilenhöhe anpassen*

Haben Sie festgestellt, dass Ihre Tabelle eine weitere Spalte benötigt? Kein Problem:

1. Setzen Sie den Cursor in die Spalte, nach oder vor der eine Spalte eingefügt werden soll.

2. Klicken Sie links auf der Registerkarte **Tabelle** auf das Symbol **Spalte danach einfügen** bzw. **Spalte davor einfügen**.

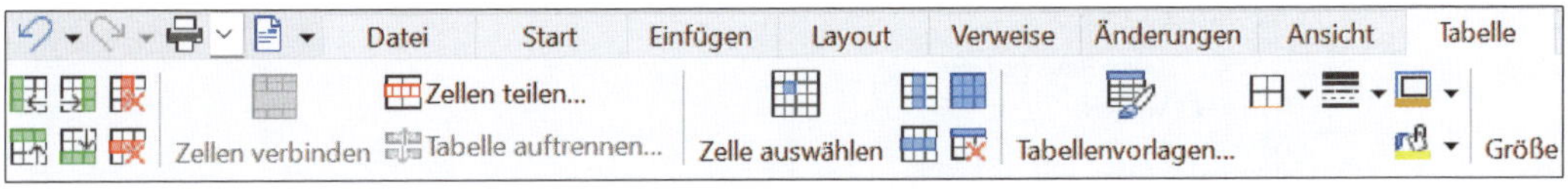


Ähnlich funktioniert das Einfügen einer Zeile, nur dass Sie entweder – je nach Position des Cursors – **Zeilen oberhalb einfügen** oder **Zeilen unterhalb einfügen** wählen.

Beide Möglichkeiten finden Sie auch im Kontextmenü. Wählen Sie hier **Einfügen** und im Untermenü den entsprechenden Befehl.

Unterhalb der letzten Zeile der Tabelle eine Zeile hinzuzufügen, ist noch einfacher: Setzen Sie den Cursor in die letzte Zelle der Tabelle und drücken Sie die ⇆-Taste; im Nu taucht eine neue leere Zeile auf.

Vielleicht gibt es in Ihrer Tabelle auch überflüssige Spalten oder Zeilen. Um Spalten/Zeilen zu löschen, setzen Sie den Cursor in die entsprechende Spalte bzw. Zeile und klicken auf der Registerkarte **Tabelle** auf **Ausgewählte Spalten löschen** oder auf **Ausgewählte Zeilen löschen**. Wollen Sie mehrere Spalten/Zeilen in einem Rutsch löschen, markieren Sie diese Spalten bzw. Zeilen zuvor und klicken dann auf das entsprechende Symbol.

### 5.4.4 Zellen teilen

Mitunter kommt es vor, dass Sie eine Zelle in mehrere Zeilen oder Spalten aufteilen möchten, vielleicht für mehrere Einträge, die zusammengehören. Das ist problemlos möglich:

1. Setzen Sie den Cursor in die entsprechende Zelle.

2. Klicken Sie auf der Registerkarte **Tabelle** auf **Zellen teilen**.

3. In dem nächsten Dialog geben Sie an, wie oft und wie Sie die Zelle teilen möchten: **Horizontal**, also in Zeilen, oder **Vertikal**, also in Spalten.

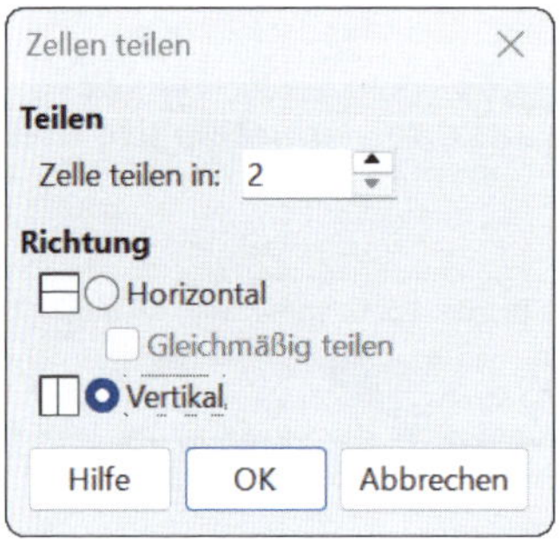


4. Nach einem Klick auf **OK** erhalten Sie den Effekt, den Sie in Abbildung 5.50 sehen.

**Abbildung 5.50** *Eine vertikal geteilte Zelle*

Um das Ganze wieder rückgängig zu machen, markieren Sie die Zelle und klicken auf **Zellen verbinden**. Nun ist die Zelle logischerweise deutlich höher als zuvor (so jedenfalls bei der Aufteilung in Spalten), da der Eintrag nach unten gerutscht ist, und Sie müssen unter Umständen nachjustieren. Apropos **Zellen verbinden**: Dieser Befehl eignet sich z. B. gut für eine Überschrift. Markieren Sie die erste Zeile einer Tabelle und klicken Sie auf **Zellen verbinden** (siehe die Abbildung zu Schritt 2). Nun wird aus den diversen Zellen eine einzige breite Zelle und Sie können den Text für eine Überschrift mittig über die Tabelle setzen, also zentrieren.

### 5.4.5 Umrandungen und Farbe

Jede Zelle einer Tabelle ist von Haus aus umrandet. Das kann man oft so lassen, aber mitunter haben Sie vielleicht eine andere Vorstellung vom Design Ihrer Tabelle. Sie können mit den Linien spielen, d. h., alle entfernen, einzelne wieder setzen usw.

Am einfachsten ist es oft, zunächst einfach alle Linien zu entfernen und dann zu entscheiden, unter welchen Zellen/Zeilen oder neben welchen Spalten eine Linie auftauchen soll.

Um alle Linien unsichtbar zu machen, markieren Sie die ganze Tabelle (denken Sie an das Symbol **Tabelle auswählen**) und öffnen dann auf der Registerkarte **Tabelle** das Menü des Symbols **Umrandung**. Klicken Sie auf **Keine Ränder**.

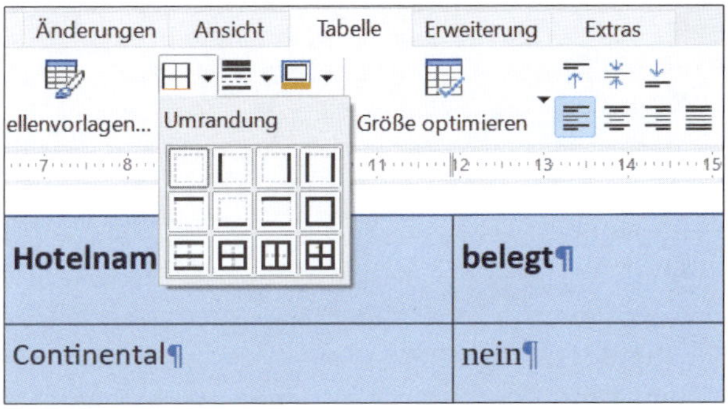


**Abbildung 5.51** *Die Ränder unsichtbar machen*

Die Tabelle bleibt erhalten, wird aber ohne Linien angezeigt. Nun können Sie nach Herzenslust Linien/Umrandungen setzen. Das funktioniert grundsätzlich nach folgendem Prinzip: Sie markieren die jeweilige Zeile, Spalte oder Zelle und wählen im Menü **Umrandung** aus, wo die Linie(n) erscheinen sollen. Wenn Sie z. B. die erste Zeile der Tabelle markieren und dann auf **Oberer und unterer Rand** klicken, erhalten Sie naturgemäß eine Linie oberhalb und unterhalb der Überschriftenzeile. Die Position der Linie(n) bezieht sich immer auf den zuvor markierten Bereich (Zelle, Zeile oder Spalte).

| **Land¶** | **Stadt¶** | **Hotelname¶** | **belegt¶** |
|---|---|---|---|
| Deutschland·¶ | Berlin¶ | Continental¶ | nein¶ |
| England¶ | London¶ | Four·Seasons¶ | ja¶ |

**Abbildung 5.52** *Eine Linie oberhalb und unterhalb der ersten Zeile*

Neben dem Symbol **Umrandung** befindet sich das Symbol **Umrandungsstil**; das Menü des Symbols ist selbsterklärend: Sie wählen eine andere Linienart, wenn Sie möchten; im Sortiment finden Sie **Punktiert**, **Gestrichelt**, **Doppelt** und vieles mehr.

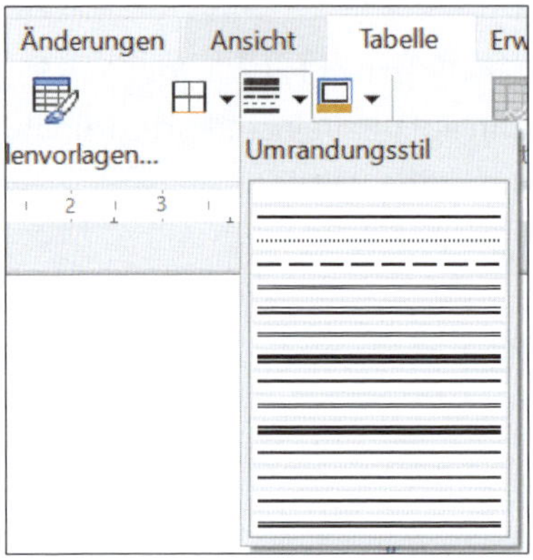


**Abbildung 5.53** *Umrandungsstile*

Und zusätzlich können Sie noch eine Umrandungsfarbe festlegen. Das machen Sie mit dem Symbol **Umrandungsfarbe**. Klicken Sie auf den Pfeil, um eine Farbpalette aufzuklappen.

Wenn es passt, können Sie Ihre Tabelle auch bunt gestalten. Dazu nutzen Sie das Symbol **Hintergrundfarbe der Tabellenzelle**. Auch dieses Symbol öffnet eine Farbpalette, in der Sie eine Farbe für den zuvor markierten Bereich (eine Zelle, Spalte oder Zeile) auswählen. Richtig bunt wird es, wenn Sie jede einzelne Zelle auswählen und ihr eine andere Hintergrundfarbe zuweisen. Es geht aber auch seriöser; wie wäre es beispielsweise mit einem schlichten Grau für die Überschrift?

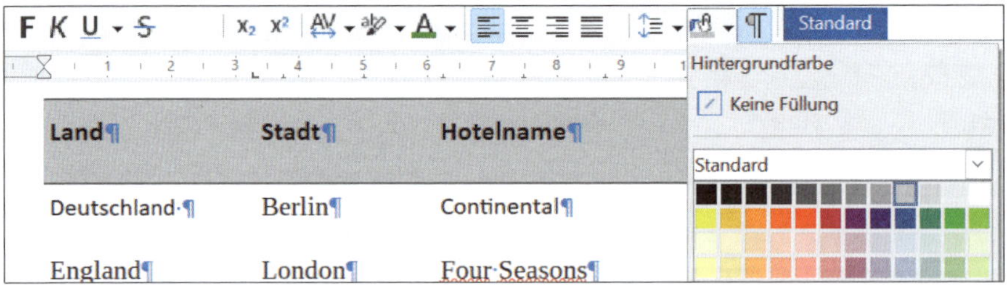


**Abbildung 5.54** *Eine grau eingefärbte Zeile*

**Vorlagen für die Tabelle**

Ich bin weiter oben kurz auf die manuelle Formatierung einer Tabelle eingegangen. Nicht unerwähnt bleiben soll aber die Möglichkeit, alternativ eine Tabellenformatvorlage zu nutzen: Damit formatieren Sie eine Tabelle quasi per Mausklick. Den Dialog **AutoFormat** öffnen Sie auf der Registerkarte **Tabelle** mit einem Klick auf **Tabellenvorlagen**. Probieren Sie ruhig verschiedene Vorlagen aus, mit der Auswahl **Standard** kommen Sie immer zum Original zurück.

**Abbildung 5.55** *Formatvorlagen für Tabellen*

## 5.5 Sonderzeichen und Symbole einfügen

In diesem Abschnitt beschreibe ich kurz, wie Sie Sonderzeichen und Symbole einfügen. Ich sage »kurz«, weil Sie den entsprechenden Dialog im Zusammenhang mit Aufzählungszeichen im Grunde schon in Abschnitt 3.6 kennengelernt haben.

1. Um ein Sonderzeichen/Symbol einzufügen, aktivieren Sie die Registerkarte **Einfügen**.
2. Hier klicken Sie auf das Symbol **Symbol**.
3. Im Menü des Symbols klicken Sie auf **Weitere Zeichen**.

4. Im Dialog **Sonderzeichen** hängt die Palette der Zeichen von der ausgewählten Schriftart ab, voreingestellt ist *Calibri* mit Sonderzeichen, lateinischen Erweiterungen, kyrillischen, hebräischen und arabischen Zeichen etc. Scrollen Sie nach unten, um alle Zeichen dieser beeindruckend großen Palette zu sehen.

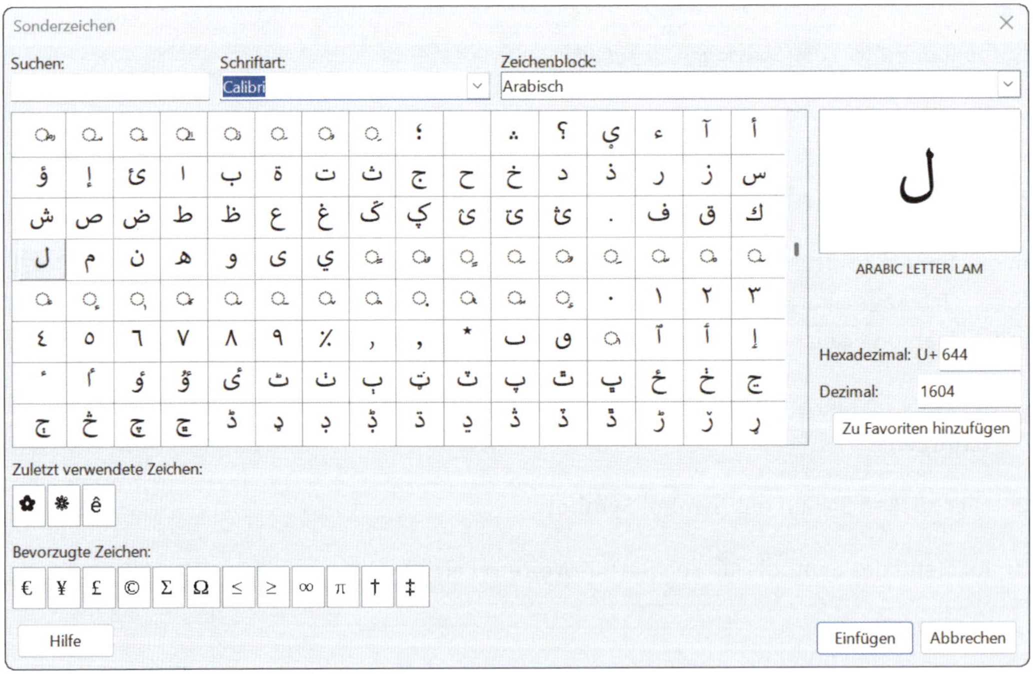


5. Markieren Sie das ausgewählte Zeichen und klicken Sie auf **Einfügen**.

Beachten Sie, dass es sich bei diesen Symbolen um Zeichen handelt, nicht um Bilder. Wenn Sie also ein Herz aus der Schriftart *Webdings* einfügen, können Sie es markieren und mit den üblichen Mitteln der Zeichenformatierung so groß und so rot machen, wie Sie möchten. Wenn Sie das Zeichen mehrfach brauchen, ist es am einfachsten, mit Kopieren und Einfügen zu arbeiten.

**Wingdings und Webdings**

Viele Zeichen und Piktogramme aus allen möglichen Bereichen (Smileys, Warn- und Wettersymbole, Formen und Rahmen, Pfeile etc.) finden Sie mit den Symbolschriftarten *Wingdings* und *Webdings*. Webdings wurde speziell für das Webdesign entwickelt, um skalierbare Symbole für Webseiten darzustellen.

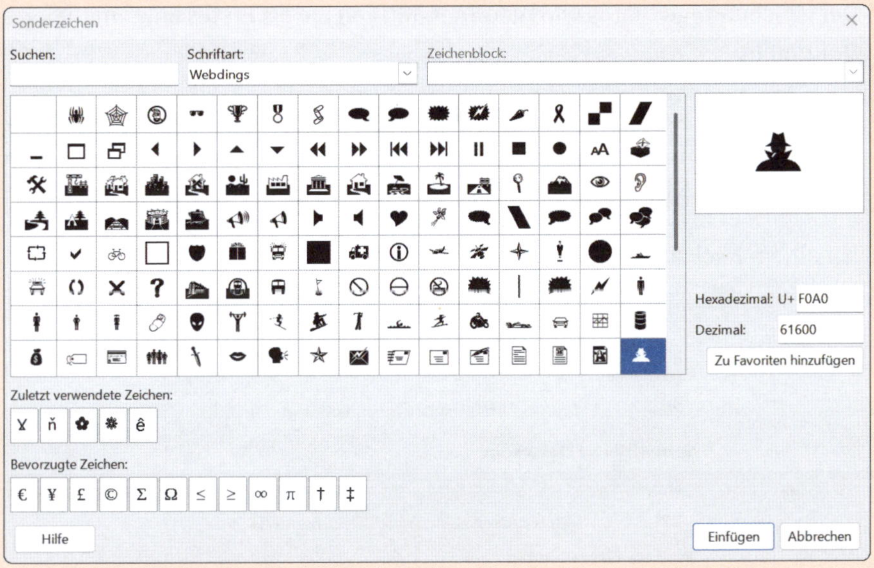


**Abbildung 5.56** *Symbole der Schriftart Webdings*

## 5.6 Links zu Dateien und Webseiten einfügen

Zu guter Letzt zaubern Sie das berühmte Händchen, mit dem Sie einem Link folgen, in Ihr Dokument. Damit können Sie dann genau wie im Internet eine bestimmte Webseite oder ein lokal gespeichertes Dokument aufrufen. Das ist beispielsweise praktisch, wenn Sie beim Schreiben eines Textes häufig in einer anderen Datei etwas nachsehen müssen: Dann klicken Sie einfach auf den Link und die andere Datei wird geöffnet.

Schauen Sie sich zunächst Ihr geöffnetes Dokument an und überlegen Sie, welchen Begriff Sie als Hyperlink definieren möchten. Dann legen Sie los:

1. Markieren Sie den Begriff, den Sie als Hyperlink definieren möchten.
2. Klicken Sie auf der Registerkarte **Einfügen** auf das Symbol **Hyperlink**.

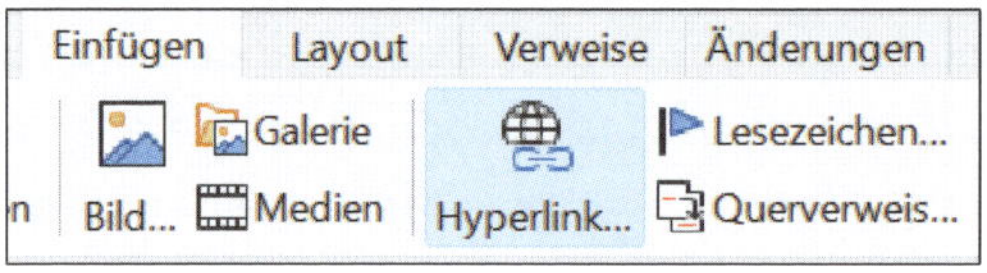


3. Der gleichnamige Dialog wird geöffnet. Klicken Sie als Erstes links im Dialog auf **Dokument**.
4. Anstatt den Pfad zur gewünschten Datei einzutragen, ist es einfacher, auf das Symbol **Datei öffnen** zu klicken. Damit rufen Sie den Dialog **Öffnen** auf, wo Sie dann den Pfad zur Datei per Doppelklick festlegen.
5. Mit einem Klick auf **OK** ist der Hyperlink gesetzt.

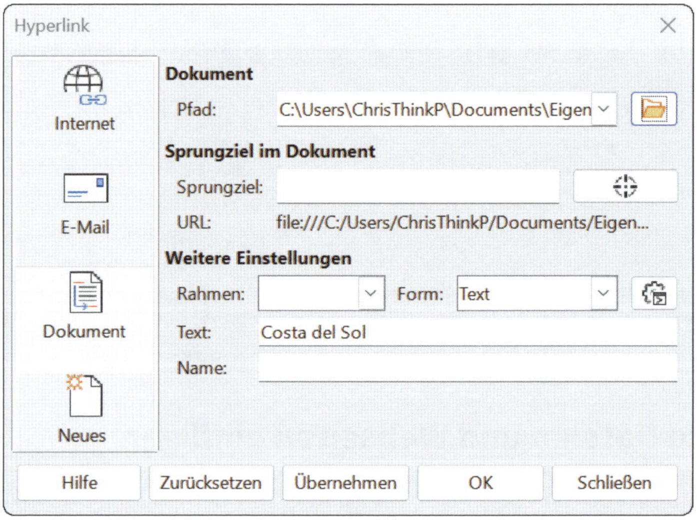


Zurück im Dokument sehen Sie nun die für einen Link typische und der Formatvorlage für Hyperlinks entsprechende Formatierung des Begriffs (blau-lila Schriftfarbe und unterstrichen) und das Händchen, wenn Sie mit der Maus auf den Link zeigen. Per Mausklick folgen Sie dem Link und rufen das als Ziel definierte Dokument auf.

**Abbildung 5.57** *Ein Hyperlink im Text*

Ganz ähnlich verfahren Sie, wenn Sie einen Hyperlink zu einer Webseite definieren möchten, nur dass Sie im Dialog **Hyperlink** links auf **Internet** klicken, sodass Sie das Feld **URL** erhalten. In dieses Feld tragen Sie naturgemäß die URL ein. Am besten, Sie rufen zuvor die gewünschte Webseite auf und kopieren die Adresse, die Sie dann in das Feld einfügen.

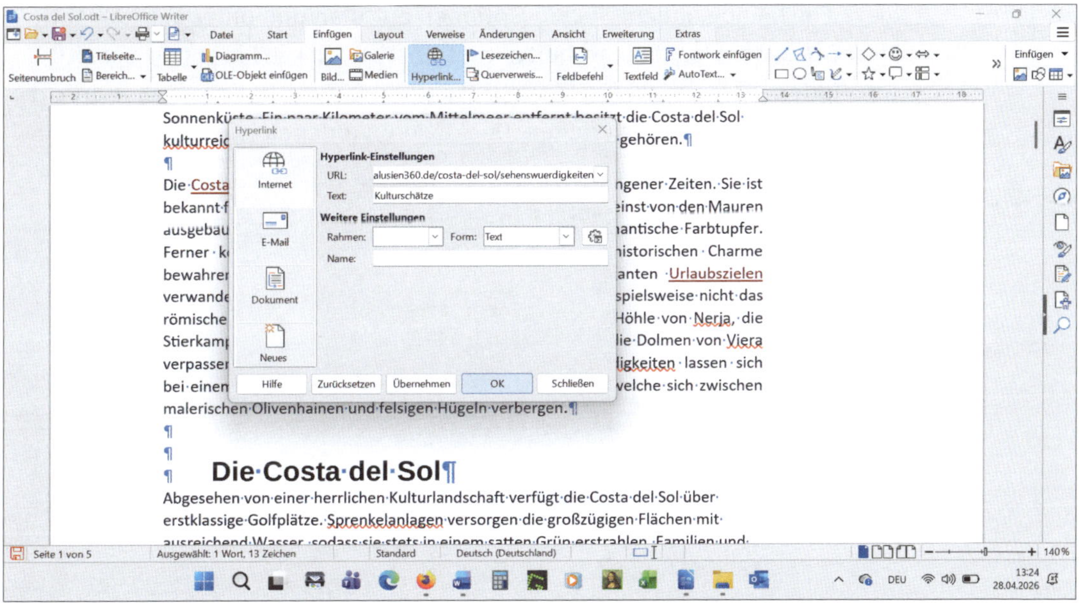


**Abbildung 5.58** *Der Hyperlink führt zu einer Webseite.*

Die Hyperlinks bleiben Ihnen im Dokument erhalten, solange Sie sie nicht entfernen (und das Dokument nachspeichern). Brauchen Sie Links nicht mehr, können Sie sie auch wieder loswerden. Klicken Sie dazu einen Hyperlink mit der rechten Maustaste an und wählen Sie im Kontextmenü **Hyperlink entfernen**.

**Wechselnde Formatierung**

Beachten Sie, dass sich die Formatierung (die Schriftfarbe) eines Links ändert. Sobald Sie einen Hyperlink »besucht«, also das Dokument oder die Webseite per Link einmal aufgerufen haben, nimmt der Link einen eher rötlichen Ton an. Dies ist die Formatvorlage (keine Zauberei) für **Besuchte Internetverknüpfungen**. Die Formatvorlage taucht auf, wenn Sie sich die Liste aller Zeichenformatvorlagen anzeigen lassen (siehe Abschnitt 3.8, »Texte aus einem Guss – Formatvorlagen«).

**Hyperlinks aufrufen**

Möglicherweise erhalten Sie, wenn Sie mit der Maus auf einen Link zeigen, in der kleinen Infobox die Meldung, dass Sie beim Klicken `Strg` gedrückt halten sollen. Dies ist eine Frage genereller Einstellung. Sie überprüfen oder ändern diese Einstellung, indem Sie die Optionen aufrufen und unter der Kategorie **LibreOffice** den Punkt **Sicherheit** aktivieren. Hier klicken Sie auf die Schaltfläche **Optionen**. Im nächsten Dialog entdecken Sie die Option **Strg gedrückt halten, um Hyperlinks zu folgen**. Deaktivieren (oder aktivieren) Sie gegebenenfalls diese Option.

# Kapitel 6
# Texte wissenschaftlich gestalten

In diesem Kapitel lernen Sie eine Reihe von Funktionen kennen, die Ihnen helfen, Ihre wissenschaftliche Arbeit formvollendet zu gestalten. Sie generieren ein Inhaltsverzeichnis, arbeiten mit Fußnoten, ergänzen Ihr Dokument durch ein Stichwortverzeichnis und nutzen Querverweise, u. a. für die schnelle Navigation im Dokument.

## 6.1 Ein Inhaltsverzeichnis erstellen

Jede längere Arbeit – ganz zu schweigen von wissenschaftlichen Arbeiten – sollte ein Inhaltsverzeichnis haben. Sie könnten ein solches Verzeichnis einfach manuell erstellen, d. h. tippen, aber das kann viel Mühe machen und hat auf jeden Fall den Nachteil, dass Sie es vielleicht oft korrigieren müssen: Sobald Sie im Text eine Überschrift ändern, die Teil des Inhaltsverzeichnisses ist, müssen Sie daran denken, auch das Verzeichnis anzupassen. Ein Inhaltsverzeichnis, das von Writer erstellt wurde, lässt sich aktualisieren, sodass die Einträge im Verzeichnis und die Überschriften im Text immer zueinander passen.

### 6.1.1 Ein Inhaltsverzeichnis generieren

Writer kann aus Überschriften nur ein Inhaltsverzeichnis erstellen, wenn die Überschriften mit Formatvorlagen formatiert sind. Ihr erster Schritt besteht also darin, dies nachzuholen, sofern Sie die Überschriften (noch) nicht entsprechend formatiert haben (siehe Abschnitt 3.8, »Texte aus einem Guss – Formatvorlagen«). Dann kann es losgehen.

1. Setzen Sie den Cursor an den Anfang des Dokuments, also vor die erste Überschrift.

2. Fügen Sie einen Seitenumbruch ein (Strg + ↵), damit das Inhaltsverzeichnis allein auf einer Seite steht, und setzen Sie den Cursor an die Stelle, an der das Wort »Inhaltsverzeichnis« auftauchen soll.

3. Wechseln Sie auf die Registerkarte **Verweise**.

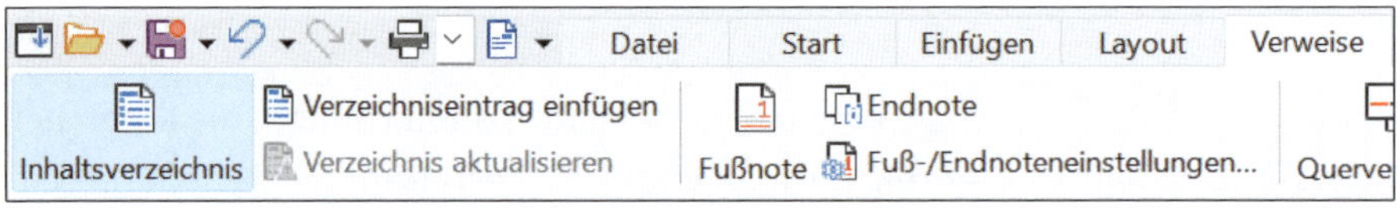


4. Klicken Sie auf das Symbol **Inhaltsverzeichnis**, das Sie ganz links im Menü finden.

5. Im Dialog **Verzeichnis** belassen Sie es auf der Registerkarte **Typ** am besten bei den standardmäßig aktivierten Optionen, da sie in Ordnung sind. Lediglich die letzte Option (**Verzeichniseinträge**) sollten Sie deaktivieren, da die Stichworteinträge im Inhaltsverzeichnis nichts zu suchen haben.

6. Bestätigen Sie den Dialog mit **OK**.

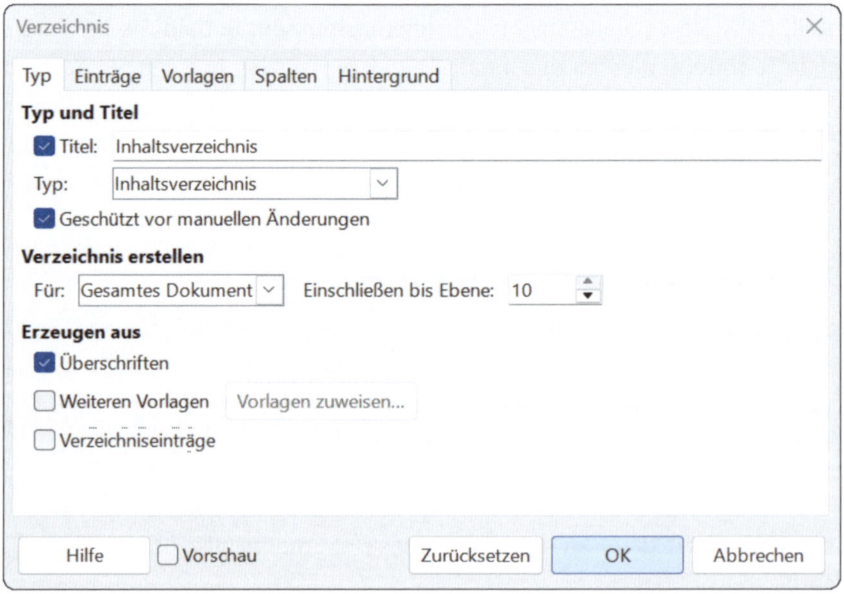

Im Nu hat Writer aus den Überschriften im Dokument das Inhaltsverzeichnis erstellt. Clever, oder? Die graue Schattierung signalisiert, dass es sich um Felder handelt, die aktualisiert werden – es ist keine Hintergrundfarbe oder Ähnliches. Überprüfen Sie das in der Druckvorschau: Sie werden sehen, dass keine Schattierung sichtbar ist. Die Aktualisierung geschieht nicht komplett automatisch; Sie müssen sie anstoßen, was Sie immer dann machen, wenn Sie eine Überschrift im Dokument geändert haben. Klicken Sie das Inhaltsverzeichnis mit der rechten Maustaste an, und wählen Sie im Kontextmenü **Inhaltsverzeichnis aktualisieren** oder klicken Sie auf der Registerkarte **Verweise** auf die entsprechende Schaltfläche.

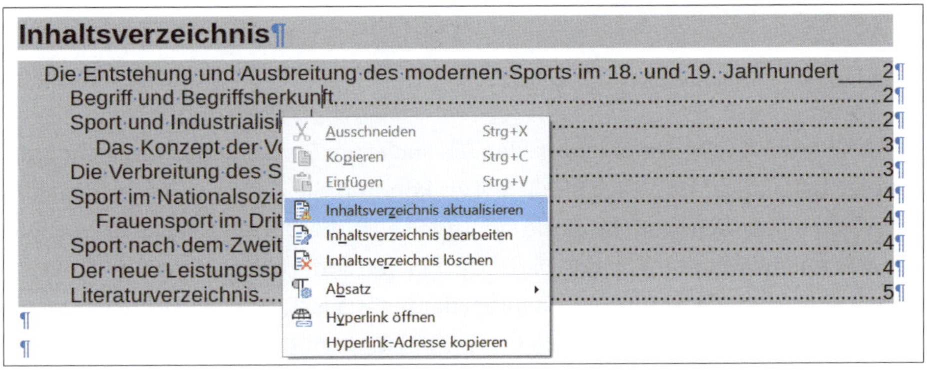


**Abbildung 6.1** *Das Inhaltsverzeichnis über das Kontextmenü aktualisieren*

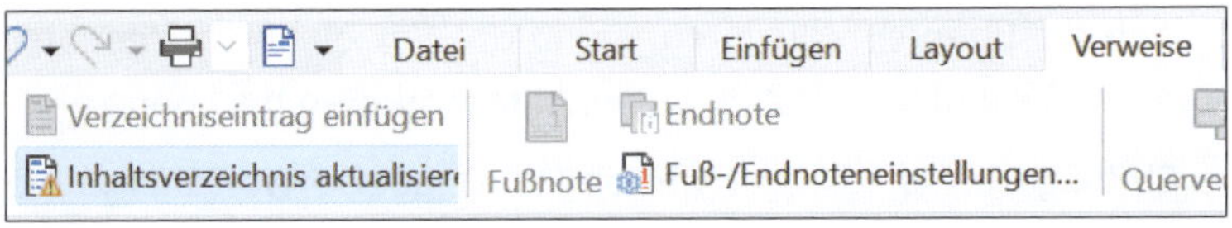


**Abbildung 6.2** *Das Inhaltsverzeichnis über die Registerkarte »Verweise« aktualisieren*

Wenn Sie mit der Maus auf einen der Einträge im Verzeichnis zeigen, sehen Sie das bekannte Händchen. Die Einträge sind also Links, mit denen Sie zur entsprechenden Überschrift im Text springen.

### 6.1.2 Inhaltsverzeichnisse bearbeiten

Um ein Inhaltsverzeichnis zu bearbeiten, klicken Sie es mit der rechten Maustaste an und wählen Sie **Inhaltsverzeichnis bearbeiten**.

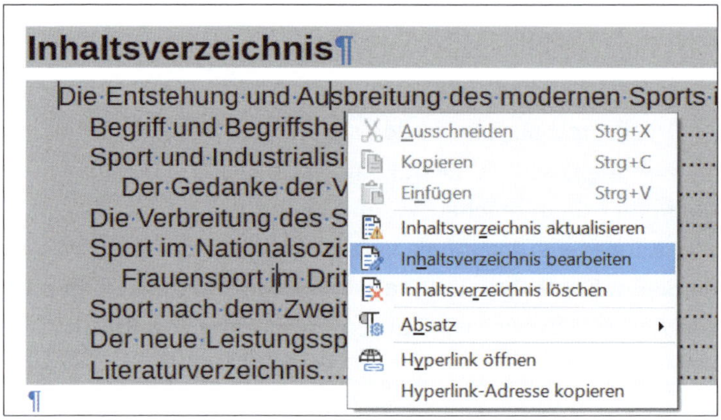


**Abbildung 6.3** *Das Inhaltsverzeichnis bearbeiten*

Dies öffnet den Dialog **Verzeichnis**, den Sie auch zum Erstellen des Verzeichnisses genutzt haben. Auf der Registerkarte **Typ** könnten Sie ein paar Veränderungen vornehmen, wenn Sie möchten. Beispielsweise ist die Option **Geschützt vor manuellen Änderungen** angehakt. Diese Option verhindert also, dass Sie direkt im Verzeichnis Einträge ändern. Wenn Ihnen das nicht passt, müssen Sie diese Option deaktivieren – obwohl sie eigentlich sinnvoll ist, denn die Einträge sollen sich ja automatisch aus den Überschriften im Text generieren.

Sofern Sie sehr viele Unterüberschriften verschiedenster Ebenen in Ihrem Text haben, könnten Sie auch die Ebenen reduzieren, die in das Verzeichnis aufgenommen werden. Verringern Sie einfach die Zahl im Feld **Einschließen bis Ebene**.

Die Registerkarte **Einträge** bietet diverse Optionen, ist aber etwas tricky. Die Buchstaben/Zeichen rechts neben **Struktur** stehen für verschiedene Elemente im Verzeichnis, die Sie bearbeiten können. Hier ist ein Beispiel:

1. Aktivieren Sie das **T** (für Tabulator).

2. Markieren Sie links im Dialog, welche Ebene von der Änderung (im Abbildungsbeispiel Ebene 2 und 3) betroffen sein soll. (Sie können aber immer nur eine Ebene auswählen, nicht mehrere gleichzeitig.)

3. Wählen Sie im Menü des Feldes **Füllzeichen** ein Füllzeichen, z. B. einen kleinen Strich.

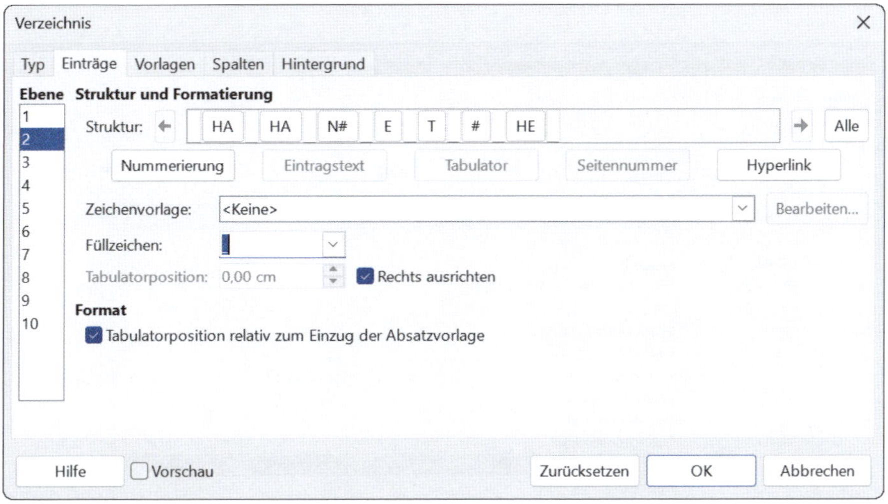


4. Klicken Sie auf **OK**.

Nun erscheint bei den Überschriften der zweiten und dritten Ebene zwischen Eintrag und Seitenzahl jeweils ein durchgezogener Strich. Legen Sie auf dem gleichen Weg auch für die anderen Ebenen Füllzeichen fest.

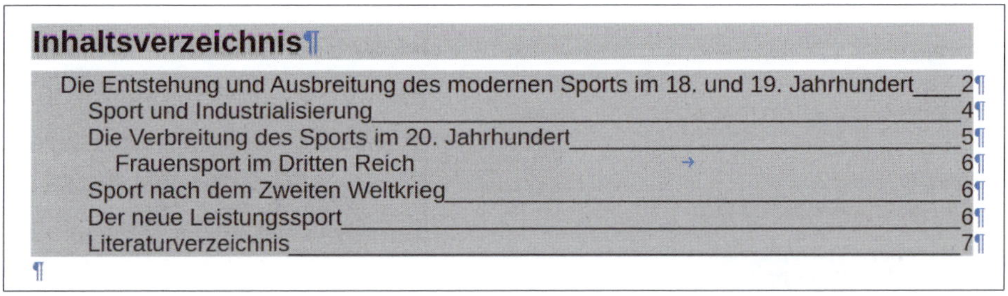


**Abbildung 6.4** *Das Inhaltsverzeichnis mit Füllzeichen*

Um die Einträge selbst anders zu formatieren (andere Schrift, andere Größe etc.), müssten Sie vorab eine Zeichenformatvorlage mit den gewünschten Eigenschaften erstellen (siehe Abschnitt 3.8, »Texte aus einem Guss – Formatvorlagen«). Dann klicken Sie auf das **E** (für Eintrag) und wählen in der Liste **Zeichenvorlage** diese Vorlage aus.

Auf der Registerkarte **Hintergrund** können Sie – wie zu erwarten – dem Inhaltsverzeichnis einen farbigen Hintergrund gönnen. Klicken Sie auf die Schaltfläche **Farbe**, und wählen Sie in der Palette die gewünschte Farbe aus.

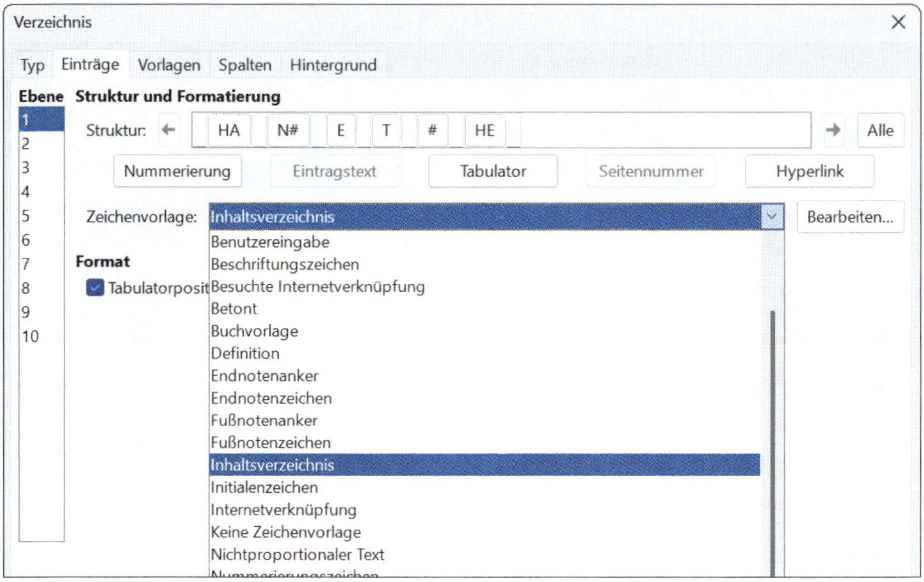


**Abbildung 6.5** *Eine Formatvorlage auswählen*

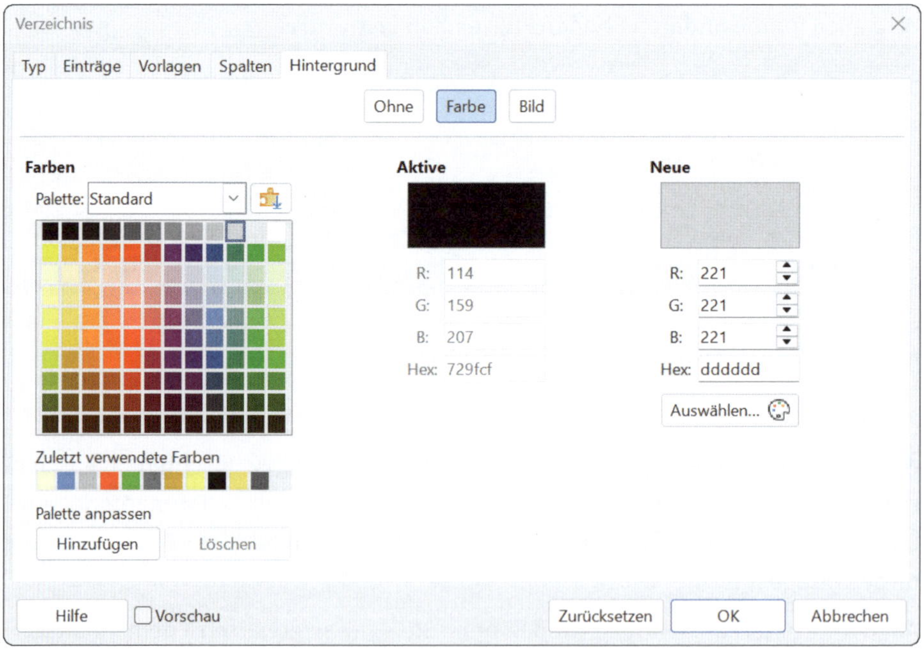


**Abbildung 6.6** *Ein farbiger Hintergrund für das Inhaltsverzeichnis*

**Inhaltsverzeichnis löschen**
Im Kontextmenü des Inhaltsverzeichnisses finden Sie den Punkt **Inhaltsverzeichnis löschen**. Sie können natürlich auch manuell vorgehen; markieren Sie das komplette Verzeichnis von oben nach unten, und drücken Sie `Entf`.

## 6.2 Fuß- und Endnoten einfügen

So manch ein Wissenschaftler ist schon darüber gestolpert, dass er in einer Arbeit nicht sauber zitiert hat. In diese Falle tappen Sie natürlich nicht! In die Fuß- oder Endnoten packen Sie nicht nur Anmerkungen, sondern gegebenenfalls auch Zitate, Quellenangaben etc.

### 6.2.1 Fußnoten setzen

Fußnoten bestehen in der Regel aus einem kleinen Fußnotenzeichen im Text (normalerweise ist es eine Ziffer) und aus dem Fußnotenbereich am Fuß der Seite, der das Fußnotenzeichen nochmals aufnimmt, sodass man die Fußnote dem Zeichen im Text zuordnen kann. Vor langer, langer Zeit gab es noch keine Textverarbeitungen mit Fußnotenfunktion und entsprechend mühselig war es, die Fußnotennummerierung immer aktuell zu halten: Ständig musste man korrigieren, weil eine Fußnote hinzukam oder eine gelöscht wurde. Mit Writer ist das alles Schnee von gestern. Sie setzen Ihre Fußnote, und falls Sie vor dieser Fußnote weitere einfügen, passt sich die Nummerierung automatisch an – wie auch der Platz, der für die Fußnoten gebraucht wird. Dies sind die Schritte dazu:

1. Setzen Sie den Cursor genau an die Stelle, an der das Fußnotenzeichen im Text auftauchen soll.

2. Klicken Sie auf der Registerkarte **Verweise** auf **Fußnote**.

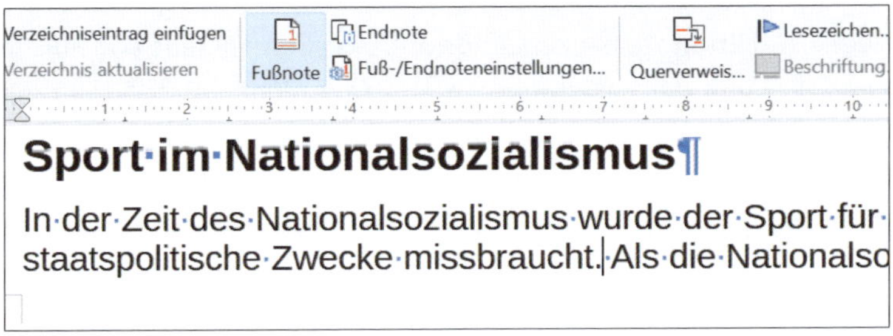

3. Der Cursor springt ans Ende der Seite zum Fußnotenbereich – mit einer Ziffer und einer kleinen Linie als Abgrenzung. Schreiben Sie hier Ihre Anmerkung, die Quelle des Zitats oder was auch immer.

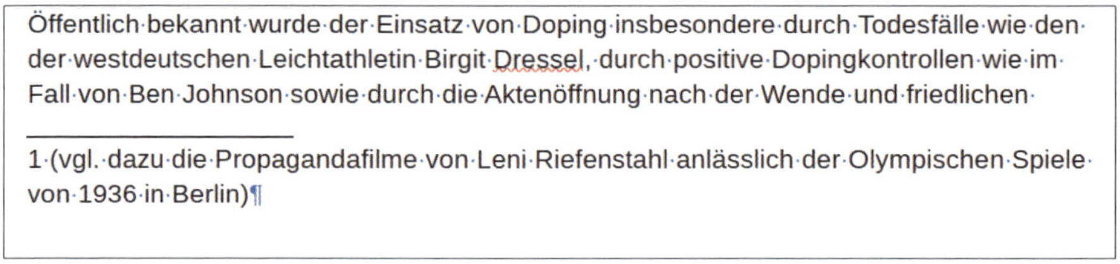
Öffentlich bekannt wurde der Einsatz von Doping insbesondere durch Todesfälle wie den der westdeutschen Leichtathletin Birgit Dressel, durch positive Dopingkontrollen wie im Fall von Ben Johnson sowie durch die Aktenöffnung nach der Wende und friedlichen

1 (vgl. dazu die Propagandafilme von Leni Riefenstahl anlässlich der Olympischen Spiele von 1936 in Berlin)¶

4. Wenn Sie wieder zur entsprechenden Stelle im Text scrollen (oder auch springen, denn das Fußnotenzeichen ist ein Link), werden Sie sehen, dass ein kleines hochgestelltes Fußnotenzeichen erschienen ist.

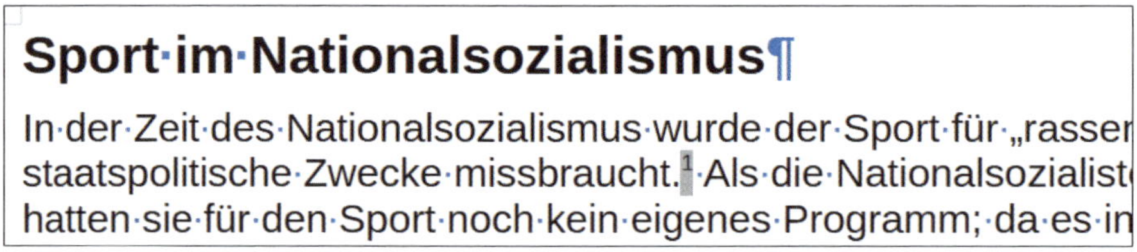
Sport im Nationalsozialismus¶

In der Zeit des Nationalsozialismus wurde der Sport für „rasser
staatspolitische Zwecke missbraucht.[1] Als die Nationalsozialist
hatten sie für den Sport noch kein eigenes Programm; da es in

**Abbildung 6.7** *Das Fußnotenzeichen im Text*

**Anpassung der Nummerierung**

Machen Sie die Probe aufs Exempel, und setzen Sie eine Fußnote vor die eben gesetzte. Sie werden sehen, dass aus der ursprünglichen 1 im Text und im Fußnotenbereich eine 2 wird.

**Endnoten setzen**

*Endnoten* werden am Ende des Dokuments gesammelt und nicht am Fuß der Seite. Sie fügen sie genauso ein wie die Fußnoten, nur dass Sie auf der Registerkarte **Verweise** auf **Endnote** klicken. Endnoten werden anstelle von Fußnoten oft verwendet, wenn der Lesefluss im Haupttext nicht durch Anmerkungen am Seitenende unterbrochen werden soll, aber sie haben den Nachteil, dass man gegebenenfalls oft nach hinten blättern (oder scrollen) muss, statt einfach einen Blick auf das Ende der Seite zu werfen.

### 6.2.2 Fuß- und Endnoten bearbeiten

Sie können sich auch für andere Fußnotenzeichen entscheiden und ein paar weitere Einstellungen vornehmen. Dazu klicken Sie zuerst auf die Registerkarte **Verweise**, und öffnen Sie per Klick auf **Fuß-/Endnoteneinstellungen** den Dialog **Einstellungen für Fuß-/Endnoten**.

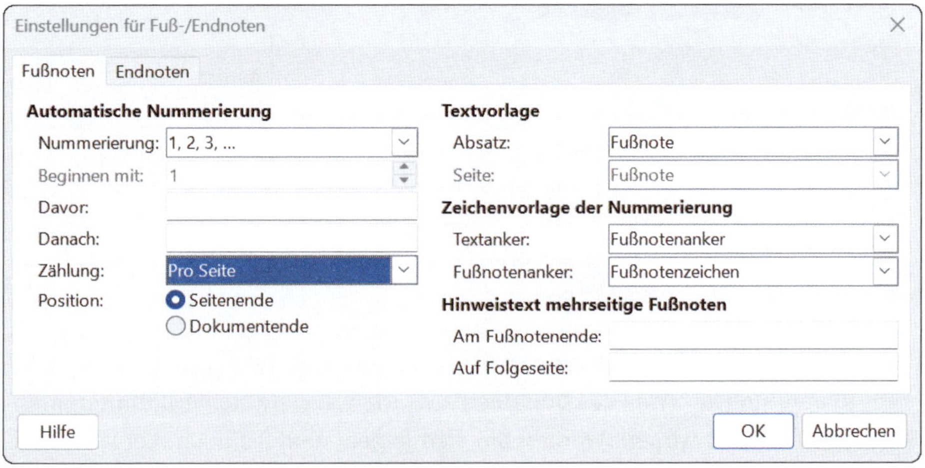


**Abbildung 6.8** *Einstellungen für die Fußnoten*

Im Menü des Feldes **Nummerierung** (Registerkarte **Fußnoten**) können Sie andere Zeichen wählen – alphabetische Zeichen, römische Ziffern und vieles mehr, wobei die üblichen arabischen Ziffern eigentlich völlig in Ordnung sind. Ich belasse es in der Regel dabei.

Beachten Sie die drei Optionen im Feld **Zählung**.

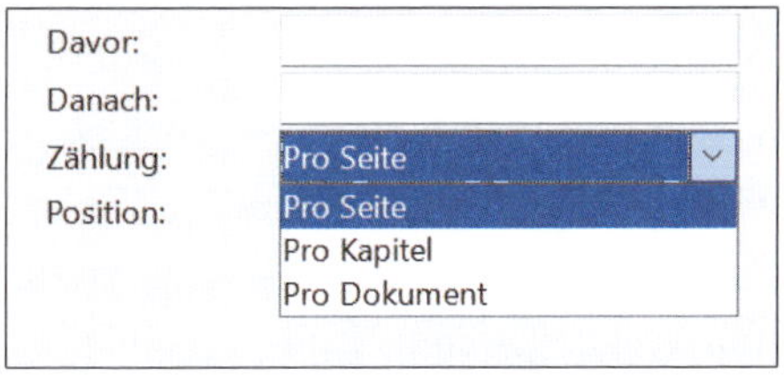


**Abbildung 6.9** *Die Optionen für die Zählung*

Mit **Pro Seite** beginnt die Nummerierung auf jeder Seite neu – eine Option, die sich bewährt hat, weil die Ziffern im niedrigstelligen Bereich bleiben und so leichter zuzuordnen sind. Bei sehr wenigen Fußnoten könnten Sie mit der Option **Pro Dokument** die Nummerierung auch einfach fortsetzen.

Auf der Registerkarte **Endnoten** sind nicht Ziffern, sondern »i«, »ii« etc. voreingestellt.

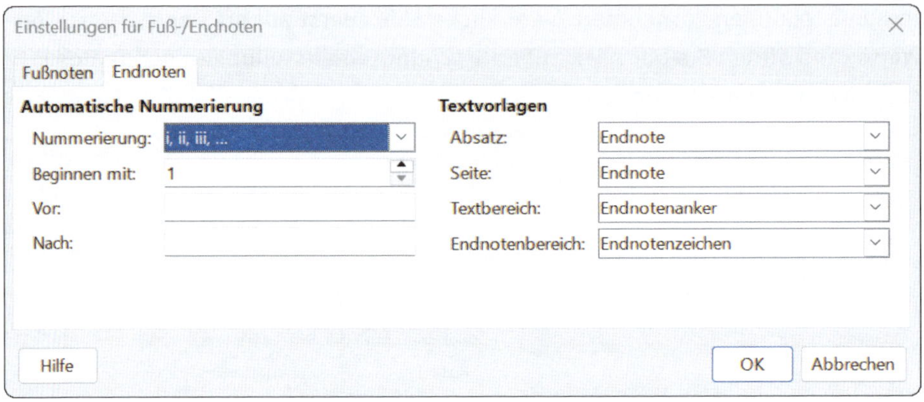


**Abbildung 6.10** *Endnotenzeichen auswählen*

Dies ist eine Option für nur wenige Endnoten. Sowohl im Text als auch in der Endnoten-Sammlung am Ende des Dokuments würden zu viele kleine »i« hintereinander sehr irritierend wirken. Wählen Sie also gegebenenfalls auch hier die arabischen Ziffern.

Um eine Fuß-/Endnote zu löschen, markieren Sie die kleine Ziffer im Text, und drücken Sie `Entf`. Keine Bange, die Nummerierung wird sauber angepasst.

## 6.3 Ein Stichwortverzeichnis erstellen

Vor allem in umfangreichen (wissenschaftlichen) Werken gehört ein Stichwortverzeichnis zum guten Ton. Sie finden natürlich auch in dem Buch, das Sie gerade in den Händen halten, ein solches Verzeichnis; so können Sie schnell nachschlagen, auf welcher Seite Sie eine Antwort auf Ihre aktuelle Frage finden.

Dank einer speziellen Funktion zum Sammeln von Indexeinträgen kann ein Stichwortverzeichnis recht bequem erstellt werden. Dabei arbeiten Sie in zwei Schritten: Zuerst legen Sie die Indexeinträge bzw. Verzeichniseinträge fest, und dann erstellen Sie aus den Einträgen das Stichwortverzeichnis.

### 6.3.1 Indexeinträge festlegen

Sie können die Indexeinträge direkt beim Schreiben setzen. Wenn Sie das nicht getan haben, müssen Sie Ihr Dokument von Anfang an durchsehen und die Begriffe herausfischen, die in das Stichwortverzeichnis aufgenommen werden sollen. So gehen Sie vor:

1. Markieren Sie den Begriff für das Stichwortverzeichnis.
2. Klicken Sie auf der Registerkarte **Verweise** auf **Verzeichniseintrag einfügen**.

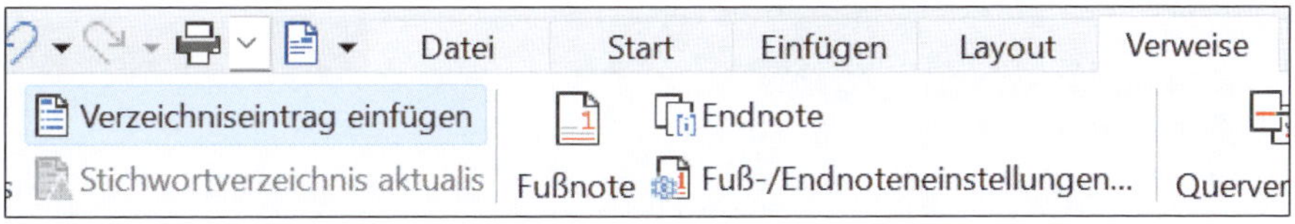


3. Daraufhin wird der gleichnamige Dialog geöffnet, in dem der eben markierte Begriff bereits eingetragen ist. Sie könnten hier aber auch einfach ein anderes Wort als Verzeichniseintrag eingeben. So oder so, der Begriff wird im Stichwortverzeichnis auftauchen.
4. Die Felder **1. Schlüssel** und **2. Schlüssel** sind ein bisschen tricky und spielen eine Rolle, wenn es um Untereinträge geht. Die aktuelle Auswahl wird ein Untereintrag der Begriffe, die Sie in diesen beiden Feldern eingeben; um es deutlicher zu machen: Wenn Sie beispielsweise »Turnwesen« im Text ausgewählt hatten und »Entstehung« als ersten Schlüssel eingeben, so lautet der entstehende Verzeichniseintrag »Entstehung« und der Untereintrag »Turnwesen«. Soll es umgekehrt sein, müssen Sie es auch genau umgekehrt machen. Beim nächsten Verzeichniseintrag sind die Felder **1. Schlüssel** und **2. Schlüssel** bereits vorausgefüllt.
5. Achten Sie auf die untere Option **Auf alle anderen Vorkommen anwenden**. Mit aktivierter Option legen Sie fest, dass jedes Mal, wenn der Begriff im Dokument vorkommt, ein Indexeintrag eingefügt wird. Das ist in der Regel nicht sinnvoll, da Sie vermutlich nicht bei jeder Erwähnung des Begriffs eine wichtige Erklärung bieten.

6. Klicken Sie auf **Einfügen** und dann auf **Schließen**.

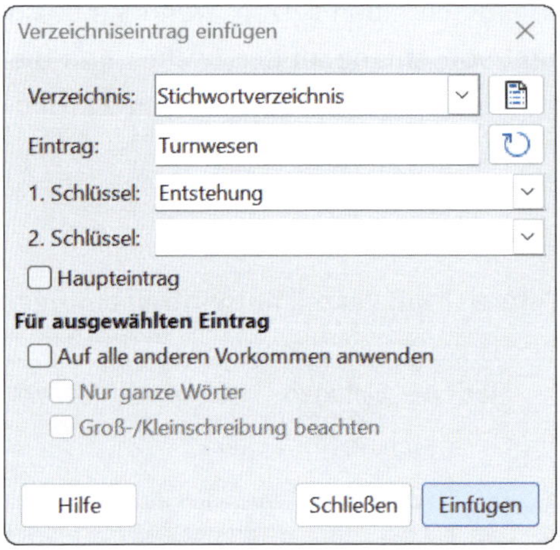


Der festgelegte Eintrag ist schattiert, was bedeutet, dass es sich mal wieder um ein Feld handelt. Auf diese Weise gehen Sie Ihr Dokument durch und setzen die Verzeichniseinträge.

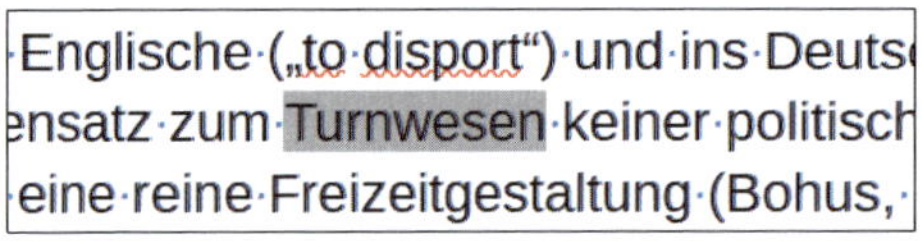


**Abbildung 6.11** *Ein Indexeintrag im Text*

Um einen Eintrag zu bearbeiten, klicken Sie ihn mit der rechten Maustaste an, und wählen Sie im Kontextmenü **Verzeichniseintrag bearbeiten**. Dies öffnet den gleichnamigen kleinen Dialog. Sie könnten hier die Einträge ändern oder gegebenenfalls auch löschen. Klicken Sie dazu einfach auf die Schaltfläche **Löschen**.

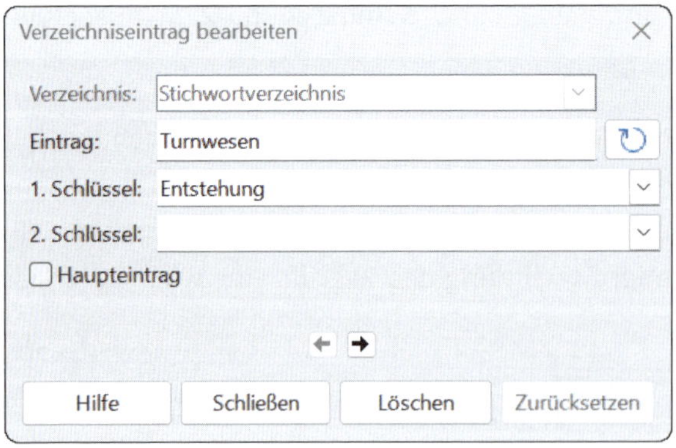


**Abbildung 6.12** *Indexeinträge bearbeiten oder löschen*

### 6.3.2 Das Stichwortverzeichnis erstellen

Um nun das Stichwortverzeichnis zu erstellen, setzen Sie den Cursor zunächst an die Stelle, an der die Überschrift »Stichwortverzeichnis« auftauchen soll, also in der Regel auf eine neue Seite am Ende des Dokuments. Klicken Sie dann auf der Registerkarte **Verweise** auf **Inhaltsverzeichnis**. Im Dialog **Verzeichnis** wählen Sie im Menü des Feldes **Typ** die Option **Stichwortverzeichnis**.

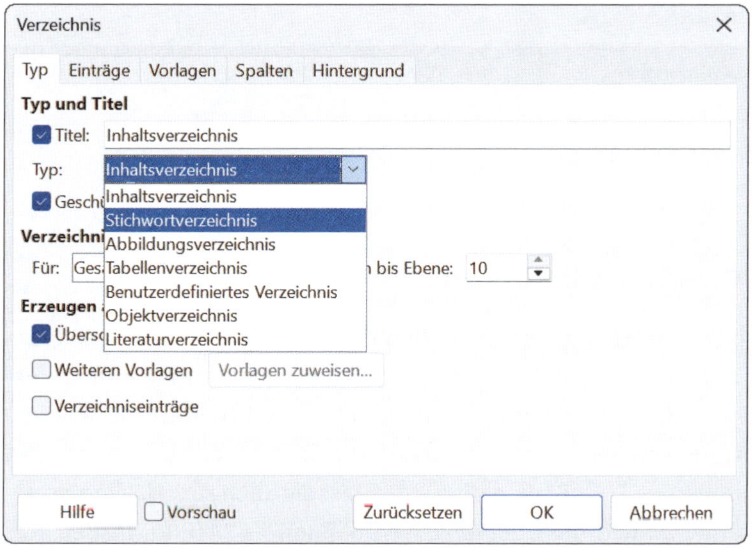


**Abbildung 6.13** *Legen Sie hier fest, dass Sie ein Stichwortverzeichnis erstellen möchten.*

Werfen Sie auch einen Blick auf die restlichen Optionen. Sie können beispielsweise entscheiden, ob alle Einträge großgeschrieben werden sollen, oder ob ein eigener Eintrag für die Untereinträge gebildet werden soll (**Schlüssel als eigener Eintrag**) – dies ist jedoch wenig einleuchtend, denn die Untereinträge gehören ja thematisch zu den Haupteinträgen. Nachdem Sie den Dialog mit **OK** bestätigt haben, wird das Stichwortverzeichnis generiert.

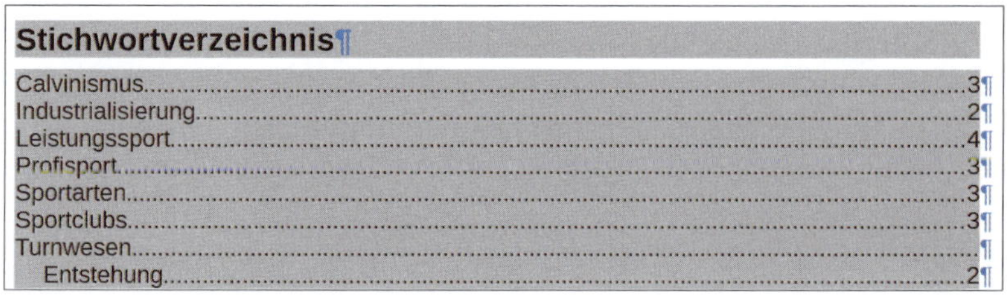
Stichwortverzeichnis¶

Calvinismus.........3¶
Industrialisierung.........2¶
Leistungssport.........4¶
Profisport.........3¶
Sportarten.........3¶
Sportclubs.........3¶
Turnwesen.........¶
Entstehung.........2¶

**Abbildung 6.14** *Das Stichwortverzeichnis*

Sollten Sie nachträglich im Text einzelne Einträge bearbeitet bzw. geändert haben, müssen Sie das Stichwortverzeichnis aktualisieren. Klicken Sie es mit der rechten Maustaste an, und wählen Sie **Stichwortverzeichnis aktualisieren**.

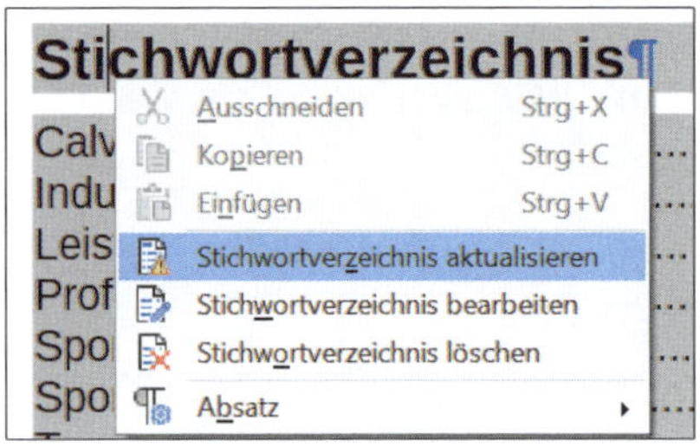


**Abbildung 6.15** *Das Stichwortverzeichnis aktualisieren*

## 6.4 Querverweise einsetzen

Querverweise sind Verweise auf andere Stellen im Dokument, z. B. auf Abbildungen oder Abschnitts- bzw. Kapitelüberschriften. Oft werden sie in Klammern gesetzt und beginnen mit »siehe Kapitel …« oder Ähnlichem. In digitalen Dokumenten sind diese Querverweise besonders praktisch, da Textverarbeitungen – so auch Writer – Querverweise als Links einfügen, sodass sie auch zum Navigieren genutzt werden können. Auch bei Querverweisen handelt es sich um Felder, was wiederum bedeutet, dass sie angepasst werden, falls der Text, auf den sie verweisen, geändert wird. So kann es nicht passieren, dass Sie beispielsweise auf eine Kapitelüberschrift verweisen, die Sie schon längst umformuliert haben. Wichtig ist auch hier wieder, dass Sie Überschriften, auf die Sie verweisen möchten, mit entsprechenden Formatvorlagen formatieren.

### 6.4.1 Querverweise einfügen

Als Erstes suchen Sie die Stelle, an der ein Verweis sinnvoll ist. Dann legen Sie los – im Beispiel wird ein Querverweis auf eine Überschrift eingefügt.

1. Geben Sie an der entsprechenden Stelle eine Klammer ein und einen Verweistext, z. B. »siehe dazu auch«. Lassen Sie den Cursor hinter dem »auch« stehen, denn da, wo der Cursor blinkt, wird der Verweis eingefügt.

2. Klicken Sie auf der Registerkarte **Verweise** auf **Querverweis einfügen**.

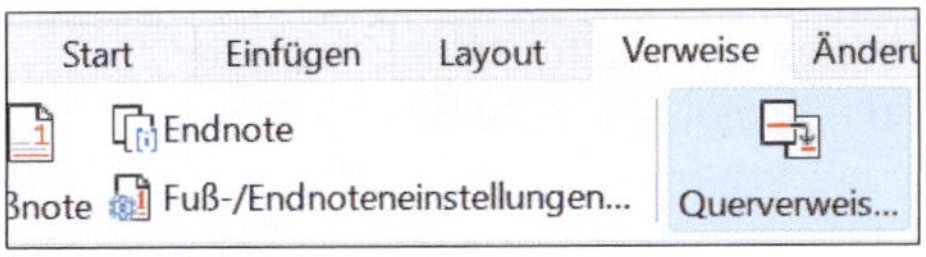


3. Daraufhin wird das Dialogfenster **Feldbefehle** angezeigt; hier wählen Sie in der Auswahlliste des Feldes **Typ** das Element aus, auf das Sie verweisen möchten, im Beispiel also **Überschriften**.

4. Rechts daneben tauchen nun die mit Formatvorlagen formatierten Überschriften auf; markieren Sie die, auf die Sie verweisen möchten.

5. In der Auswahlliste des Feldes **Verweis verwenden** bestimmen Sie genauer, wie der Verweis dargestellt werden soll (nur als Seitenzahl, mit dem zugehörigen Text etc.). Je nach Verweistyp werden hier unterschiedliche Optionen angezeigt. Damit der Text der Überschrift auftaucht, wählen Sie hier **Verweisender Text**.

6. Klicken Sie zu guter Letzt auf **Einfügen** und dann auf **Schließen**.

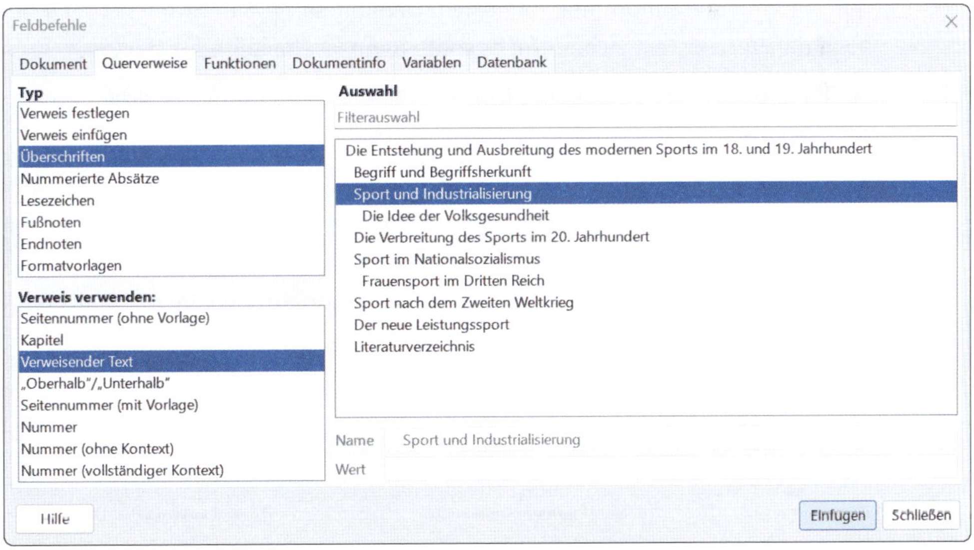


Sie sehen den Querverweis nun in Ihrem Dokument. Es fehlt nur die schließende Klammer.

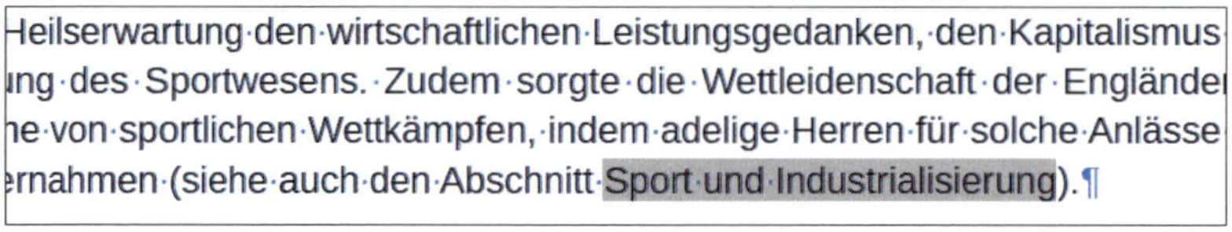
Heilserwartung·den·wirtschaftlichen·Leistungsgedanken,·den·Kapitalismus
ıng·des·Sportwesens.·Zudem·sorgte·die·Wettleidenschaft·der·Engländeı
ıe·von·sportlichen·Wettkämpfen,·indem·adelige·Herren·für·solche·Anlässe
ərnahmen·(siehe·auch·den·Abschnitt·Sport·und·Industrialisierung).¶

**Abbildung 6.16** *Ein Querverweis im Text*

Sobald Sie mit der Maus auf den Verweis zeigen, sehen Sie das für Hyperlinks typische Händchen. Sollten Sie nun im Zuge der Bearbeitung Ihres Dokuments die Überschrift, auf die verwiesen wird, ändern, aktualisieren Sie den Verweis. Dazu klicken Sie ihn mit der rechten Maustaste an, und wählen Sie **Ausgewählten Feldbefehl aktualisieren**.

Übrigens werden auch nach dem Schließen und erneuten Öffnen eines Dokuments die Feldbefehle jeweils aktualisiert.

### 6.4.2 Querverweise bearbeiten

Im Kontextmenü gibt es auch den Befehl **Feldbefehl bearbeiten**. Dies öffnet den gleichen Dialog, den Sie auch beim Einfügen geöffnet hatten, nur dass er jetzt **Feldbefehl bearbeiten** heißt. Hier könnten Sie also Änderungen vornehmen, z. B. nur auf eine Seitennummer verweisen. Denken Sie in einem solchen Fall daran, auch den Verweistext zu ändern; es sollte dann »siehe Seite …« heißen.

Achten Sie auch auf die Pfeile unten im Dialog. Damit können Sie von Querverweis zu Querverweis wandern.

Wenn Sie die vielen Querverweise leid sind, weil Sie aufgrund der Links versehentlich zu oft zu Überschriften (oder was immer Sie als Sprungadresse festgelegt haben) springen, können Sie den Querverweis in normalen Text umwandeln. Dazu nutzen Sie den Befehl **Feldbefehl in Text umwandeln**, den Sie ebenfalls im Kontextmenü finden.

# Kapitel 7
# Arbeiten im Team

Teamwork wird überall großgeschrieben, vor allem im Berufsleben. Dass man »teamfähig« sei, steht in jeder Bewerbung, und selbstverständlich müssen Sie auch ein Teamplayer sein, wenn Sie Ihren Job erfolgreich ausführen möchten. Textverarbeitungen wie Microsoft Word oder LibreOffice Writer passen sich diesem Trend mit speziellen Funktionen an, die die Teamarbeit an Dokumenten erleichtern.

## 7.1 Kommentare einfügen

Stellen Sie sich vor, Sie bekommen ein Dokument zugeschickt, mit der Bitte, es durchzusehen, vielleicht zu korrigieren. Sie könnten es ausdrucken, Ihre Anmerkungen in den Text schreiben, das Dokument scannen und wieder zurücksenden. Umständlich! Viel bequemer ist die Möglichkeit, den digitalen Text mit Kommentaren und Anmerkungen zu versehen, die sichtbar sind, aber nicht den Textfluss stören. So fügen Sie Kommentare ein:

1. Wandern Sie im Dokument zu der Stelle, zu der Sie eine erste Anmerkung machen möchten.
2. Wechseln Sie auf die Registerkarte **Änderungen**.
3. Klicken Sie auf **Kommentar**.

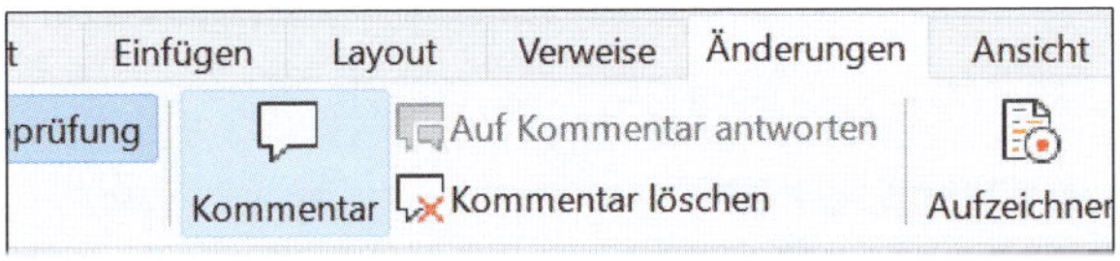


**Abbildung 7.1** *Einen Kommentar einfügen*

Nun erscheint ein gelber »Zettel« am rechten Rand des Dokuments; hier tragen Sie Ihren Kommentar ein.

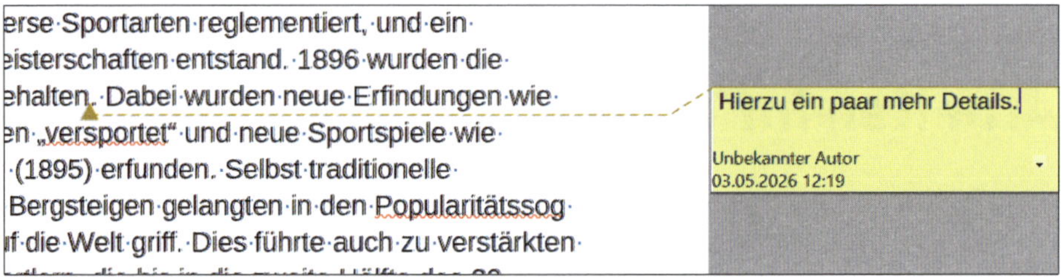


**Abbildung 7.2** *Schreiben Sie hier Ihren Kommentar.*

Auf diese Weise gehen Sie den Text durch und notieren Ihre Anmerkungen. Falls Sie sich umentscheiden und einen Kommentar doch wieder loswerden möchten, können Sie ihn löschen. Klicken Sie dazu auf **Kommentar löschen** auf der Registerkarte **Änderungen**, oder klicken Sie den Kommentar mit der rechten Maustaste an, und wählen Sie im Kontextmenü den entsprechenden Befehl. Auch mit dem kleinen nach unten zeigenden Pfeil erhalten Sie das Menü, das u. a. den Befehl **Kommentar löschen** anbietet.

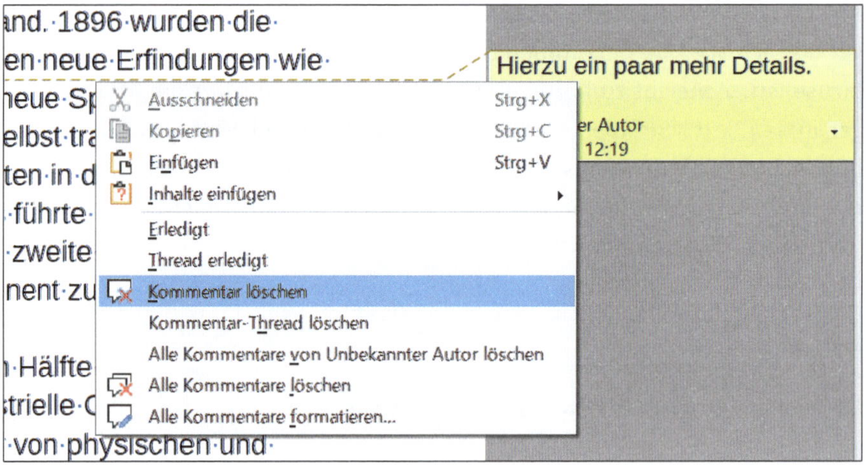


**Abbildung 7.3** *Einen Kommentar löschen*

## 7.2 Kommentare kommentieren

Schlüpfen Sie nun in die Rolle des Empfängers eines Dokuments mit vielen Kommentaren. Das Kontextmenü oder das Menü des kleinen Pfeils auf einem Kommentar zeigt diverse Möglichkeiten, wie Sie mit einem Kommentar umgehen können.

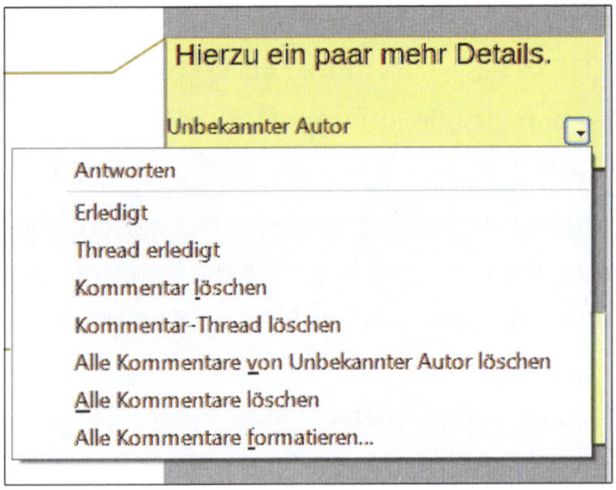


**Abbildung 7.4** *Optionen für den Umgang mit Kommentaren*

- Natürlich können Sie den Kommentar berücksichtigen, entsprechende Änderungen im Text vornehmen und dann den Kommentar löschen.
- Sie können den Kommentar auch mit **Erledigt** kennzeichnen. Dies wäre beispielsweise empfehlenswert, wenn Sie vorhaben, das Dokument wieder an den Bearbeiter zu senden. Dieser weiß dann, dass Sie den Kommentar nicht einfach ignoriert haben.

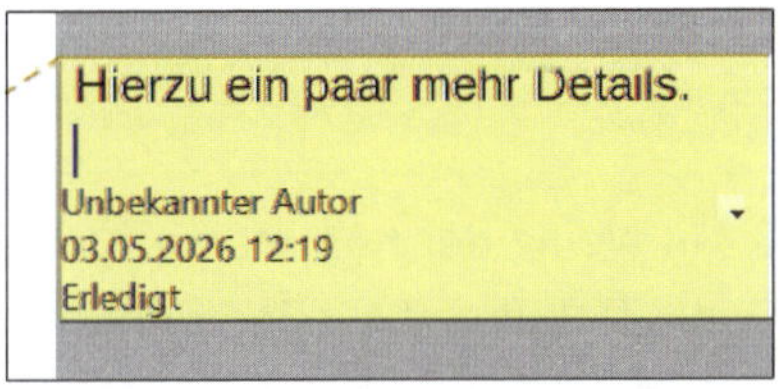


- Per Klick auf **Antworten** können Sie den Kommentar beantworten. Auch diese Variante bietet sich an, falls die Person, die den Kommentar geschrieben hat, das Dokument erneut erhalten wird.

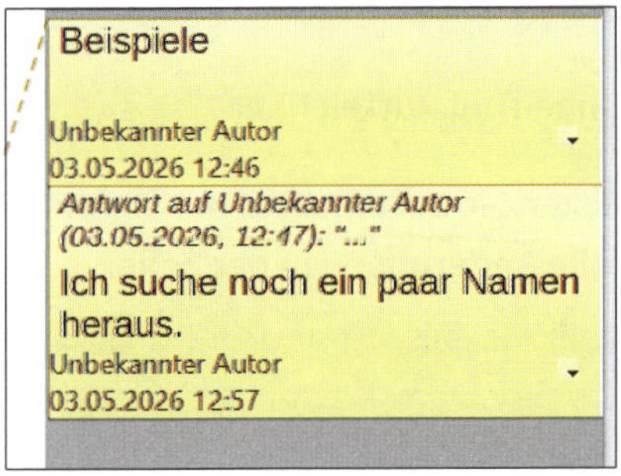

- Mit **Thread erledigt** kennzeichnen Sie alle Kommentare und die Antworten darauf – also alles, was in gewisser Weise zusammengehört – als **Erledigt**.
- Mit **Kommentar-Thread löschen** löschen Sie alle Kommentare und Antworten, die zusammengehören, mit einem Rutsch.
- Sofern mehrere Menschen Ihr Dokument gelesen und kommentiert haben, können Sie gegebenenfalls differenzieren, von welchem Autor Sie die Kommentare löschen möchten und von welchem nicht. Dazu wählen Sie **Alle Kommentare von [Name des Autors] löschen**.
- Wenn Sie sich von den vielen Kommentaren belästigt fühlen, bleibt zu guter Letzt die Möglichkeit, alle Kommentare zu löschen, bevor Sie sich mit dem Text befassen! Das ist natürlich nicht im Sinne des Erfinders. Machen Sie das lieber erst, nachdem Sie in der einen oder anderen Weise auf die Kommentare reagiert haben.
- Mit der Option **Alle Kommentare formatieren** rufen Sie den Dialog **Zeichen** auf, in dem Sie den Text aller Kommentare mit einem Rutsch formatieren können (Schriftart, Schriftgröße, Schriftschnitt etc.).

## 7.3 Änderungen sichtbar machen – der Aufzeichnungsmodus

Der Modus **Änderungen aufzeichnen** ähnelt ein wenig der Kommentarfunktion, geht aber einen Schritt weiter. Die Person, die das Dokument zur Bearbeitung vorliegen hat, macht nicht nur Kommentare, sondern schreibt gleich konkrete Änderungsvorschläge in den Text. Der Originaltext wird nicht gelöscht, sondern bleibt zunächst stehen. Der Verfasser des Dokuments kann diese Vorschläge dann nach Gusto (oder nach Status des Bearbeiters) annehmen oder ablehnen.

In der Rolle des Bearbeiters gehen Sie so vor:

1. Klicken Sie auf der Registerkarte **Änderungen** auf **Aufzeichnen**.
2. Sofern die Schaltfläche nicht aktiv ist, klicken Sie auf den Pfeil neben **Änderungen anzeigen**, und wählen Sie im Menü **Alle Änderungen in der Zeile**.

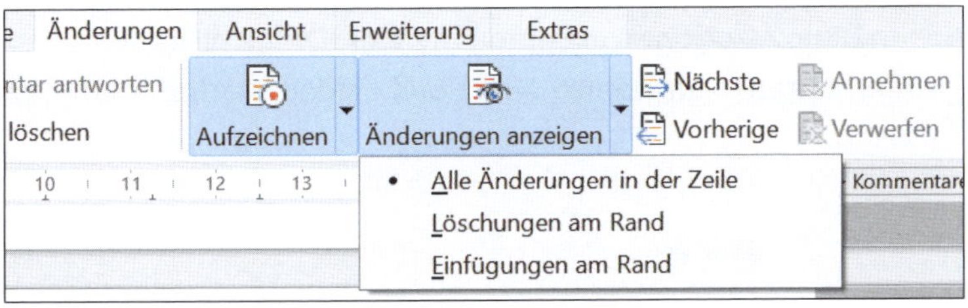


Ab jetzt müssen Sie vorsichtig sein: Jede Korrektur hinterlässt eine Spur. Wenn Sie etwas hinzufügen, erscheint der Text in bräunlicher Farbe; wenn Sie etwas löschen, wird der Text durchgestrichen, aber nicht gelöscht.

**Sport nach dem Zweiten Weltkrieg**

Nach dem Zweiten Weltkrieg spielten sich die ~~Auseinandersetzungen~~ Krisen und Konflikte des Kalten Krieges (1945–1989) auch im Rahmen des Sports und der internationalen Sportbeziehungen ab (siehe hierzu auch den Abschnitt „Der neue Leistungssport“).

**Abbildung 7.5** *Sichtbare Änderungen im Text*

Wenn Sie ein Dokument mit solchen Änderungsvorschlägen erhalten, bleiben Ihnen zwei Möglichkeiten: Sie können sie annehmen oder verwerfen. In beiden Fällen müssen Sie den Cursor als Erstes in den Änderungsvorschlag setzen, also z. B. in ein durchgestrichenes Wort oder in eine sichtbare Textergänzung. Sind Sie mit dem Vorschlag einverstanden, klicken Sie auf das Symbol **Annehmen**. Halten Sie wenig von der Änderung, klicken Sie auf **Aufgezeichnete Änderungen ablehnen** (auf dem Symbol steht **Verwerfen**).

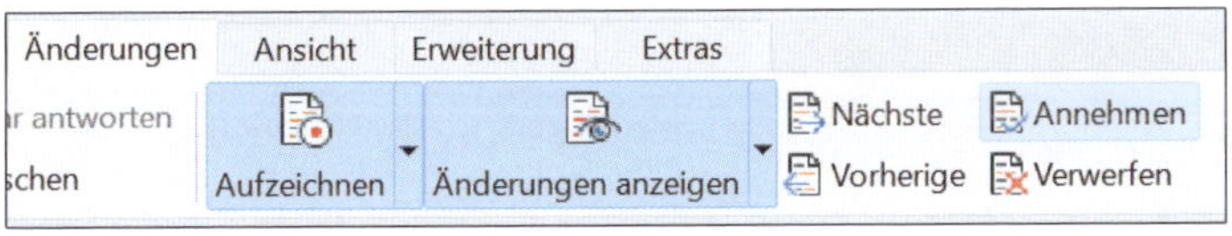


**Abbildung 7.6** *Eine Änderung annehmen*

Mit dem Symbol **Nächste** können Sie direkt zum nächsten Vorschlag springen und dort Ihre Entscheidung treffen.

**Die Darstellung der Änderungen**

In welcher Farbe die Änderungen auftauchen, können Sie in den Optionen beeinflussen. In der Standardeinstellung werden die Änderungen je nach Autor mit unterschiedlichen Farben gekennzeichnet. Sie können aber auch festlegen, dass immer die gleiche Farbe verwendet wird.

Aktivieren Sie im Dialog **Optionen** die Kategorie **LibreOffice Writer** und darin den Eintrag **Änderungen**. Nun wählen Sie in den Feldern **Farbe** jeweils eine Farbe.

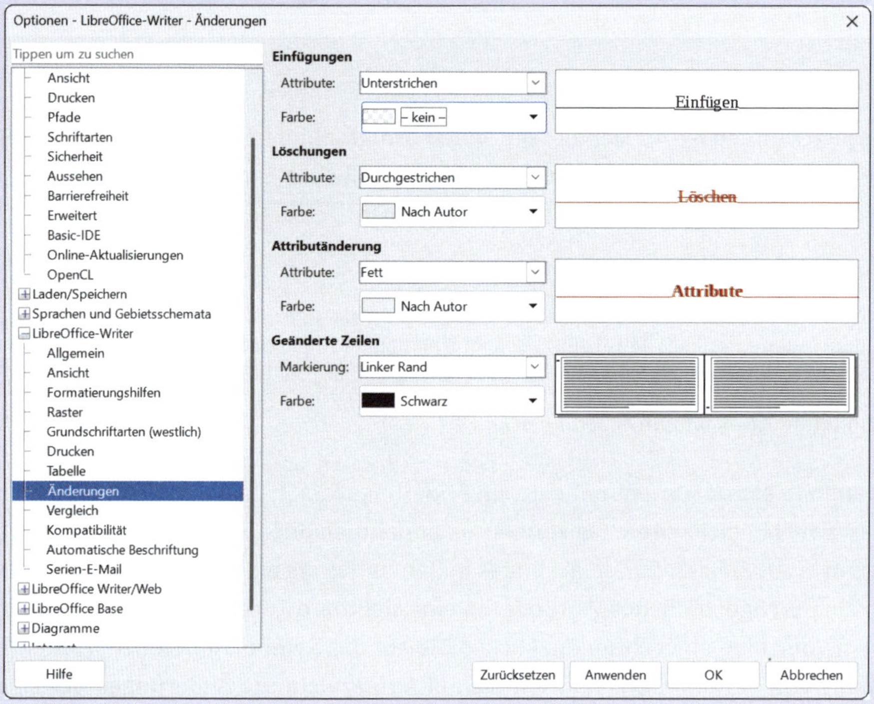


**Abbildung 7.7** *Die Einstellungen für die Änderungen*

# Kapitel 8
# Viele Empfänger, ein Brief – Serienbriefe erstellen

Serienbriefe galten lange als die hohe Schule der Textverarbeitungsprogramme. Dies traf für die frühen Versionen beispielsweise von Word, OpenOffice oder LibreOffice Writer auch zu, aber heutzutage sind solche Briefe recht leicht anzufertigen. Es gibt Assistenten, die Sie Schritt für Schritt bei der Erstellung begleiten. Von daher: Nur Mut!

## 8.1 Was ist ein Serienbrief und wofür brauche ich ihn?

Ein Serienbrief ist ein Brief, der in zig Exemplaren verschickt wird. Der Text ist für alle Empfänger der gleiche, aber es gibt einige variable Informationen, die sich von Brief zu Brief unterscheiden – etwa die jeweilige Adresse und Anrede. In der Regel wird die Serienbrieffunktion für Briefe genutzt, die beispielsweise an alle Kunden oder Klienten geschickt werden sollen, aber sie kann auch für andere Dokumente eingesetzt werden, z. B. für Zeugnisse oder Urkunden – kurz: für alle Schriftstücke, die einerseits allgemeinen und andererseits veränderlichen Text enthalten, der jeweils angepasst werden soll.

Ich belästige Sie zunächst mit ein bisschen grauer Theorie, damit Sie den logischen Aufbau eines Serienbriefes verstehen – umso einfacher ist es dann, ihn zu erstellen. Zu einem Serienbrief gehören grundsätzlich zwei Dokumente:

- In der *Datenquelle* werden alle variablen Informationen in Datensätzen (Informationen, die zusammengehören und in einer Zeile stehen) gesammelt und gespeichert, z. B. Namen, Adressen, Zeugnisnoten, Produktbezeichnungen etc. Diese Informationen hängen davon ab, für welche Art von Dokument die Datenquelle eingesetzt werden soll. Namen und Adressen sind die klassischen Informationen einer Datenquelle.
- Das *Hauptdokument* (auch als *Ausgangsdokument* bezeichnet) nimmt den eigentlichen Briefinhalt auf. Hier stehen die Informationen, die nicht variabel sind.

Diese beiden Dateien bilden die Voraussetzung für einen Serienbrief. Im letzten Schritt (d. h. nach der Vorbereitung des Hauptdokuments für die Seriendruckfunktion) werden beide Dokumente zusammengeführt. Dabei entsteht automatisch eine dritte Datei: die eigentliche Serienbriefdatei. Sie greift auf den Pool der Datenquelle zurück und holt Dokument für Dokument die variablen Informationen aus den Datensätzen.

## 8.2 Den Serienbrief Schritt für Schritt erstellen

Nun wird es konkret: Die erforderlichen Dokumente sollen angelegt werden, damit am Ende ein Serienbrief herauskommt (im Beispiel ein einfacher Brief mit Namen, Adresse und Anrede). Dabei gehe ich davon aus, dass es die Datei mit dem Text des Hauptdokuments bereits gibt und dass diese Datei geöffnet ist. Dieser Text ist der Text, der für alle Empfänger gilt, und er enthält – wie oben beschrieben – keine Namen und/oder Adressen oder sonstigen variablen Elemente. Die Datenquelle wird von Grund auf neu erstellt.

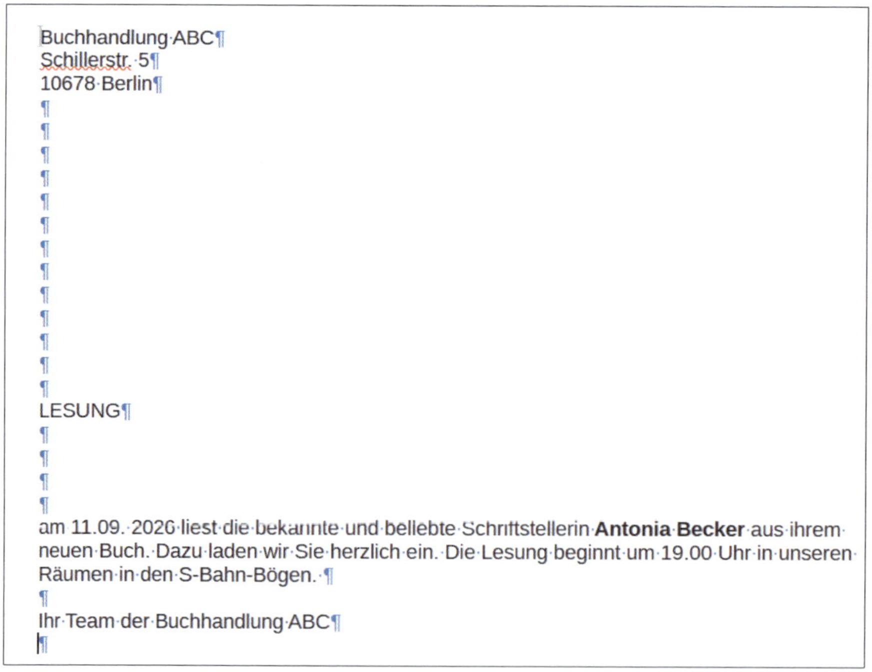
Buchhandlung ABC
Schillerstr. 5
10678 Berlin

LESUNG

am 11.09. 2026 liest die bekannte und beliebte Schriftstellerin **Antonia Becker** aus ihrem neuen Buch. Dazu laden wir Sie herzlich ein. Die Lesung beginnt um 19.00 Uhr in unseren Räumen in den S-Bahn-Bögen.

Ihr Team der Buchhandlung ABC

**Abbildung 8.1** *Das Hauptdokument ohne variable Elemente*

Ab jetzt kommt der Assistent ins Spiel:

1. Aktivieren Sie die Registerkarte **Extras**, und klicken Sie hier auf **Serienbrief-Assistent**.

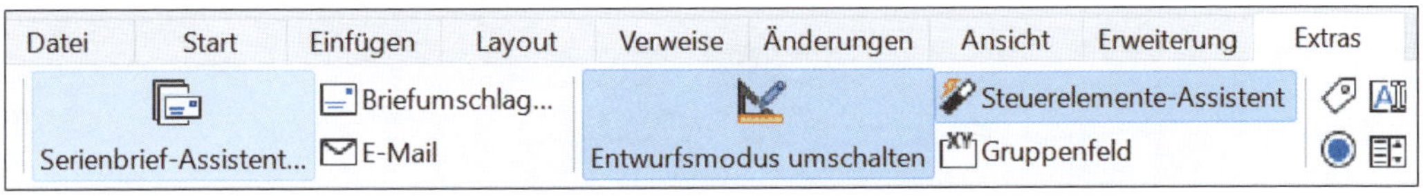


2. Dies öffnet den gleichnamigen Dialog. Links sehen Sie, dass Sie sich bei Schritt 1 befinden und das Ausgangsdokument wählen sollen. Unser Dokument ist bereits geöffnet, sodass es bei **Aktuelles Dokument verwenden** bleibt. Die Option **Neues Dokument erstellen** öffnet – nach einem Klick auf **Vor** – eine neue leere Seite, auf der Sie Ihren Text eingeben würden. Mit der Option **Bestehendes Dokument verwenden** öffnen Sie nach einem Klick auf **Durchsuchen** den Dialog **Öffnen**, mit dem Sie das Dokument, das Sie für den Serienbrief verwenden möchten, suchen und öffnen.

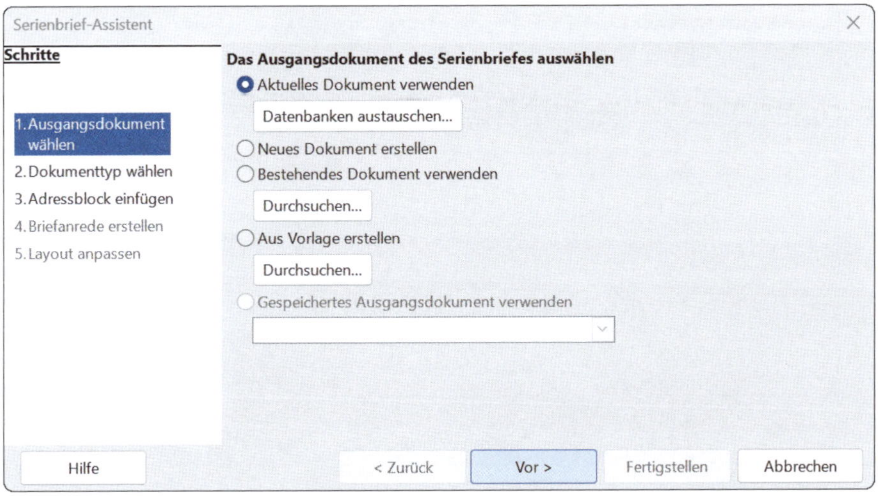


3. Klicken Sie auf **Vor**.

4. Wählen Sie bei Schritt 2 (**Dokumenttyp wählen**) die Option **Brief**, und klicken Sie wieder auf **Vor**.

5. Bei Schritt 3 (**Adressblock einfügen**) klicken Sie auf **Adressenliste auswählen**. Dies irritiert ein wenig, da es ja noch keine Adressenliste (gemeint ist die Datenquelle) zum Auswählen gibt. Aber der nächste Dialog schafft Klarheit.

6. Klicken Sie im Dialog **Empfängerliste auswählen** auf **Erstellen**.

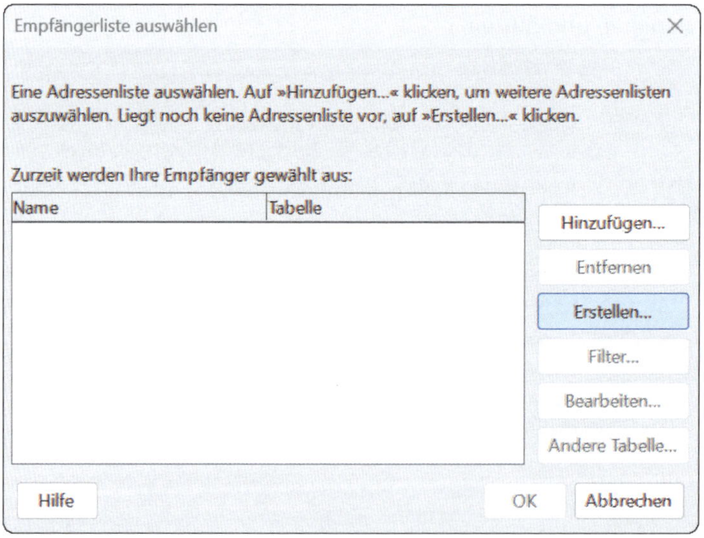


7. Nun haben Sie eine Art Formular vor Augen, in das Sie Datensatz für Datensatz die Informationen für den Serienbrief eintragen, beispielsweise Namen und Adressen der Kunden. Es besteht keine Notwendigkeit, alle Felder auszufüllen, aber scrollen Sie nach unten, um alle Felder zu sehen. Sie müssen unbedingt eine gültige E-Mail-Adresse eintragen, falls Sie planen, den Brief per E-Mail zu verschicken. Geben Sie in das Feld **Adresszeile 1** die Straße ein.

8. Nachdem Sie die erforderlichen Felder ausgefüllt haben, klicken Sie auf **Neu**, um für den nächsten Datensatz ein neues leeres Formular aufzurufen.

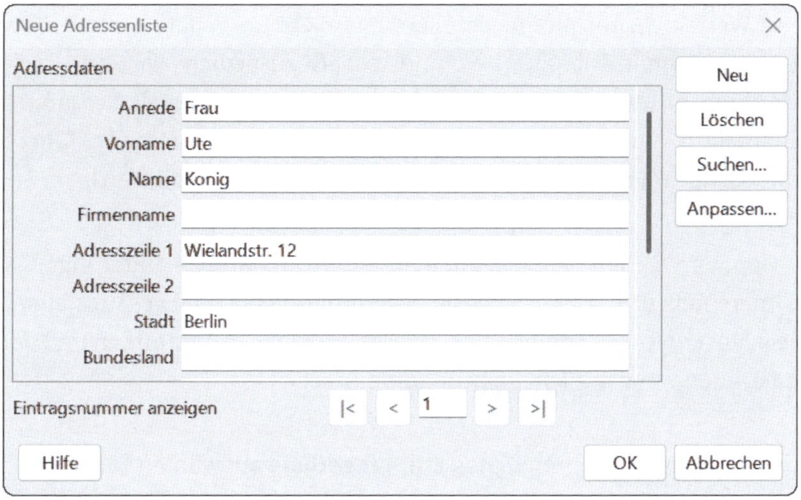


9. So fahren Sie fort, bis Sie alle Empfänger eingegeben haben. Klicken Sie erst dann auf **OK**.

10. Dadurch wird der Dialog **Speichern unter** geöffnet. Geben Sie der Adressliste einen passenden Namen, und wählen Sie einen Ordner, in dem Sie sie wiederfinden. Das voreingestellte Dateiformat ist **.csv*; damit wird die Datenquelle als CSV-Datei abgespeichert.

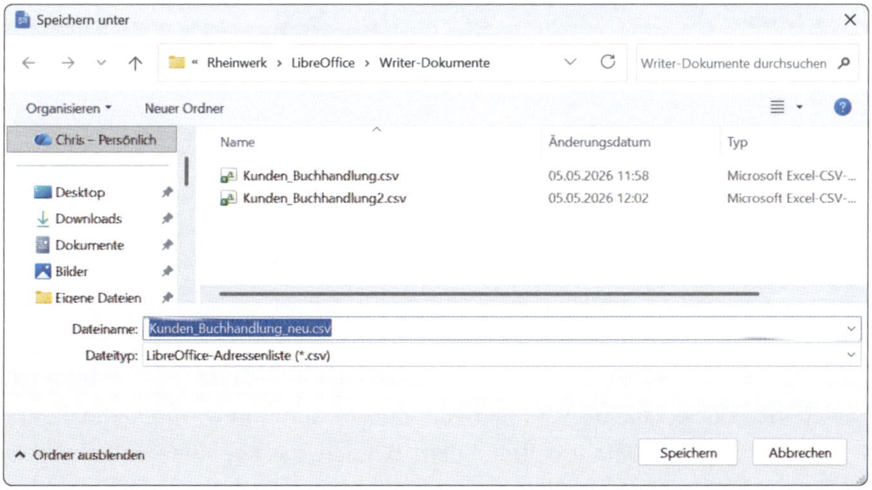

**Das CSV-Format**

Das Kürzel CSV steht für *comma separated values*, also für »durch Kommas getrennte Werte«. Writer nimmt es allerdings nicht so genau: Statt Kommas setzt das Programm Tabstopps ein und schließt zusätzlich alle Werte in doppelte Anführungszeichen ein. Daher ist es recht unkomfortabel, die Daten gegebenenfalls in einem normalen Texteditor zu bearbeiten. Mitunter führt die automatische Änderung der Zeichencodierung, die einige Editoren beim Speichern durchführen, zu Problemen.

Mein Tipp: Verwenden Sie *Calc*, um in der CSV-Datenquelle Änderungen vorzunehmen, falls das nötig ist. Dieser Weg funktioniert halbwegs problemlos (siehe in Abschnitt 8.2.3 den Kasten »Die Datenquelle in Calc öffnen und bearbeiten«), auch wenn er nicht ganz unkompliziert ist.

11. Nun haben Sie wieder den Dialog **Empfängerliste auswählen** vor Augen. Jetzt erscheint die eben erstellte Adressenliste bereits ausgewählt in der Auflistung. Klicken Sie auf **OK**.

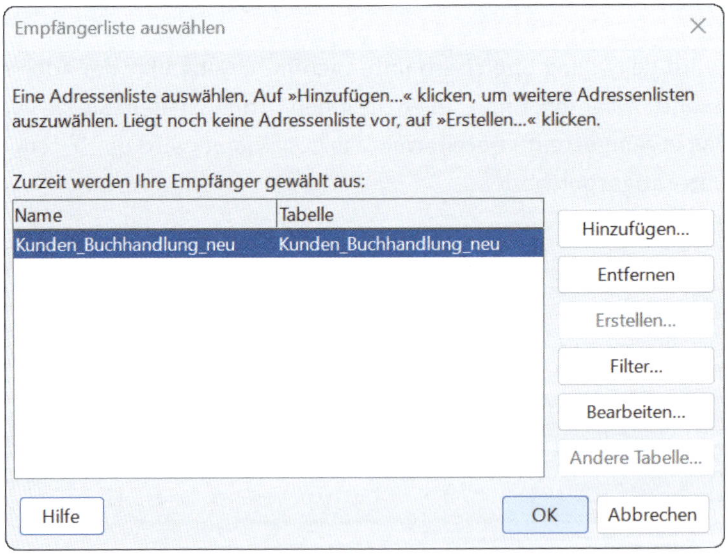


12. Nun ist der Adressblock mit den sogenannten *Seriendruckfeldern* an der Reihe. Diese Felder werden beim Zusammenführen durch die konkreten Daten aus der Datenquelle ersetzt. Wählen Sie per Klick einen passenden

Block aus (die Schaltfläche **Mehr** öffnet einen Dialog mit vier weiteren Varianten). In der Vorschau sehen Sie den ersten Ihrer eingegebenen Datensätze. Sie können das Zusammenspiel zwischen der Datenquelle und dem Adressblock kontrollieren, indem Sie mit den kleinen Pfeilen unten rechts an der Vorschau durch die Adressen wandern. Klicken Sie dann auf **Vor**.

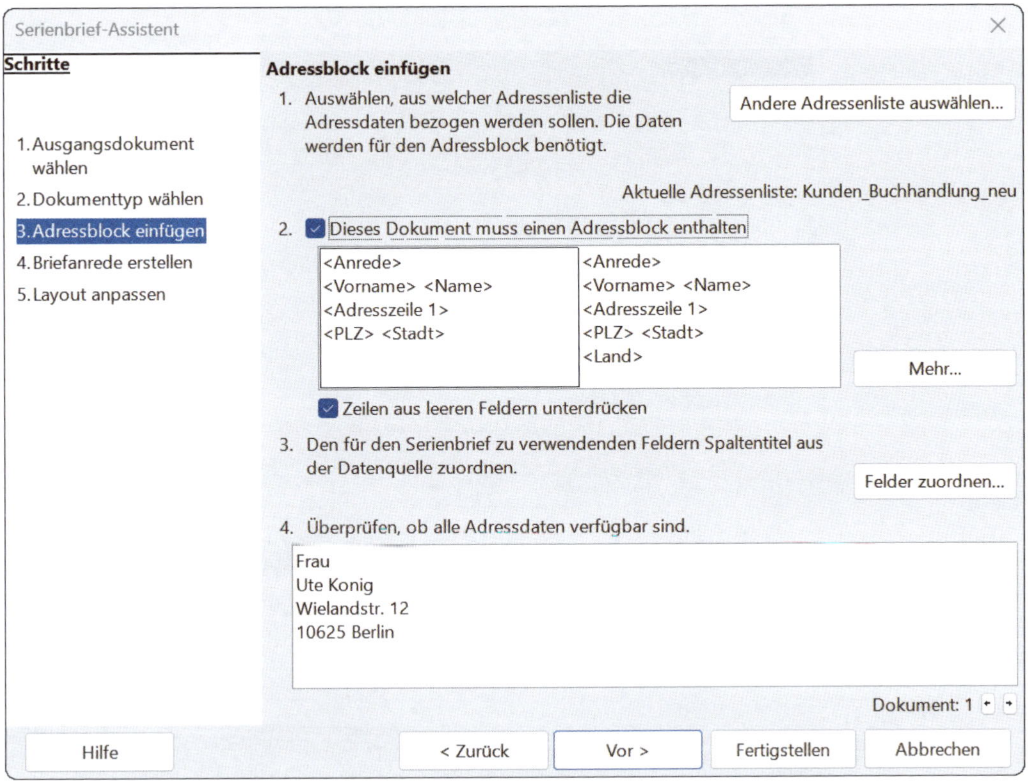


13. Auch die Anrede soll individuell sein und nicht einfach »Sehr geehrte Damen und Herren« lauten. Daher geht es jetzt in Schritt 4 um die Briefanrede. Haken Sie die Option **Personalisierte Briefanrede einfügen** an. In den Feldern **Weiblich** und **Männlich** haben Sie nun die Möglichkeit auszuwählen, die Briefempfänger auch informeller anzureden (»Liebe/r« oder »Hallo« – dies mit Vornamen). Um zu entscheiden, ob es sich um »Männlein oder Weiblein« handelt, wählen Sie im Feld **Spaltentitel** das Feld **Anrede** aus. Im Feld **Feldinhalt** geben Sie »Frau« ein. Auch hier hilft die Vorschau, um die Funktion zu prüfen.

14. Klicken Sie erneut auf **Vor**.

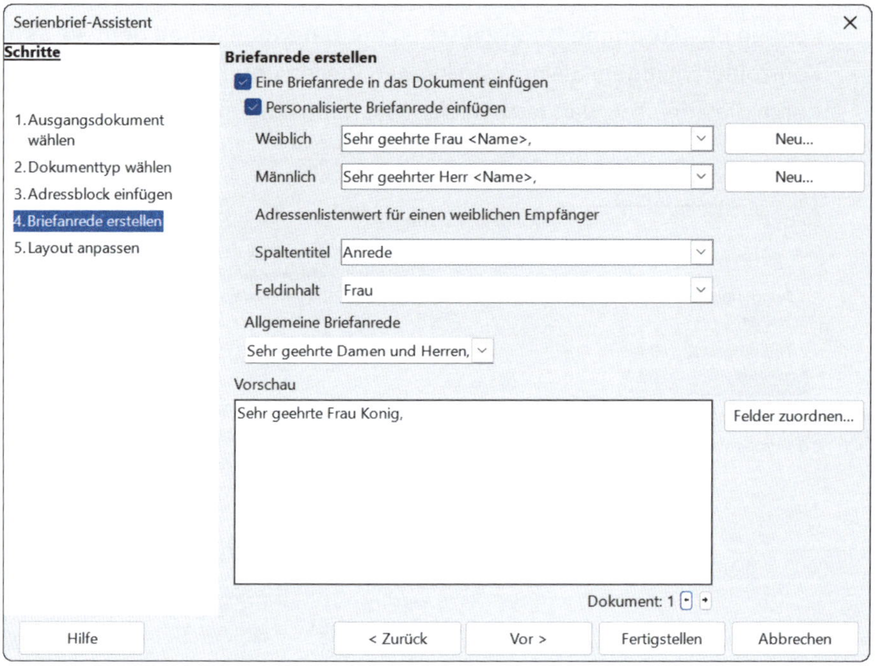


15. Im letzten Schritt kümmern Sie sich um das Layout. Die Anschrift sollte bei 4,5 cm beginnen. Nutzen Sie zur Positionierung die Pfeile am Feld **Von oben**. Den Rest können Sie erledigen, wenn Sie wieder das Hauptdokument vor sich haben.

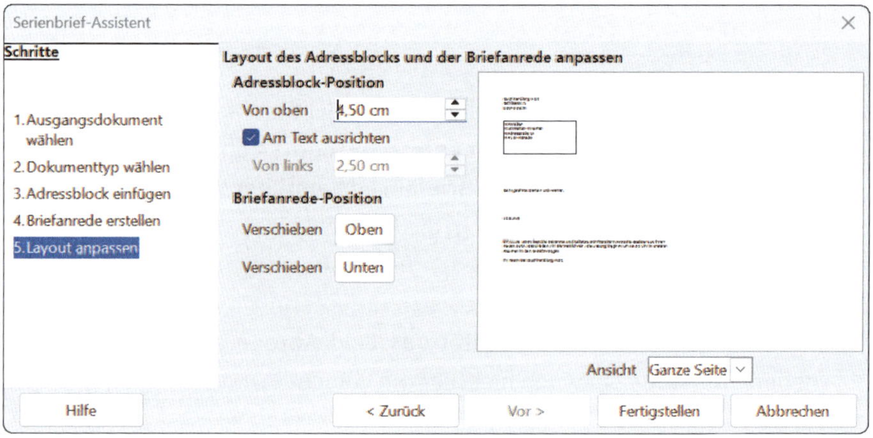

Das würde ich Ihnen sogar empfehlen, denn die Positionierung der Anredezeile klappt (oder klappte zu der Zeit, als ich dieses Kapitel schrieb) nicht gut. Die Schaltfläche **Unten** im Bereich **Briefanrede-Position** (sie gehört mit einer Leerzeile über den Brieftext) verschiebt alles nach rechts statt nach unten, was nicht im Sinne des Erfinders ist.

16. Klicken Sie also am besten auf **Fertigstellen**.

Nun sehen Sie wieder das Hauptdokument mit dem Adressblock und der eingefügten Anredezeile. Bei den Feldern wie Anrede, Vorname etc. handelt es sich um *Seriendruckfelder*; sie werden im nächsten Schritt gegen die Angaben in den Datensätzen ausgetauscht. Kümmern Sie sich zunächst um das Layout. Die Anredezeile gehört nach unten, mit einer Leerzeile über den Brieftext. Nutzen Sie einfach die Funktionen **Ausschneiden** und **Einfügen**.

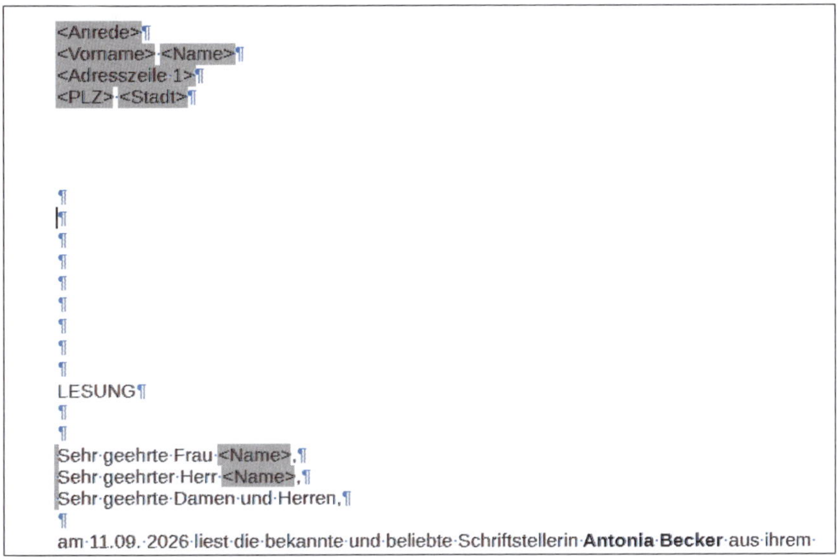
<Anrede>¶
<Vorname> <Name>¶
<Adresszeile 1>¶
<PLZ> <Stadt>¶
¶
¶
¶
¶
¶
¶
¶
¶
¶
LESUNG¶
¶
¶
Sehr geehrte Frau <Name>,¶
Sehr geehrter Herr <Name>,¶
Sehr geehrte Damen und Herren,¶
¶
am 11.09. 2026 liest die bekannte und beliebte Schriftstellerin **Antonia Becker** aus ihrem

**Abbildung 8.2** *Das Hauptdokument mit den Seriendruckfeldern*

### Das Hauptdokument speichern

Speichern Sie das Hauptdokument mit den Seriendruckfeldern erneut, entweder unter dem bisherigen oder unter einem neuen Namen. So können Sie für neue Briefe oder zum Bearbeiten jederzeit wieder darauf zugreifen.

Jetzt möchten Sie Resultate sehen, d. h. die fertigen Anschreiben. Klicken Sie in der neuen Menüleiste, die durch die Fertigstellung der Seriendruckfunktion unterhalb der allgemeinen Menüleiste erschienen ist, auf das Symbol **Einzelne Dokumente bearbeiten**.

**Abbildung 8.3** *Fertige Briefe erstellen*

Die Briefe werden in einer neuen, noch nicht gespeicherten Datei erstellt und Ihnen in voller Schönheit jeweils auf einer neuen Seite präsentiert.

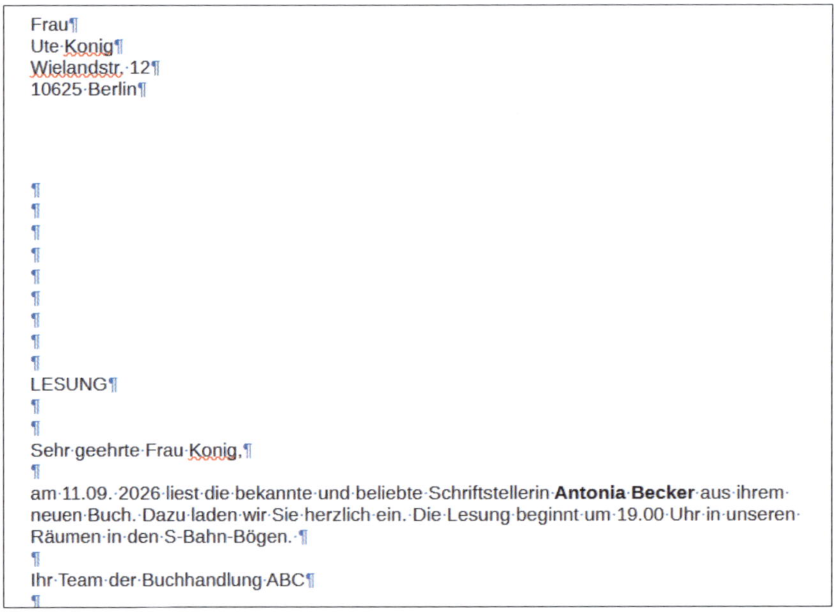
Frau¶
Ute·Konig¶
Wielandstr.·12¶
10625·Berlin¶

¶
¶
¶
¶
¶
¶
¶
¶
¶
LESUNG¶
¶
¶
Sehr·geehrte·Frau·Konig,¶
¶
am·11.09.·2026·liest·die·bekannte·und·beliebte·Schriftstellerin·**Antonia·Becker**·aus·ihrem·neuen·Buch.·Dazu·laden·wir·Sie·herzlich·ein.·Die·Lesung·beginnt·um·19.00·Uhr·in·unseren·Räumen·in·den·S-Bahn-Bögen.·¶
¶
Ihr·Team·der·Buchhandlung·ABC¶
¶

**Abbildung 8.4** *Die fertigen Serienbriefe werden angezeigt.*

Sie müssen das Dokument mit den fertigen Serienbriefen nicht unbedingt speichern: Sofern Sie das Hauptdokument mit den Seriendruckfeldern gespeichert haben und die Datenquelle gut aufbewahren, können Sie diese Briefe jederzeit ohne Aufwand wieder erstellen lassen. So gesehen können Sie das Dokument mit den Serienbriefen also einfach schließen und bei der Nachfrage, ob Sie das Dokument speichern möchten, auf **Nicht speichern** klicken.

### 8.2.1 Seriendruckfelder einfügen

Zusätzlich zu den vom Serienbrief-Assistenten angebotenen Möglichkeiten, einen Adressblock und eine Anredezeile einzufügen, können Sie Seriendruckfelder auch selbst in einem Dokument platzieren. Beginnen Sie dazu wie bereits beschrieben mit dem Serienbrief-Assistenten. Nach einem Klick auf **Fertigstellen** wird die Seriendruckleiste eingeblendet.

1. Klicken Sie in dieser Leiste auf das Symbol **Datenquellen**.

2. Damit wird am oberen Rand des Bildschirms die Datenquelle als Tabelle eingeblendet. Außerdem erscheint oberhalb der Tabelle eine weitere Leiste für den Umgang mit den Datensätzen.

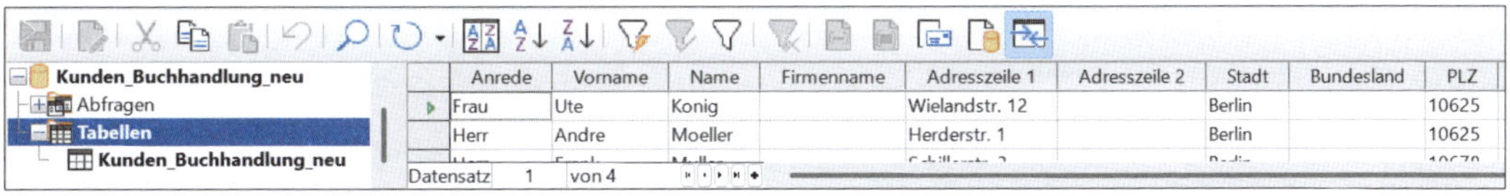


3. Um nun ein Seriendruckfeld einzufügen, greifen Sie sich mit der linken Maustaste die entsprechende Spaltenüberschrift und ziehen Sie sie an die gewünschte Stelle des Dokuments. Zum Beispiel könnten Sie das Namensfeld nochmals im Fließtext verwenden (»Wir freuen uns auf Sie, <Anrede> <Name>« oder so ähnlich) oder einen in der Datenquelle gepflegten Wert (beispielsweise wie oft und treu die Person Ihre Lesungen schon besucht hat) mit dem entsprechenden Feld im Brief erwähnen.

Die Leiste oberhalb der Tabelle bietet weitere Funktionen. Zum Beispiel können Sie die Datensätze alphabetisch sortieren. Dazu setzen Sie den Cursor in die entsprechende Spalte und klicken auf das Symbol **Aufsteigend sortieren**. Oder Sie können einen Filter setzen. Dies bedeutet, dass die Briefe nur an Empfänger verschickt werden, die bestimmte Bedingungen erfüllen. Leider ist das nur graue Theorie: Meine Erfahrung zeigt, dass sowohl die Sortierung als auch die Filter nur die Anzeige in der Tabelle beeinflussen, aber nicht die Serienbriefe selbst. Dennoch erkläre ich im nächsten Abschnitt die Schritte zur Anwendung eines Filters – dies in der Hoffnung, dass sich die Situation demnächst verbessert.

### 8.2.2 Serienbriefe filtern

Um Serienbriefe nach bestimmten Bedingungen zu filtern, gehen Sie wie folgt vor:

1. Klicken Sie in der Leiste oberhalb der Tabelle auf das Symbol **Standardfilter** (das weiße Filtersymbol).
2. Im gleichnamigen Dialog legen Sie die Kriterien für die Bedingung fest. Wenn Sie z. B. nur Frauen anschreiben möchten, wählen Sie im Feld **Feldname** das Seriendruckfeld **Anrede**.
3. Legen Sie als **Bedingung** im gleichnamigen Feld **wie** fest, und in das Feld **Wert** schreiben Sie »Frau«. Damit wird im Klartext gesagt: Filtere nur die Briefe heraus, in denen das Seriendruckfeld **Anrede** durch »Frau« ersetzt wird.

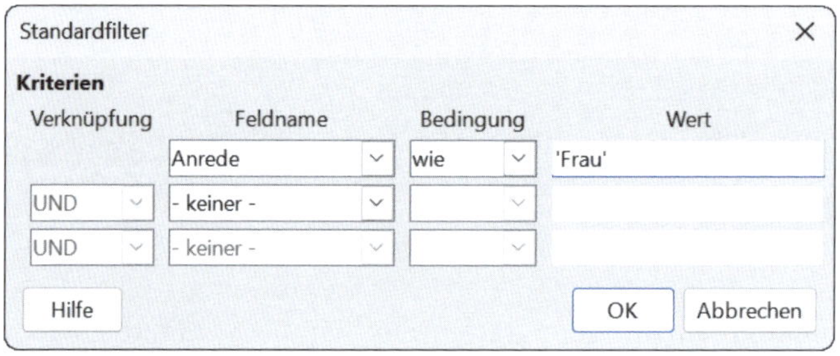


**Abbildung 8.5** *Eine Bedingung festlegen*

Noch ausgefeilter können Sie mit einer zweiten und dritten Bedingung filtern. Verfahren Sie in den Feldern neben **UND** genauso wie oben beschrieben; wählen Sie also einen Feldnamen, als Bedingung **wie**, und geben Sie einen Wert ein. Die Bedingung mit der UND-Verknüpfung wirkt als zusätzliche Bedingung. Im Beispiel aus Abbildung 8.6 werden nur Empfängerinnen in Berlin angeschrieben.

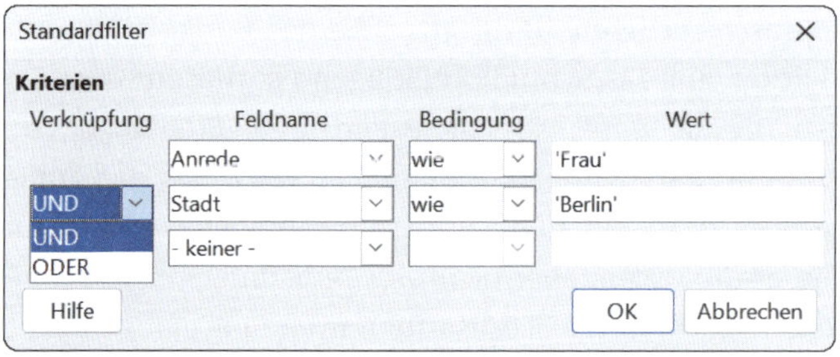


**Abbildung 8.6** *Eine UND-Verknüpfung nach Anrede und Stadt*

Sie könnten als Verknüpfung auch **ODER** wählen; dann wären die Empfänger alle Frauen und alle Berliner. Mit einem Klick auf **OK** bestätigen Sie die Einstellungen für den Filter.

### 8.2.3 Das Hauptdokument und die Datenquelle bearbeiten

Achten Sie bitte darauf, dass Sie Änderungen am allgemeinen Brieftext in aller Regel nur im Hauptdokument vornehmen – schließlich möchten Sie nicht Hunderte von Briefen einzeln korrigieren. Aber wenn Sie mit einer besonderen Anmerkung nur einen einzelnen Empfänger ansprechen möchten, nehmen Sie diese Ergänzung im fertigen Dokument auf der entsprechenden Seite oder in dem gespeicherten Einzeldokument vor (siehe Abschnitt 8.3.1, »Serienbriefe speichern«).

Falls bestimmte Seriendruckfelder formatiert werden sollen, machen Sie auch das im Hauptdokument. Um beispielsweise den Namen in der Anredezeile fett darzustellen, formatieren Sie das Seriendruckfeld <Name> fett. Damit erscheinen dann die Namen in den fertigen Briefen ebenfalls mit der Eigenschaft »fett«.

Die Bearbeitung der Datenquelle ist leider ungleich komplizierter. Auch wenn es in Schritt 3 des Serienbrief-Assistenten beim Auswählen der Adressliste im Dialog **Empfängerliste auswählen** die Schaltfläche **Bearbeiten** (siehe die Abbildung zu Schritt 11 weiter vorn) gibt oder wenn Sie die Datenquelle als Tabelle eingeblendet haben und es so aussieht, als ob Sie einzelne Felder auswählen könnten, bleibt Ihnen in beiden Fällen das Bearbeiten der Daten in der Datenquelle versagt. Als Alternative bleibt die Möglichkeit, die entsprechende CSV-Datei in *Calc* zu öffnen und dort Änderungen und/oder Ergänzungen vorzunehmen. Das ist etwas umständlich, aber funktioniert wenigstens.

**Die Datenquelle in Calc öffnen und bearbeiten**

Öffnen Sie in Calc mithilfe des Dialogs **Öffnen** die gewünschte CSV-Datei. Im folgenden Dialog **Textimport** können Sie die Importoptionen festlegen. Wenn es sich um eine Datei handelt, die Sie wie oben beschrieben mit Writer für Serienbriefdaten erstellt haben, werden die korrekten Einstellungen automatisch erkannt, und Sie müssen keine Anpassungen vornehmen.

Im unteren Bereich sehen Sie die Daten, wie sie nach dem Import in Calc auftauchen werden. Wenn die Spaltenaufteilung nicht stimmig ist (wenn zum Beispiel alle Daten einer Zeile in einer Spalte stehen), dann wählen Sie im Bereich **Trennoptionen** die Option **Getrennt** und anschließend das Zeichen, das in Ihrer CSV-Datei verwendet wird. Falls Umlaute nicht richtig dargestellt werden, müssen Sie die Zeichencodierung anpassen. Nehmen Sie die entsprechende Einstellung im Feld **Zeichensatz** vor. Hier ist **Unicode (UTF-8)** oder **Westeuropäisch (Windows-1252/WinLatin 1)** oft passend. Das Umstellen auf den richtigen Zeichensatz wird in der Vorschau sofort mit richtigen Umlauten belohnt. Klicken Sie dann auf **OK**.

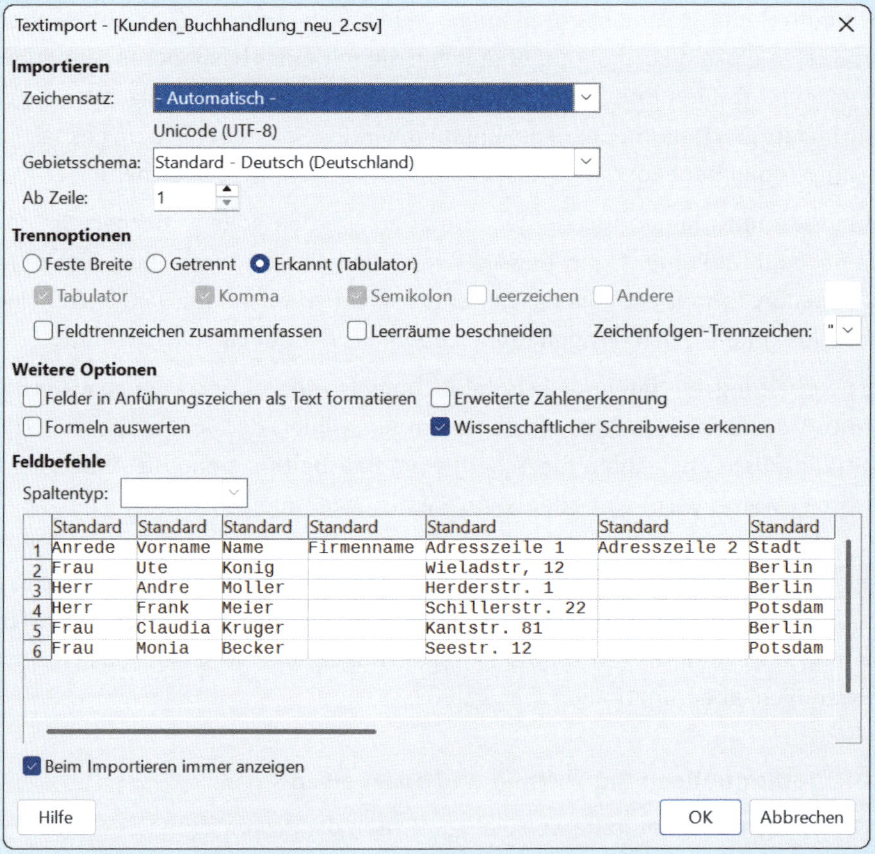


**Abbildung 8.7** *Der CSV-Import*

Nun erscheinen die Daten in Calc, wobei der Dateiname der CSV-Datei als Tabellenblattname erscheint.

Hier in Calc können Sie die Daten nun leicht ändern und ergänzen. Vergessen Sie danach das Speichern nicht! Klicken Sie dazu auf das Symbol zum Speichern (die Diskette). Da die Daten in einem CSV-Format vorlagen, haben Sie beim Speichern die Wahl, das CSV-Format beizubehalten oder das ODF-Format, also das originäre Calc-Dateiformat, zu verwenden.

**Abbildung 8.8** *Die CSV-Daten in Calc*

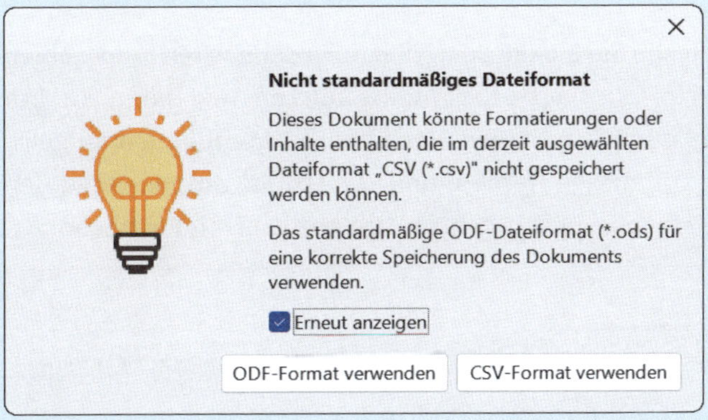


**Abbildung 8.9** *Welches Dateiformat soll verwendet werden?*

Jedes Format hat seine Vor- und Nachteile:

- Bleiben Sie beim CSV-Format, können Sie den Serienbrief so, wie Sie ihn bereits erstellt haben, ohne Anpassungen verwenden. Allerdings müssen Sie das Serienbrief-Dokument mit den Seriendruckfeldern gegebenenfalls einmal schließen (sofern es noch geöffnet ist) und neu aufrufen, damit die Änderungen an den Daten übernommen werden.
- Ändern Sie das Format in ODF, ersparen Sie sich bei zukünftigen Änderungen an den Daten den zuvor gezeigten Import in Calc. Sie müssen dafür die Datenquelle des Seriendrucks anpassen. Dies geht über den Serienbrief-Assistenten. Gleich im ersten Schritt klicken Sie auf **Datenbanken austauschen**.

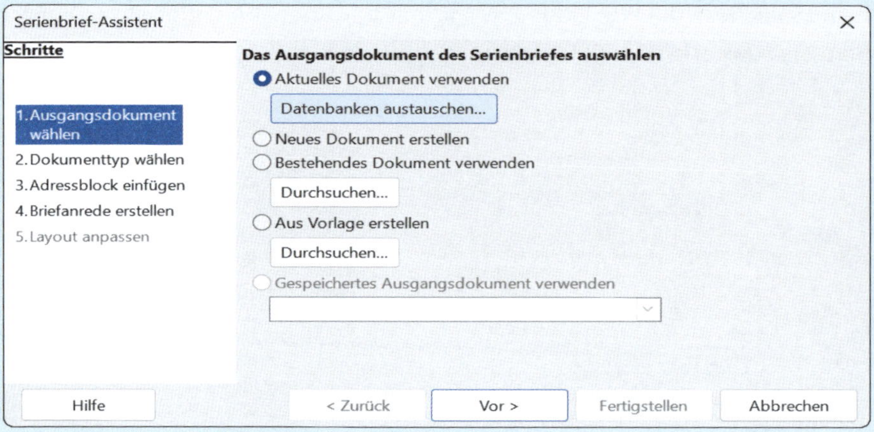


**Abbildung 8.10** *Die Datenquelle wechseln*

Im folgenden Dialog klicken Sie auf die Schaltfläche **Durchsuchen**, und wählen Sie die neue ODF-Datei (in Calc hat sie die Endung *.ods*) mit den Daten aus. Der Dateiname wird anschließend im Bereich **Verfügbare Datenbanken** aufgelistet. Doppelklicken Sie auf diesen Namen, und wählen Sie anschließend den Namen des Tabellenblatts aus. Bestätigen Sie Ihre Auswahl mit **Festlegen**.

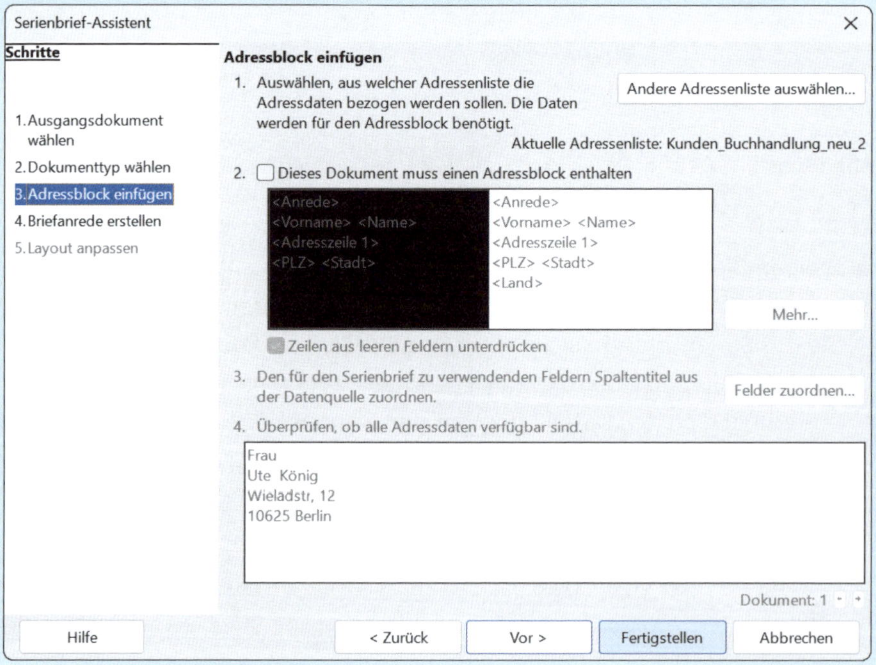


**Abbildung 8.11** *Die Änderung der Datenquelle abschließen*

Nun klicken Sie zweimal im Serienbrief-Assistenten auf **Vor**. Im Schritt 3 sehen Sie im Vorschaubereich die eventuell geänderten Daten. Klicken Sie hier dann auf **Fertigstellen**.

**Serienbriefe mit vorhandener Adressliste**

Sofern Sie bereits eine Datenquelle bzw. Adressliste haben, geht die Erstellung eines Serienbriefes sehr schnell. Sie müssen lediglich das Hauptdokument schreiben und es mit der richtigen Datenquelle verbinden. Dies machen Sie, indem Sie im Dialog **Serienbrief-Assistent** bei Schritt 3 (**Adressblock einfügen**) auf **Adressenliste auswählen** klicken und im nächsten Dialog auf **Hinzufügen**. Dies öffnet den Dialog **Öffnen**, in dem Sie die gewünschte CSV-Datei (oder gegebenenfalls *.ods*-Datei) per Doppelklick auswählen. Dann fahren Sie fort wie gehabt.

## 8.3 Serienbriefe speichern, drucken oder als E-Mail versenden

Sie müssen die fertigen Serienbriefe nicht unbedingt in einem neuen Dokument anzeigen lassen. Sie haben auch die Option, schneller zur Tat zu schreiten und die Serienbriefe direkt zu speichern oder zu drucken.

### 8.3.1 Serienbriefe speichern

Writer bietet Ihnen an, die Serienbriefe zu speichern, ohne sie zuvor wie eben beschrieben per Klick auf das Symbol **Einzelne Dokumente bearbeiten** Seite für Seite präsentiert zu bekommen. Klicken Sie nach dem Erstellen des Serienbriefs auf der Seriendruck-Menüleiste einfach auf das Symbol **Serienbriefdokument speichern**.

In dem gleichnamigen Dialog können Sie entscheiden, wie Sie die Dokumente speichern möchten (als einziges großes Dokument oder als einzelne Dokumente) und ob Sie gegebenenfalls nicht alle Dokumente speichern möchten, sondern nur einen Bereich.

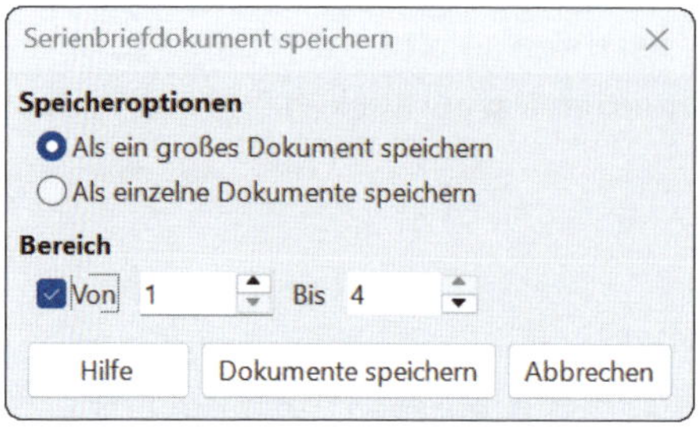


**Abbildung 8.12** *Serienbriefe speichern*

Klicken Sie dann auf **Dokumente speichern**. Im dann folgenden Dialog legen Sie den Speicherort fest, vergeben einen Dateinamen und klicken auf **Speichern**. Wenn Sie sich für die Einzelvariante entschieden haben, ergänzt Writer den Namen, den Sie vergeben haben, mit einem Unterstrich und einer Nummer für jedes einzelne Dokument (also *MeinBrief_1.odt* bis *MeinBrief_499.odt*). Logischerweise erzeugen Sie mit dieser Option je nach Anzahl der Datensätze viele Dateien, aber eine einzige sehr große Datei wäre unter Umständen auch problematisch.

### 8.3.2 Serienbriefe drucken

Sofern Sie sicher sind, dass Ihre Serienbriefe korrekt erstellt wurden, können Sie sie auch direkt an den Drucker schicken. Klicken Sie in der Seriendruck-Menüleiste auf **Serienbriefdokument drucken**. Im gleichnamigen kleinen Dialog haben Sie die Wahl, alle Dokumente zu drucken oder nur einen bestimmten Bereich.

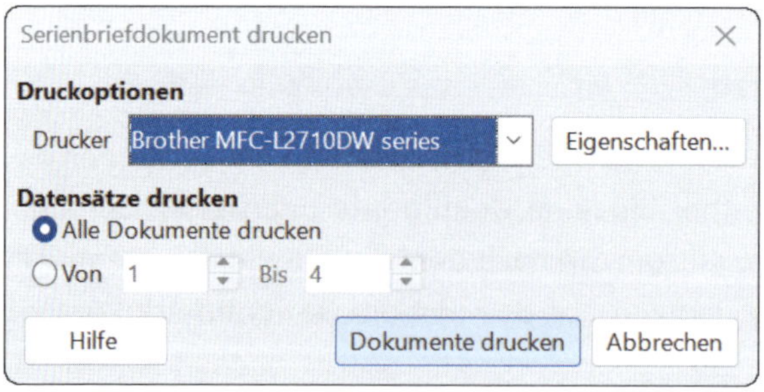


**Abbildung 8.13** *Serienbriefe drucken*

### 8.3.3 Serienbriefe als E-Mail verschicken

Der Versand klassischer Briefe wird immer seltener, auch Serienbriefe werden heutzutage oft, vielleicht sogar meistens, als E-Mail verschickt. Die Voraussetzung ist logischerweise, dass Sie in den Datensätzen die E-Mail-Adressen der Empfänger vermerkt haben. Der Rest ist schnell erledigt:

1. Klicken Sie in der Seriendruck-Menüleiste auf **E-Mail-Nachrichten senden**. Dies öffnet den Dialog **Serienbriefdokument als E-Mail**.

2. Im Feld **An** ist bereits das Feld mit den E-Mail-Adressen eingetragen. Geben Sie im Feld darunter einen Betreff für die E-Mail ein. Wir planen hier eine Lesung.

3. Im Bereich **Datensätze senden** entscheiden Sie, ob Sie alle Dokumente verschicken möchten oder nur die Briefe eines bestimmten Bereichs.

4. Klicken Sie auf **Dokumente versenden**.

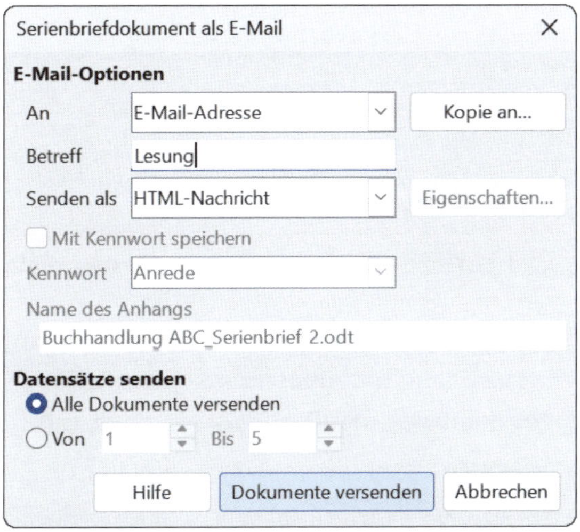


**Abbildung 8.14** *Den E-Mail-Versand vorbereiten*

### Kontoinformationen eingeben

Gegebenenfalls erhalten Sie vor dem Versand noch einen Dialog, in dem Sie gebeten werden, Kontoinformationen zu dem Konto einzugeben, von dem die E-Mails versendet werden sollen. Klicken Sie in diesem Dialog auf **Ja**. Im nächsten Dialog tragen Sie die Informationen ein.

Der E-Mail-Versand beginnt, wie ein kleiner Dialog Ihnen anzeigt. Dies kann einige Zeit in Anspruch nehmen (und LibreOffice reagierte bei mir während dieser Zeit auf nichts).

# Kapitel 9
# Die erste Tabelle – Daten eingeben und gestalten

Dieses Kapitel führt Sie in die Grundlagen des Umgangs mit *Calc* ein. Ich zeige Ihnen unter anderem, wie Sie Text und Zahlen eingeben, sich in einer Tabelle bewegen, Zellinhalte löschen, korrigieren und formatieren sowie Spalten oder Zeilen einfügen.

## 9.1 Der Calc-Bildschirm im Überblick

Schauen Sie sich zunächst auf dem Bildschirm von Calc um. Wie in Writer sind die Funktionen in einer Menüleiste auf Registerkarten gesammelt. Viele sind fast identisch mit denen in Writer, aber es gibt auch Registerkarten, auf denen Sie nur Calc-spezifische Befehle finden, z. B. **Daten**.

Ganz oben links gibt es auch in Calc die Schnellzugriffleiste mit den Symbolen **Öffnen**, **Speichern**, **Zurück**, **Wiederherstellen** und **Drucken**. Wie Sie diese Leiste erweitern, habe ich in einem Kasten in Abschnitt 1.5, »Dokumente speichern, öffnen und wiederfinden«, beschrieben.

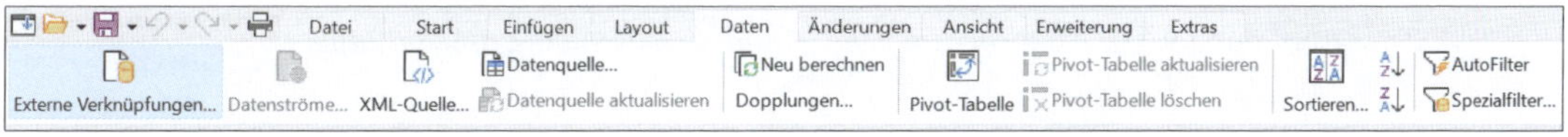


**Abbildung 9.1** *Die Registerkarte »Daten«*

> **Unterschiedliche Ansichten**
>
> Calc bietet unterschiedliche Ansichten. Sie wechseln sie auf der Registerkarte **Ansicht** (oder auf der Registerkarte **Layout**). Im Regelfall arbeiten Sie in der Ansicht **Normalansicht**. Außerdem gibt es die Ansicht **Seitenumbruch**, in der Sie durch Ziehen an einer der blauen Linien Druckbereiche festlegen. Mithilfe

des Symbols für die **Druckvorschau** können Sie sich anzeigen lassen, wie das Blatt im Ausdruck aussehen wird.

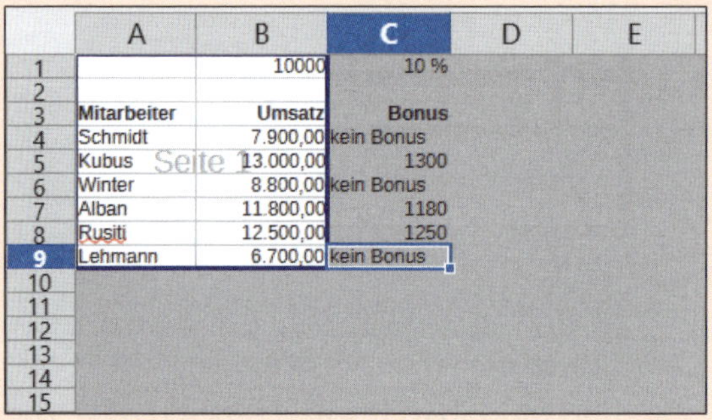


**Abbildung 9.2** *Die Ansicht »Seitenumbruch«*

Unterhalb der Registerkarten liegt die *Bearbeitungsleiste*. In ihr wird jeweils der Inhalt der aktiven Zelle angezeigt, was – wie Sie noch sehen werden – von unschätzbarem Wert ist, vor allem dann, wenn der Inhalt aus einer Formel besteht: Dann ist in der Bearbeitungsleiste die Formel zu sehen und nicht der Wert. Außerdem finden Sie auf dieser Leiste das *Summensymbol*, mit dem Sie blitzschnell eine Summe berechnen können. Im Menü des Symbols stehen weitere Funktionen parat. Links neben dem Summensymbol befindet sich das Symbol, mit dem Sie den *Funktions-Assistenten* aufrufen, der Hunderte von Funktionen anbietet.

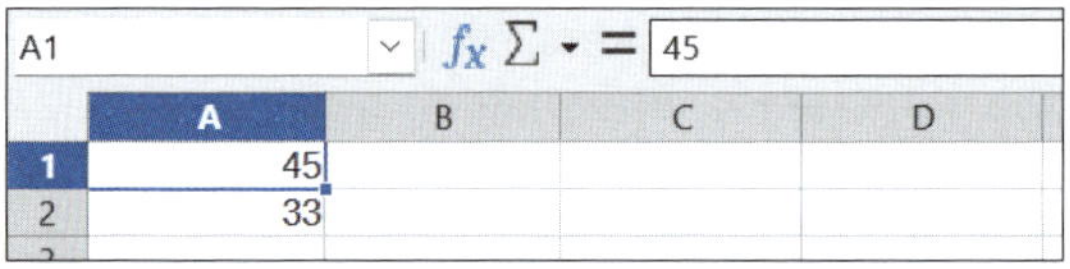


**Abbildung 9.3** *Die Bearbeitungsleiste zeigt den Inhalt der aktiven Zelle.*

Der auffälligste Unterschied zu Writer ist auf den ersten Blick, dass das eigentliche Calc-Fenster in Zeilen und Spalten eingeteilt ist – allerdings nur auf dem Bildschirm: Im Ausdruck ist diese Einteilung standardmäßig nicht zu sehen (schauen Sie dazu in die Druckvorschau: Registerkarte **Datei • Druckvorschau**). Die Spalten sind mit Buchstaben benannt (die Spaltenköpfe), die Zeilen sind am linken Rand durchnummeriert. Die Kästchen sind sogenannte *Zellen*, in die Sie Text oder Zahlen eintragen. Die Spalten haben eine Standardbreite von 2,26 cm, die Zeilen eine Standardhöhe von 0,45 cm. Die Zelladressen, die eine enorm wichtige Rolle bei Berechnungen spielen, ergeben sich aus den Buchstaben am oberen und den Zahlen am linken Rand. Die Zelle ganz links oben ist also die Zelle »A1«.

**Eine Menge Spalten und Zeilen**

LibreOffice Calc bietet pro Tabellenblatt genau 1.048.576 Zeilen. Zusammen mit maximal 16.384 Spalten ergibt das über 17 Milliarden potenzielle Zellen pro Blatt. Sie müssen sich bei der Eingabe Ihrer Daten also nicht einschränken!

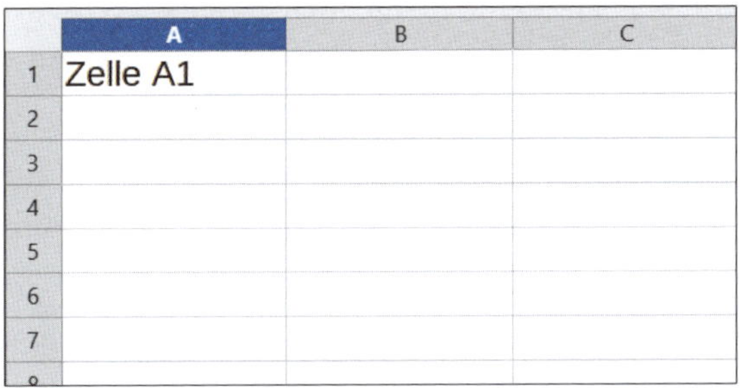


**Abbildung 9.4** *Die Zelladressen setzen sich aus den Buchstaben und Zahlen von Spalte und Zeile zusammen.*

Am unteren Rand des Bildschirms befinden sich die Reiter für die Tabellenblätter. In der Standardeinstellung sehen Sie zunächst nur **Tabelle1**. Weitere Tabellenblätter (ihren Sinn und Zweck beschreibe ich in Abschnitt 9.9, »Mit mehreren Tabellenblättern arbeiten«) fügen Sie über das Pluszeichen hinzu.

In der *Statusleiste* finden Sie (genau wie in Writer) rechts den Schieberegler und die Plus- und Minuszeichen, um den Zoom einzustellen.

**Abbildung 9.5** *Die Leiste mit den Tabellenblättern und die Statusleiste*

## 9.2 Text, Zahlen und Datum eingeben

Calc ist hauptsächlich für Berechnungen (also für Zahlen) da, aber natürlich können Sie auch Text eingeben und speziell auch Datumsangaben, was ja für viele Tabellen gebraucht wird. Für all diese Eingaben stehen Formatierungen parat.

### 9.2.1 Text eingeben

Das, was Sie schreiben, erscheint in der aktiven Zelle, die blau umrandet ist. Sie können per Mausklick, mit den Pfeiltasten oder der [⇆]-Taste zur gewünschten Zelle navigieren.

Denken Sie daran, dass es auch in Calc Standardeinstellungen für den Seitenrand gibt. Sie schreiben also auch in der Zelle A1 nicht gequetscht ganz oben links auf dem Blatt, auch wenn es so aussieht. Calc gönnt Ihnen auf allen Seiten einen Rand von 2,0 cm. (Sie ändern den Seitenrand bei Bedarf auf der Registerkarte **Layout • Seitenformat • Seite**.)

Nach der Eingabe des Textes müssen Sie zur Bestätigung [↵] drücken oder auf den kleinen grünen Haken in der Bearbeitungsleiste klicken. Kurz [↵] zu drücken, ist aber deutlich schneller, da Sie die Finger ja ohnehin auf der Tastatur haben.

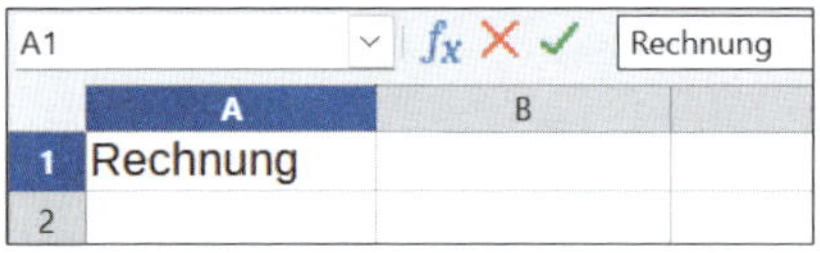


**Abbildung 9.6** *Bestätigen Sie die Eingabe!*

Ist Ihr Text länger als die Standardbreite der Spalte, brauchen Sie sich nicht zu sorgen, solange die Spalte rechts daneben leer ist: Sie schreiben einfach über die Spaltenbreite hinaus. Anders ist es, wenn die Spalte rechts von der Texteingabe nicht leer ist: Der Text wird abgeschnitten (ein kleiner Pfeil weist darauf hin). Aber in der Bearbeitungsleiste wird der komplette Text angezeigt; Sie müssen also die Spaltenbreite anpassen (siehe Abschnitt 9.4, »Spaltenbreite und Zeilenhöhe anpassen«).

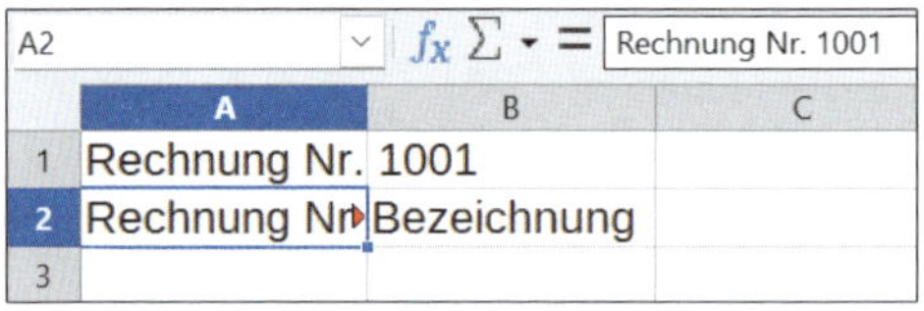


**Abbildung 9.7** *Diese Zelle ist zu klein.*

Um Text/Zellinhalte nachträglich zu korrigieren, haben Sie zwei Möglichkeiten: Klicken Sie doppelt in die Zelle, um den Cursor in die Zelle zu setzen, oder setzen Sie den Cursor in die Bearbeitungsleiste und korrigieren Sie dort auf die übliche Weise. Löschen Sie also einfach Zeichen mit [Entf] oder der [←]-Taste und/oder geben Sie neue Zeichen ein und drücken Sie zur Bestätigung danach [↵].

**Abbildung 9.8** *Eine Eingabe korrigieren*

### 9.2.2 Zahlen eingeben

Genauso wie Text tippen Sie auch Zahlen einfach in die entsprechenden Zellen ein. Wichtig ist, dass Sie als Nachkommastelle ein Komma eingeben, nicht etwa einen Punkt (mit einem Punkt könnte Calc nicht rechnen). Geben Sie die Zahlen so schlicht wie möglich ein: Setzen Sie beispielsweise keinen Tausenderpunkt und geben Sie auch keine nachstehenden Nullen an (also keine Null, die nach dem Komma am Ende einer Zahl steht).

In der standardmäßig eingestellten Formatierung **Allgemein** würde beides, der Tausenderpunkt und diese Null, ohnehin fallen gelassen werden. Das bedeutet: Sie schreiben nicht »10,00«, sondern einfach eine »10«, nicht »50,50«, sondern »50,5« und nicht »1.500«, sondern »1500«. Auch das Eurozeichen (bzw. irgendein anderes Währungszeichen) lassen Sie weg. Ihnen liegt ein »Aber …« auf der Zunge? Keine Sorge, mithilfe der Zahlenformatierung (siehe Abschnitt 9.8, »Zahlenformate festlegen: Währung, Prozent und mehr«) erhalten die Zahlen das gewünschte Aussehen.

**Formatierung und gespeicherter Wert**

Mit der Formatierung von Zahlen bestimmen Sie die Anzeige von Zahlen auf dem Tabellenblatt, aber nicht, welcher Wert tatsächlich gespeichert wird. Dies sind nahezu zwei verschiedene Welten. Den gespeicherten Wert einer Zelle sehen Sie in der Bearbeitungsleiste, auf dem Tabellenblatt sehen Sie dagegen die formatierte Darstellung.

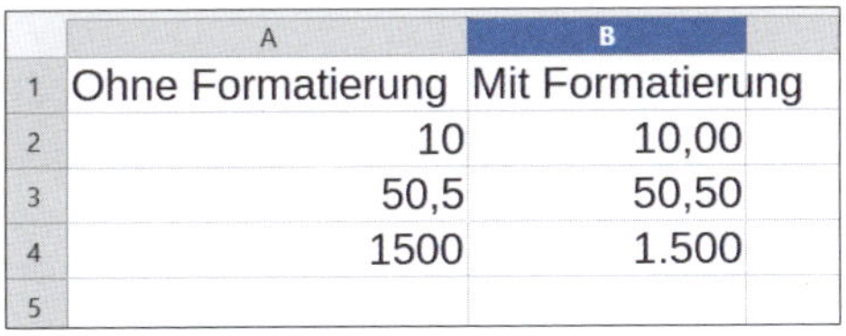

| | A | B |
|---|---|---|
| 1 | Ohne Formatierung | Mit Formatierung |
| 2 | 10 | 10,00 |
| 3 | 50,5 | 50,50 |
| 4 | 1500 | 1.500 |
| 5 | | |

**Abbildung 9.9** *Zahlen eingeben*

Die Zahlen werden in der Standardeinstellung **Allgemein** am rechten Rand der Zelle ausgerichtet. Werfen Sie einen Blick auf die Schaltfläche **Zahlenformat-Typ** auf der Registerkarte **Start**: Dort sehen Sie die Einstellung **Allgemein**.

### 9.2.3 Datum eingeben

Calc erkennt im Regelfall, wenn Sie ein Datum eingeben, und formatiert es automatisch entsprechend, und zwar mit führenden Nullen und einer zweistelligen Jahreszahl. Wenn Sie beispielsweise »1.1.26« schreiben, wird daraus 01.01.26.

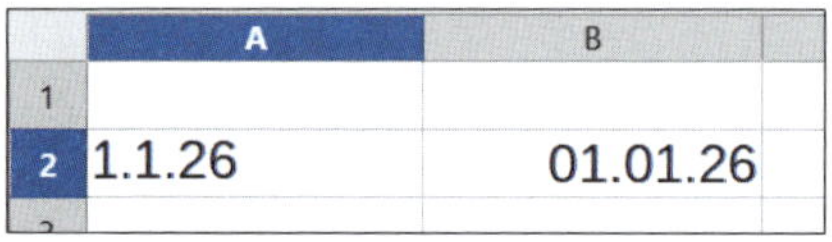


**Abbildung 9.10** *Calc macht aus Ihrer Eingabe ein Datum mit führenden Nullen.*

Es gibt weitere Optionen für die Darstellung von Datumsangaben, z. B. eine vierstellige Jahreszahl oder einen ausgeschriebenen Monatsnamen. Diese Möglichkeiten sind Sache der Datumsformatierung, die in Abschnitt 9.8, »Zahlenformate festlegen: Währung, Prozent und mehr«, beschrieben wird.

**Das Datum als numerischer Wert**

LibreOffice Calc behandelt Datumswerte intern als numerische Werte. Wenn Sie einem Datum das Zahlenformat **Zahl** zuweisen, dann wird der Wert in eine Zahl konvertiert, und zwar als fortlaufender serieller Wert, der die Tage seit dem 30. Dezember 1899 misst.

## 9.3 Datenreihen für schnelle Eingaben nutzen

Mit der Funktion *Ausfüllen* bietet Calc eine tolle Möglichkeit, Text oder Zahlen in andere Zellen zu übertragen oder fortsetzen zu lassen, ohne alles von Hand eingeben zu müssen. Auf diese Weise lassen sich sogar Formeln vervielfältigen.

Beginnen wir mit dem Ausfüllen von Text. Sie möchten beispielsweise eine Liste schreiben, in der in der A-Spalte immer wieder »Steuer« steht. Das ist ganz schnell gemacht:

1. Schreiben Sie das Wort in die erste Zelle.
2. Markieren Sie die Zelle und schauen Sie auf das kleine Quadrat an der rechten unteren Ecke der Zelle. Dies ist das Ausfüllkästchen.

3. Greifen Sie dieses Kästchen mit der Maustaste – der Mauszeiger wird zu einem Kreuz – und ziehen Sie mit gedrückter Maustaste über die Zellen nach unten.

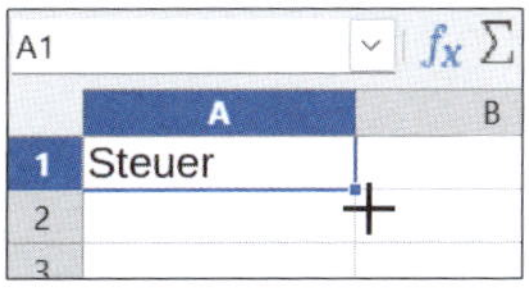


4. Das Wort wird übertragen. Lassen Sie die Maustaste los, wenn alle gewünschten Zellen ausgefüllt sind.

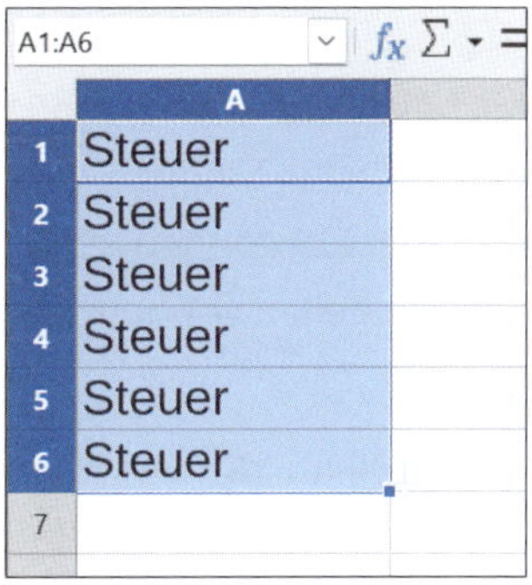


Sie hätten übrigens auch nach rechts, also über die nächsten Spalten, ziehen können.

Im Prinzip übertragen Sie Zahlen genauso, nur dass es hierbei ein paar Besonderheiten gibt. Als Erstes müssen Sie beachten, dass Calc Zahlen automatisch hochzählt und nicht wiederholt. Wenn Sie eine »1« oder wahlweise »1.« schreiben und dann an dem Ausfüllkästchen ziehen, wird die Reihe mit »2«, »3« bzw. »1.«, »2.« etc. fortgesetzt. Genauso verhält es sich, wenn Sie beispielsweise »21« schreiben; dann geht es mit »22« weiter.

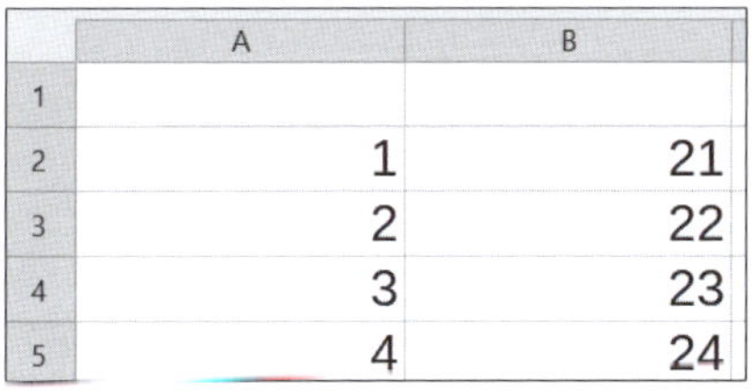


**Abbildung 9.11** *Zahlenreihen werden fortgesetzt.*

Wenn Sie Zahlen tatsächlich wiederholen möchten, müssen Sie die ersten beiden Zellen ausfüllen, also z. B. eine »1« in die Zelle A1 und auch eine »1« in die Zelle A2 schreiben. Dann markieren Sie diese Zellen und ziehen an dem Ausfüllkästchen.

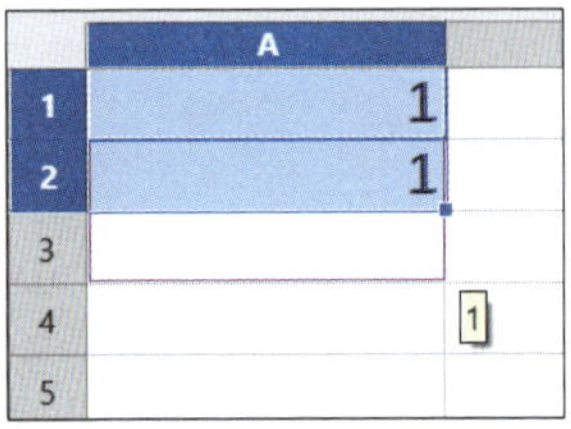


**Abbildung 9.12** *Die Zahlen werden wiederholt.*

Ähnlich verfahren Sie, wenn Sie die Zellen nach einem bestimmten Muster ausfüllen möchten, z. B. »3«, »6«, »9« etc. Dann schreiben Sie die ersten beiden Zahlen in die Zellen und Calc setzt die Reihe beim Ausfüllen nach dem begonnenen Muster fort, wobei Sie nicht vergessen dürfen, diese beiden ersten Zellen vor dem Ziehen an dem Ausfüllkästchen zu markieren.

Praktischerweise können Sie auch Datumsangaben ausfüllen, wobei Calc auch hier die Reihe oder das Muster fortsetzt. Schreiben Sie beispielsweise »1.5.26« und ziehen Sie dann an dem Ausfüllkästchen, geht es mit »2.5.26« weiter. Möchten Sie monatsweise ausfüllen, geben Sie das Muster vor. Schreiben Sie dazu »1.5.26« und »1.6.26« in die ersten beiden Zellen, markieren Sie sie und ziehen Sie dann – je nach Tabellendesign – nach unten oder rechts.

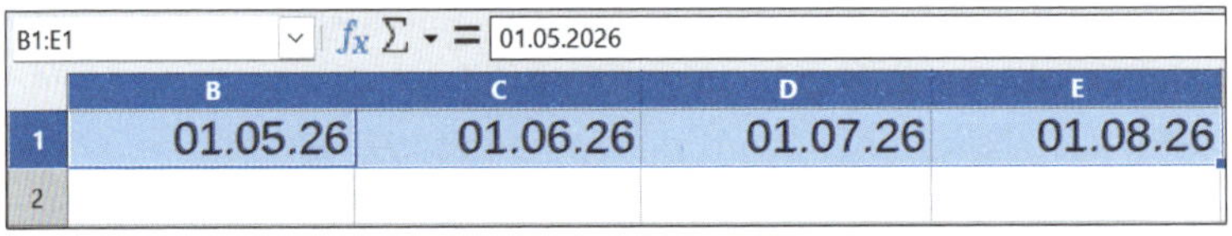


**Abbildung 9.13** *Die Zellen wurden monatsweise ausgefüllt.*

**Nach oben oder links ziehen**

Wenn es zu Ihrer Tabelle passt, können Sie auch nach links oder oben an dem Ausfüllkästchen ziehen. Calc zählt dann nicht hoch, sondern herunter:

- Wenn Sie mit einer »1« beginnen und dann nach oben ziehen, wird die Reihe mit Negativzahlen fortgesetzt.
- Wenn Sie als Datum »5.5.26« in die Zelle E1 eingeben und nach links zur Zelle A1 ziehen, wandert Calc mit den Tagen zurück.

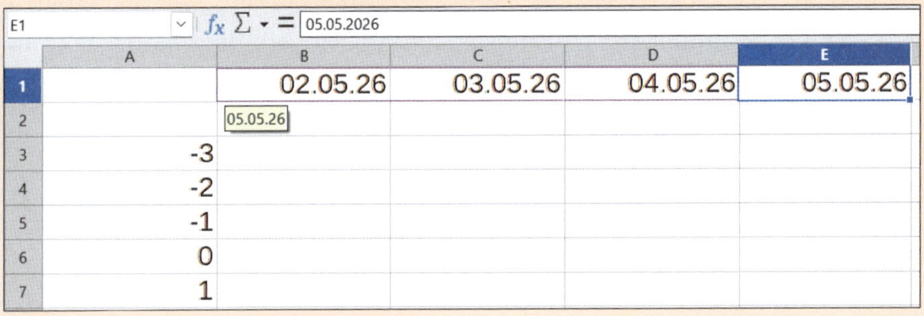


**Abbildung 9.14** *Calc zählt rückwärts.*

### 9.3.1 Sortierlisten nutzen und eigene Listen erstellen

Abgesehen von Text und Zahlen, die Sie ausfüllen können, gibt es auch ein besonders praktisches Feature, das Calc als *Sortierlisten* bezeichnet. Zurzeit stellt Calc vier fertige Listen bereit, die ausgefüllt werden können. Dies sehen Sie in den Optionen in der Kategorie **LibreOffice Calc • Sortierlisten**.

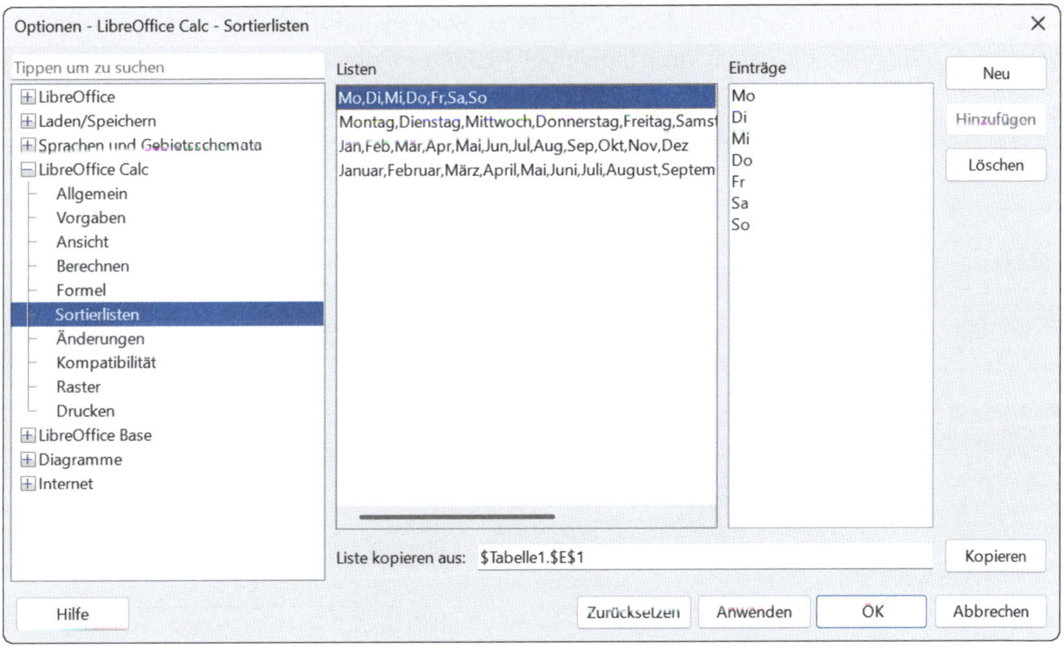


**Abbildung 9.15** *Die Sortierlisten, die Calc anbietet*

Aufgrund der vorhandenen Liste können Sie also »Mo« in eine Zelle schreiben und diese Reihe dann mithilfe des Ausfüllkästchens ausfüllen. Der Anfangswert muss nicht unbedingt »Mo« sein, genauso gut könnten Sie die Liste mit »Mi« beginnen.

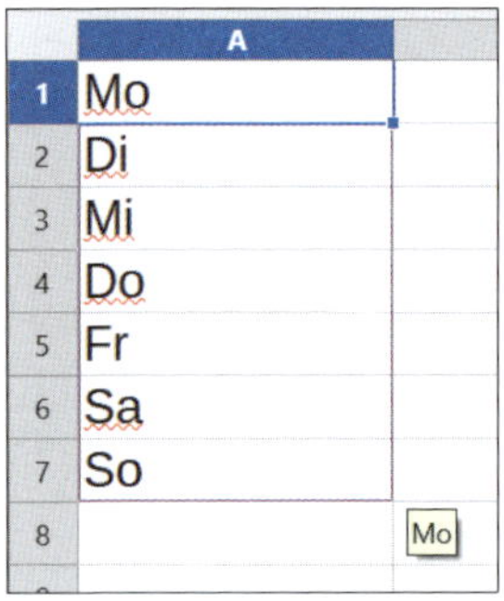


**Abbildung 9.16** *Die Liste wurde ausgefüllt.*

Sie sehen im Dialog, dass Calc auch eine monatliche Reihe bereithält; Sie beginnen sie mit »Jan« oder »Januar« oder einem anderen Wert der Liste.

Listen mit den Wochentagen oder Monaten mögen hilfreich sein, aber helfen nicht in jeder Lebenslage. Noch praktischer wäre es natürlich, mit Listen arbeiten zu können, die genau Ihren individuellen Bedürfnissen entsprechen, vielleicht für regelmäßige Bestellungen oder Ähnliches. Die gute Nachricht ist: Sie können sich tatsächlich auch eigene Listen erstellen:

1. Rufen Sie die Optionen auf und öffnen Sie über das Pluszeichen die Kategorie **LibreOffice Calc**.

2. Aktivieren Sie **Sortierlisten**.

3. Klicken Sie auf die Schaltfläche **Neu**.

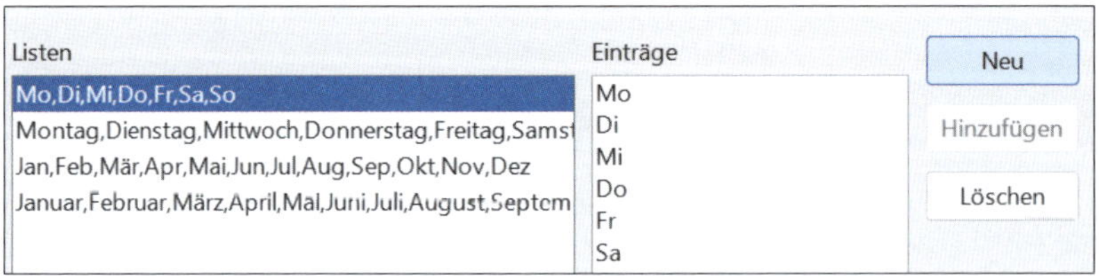


4. Klicken Sie in das Feld **Einträge** und schreiben Sie untereinander die Elemente, die zu Ihrer Liste gehören sollen.

5. Klicken Sie auf **Hinzufügen**.

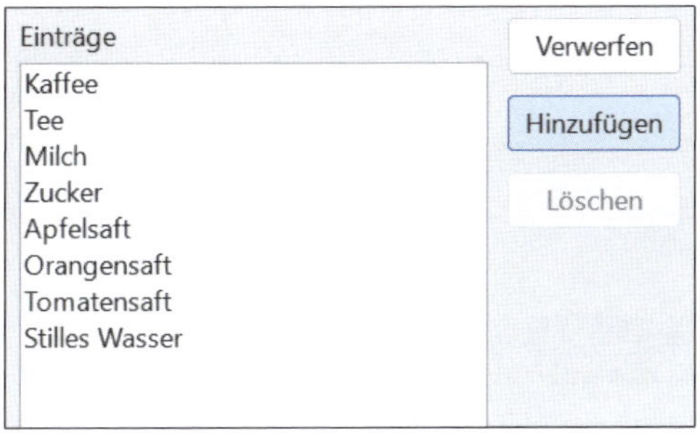


6. Die Einträge rutschen in den Bereich **Listen** und Sie könnten eine weitere Liste anlegen. Ansonsten schließen Sie den Dialog mit **OK**.

Probieren Sie die neu erstellte Liste nun aus. Schreiben Sie also »Kaffee« (oder einen anderen Wert der Liste) in eine Zelle und ziehen Sie an dem Ausfüllkästchen.

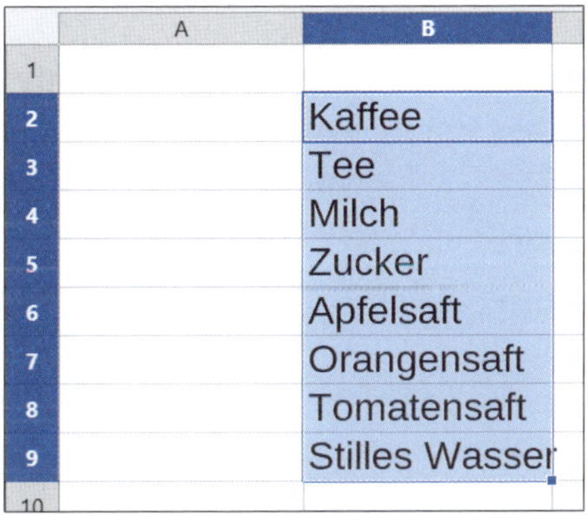


**Abbildung 9.17** *Die Liste, die Sie erstellt haben*

**Auswahllisten**

Diese explizit angelegten Listen sind praktisch für wiederkehrende Auflistungen. Wenn Sie aber auf die Schnelle bei der Eingabe von Daten in einer Spalte immer wieder die gleichen Einträge schreiben müssen, können Sie es sich mit sogenannten *Auswahllisten* bequem machen.

Markieren Sie die Einträge, die in die Auswahlliste aufgenommen werden sollen. Achten Sie darauf, dass alle Zellen in einer Spalte sind, da Auswahllisten je Spalte definiert werden. Die Zellen müssen nicht zusammenhängend sein.

Sie könnten in vorhandenen Tabellen also auch einzelne Einträge einer Spalte aussuchen (denken Sie an die Mehrfachmarkierung mit Strg).

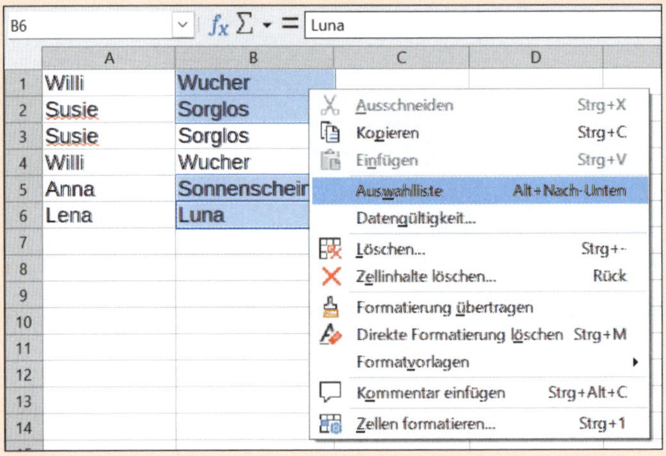


**Abbildung 9.18** *Eine Auswahlliste erstellen*

Klicken Sie im Kontextmenü der markierten Zellen auf **Auswahlliste**. Die neue Auswahlliste ist jetzt für diese Spalte verfügbar. Um einen Wert auszusuchen, markieren Sie die Zelle und drücken Sie Alt + ↓ (oder wählen Sie im Kontextmenü wieder **Auswahlliste**, was aber etwas umständlicher ist).

**Abbildung 9.19** *Einen Wert aus der Liste auswählen*

Jetzt erscheint die Liste und Sie können per Mausklick oder mit den Pfeiltasten einen Eintrag auswählen. Drücken Sie dann zur Bestätigung ↵.

Da Sie für jede Spalte jedes Tabellenblatts auf die Schnelle eine eigene Auswahlliste anlegen und anpassen können, eignen sich Auswahllisten hervorragend, um wiederkehrende Einträge schnell, komfortabel und ohne Tippfehler einzugeben.

## 9.4 Spaltenbreite und Zeilenhöhe anpassen

Am schnellsten gelingt die Anpassung der Spaltenbreite/Zeilenhöhe mit der Maus. Um die Spaltenbreite zu ändern, ziehen Sie genau an der Linie zwischen den Spaltenköpfen mit gedrückter Maustaste nach links oder rechts.

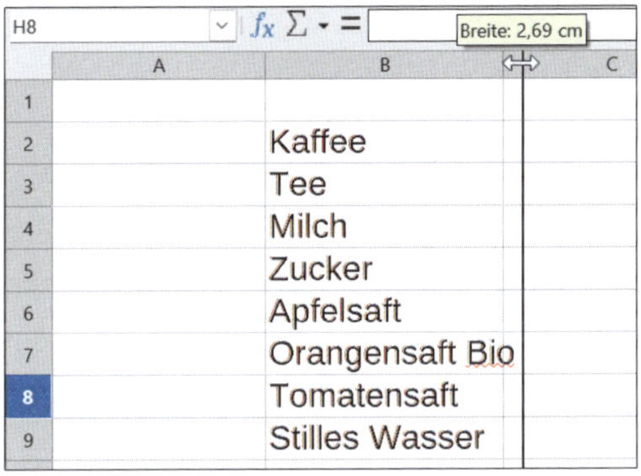


**Abbildung 9.20** *Die Spaltenbreite anpassen*

Für die Anpassung der Zeilenhöhe verfahren Sie analog, nur dass Sie an den Linien zwischen den Zahlen ziehen.

Sofern Sie eine exakte Spaltenbreite benötigen, klicken Sie auf der Registerkarte **Start** auf das Symbol **Spalte** und im Menü auf den Eintrag **Spaltenbreite**. Aktivieren Sie zuvor die Spalte, deren Breite Sie verändern möchten. Wollen Sie die Breite mehrerer Spalten in einem Rutsch anpassen, müssen Sie diese markieren.

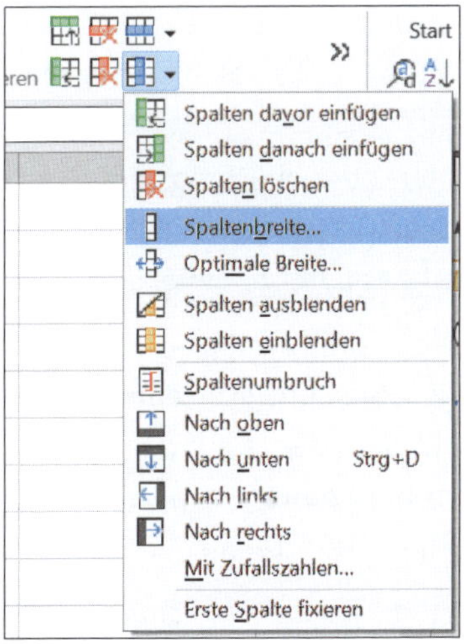


**Abbildung 9.21** *Die Spaltenbreite im Dialog anpassen*

In dem kleinen Dialog tragen Sie den gewünschten Wert ein.

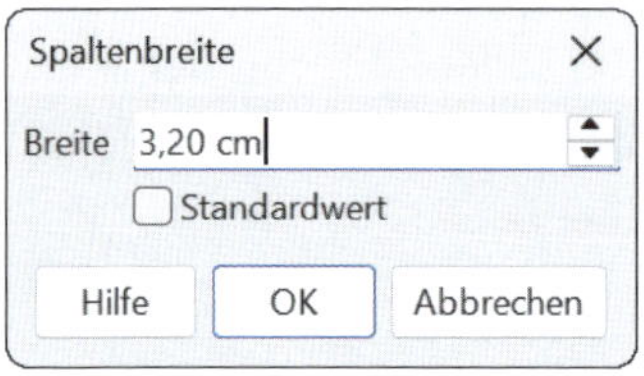


**Abbildung 9.22** *Hier geben Sie den Wert ein.*

Um die Zeilenhöhe anzugeben, klicken Sie auf der Registerkarte **Start** auf das Symbol **Zeile** und im Menü auf **Zeilenhöhe**. Tragen Sie den gewünschten Wert im Dialog **Zeilenhöhe** ein. Auch hier müssen Sie die Zeilen markieren, wenn Sie die Höhe mehrerer Zeilen gleichzeitig verändern möchten.

Um zum Standardwert einer Spalte bzw. Zeile zurückzukehren, haken Sie die Option **Standardwert** im Dialog **Spaltenbreite** bzw. **Zeilenhöhe** an.

## 9.5 Zellen einfügen, markieren und kopieren

In diesem Abschnitt geht es um gängige Handgriffe im Zusammenhang mit einer Tabelle. Mal fehlt eine Spalte, mal eine Zeile; für viele Aktionen müssen Sie Bereiche der Tabelle zuvor markieren; vielleicht soll eine Spalte an eine andere Stelle verschoben werden oder Sie möchten Teile der Tabelle kopieren, um sie an anderer Stelle erneut zu verwenden. Das alles ist zügig gemacht.

### 9.5.1 Zellen einfügen

Um eine Zeile einzufügen, aktivieren Sie die Zeile unter- oder oberhalb der fehlenden Zeile. Klicken Sie dann auf der Registerkarte **Start** entweder direkt auf das Symbol **Zeile oberhalb einfügen** oder klicken Sie auf das Symbol **Zeile**, und wählen Sie im Menü die gewünschte Option.

Um eine Spalte einzufügen, verfahren Sie ganz ähnlich. Sie aktivieren eine Zelle in der Spalte vor oder nach der fehlenden Spalte und klicken direkt auf das Symbol **Spalte davor einfügen**. Oder Sie klicken auf das Symbol **Spalte** und entscheiden im Menü, ob Sie eine Spalte davor oder danach einfügen möchten.

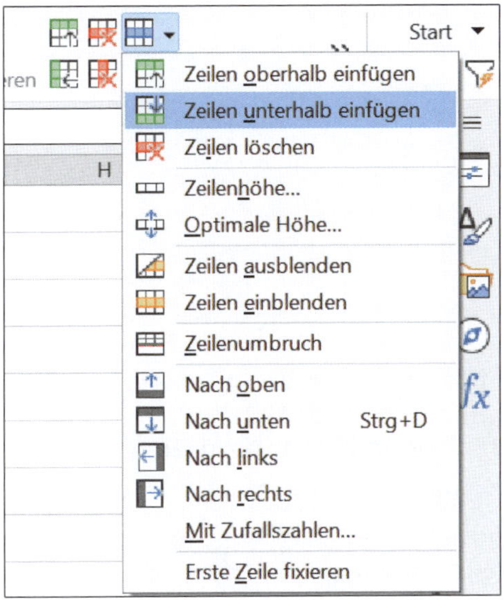


**Abbildung 9.23** *Eine Zeile einfügen*

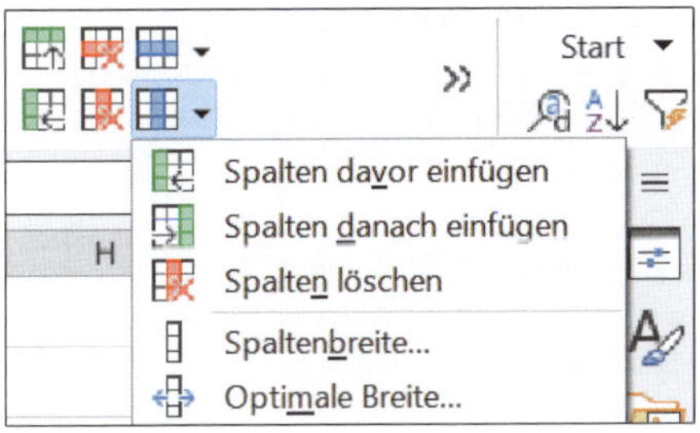


**Abbildung 9.24** *Eine Spalte einfügen*

Auch im Kontextmenü einer Zelle finden Sie den Befehl **Einfügen**. (Achten Sie hier darauf, den richtigen Befehl zu erwischen, denn es gibt ihn im Menü zweimal: Der eine steht für das Einfügen einer Spalte, der andere für »Copy and paste«, `Strg` + `V`.) Damit rufen Sie den kleinen Dialog **Zellen einfügen** auf, wo Sie sich zwischen zwei Optionen entscheiden können: **Ganze Zeile** fügt eine Zeile oberhalb ein, **Ganze Spalte** fügt eine Spalte davor ein. Das Praktische an diesem Dialog ist, dass Sie mehrere Zeilen/Spalten einfügen können. Geben Sie die gewünschte Zahl einfach in das Feld neben den Optionen ein.

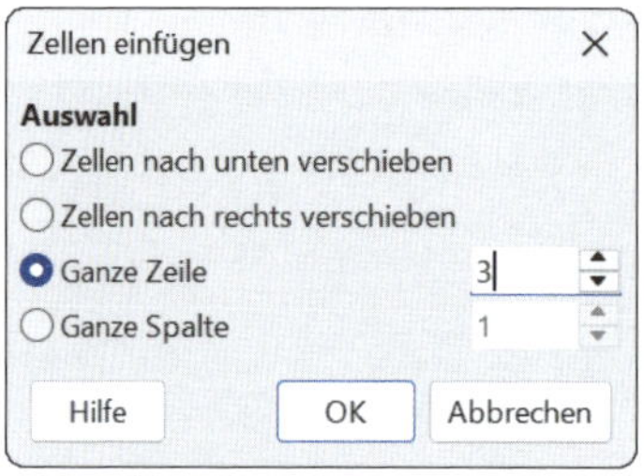


**Abbildung 9.25** *Zeilen oder Spalten einfügen*

### Zellen löschen

Neben den Symbolen **Zeile oberhalb einfügen** und **Spalte davor einfügen** finden Sie – gut erkennbar an dem roten Kreuz – auch die Symbole zum Löschen von Zeilen und Spalten. Im Kontextmenü einer Zelle gibt es ebenfalls den Befehl **Löschen**. Dieser ruft den Dialog **Zellen löschen** auf, in dem Sie auswählen, ob Sie eine Zeile oder Spalte löschen möchten. Möchten Sie mehrere Zeilen/Spalten löschen, müssen Sie diese vorher markieren; ansonsten reicht die Aktivierung einer Zelle der entsprechenden Zeile bzw. Spalte.

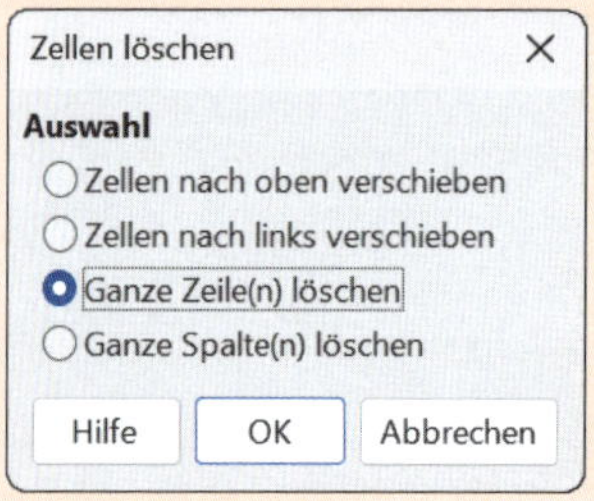


**Abbildung 9.26** *Zeilen bzw. Spalten löschen oder verschieben*

## 9.5.2 Zellen markieren

Für viele Aktionen müssen Zellen, Zeilen oder Spalten markiert werden. Wie immer gibt es auch in Calc verschiedene Methoden dazu. Ganz klassisch können Sie mit der Maus markieren: Fahren Sie mit dem Mauszeiger einfach über die zu markierenden Zellen.

Klappt es mit der Maus nicht so gut, ist die Tastenkombination ⇧ + Pfeiltaste sehr hilfreich: Sie halten die ⇧ gedrückt und nutzen dann – je nach Richtung, in die Sie markieren möchten – eine der Pfeiltasten. Markieren Sie zu viel, können Sie die Markierung mit der gegenläufigen Pfeiltaste sogar wieder aufheben.

Wie schon bei Writer beschrieben, können Sie auch in Calc die *Mehrfachmarkierung* für nicht zusammenhängende Zellen anwenden. Dazu klicken Sie die erste Zelle an, halten `Strg` gedrückt und klicken auf die nächsten Zellen bzw. fahren mit der Maus über den entsprechenden Bereich. Lassen Sie `Strg` erst los, wenn alle gewünschten Zellen markiert sind.

Zusätzlich zu diesen beiden Methoden bietet Calc noch besonders schnelle Varianten: Um eine ganze Spalte zu markieren, klicken Sie einfach oben auf den entsprechenden Spaltenkopf; um eine Zeile zu markieren, klicken Sie links auf die Nummer der Zeile.

**Abbildung 9.27** *Eine ganze Spalte markieren*

Um alle Zellen auszuwählen, klicken Sie oben links an der Schnittstelle zwischen Spaltenköpfen und Zeilennummern auf das graue Rechteck.

**Abbildung 9.28** *Alle Zellen markieren*

### 9.5.3 Zellen kopieren und einfügen

Im Prinzip sind die Handgriffe zum Kopieren und Einfügen die üblichen: Sie markieren den entsprechenden Bereich, klicken auf der Registerkarte **Start** das Symbol **Kopieren** (oder wählen im Kontextmenü **Kopieren**), aktivieren die Zelle, ab der der kopierte Bereich eingefügt werden soll, und klicken auf das Symbol **Einfügen** (oder im Kontextmenü auf **Einfügen**). Eine Besonderheit ist hierbei zu beachten: Sobald Sie auf **Kopieren** geklickt haben, erscheint ein sogenannter *Laufrahmen* um die Auswahl.

**Ausschneiden**

Ich gehe in diesem Abschnitt nicht gesondert auf die Funktion **Ausschneiden** ein, weil die Schritte identisch mit **Kopieren** sind, nur dass Sie auf das Symbol **Ausschneiden** klicken oder den Befehl im Kontextmenü wählen.

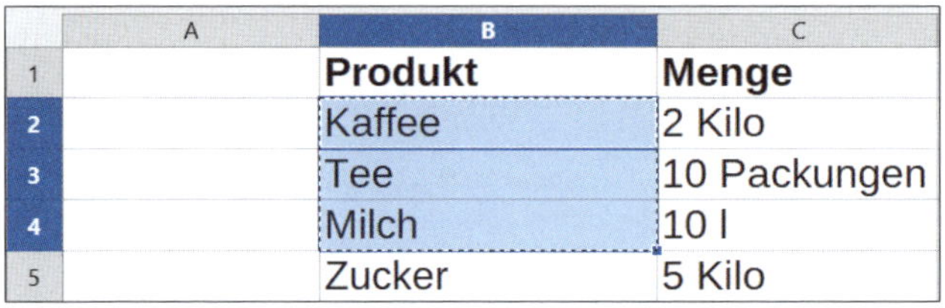


**Abbildung 9.29** *Ein Laufrahmen legt sich um die markierten oder ausgeschnittenen Zellen.*

Dieser Laufrahmen ist auch nach dem Einfügen noch vorhanden. Drücken Sie einmal [Esc], um ihn loszuwerden.

Aber Einfügen ist nicht gleich Einfügen! Es gibt verschiedene Optionen:

1. Rufen Sie nach dem Kopieren das Kontextmenü der Zielzelle auf.

2. Klicken Sie im Kontextmenü auf **Inhalte einfügen**.

3. Das Untermenü bietet diverse Optionen, z. B. **Text**. Wenn Sie diese Option wählen, wird nur der Text der Auswahl ohne zuvor zugewiesene Formatierung eingefügt. Mit **Zahlen** fügen Sie – genau umgekehrt – aus der Auswahl nur die Zahlen ein, Text wird ignoriert.

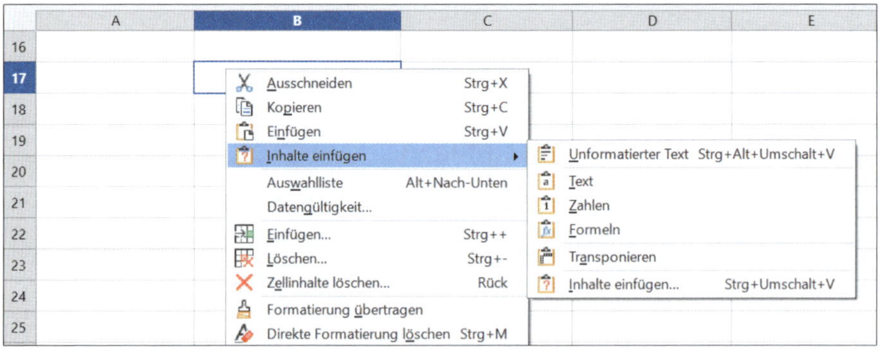


4. Mit dem Eintrag **Inhalte einfügen** rufen Sie den gleichnamigen Dialog auf. Hier können Sie differenziert entscheiden, wie Sie die Auswahl einfügen möchten.

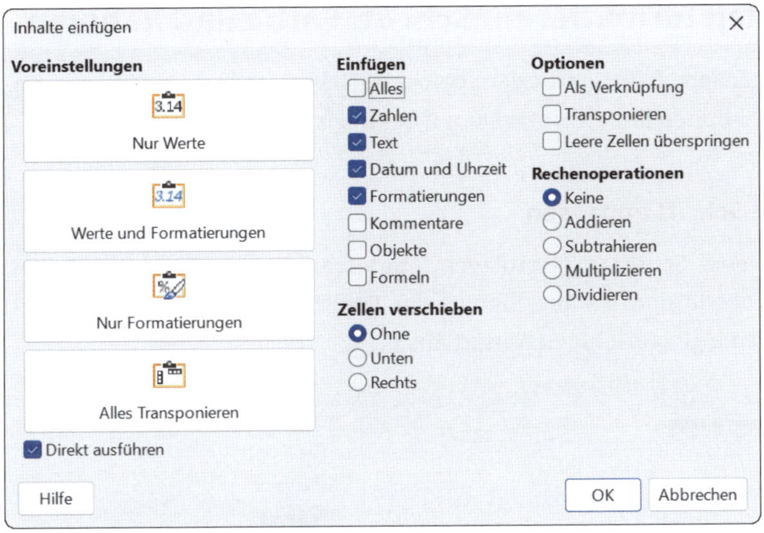


Hier ist eine kleine Auswahl Ihrer Möglichkeiten:

- Die Option **Alles** entspricht dem »normalen« Einfügen.
- Wenn Sie nur ein Häkchen vor **Zahlen** setzen, passiert genau das: Nur die Zahlen aus dem markierten Bereich werden eingefügt.
- Wenn Sie nur ein Häkchen vor **Text** setzen, ist der Effekt umgekehrt: Nur der Text wird eingefügt, aber keine Zellen, die nur Zahlen enthalten. (Zellen mit Text *und* Zahlen, wie etwa »2 Kilo«, werden eingefügt.)
- Mit der Option **Formatierungen** übertragen Sie nur die Formatierung, aber keinen weiteren Inhalt.

Beachten Sie insbesondere die Option **Als Verknüpfung** unter der Überschrift **Optionen**. Dahinter verbirgt sich Folgendes: Sie verknüpfen den eingefügten Bereich mit der ursprünglichen Auswahl. Dies hat zur Folge, dass Änderungen, die Sie am Original vornehmen, automatisch auf den eingefügten Bereich übertragen werden.

**Verknüpfungen**

Tatsächlich können Sie Werte auch noch anders verknüpfen. Tippen Sie ein Gleichheitszeichen in die Zielzelle (diese kann sich auch in einem anderen Tabellenblatt oder einer anderen Datei befinden). Aktivieren Sie die Zelle mit dem Wert, mit dem Sie die Zielzelle verknüpfen möchten, und drücken Sie [↵]. Sie werden sehen, dass der Wert in der Zielzelle erscheint. Machen Sie die Probe aufs Exempel und ändern Sie den Ausgangswert. Der verknüpfte Wert ändert sich damit ebenfalls.

## 9.6 Zellen formatieren: Schrift, Farbe und Rahmen

Sie können Zellen, Zeilen und/oder Spalten nach Lust und Laune formatieren. Die meisten Funktionen finden Sie direkt auf der Registerkarte **Start**.

### 9.6.1 Die Schrift anpassen

Um eine andere Schriftart festzulegen, markieren Sie den entsprechenden Bereich der Tabelle und wählen Sie auf der Registerkarte **Start** in der Liste der Schriftarten die gewünschte Schriftart aus.

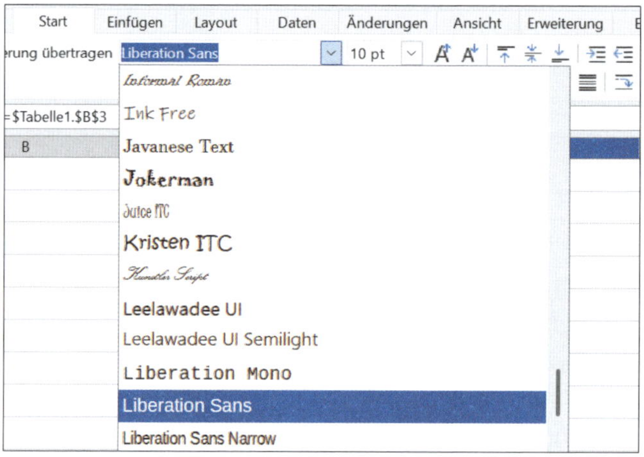


**Abbildung 9.30** *Eine Schriftart auswählen*

Gleich daneben finden Sie das Symbol **Schriftgröße**. Mit dem Pfeil klappen Sie die Liste der Schriftgrößen auf und klicken die Schriftgröße an, die Sie dem zuvor markierten Bereich zuweisen möchten. Und auch in Calc gibt es die Symbole **Schriftgröße vergrößern** und **Schriftgröße verkleinern** (die Symbole mit den großen »A«), mit denen Sie die Schriftgröße schrittweise in die eine oder andere Richtung verändern.

Auch die Symbole für **Fett**, **Kursiv** und **Unterstrichen** finden Sie wie üblich auf der Registerkarte **Start**. Denken Sie daran, die Zeile/Spalte vor der Formatierung zu markieren – wobei es reicht, die Zelle zu aktivieren, wenn Sie nur diese eine Zelle formatieren möchten. Die Funktion **Unterstrichen** bietet (genau wie in Writer) im Menü sehr viele Unterstreichungsvarianten.

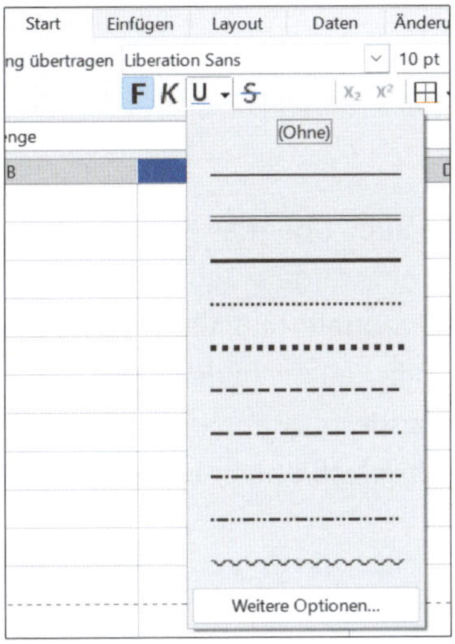


**Abbildung 9.31** *Unterstreichungsvarianten*

Mit dem Eintrag **Weitere Optionen** rufen Sie den Dialog **Zellen formatieren** auf, in dem Sie auf der Registerkarte **Schrifteffekte** ebenfalls eine Unterstreichung auswählen können. Außerdem gibt es auf dieser Registerkarte den Bereich **Effekte**, in dem die Formatierungen **Relief** (mit den Varianten **Erhaben** und **Vertieft**), **Kontur** und **Schatten** angeboten werden. Sobald Sie ein Relief ausgewählt haben, sind die Optionen **Kontur** und **Schatten** nicht aktiv – vielleicht ganz sinnvoll, denn das schützt Sie vor einem »Zuviel des Guten«!

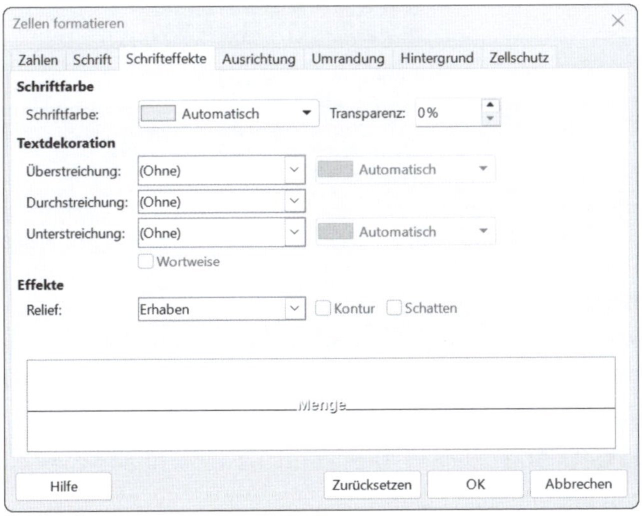


**Abbildung 9.32** *Schrifteffekte zuweisen*

**Abbildung 9.33** *Eine Überschrift mit dem Effekt »Kontur«*

Wie Sie sehen, können Sie in diesem Dialog (den Sie auch über das Kontextmenü einer Zelle mit dem gleichnamigen Eintrag aufrufen) eine andere Schriftfarbe auswählen. Der Pfeil an diesem Feld öffnet die übliche Farbpalette. Falls Sie eine zugewiesene Schriftfarbe wieder loswerden möchten, klicken Sie in der Palette einfach auf **Automatisch**. Um nur die Schriftfarbe zu ändern, brauchen Sie diesen Dialog allerdings nicht; Sie finden das Symbol **Zeichenfarbe** auch direkt auf der Registerkarte **Start**.

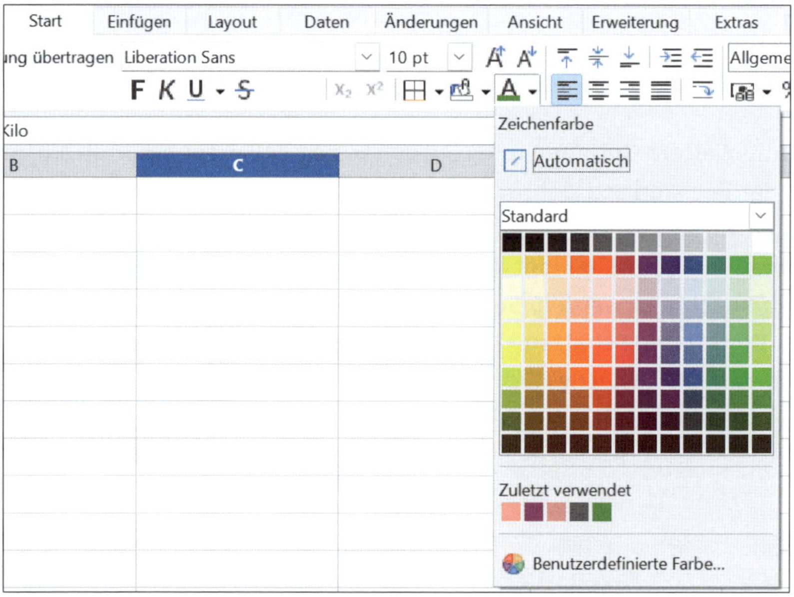


**Abbildung 9.34** *Eine Zeichenfarbe auswählen*

### Formatierung loswerden

Falls Sie zu ausgiebig mit den Optionen der Zeichenformatierung herumgespielt haben und nun zu einer schlichteren Darstellung zurückkehren möchten, lässt sich das besonders schnell erreichen, wenn Sie auf das Symbol **Löschen** auf der Registerkarte **Start** klicken. Diese Funktion löscht alle zugewiesenen Formatierungen mit einem Schlag.

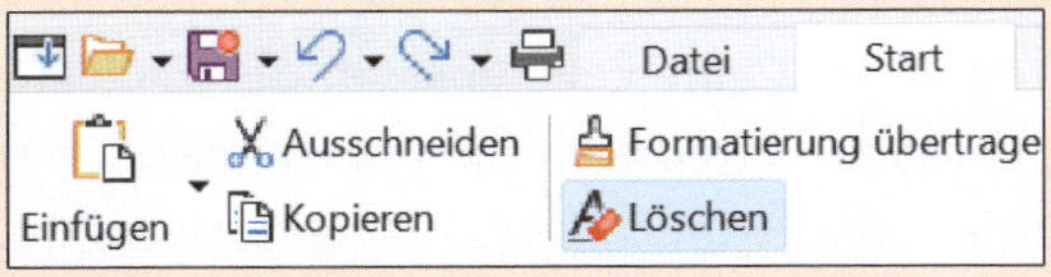


**Abbildung 9.35** *Alle Formatierungen löschen*

## 9.6.2 Zellen mit Farbe und Rahmen versehen

Wie eingangs schon erwähnt, sind die Gitternetzlinien, die auf dem Bildschirm erscheinen, im Ausdruck nicht zu sehen. Sofern die Tabelle einen Rahmen oder bestimmte Linien haben soll, müssen Sie sie setzen. Dies regeln Sie mit dem Symbol **Umrandung** auf der Registerkarte **Start**.

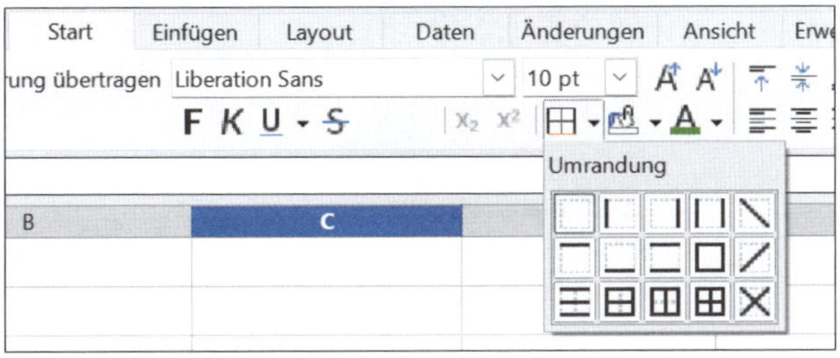


**Abbildung 9.36** *Verschiedene Linien und Umrandungen*

Dabei gehen Sie folgendermaßen vor: Markieren Sie den Bereich, der eine Umrandung oder eine Linie erhalten soll, und klicken Sie dann im Menü auf das Symbol, das die Linie(n) repräsentiert, die Sie setzen möchten. Für einen Rahmen um die ganze Tabelle wählen Sie **Äußere Ränder**. Sollen auch die Zellen umrandet sein, klicken Sie stattdessen auf **Äußere Ränder und alle inneren Linien**.

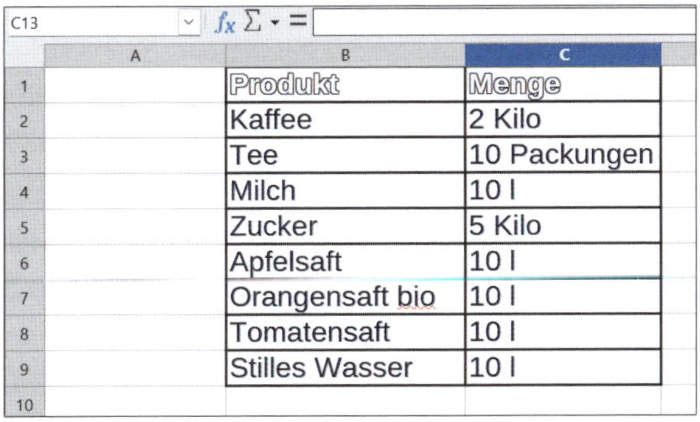

| | A | B | C |
|---|---|---|---|
| 1 | | Produkt | Menge |
| 2 | | Kaffee | 2 Kilo |
| 3 | | Tee | 10 Packungen |
| 4 | | Milch | 10 l |
| 5 | | Zucker | 5 Kilo |
| 6 | | Apfelsaft | 10 l |
| 7 | | Orangensaft bio | 10 l |
| 8 | | Tomatensaft | 10 l |
| 9 | | Stilles Wasser | 10 l |
| 10 | | | |

**Abbildung 9.37** *Alle Zellen sind umrandet.*

Sie verstehen das Prinzip: Die Symbole mit den Linien beziehen sich jeweils auf die Auswahl; das Symbol **Linker Rand** setzt eine Linie links an der markierten Spalte, das Symbol **Unterer Rand** eine Linie unterhalb einer markierten Zeile etc. Mit dem Symbol **Keine Ränder** werden Sie alle Linien/Umrandungen wieder los.

Um Zellen, Zeilen und Spalten eine Hintergrundfarbe zuzuweisen, gehen Sie ganz ähnlich vor: Markieren Sie den gewünschten Bereich – oder aktivieren Sie die Zelle, für die die Farbe gelten soll – und klicken Sie auf den Pfeil am Symbol **Hintergrundfarbe**. Aus der Palette wählen Sie die gewünschte Farbe.

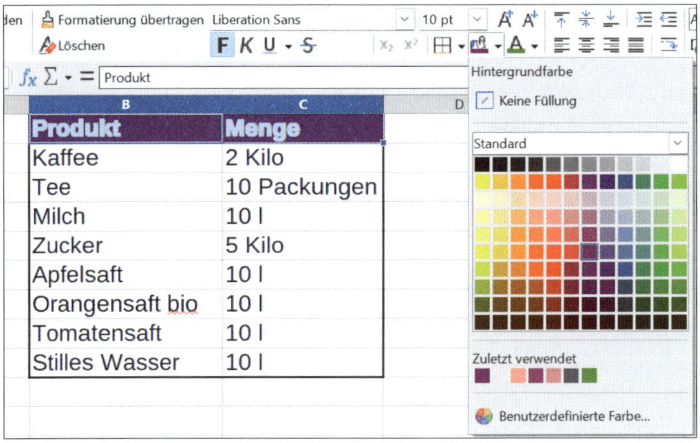


**Abbildung 9.38** *Eine Hintergrundfarbe auswählen*

Mit dem Eintrag **Benutzerdefinierte Farbe** öffnen Sie den Dialog **Farbauswahl**. Hier können Sie mittels eines Farbreglers eine Farbe präzise »feintunen«.

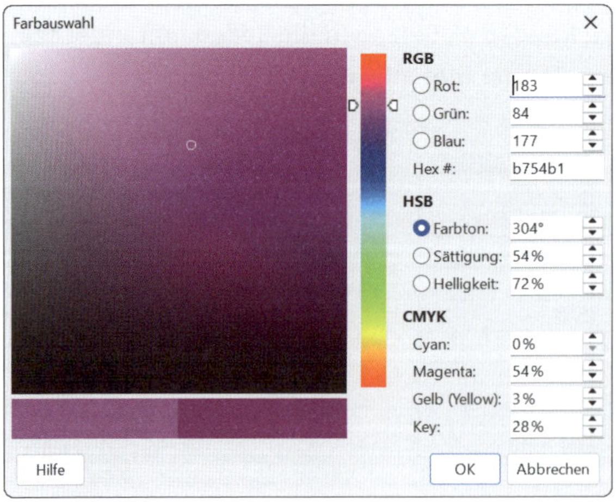


**Abbildung 9.39** *Eine Farbe mit dem Farbregler einstellen*

Klicken Sie in der Farbpalette auf **Keine Füllung**, um eine Hintergrundfarbe wieder zu entfernen. Denken Sie daran, auch dabei den betroffenen Bereich vorher zu markieren.

### Umrandung im Dialog einstellen

Auch im Dialog **Zellen formatieren** gibt es in der Kategorie **Umrandung** die Möglichkeit, Tabellenbereiche zu umranden. Der Dialog bietet sogar noch weitere Einstellungsoptionen, z. B. im Bereich **Linie** die **Stile**, **Farbe** und **Breite**. Der **Innenabstand** beeinflusst den Abstand zwischen dem Inhalt der Zelle und dem Rand. Standardmäßig ist der Abstand auf 0,35 mm gesetzt.

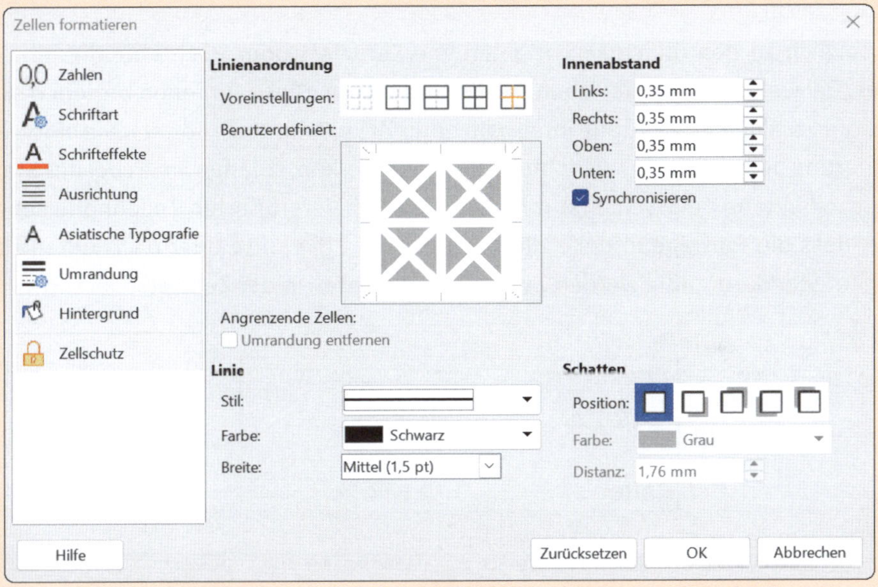


**Abbildung 9.40** *Umrandungsoptionen im Dialog*

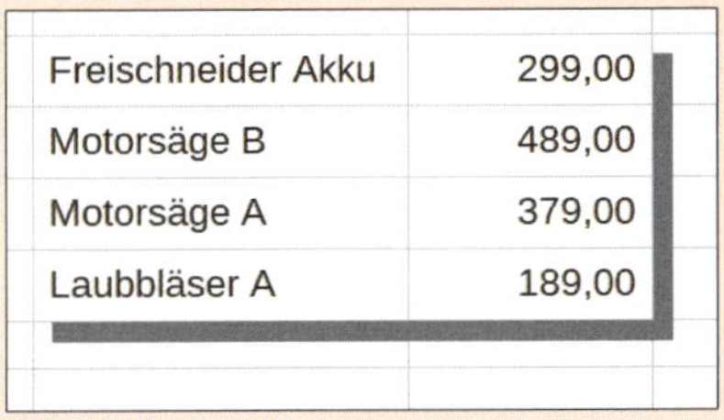

| | |
|---|---|
| Freischneider Akku | 299,00 |
| Motorsäge B | 489,00 |
| Motorsäge A | 379,00 |
| Laubbläser A | 189,00 |

**Abbildung 9.41** *Ein Innenabstand von 1,50 mm und aktivierter Schatten*

## 9.7 Die Ausrichtung ändern

Die Einträge in den Zellen werden teils automatisch passend in der Zelle ausgerichtet, Text z. B. linksbündig, Zahlen rechtsbündig.

Aber auch Calc bietet die Funktionen zur Anpassung der Ausrichtung; die entsprechenden Symbole entdecken Sie auf der Registerkarte **Start**.

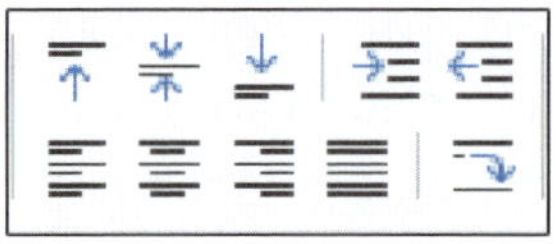

**Abbildung 9.42** *Die Symbole für die Ausrichtung*

Zusätzlich zu den üblichen Symbolen wie **Zentriert** oder **Rechtsbündig** gibt es hier drei weitere Symbole: **Oben**, **Mittig** und **Unten**. Diese Optionen beziehen sich auf die vertikale Ausrichtung innerhalb einer Zelle. Allerdings können Sie eine Veränderung der vertikalen Ausrichtung kaum bemerken, solange Sie es bei der Standardzeilenhöhe belassen. Erst mit einer deutlich vergrößerten Zeilenhöhe sehen Sie, dass die Einträge in der Zelle nach oben, in die Mitte oder nach unten rutschen. Standardmäßig werden Zelleneinträge unten in der Zelle platziert.

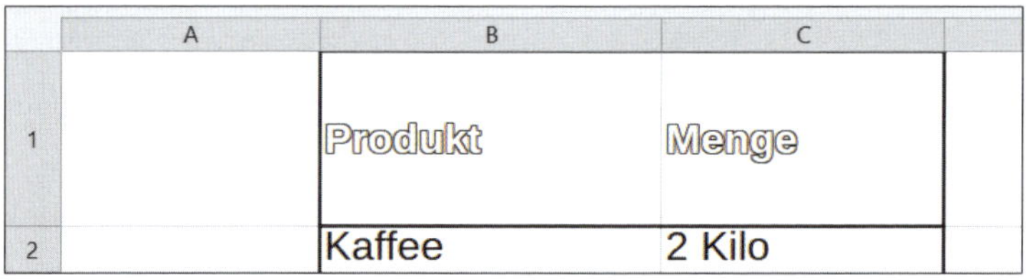


**Abbildung 9.43** *Die Einträge stehen vertikal in der Mitte.*

## 9.8 Zahlenformate festlegen: Währung, Prozent und mehr

Wie eingangs schon gesagt, geben Sie Zahlen ganz schlicht ein, bestenfalls mit einem Komma, aber ohne Währungssymbol oder Ähnlichem, denn das meiste ist eine Sache der Zahlenformatierung. Dafür stehen spezielle Funktionen bzw. Formate bereit.

### 9.8.1 Dezimalzahlen und Währungszeichen

Die Symbole für die Zahlenformate finden Sie auf der Registerkarte **Start**. In dem Menü des Auswahlfeldes, in dem standardmäßig **Allgemein** eingestellt ist (**Zahlenformat-Typ**), werden weitere Formate angeboten.

**Abbildung 9.44** *Die Symbole für die Zahlenformate*

Um eine Zahl als Dezimalzahl zu formatieren, nutzen Sie das entsprechende Symbol (**Als Dezimalzahl formatieren**).

Hier sind ein paar Beispiele:

- Sie geben »10« ein, und mit einem Klick auf **Als Dezimalzahl formatieren** wird daraus »10,00«.
- Sie schreiben »10,5«; daraus wird »10,50«.
- Eine Zahl wie »0,55« schreiben Sie direkt in die Zelle.

Um mehr Nachkommastellen zu erhalten, klicken Sie auf das Symbol **Dezimalstelle hinzufügen**, für weniger auf **Dezimalstelle entfernen**.

Um aus einer 10 eine Dezimalzahl mit Währungszeichen bzw. dem Eurozeichen zu machen, klicken Sie auf das Symbol **Als Währung formatieren** (sofern Sie zuvor kein anderes Währungssymbol ausgewählt hatten; in diesem Fall würden Sie das zuletzt verwendete Symbol zuweisen).

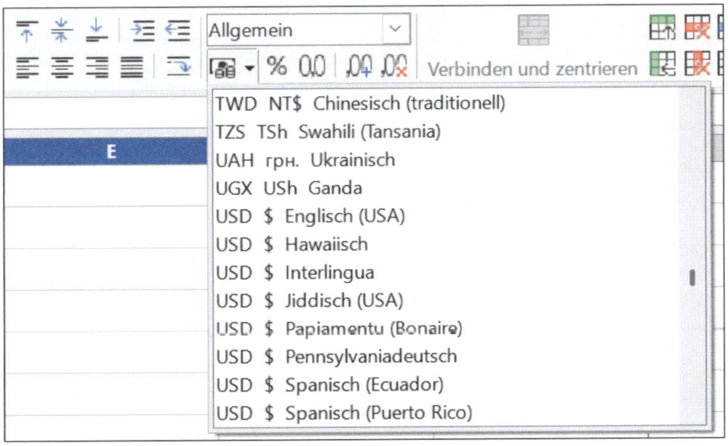


**Abbildung 9.45** *Ein Währungszeichen auswählen*

Um ein Währungszeichen auszuwählen, klicken Sie auf den Pfeil an diesem Symbol. Damit klappt eine lange Liste mit Währungszeichen auf. Die Länderkennung der Zeichen ist alphabetisch sortiert, d. h., das Dollarzeichen (USA) finden Sie weit unten unter **USD Englisch (USA)**. Für das englische Pfundzeichen wandern Sie zu **GBP**.

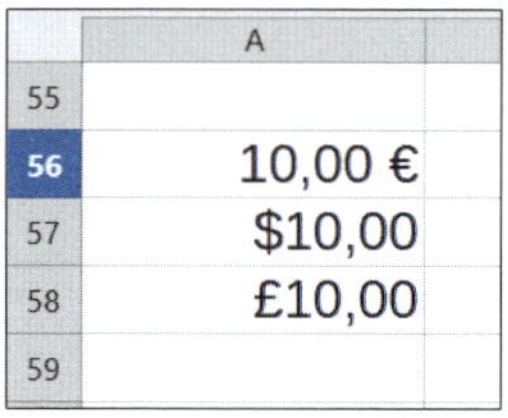


**Abbildung 9.46** *Zahlen mit Währungszeichen*

Um differenziert einzustellen, wie Zahlen dargestellt werden sollen, klicken Sie im Kontextmenü der Zelle auf **Zellen formatieren**, um den gleichnamigen Dialog aufzurufen. Aktivieren Sie hier die Registerkarte **Zahlen**.

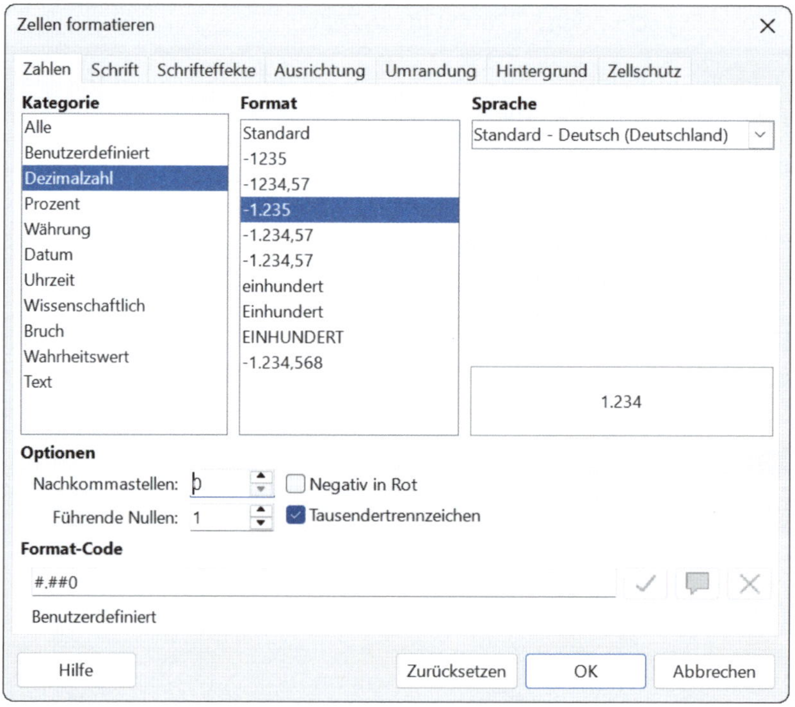


**Abbildung 9.47** *Viele verschiedene Zahlenformate*

Je nach ausgewählter Kategorie – für Zahlen ohne Währungszeichen wählen Sie in der Regel **Dezimalzahl** – werden hier diverse Formate angeboten, wobei Sie die Darstellung mit den Einstellungen im Bereich **Optionen** individuell beeinflussen können. Bei größeren Zahlen sollte wegen der Lesbarkeit die Option **Tausendertrennzeichen** auf jeden Fall aktiviert sein; ansonsten können Sie entscheiden, ob und/oder wie viele Nachkommastellen die zu formatierende Zahl haben soll, ob Negativzahlen rot dargestellt werden sollen etc.

Für die Darstellung mit einem Währungszeichen wählen Sie logischerweise die Kategorie **Währung**. Auch hier gibt es neben den diversen Formaten die Liste mit den Währungssymbolen.

Hilfreich ist generell das Feld mit der Vorschau; Sie sehen hier genau, welches Aussehen die Zahl haben wird.

**Telefonnummern und Postleitzahlen**

Bei der Eingabe von Zahlen mit einer Null am Anfang wird diese Null nicht berücksichtigt, sondern einfach weggelassen. Das führt bei Telefonnummern, Postleitzahlen oder anderen Angaben mit führender Null zu Problemen. Als Lösung gibt es folgenden Weg: Formatieren Sie diese Zahlen explizit als **Text**, zu finden im Menü der Schaltfläche **Zahlenformat-Typ** oder im Dialog **Zellen formatieren** auf der Registerkarte **Zahlen** (siehe Abbildung 9.47).

Alternativ können Sie vor der Telefonnummer ein einfaches Anführungszeichen (') eintippen, dann interpretiert Calc dies als Text. Das Anführungszeichen ist in der Zelle nicht zu sehen, wird aber in der Bearbeitungsleiste angezeigt.

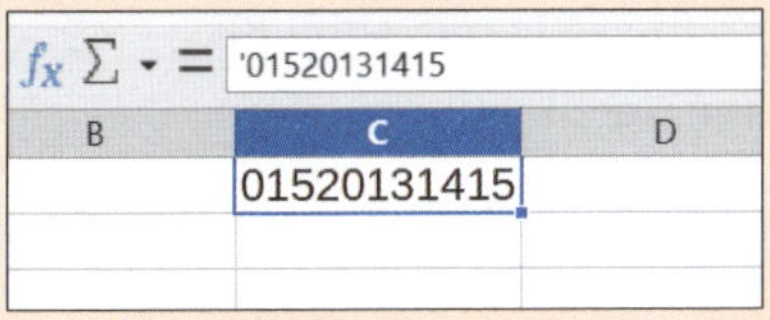


**Abbildung 9.48** *Telefonnummern eingeben*

## 9.8.2 Zahlen als Prozent

Vorsicht ist bei der Formatierung einer Zahl als Prozent geboten. Sie finden dazu das Symbol **Als Prozent formatieren** auf der Registerkarte **Start** oder – wie Sie hier sehen – die Kategorie **Prozent** im Dialog **Zellen formatieren**.

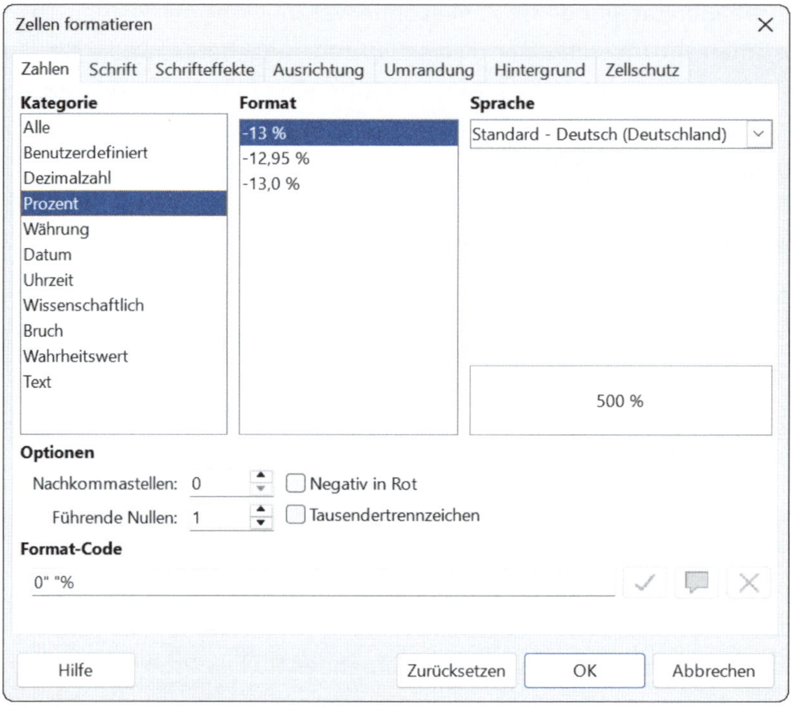


**Abbildung 9.49** *Als Prozent formatieren*

Tatsächlich handelt es sich bei der Zuweisung eines Prozentformats nicht um reine Formatierung, sondern implizit auch um eine Berechnung: Die Zahl, die Sie formatieren möchten, wird automatisch mit 100 multipliziert. Wenn Sie also eine »5« schreiben und dann auf das Prozentzeichensymbol klicken bzw. **Prozent** im Dialog auswählen, wird daraus »500,00 %«. Schauen Sie auf Abbildung 9.49, die Vorschau macht es deutlich (hier im Format ohne Nachkommastellen).

Wenn Sie »5 %« darstellen möchten, müssen Sie dies mit dem Prozentzeichen auf der Tastatur schreiben oder die Zelle *vor* der Eingabe mit dem Prozentformat versehen. Dann reicht es, eine »5« einzugeben, um »5 %« angezeigt zu bekommen und zu speichern.

## 9.9 Mit mehreren Tabellenblättern arbeiten

Standardmäßig bietet Calc Ihnen ein Tabellenblatt an: das Blatt, auf dem Sie automatisch arbeiten, wenn Sie das Programm aufrufen.

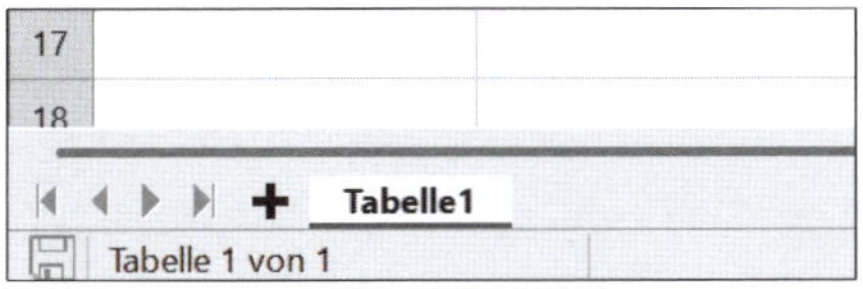


**Abbildung 9.50** *Das Tabellenblatt »Tabelle1«*

Aber Sie können weitere Tabellenblätter anlegen, was sinnvoll ist, wenn Sie diverse Berechnungen/Tabellen etc. erstellen, die in irgendeiner Form zusammengehören. Dazu klicken Sie einfach auf das Pluszeichen. Sie aktivieren ein anderes Tabellenblatt, indem Sie es anklicken.

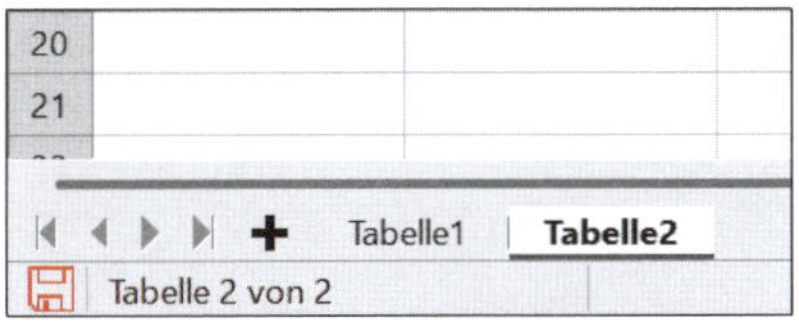


**Abbildung 9.51** *Zwei Tabellenblätter*

Statt mit **Tabelle1**, **Tabelle2** etc. zu arbeiten, können Sie den Tabellenblättern Namen geben, am besten solche, die in gewisser Weise zum Inhalt des Blatts passen. Dazu klicken Sie das Blatt mit der rechten Maustaste an und wählen im Kontextmenü **Tabelle umbenennen**.

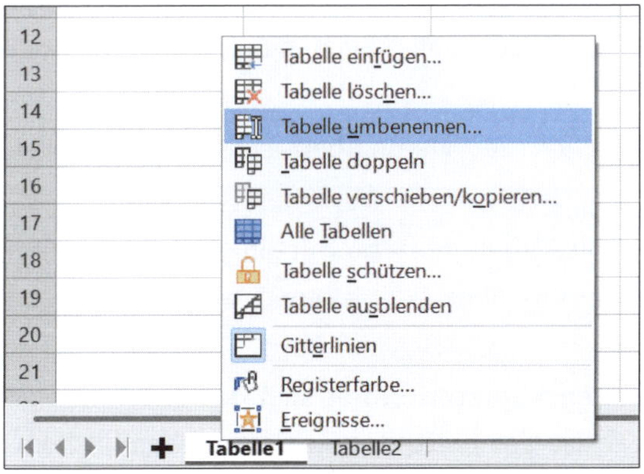


**Abbildung 9.52** *Ein Tabellenblatt umbenennen*

Im nächsten kleinen Dialog geben Sie dem Blatt einen Namen und bestätigen den Dialog mit **OK**.

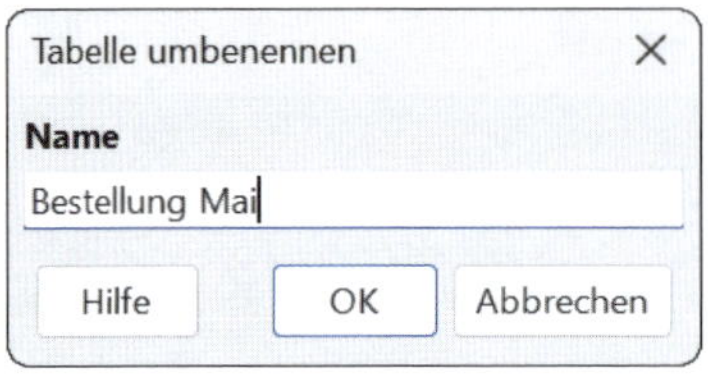


**Abbildung 9.53** *Das Tabellenblatt benennen*

Inhaltlich passende Namen sind nützlich, um zielsicher das richtige Tabellenblatt zu aktivieren. Zusätzlich können Sie mit Farben arbeiten; auch das kann der Navigation dienen.

1. Rufen Sie dazu erneut das Kontextmenü des Tabellenblattes auf.
2. Klicken Sie im Kontextmenü auf **Registerfarbe**.
3. Wählen Sie in der Farbpalette die gewünschte Farbe für dieses Blatt aus.

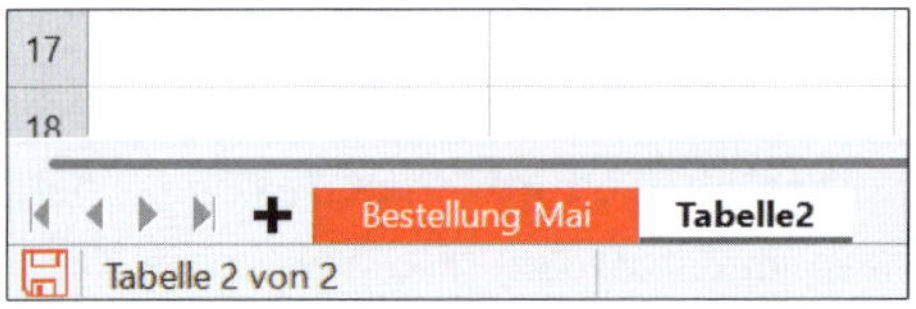


Das Kontextmenü bietet noch ein paar weitere praktische Funktionen:

- Sie können ein ganzes Blatt kopieren. Dazu wählen Sie den Befehl **Tabelle doppeln**.
- Mit dem Befehl **Tabelle löschen** löschen Sie – wenig überraschend – das Tabellenblatt.
- Der Befehl **Alle Tabellen** markiert alle Tabellenblätter mit einem Rutsch. Wenn Sie dann auf einem der Blätter etwas eingeben oder löschen, wirkt sich das auf alle Tabellenblätter aus.
- Mit dem Befehl **Tabelle verschieben/kopieren** öffnet sich der gleichnamige Dialog. In diesem Dialog markieren Sie das Blatt, das Sie verschieben bzw. kopieren möchten, wählen als Aktion entweder **Verschieben** oder **Kopieren**, fügen es vor einem anderen Blatt ein oder stellen es ans Ende und klicken auf **Verschieben** oder **Kopieren** – die Bezeichnung ändert sich je nach Wahl im Bereich **Aktion**. Mithilfe des Feldes **Ins Dokument** können Sie im Menü, anstatt es beim aktuellen Dokument zu belassen, auch andere geöffnete Dokumente wählen.

Hier gibt es auch die Option **Unbenannt 1**; mit ihr erstellen Sie eine neue Datei, die dann das kopierte oder verschobene Tabellenblatt enthält.

**Abbildung 9.54** *Ein Tabellenblatt verschieben oder kopieren*

### 9.9.1 Kopf- und Fußzeilen für Tabellenblätter

Noch ein kurzer Hinweis zu Kopf- und Fußzeilen, die Sie bereits von Writer kennen und die auch in Calc zur Verfügung stehen – sogar mit der Option, den Tabellenblattnamen des jeweiligen Blattes in der Kopf- oder Fußzeile erscheinen zu lassen. Sie finden das Symbol **Kopf-/Fußzeilen** auf der Registerkarte **Layout**. Wenn Sie darauf klicken, erhalten Sie einen dreigeteilten Dialog für eine linke, zentrierte oder rechte Ausrichtung des jeweiligen Inhalts, den Sie dort eintippen oder einfügen. Platzieren Sie den Cursor entsprechend. Im linken Bereich des Dialogs aktivieren Sie entweder **Kopfzeile** oder **Fußzeile**.

Achten Sie auf die Symbole unterhalb des großen Bereichs; Sie können sie nutzen, um unterschiedlichen Inhalt in die Kopf- bzw. Fußzeile einzufügen, z. B. den Tabellennamen und/oder das aktualisierbare Datum. Wenn Sie per Symbol **Tabellenname** einfügen, taucht auf den Seiten in der Kopfzeile (oder Fußzeile) der Name des jeweiligen Tabellenblatts auf. Dies sehen Sie z. B. in der Druckvorschau, allerdings nicht in der normalen Ansicht.

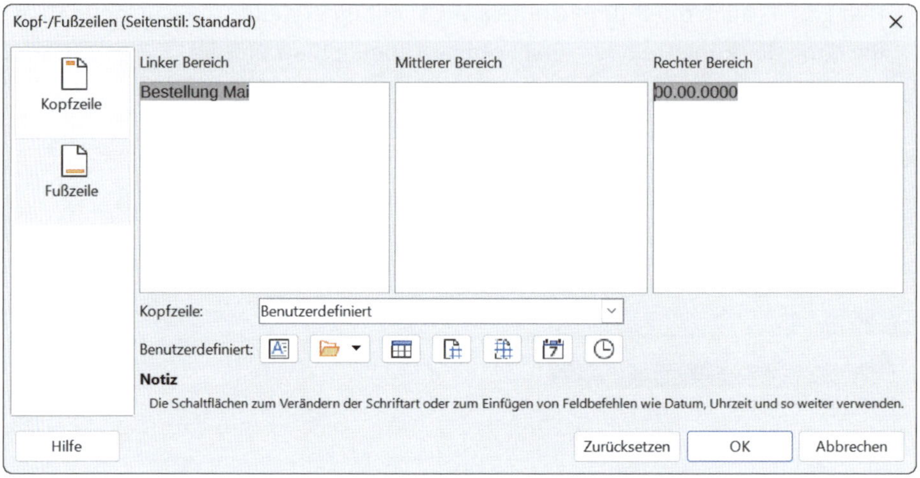


**Abbildung 9.55** *Der Dialog zum Einfügen einer Kopfzeile oder Fußzeile*

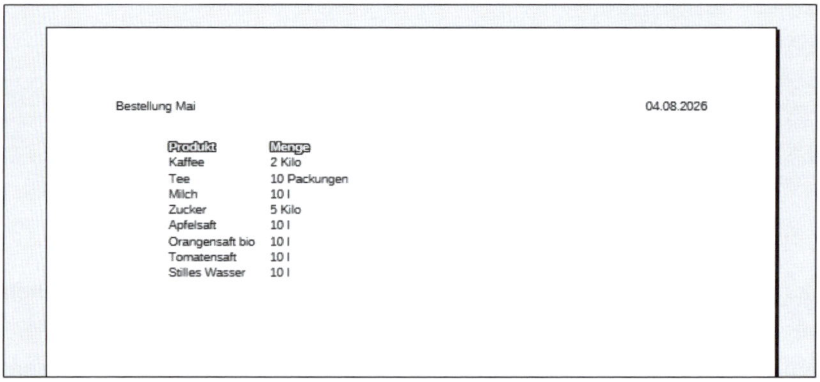


**Abbildung 9.56** *Das Blatt mit seiner Kopfzeile in der Druckvorschau*

### 9.9.2 Tabellenblätter drucken

Zum Ausdrucken von Tabellenblättern klicken Sie genau wie in Writer auf **Drucken** auf der Registerkarte **Datei**. Dies öffnet den gleichnamigen Dialog. Beachten Sie hier vor allem das Feld **Davon**. Im Menü dieses Feldes werden drei Optionen angeboten: **Alle Tabellen drucken**, **Ausgewählte Tabellen drucken** und **Ausgewählte Zellen drucken**. Voreingestellt ist **Ausgewählte Tabellen drucken**. Dies bedeutet, dass nur das aktive Tabellenblatt gedruckt wird bzw. die zuvor ausgewählten Tabellenblätter gedruckt werden (um mehrere Tabellenblätter auszuwählen, nutzen Sie auch in diesem Fall die Mehrfachmarkierung, halten also bei

Anklicken der Blätter [Strg] gedrückt). Wenn Sie also die gesamte Datei mit mehreren Tabellenblättern ausdrucken möchten, denken Sie daran, hier die Option **Alle Tabellen drucken** einzustellen.

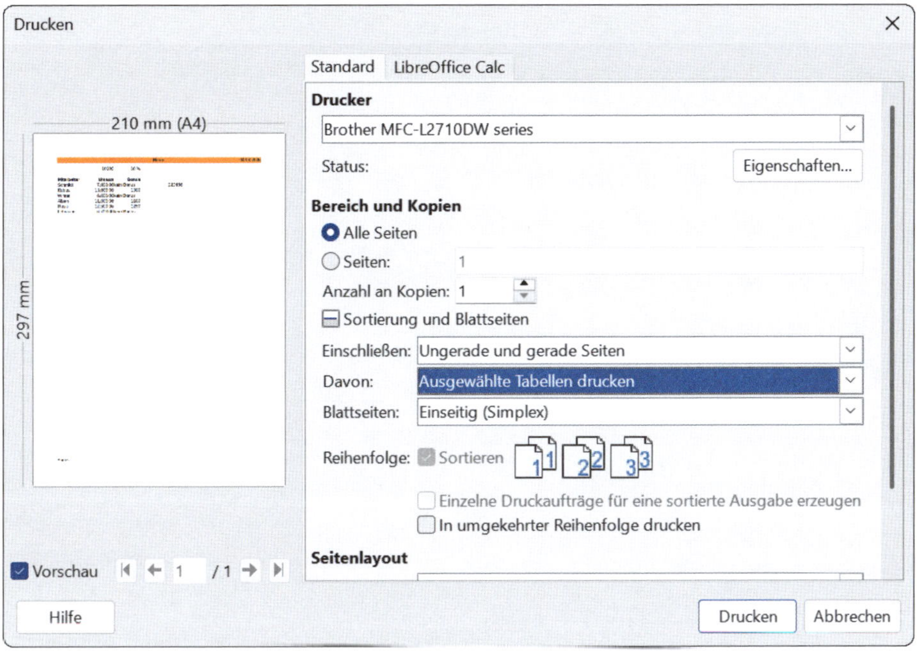


**Abbildung 9.57** *Tabellenblätter ausdrucken*

# Kapitel 10
# Formeln und Funktionen – Calc rechnet für Sie

Das Beste an Programmen wie Calc ist, dass sie in den Mathematikstunden stets gut aufgepasst haben und hervorragend rechnen können! Egal ob es um einfache Dinge wie Addieren oder Subtrahieren geht oder um komplexe Berechnungen, Calc steht Ihnen zuverlässig zur Seite. In den nächsten Abschnitten lernen Sie wichtige Formeln und Funktionen kennen, aber bedenken Sie, dass es noch eine Menge – und ich meine im wahrsten Sinne des Wortes *eine Menge* – anderer Funktionen gibt, die ich hier aus Platzgründen nicht abdecken kann. Aber sobald Sie solide Grundlagen erworben haben, können Sie mit Sicherheit vieles selbst entdecken und Berechnungen und Formeln richtig aufbauen.

## 10.1 Die Grundrechenarten: Addieren, Subtrahieren und Co.

Bevor es ums eigentliche Rechnen geht, will ich Ihnen wichtige Grundlagen mit auf den Weg geben:

- Jede Berechnung beginnt damit, dass Sie ein Gleichheitszeichen (=) in die Zelle tippen, in der das Ergebnis der Berechnung stehen soll.
- Wenn Sie die Formel in die Ergebniszelle schreiben, nutzen Sie in aller Regel die Zelladressen (z. B. A1) und nicht die konkreten Zahlen.
- Achten Sie darauf, dass *nur* Zahlen in den Zellen stehen, mit denen Sie rechnen möchten. Zahlenformate (z. B. Währungszeichen) sind erlaubt, aber bei Eingaben wie »45 Taschen von D&G« kann Calc nicht mit 45 rechnen und wird den Dienst verweigern.
- Folgen Sie bei der Eingabe von Formeln altbekannten mathematischen Regeln, etwa der Regel »Jede Klammer, die aufgemacht wird, muss auch geschlossen werden« oder »Punktrechnung geht vor Strichrechnung«.

Beginnen wir mit den Grundrechenarten; sie sind die Basis vieler weiterer Berechnungen.

### 10.1.1 Addieren und subtrahieren

Um Zahlen zu addieren, brauchen Sie – nicht weiter verwunderlich – das Pluszeichen. Dies sind die konkreten Schritte:

1. Aktivieren Sie die Ergebniszelle und geben Sie zunächst das Gleichheitszeichen ein.

2. Tippen Sie die Adresse der ersten Zelle ein oder klicken Sie die Zelle an (das ist bequemer).

3. Drücken Sie das Pluszeichen (+), klicken Sie die nächste Zelle an, drücken Sie (je nach Berechnung) erneut +, bevor Sie die nächste Zelle anklicken usw.

4. Um das Ergebnis zu erhalten, drücken Sie ↵ oder klicken Sie auf das grüne Häkchen (**Übernehmen**) in der Bearbeitungsleiste.

In der Zelle sehen Sie nun das Ergebnis, aber die Bearbeitungsleiste zeigt die Formel, die Sie eingegeben haben.

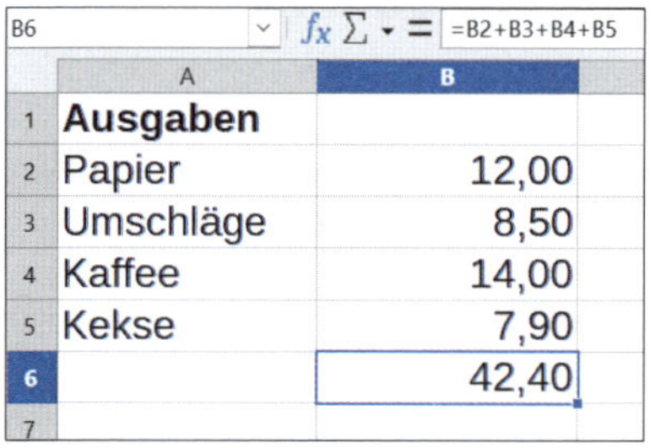
B6 =B2+B3+B4+B5

| | A | B |
|---|---|---|
| 1 | **Ausgaben** | |
| 2 | Papier | 12,00 |
| 3 | Umschläge | 8,50 |
| 4 | Kaffee | 14,00 |
| 5 | Kekse | 7,90 |
| 6 | | 42,40 |
| 7 | | |

**Abbildung 10.1** *Zahlen addieren*

Um Zahlen voneinander abzuziehen, verfahren Sie genauso, nur dass Sie nicht das Pluszeichen verwenden, sondern das Minuszeichen, also den Bindestrich rechts unten auf der Tastatur oder das Minuszeichen auf dem Nummernblock.

Natürlich können Sie auch Zahlen addieren oder subtrahieren, die verstreut in einer Tabelle liegen. Sie gehen dann genauso vor, müssen nur gut darauf achten, dass Sie die richtigen Zellen anklicken bzw. jeweils die richtige Zelladresse eingeben. Korrigieren Sie eine Zelladresse gegebenenfalls in der Bearbeitungsleiste.

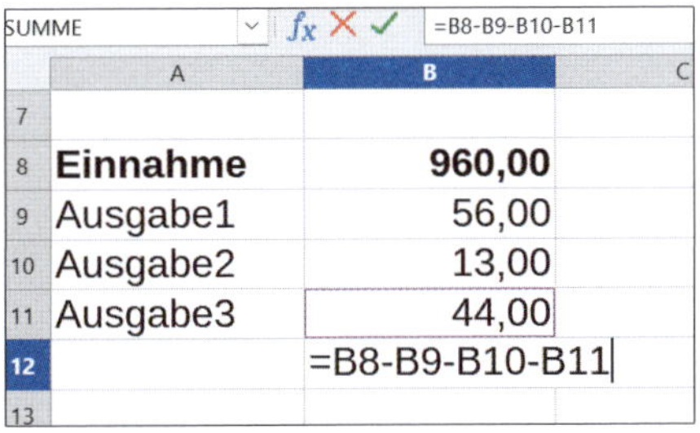


**Abbildung 10.2** *Zahlen subtrahieren*

Es hat einen guten Grund, dass Calc mit den Zelladressen und nicht mit den konkreten Zahlen in der Zelle arbeitet: Dadurch bleibt Ihre Berechnung stets flexibel. Da Sie mit den Zellinhalten arbeiten und nicht mit Zahlen, wird das Ergebnis blitzschnell angepasst, sobald Sie eine andere Zahl in eine der Zellen eintragen und [↵] drücken. Probieren Sie es aus; Sie werden sehen, dass das Ergebnis im Nu wieder stimmt. Es ist keine Aktualisierung oder Ähnliches notwendig – einfach ändern und fertig!

### 10.1.2 Multiplizieren und dividieren

Auch bei diesen beiden Rechenarten verfahren Sie wie gehabt, nur dass Sie andere Zeichen nutzen. Ansonsten arbeiten Sie wieder so weit wie möglich mit Zelladressen, die Sie eintragen oder anklicken, und bestätigen die Formel mit [↵].

Um Zahlen zu multiplizieren, verwenden Sie das Sternchen auf der Tastatur ([⇧] + [+]) oder das Multiplikationszeichen auf dem Nummernblock.

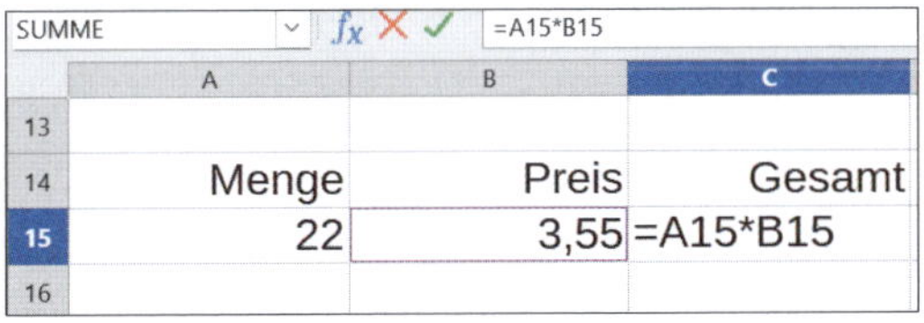


**Abbildung 10.3** *Zahlen multiplizieren*

Wenn Sie eine Zahl durch eine andere dividieren möchten, greifen Sie zum Schrägstrich (*Slash*). Sie finden ihn als zweites Tastaturzeichen über der [7]. Alternativ verwenden Sie das Teilen-Zeichen auf dem Nummernblock.

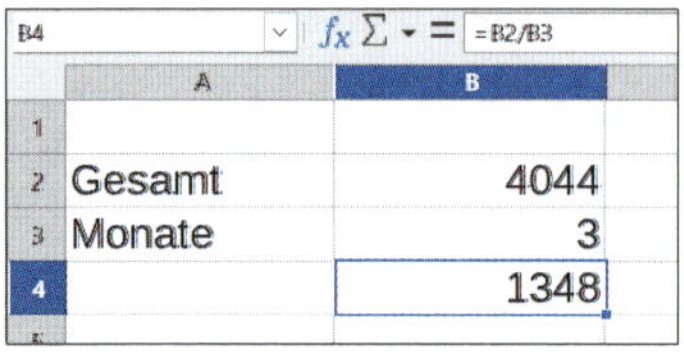


**Abbildung 10.4** *Zahlen dividieren*

### 10.1.3 Formeln erstellen

Calc ist ein toller Rechenkünstler, aber entscheidend sind die Formeln, die Sie eingeben. Ist die Formel falsch, werden Sie auch ein falsches Ergebnis erhalten.

Wie eingangs schon erwähnt, wenden Sie beim Rechnen »normale« mathematische Regeln an. Vor allem gilt: Punkt- geht vor Strichrechnung. Wenn Sie z. B. »800+4*12« (bzw. die passenden Zelladressen) eingeben, wird erst »4 mal 12« gerechnet und dann 800 addiert.

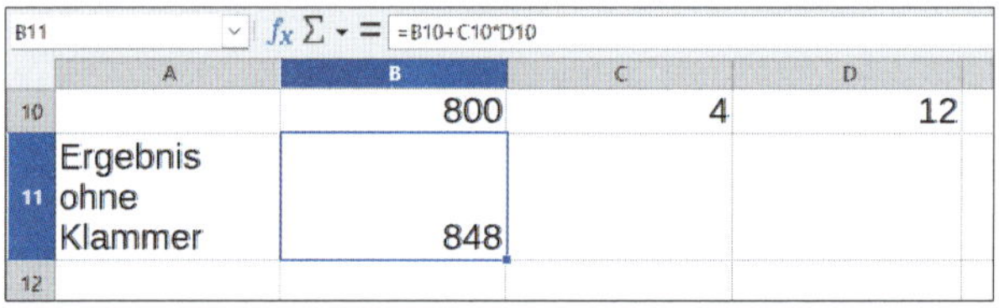


**Abbildung 10.5** *Punktrechnung geht vor Strichrechnung!*

Sie müssen also unter Umständen – abhängig davon, was berechnet werden soll – Klammern in der Formel verwenden. Sie bewirken dann, dass zuerst (im folgenden Beispiel) die ersten beiden Zahlen addiert werden und dann die Multiplikation folgt.

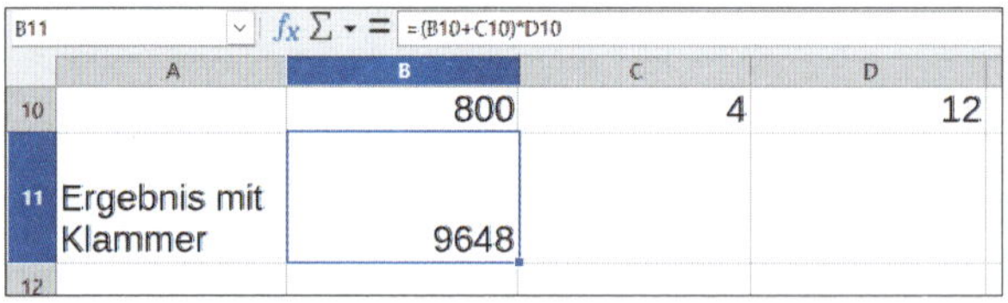


**Abbildung 10.6** *Formel mit Klammer*

Auch Prozentrechnung ist in Calc einfach. Wenn Sie 3 % von 145 errechnen möchten, schreiben Sie »3%« in eine Zelle, »145« in eine andere. In der Ergebniszelle multiplizieren Sie die beiden Zellen einfach. Das Prozentzeichen sorgt für die Teilung durch 100.

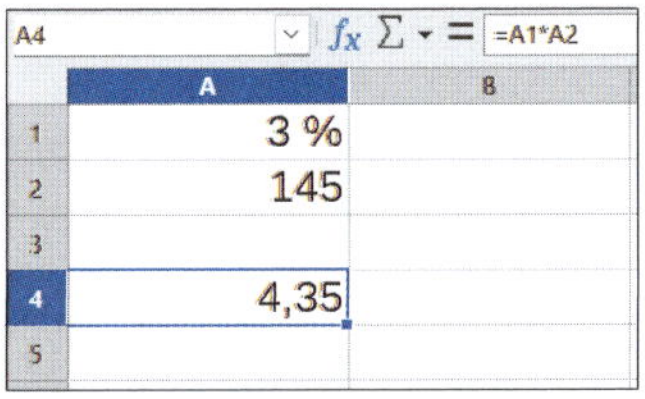


**Abbildung 10.7** *Prozentrechnung*

Zum Errechnen eines Prozentsatzes ist es am einfachsten, für die Ergebniszelle ein Prozentformat einzustellen. Klicken Sie auf der Registerkarte **Start** auf die Schaltfläche **Als Prozent formatieren**. Dieses Format sorgt dafür, dass der Zellinhalt mit 100 multipliziert wird, sodass Sie selbst diesen Schritt in der Formel weglassen müssen.

Hier ist ein Beispiel: In Zeiten beklagenswert hoher Mieten möchten Sie gern wissen, wie hoch Ihre Ausgabe für die Miete gemessen an Ihren Gesamtausgaben ist. Wenn die Ausgaben für Ihre Miete in Zelle B3 stehen und Ihre Gesamtausgaben in Zelle C3, lautet die Formel zur Berechnung des Mietanteils in Prozent dann einfach: »=B3/C3« (vorausgesetzt, dass die Ergebniszelle das Zahlenformat **Prozent** hat). Drücken Sie [↵], um das Ergebnis zu erhalten.

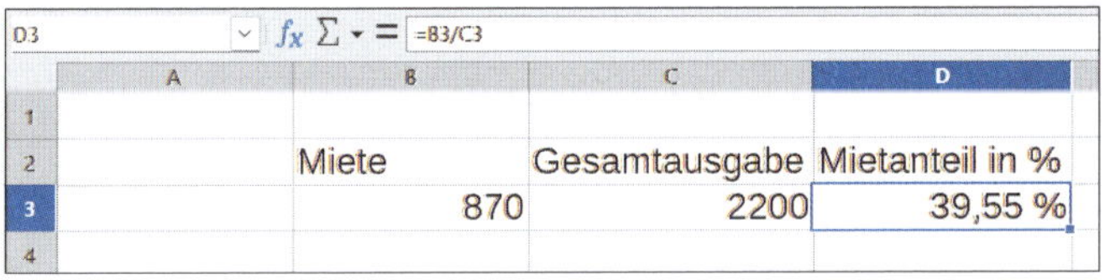


**Abbildung 10.8** *Prozentberechnung*

Ist die Ergebniszelle bei einer solchen Berechnung nicht mit dem Zahlenformat **Prozent** versehen, müssten Sie die Formel um »*100« ergänzen. Das Ergebnis erscheint dann allerdings ohne Prozentzeichen.

### 10.1.4 Die Summenfunktion – Zahlenreihen blitzschnell addieren

In Abschnitt 10.1.1, »Addieren und subtrahieren«, habe ich die normale Addition mit dem Pluszeichen beispielhaft vorgeführt. Jetzt kommt die gute Nachricht: Zum Addieren von Zahlen bietet Calc eine besondere Funktion, mit der Sie eine Summe blitzschnell errechnen können.

Dies sind die Schritte, wenn Sie eine Zahlenreihe in einer Spalte addieren möchten (um Zahlen zu addieren, die nebeneinander stehen, verfahren Sie analog):

1. Aktivieren Sie die leere Zelle unterhalb der Zahlenkolonne.
2. Klicken Sie auf das Summensymbol (**Funktion auswählen**) in der Bearbeitungsleiste.

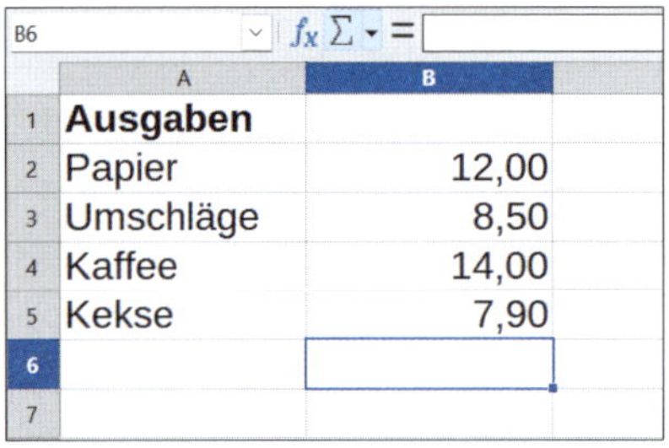


3. Sie sehen dann einen Rahmen, der die Zahlen umschließt. In der Ergebniszelle erscheint die Summenformel. (Der Doppelpunkt in der Klammer bedeutet hier »bis«.) Drücken Sie jetzt einfach die [↵]-Taste.

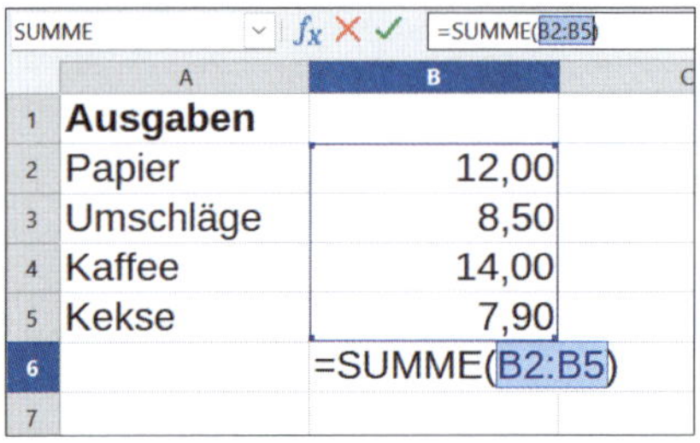


Das Ergebnis der Addition, die Summe, erscheint in der Zelle, während in der Bearbeitungsleiste die Formel zu sehen ist.

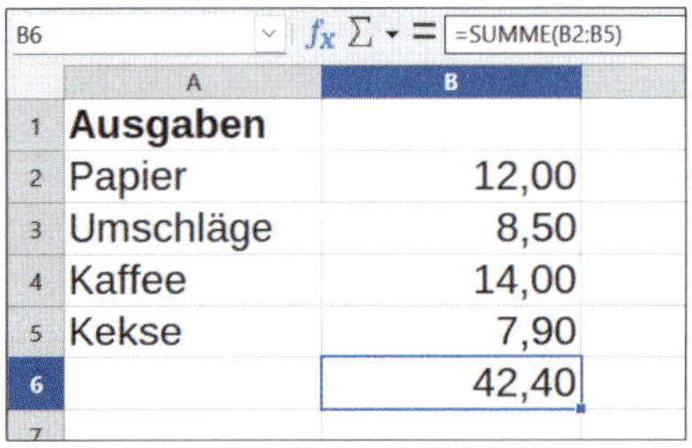


**Abbildung 10.9** *Die Summenfunktion anwenden*

Falls der Rahmen nicht die Zellen umfasst, die addiert werden sollen, können Sie den Bereich verändern. Klicken Sie doppelt in die Zelle mit der Summenformel, und korrigieren Sie die Zelladressen manuell oder ziehen Sie mit der Maus über die gewünschten Zellen. Dann drücken Sie die [↵]-Taste. Alternativ markieren Sie zuerst die Zellen, die addiert werden sollen, und klicken dann auf das Symbol für die Summenfunktion.

**Manuelle Eingabe**

Grundsätzlich können Sie die Funktion (so wie jede andere Funktion) auch manuell in die Ergebniszelle eintragen: Sie tippen ein Gleichheitszeichen und dann den Funktionsnamen (in diesem Fall »Summe«) und die öffnende Klammer. Dann folgen die Zelladresse 1, ein Doppelpunkt für »bis« und die Zelladresse 2. Schließlich braucht es noch die schließende Klammer. Der Doppelpunkt ist praktisch bei zusammenhängenden Zahlenkolonnen, aber generell lautet die Funktion *=Summe(Zahl1; Zahl2 ...)*. Auf diese Weise können Sie bequem auch nicht zusammenhängende Zahlen addieren.

Achten Sie auch hier wieder auf die Bearbeitungsleiste. Wenn Sie die Zelle mit dem Ergebnis markieren, erscheint in der Bearbeitungsleiste die Formel für die Summe und nicht das Ergebnis. So können Sie Ihre Berechnung auch zukünftig nachvollziehen.

### 10.1.5 Weitere nützliche Funktionen: Mittelwert, Minimum, Maximum

Im vorherigen Abschnitt haben Sie die Funktion **Summe** kennengelernt. Calc bietet eine Riesenmenge weiterer Funktionen, die verschiedensten Kategorien wie Mathematik, Finanzen, Datenbanken, Statistik etc. zugeordnet sind. Eine Ahnung von der Fülle der Funktionen erhalten Sie, wenn Sie in der Bearbeitungsleiste über das Symbol **Funktionsassistent** (direkt neben dem Summensymbol) den gleichnamigen Dialog aufrufen.

Den Funktionsassistenten müssen Sie nicht bemühen, wenn Sie beispielsweise den Notendurchschnitt Ihres Kindes errechnen möchten. Dafür greifen Sie einfach zur Funktion *Mittelwert*, die Sie direkt im Menü des Summensymbols aufrufen können. In diesem Menü finden Sie auch die Funktionen *Min* und *Max*, mit denen Sie im Nu die kleinsten oder größten Werte einer Liste entdecken.

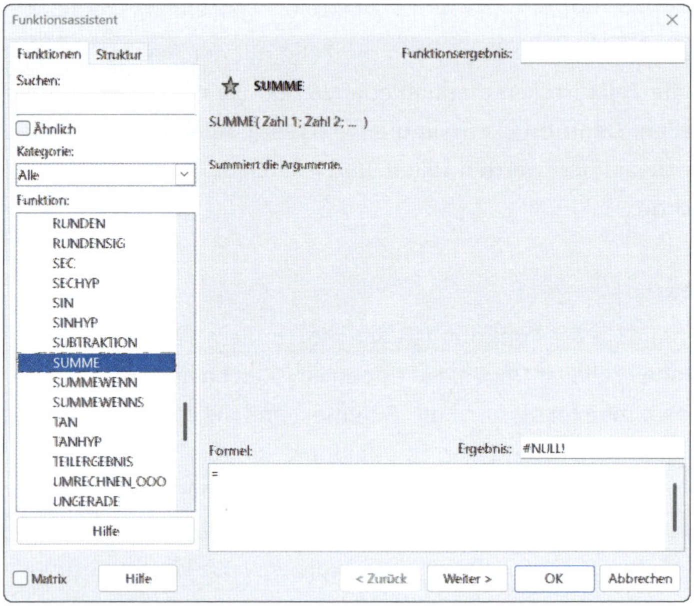


**Abbildung 10.10** *Der Funktionsassistent*

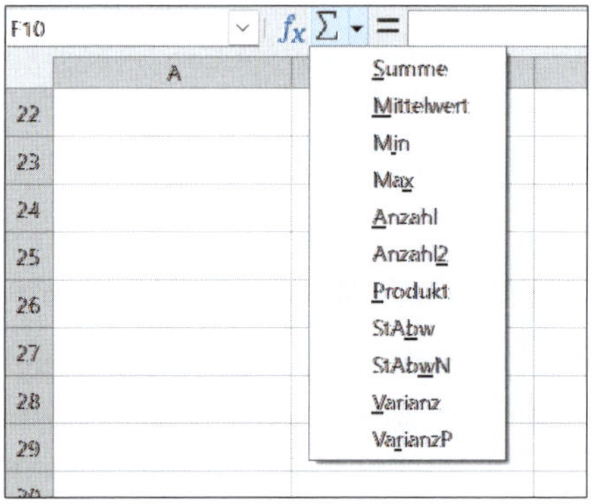


**Abbildung 10.11** *Diverse Funktionen sind in diesem Menü versammelt.*

Um das Beispiel mit dem Notendurchschnitt nachzuvollziehen, erstellen Sie nun eine Tabelle, in der Sie die entsprechenden Noten auflisten. Schreiben Sie die Noten einfach untereinander in die Spalte. Sobald das erledigt ist, geht es los:

1. Schreiben Sie »Durchschnitt« in die Zelle unter den Noten.
2. Markieren Sie die Zelle, in der das Ergebnis stehen soll, und öffnen Sie das Menü des Summensymbols auf der Bearbeitungsleiste.

3. Klicken Sie darin auf **Mittelwert**.

4. Daraufhin wird ein Rahmen um den relevanten Bereich gelegt und die Funktion in der Ergebniszelle angezeigt. Drücken Sie nun einfach [↵].

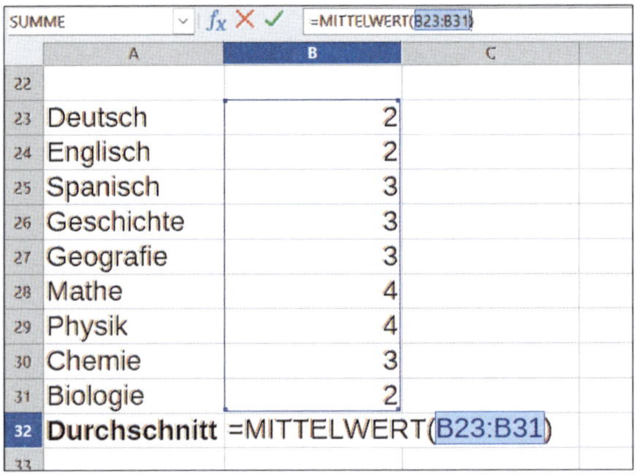


Das Ergebnis ist ein Durchschnitt, der Sie hoffentlich zufrieden stimmt! Entfernen Sie gegebenenfalls Dezimalstellen mit dem Symbol **Dezimalstelle entfernen**.

Genauso einfach ist es, den größten Wert einer Tabelle anzeigen zu lassen. Bei einer kleinen Liste erkennen Sie ihn sofort, aber nicht bei Listen, die sich über mehrere Seiten erstrecken, z. B. Artikellisten. Markieren Sie in so einem Fall die Ergebniszelle, und klicken Sie im Menü des Summensymbols auf **Max**.

Um sich den kleinsten Wert einer Liste anzeigen zu lassen, verfahren Sie ebenso, nur dass Sie im Menü auf **Min** klicken.

## 10.2 Relative und absolute Bezüge verstehen

In Kapitel 9, »Die erste Tabelle – Daten eingeben und gestalten«, haben Sie erfahren, wie schnell Sie Text und Zahlen mithilfe des Ausfüllkästchens übertragen bzw. fortsetzen können. Zu Ihrer Freude kann ich Ihnen mitteilen, dass dieser Ausfülltrick auch für Formeln und Funktionen gilt. In vielen Berechnungen können Sie eine Formel problemlos durch Ziehen mit der Maus auf andere Zellen übertragen, weil mit Zelladressen gerechnet wird, die durch das Ausfüllen einfach »weitergezählt« werden, z. B. von »C3+D3« in Zeile 3 zu »C4+D4« in Zeile 4 usw. In solchen Fällen handelt es sich um einen *relativen Bezug*, den Sie auch im Beispiel sehen.

Der Durchschnitt wurde mit der Funktion *Mittelwert* für die Zellen B3 bis B11 errechnet. Für die zwei weiteren Kinder ziehen Sie einfach an dem Ausfüllkästchen (d. h. an dem kleinen blauen Quadrat in der rechten unteren Ecke) der Zelle B12 über die entsprechenden Spalten rechts daneben. Im Nu haben Sie die Ergebnisse.

D12 =MITTELWERT(D3:D11)

| | A | B | C | D |
|---|---|---|---|---|
| 1 | | | | |
| 2 | | Kai | Jan | Susanne |
| 3 | Deutsch | 2 | 2 | 1 |
| 4 | Englisch | 2 | 3 | 1 |
| 5 | Spanisch | 3 | 3 | 2 |
| 6 | Geschichte | 3 | 3 | 2 |
| 7 | Geografie | 3 | 2 | 2 |
| 8 | Mathe | 4 | 1 | 3 |
| 9 | Physik | 4 | 1 | 4 |
| 10 | Chemie | 3 | 2 | 4 |
| 11 | Biologie | 2 | 3 | 2 |
| 12 | **Durchschnitt** | **2,9** | **2,2** | **2,3** |
| 13 | | | | |

**Abbildung 10.12** *Tabelle mit relativem Bezug*

Es gibt aber Rechenoperationen, bei denen ein Wert in der Berechnung »fest«, d. h. unveränderlich ist. Dann handelt es sich um einen *absoluten Bezug*, mit der Folge, dass man Formeln nicht so einfach in andere Zellen übertragen kann. Zur Verdeutlichung wieder ein Beispiel: Der Mehrwertsteuersatz für eine Liste mit Nettobeträgen steht in einer Extrazelle (schreiben Sie »0,19« und formatieren Sie die Zelle als Prozent). Um die Bruttobeträge zu errechnen, nutzen Sie diesen Wert, und zwar unveränderlich für alle Nettobeträge. Somit ist dieser Wert der feste Teil der Formel.

Um die Bruttobeträge zu errechnen, benötigen Sie eine einfache Formel: *Nettobetrag * 19 % + Nettobetrag* oder aber (etwas geschickter) *Nettobetrag * (1 + 19 %)*. Der Nettobetrag steht in B4, die Mehrwertsteuer in D1. Im Beispiel geben wir also die Formel »=B4*(1+D1)« in die erste Ergebniszelle ein.

Auch für die Berechnung der weiteren Bruttobeträge benötigen Sie jedes Mal die Zelladresse, in der »19 %« steht. Aber wenn Sie nun zur Ausfülltechnik greifen, also die Formel nach unten ausfüllen, indem Sie an dem Kästchen rechts unten in der Zelle ziehen, werden Sie enttäuscht sein: Die Ergebnisse stimmen ganz und gar nicht!

Die Lösung liegt im absoluten Zellbezug, denn der bleibt beim Kopieren immer gleich. Mit anderen Worten: Sie müssen die Formel in C4 ändern und – in dem Fall –

die Zeile mit der Mehrwertsteuer »fixieren«, indem Sie ein Dollarzeichen vor sie setzen: »D$1«. Der Spaltenbuchstabe bleibt in diesem Beispiel unverändert, sodass es ausreicht, die Zeile konstant zu halten, aber wenn Sie sich unsicher sind, fixieren Sie in solchen Fällen einfach die ganze Zelladresse und setzen sowohl vor den Buchstaben als auch vor die Zahl ein Dollarzeichen: »$D$1«.

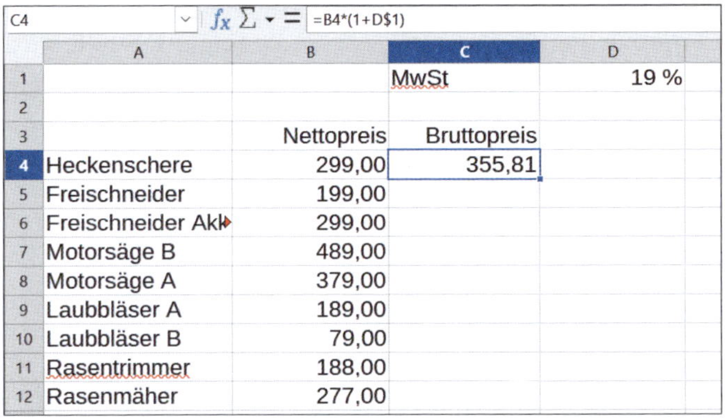
C4 =B4*(1+D$1)

| | A | B | C | D |
|---|---|---|---|---|
| 1 | | | MwSt | 19 % |
| 2 | | | | |
| 3 | | Nettopreis | Bruttopreis | |
| 4 | Heckenschere | 299,00 | 355,81 | |
| 5 | Freischneider | 199,00 | | |
| 6 | Freischneider Akk | 299,00 | | |
| 7 | Motorsäge B | 489,00 | | |
| 8 | Motorsäge A | 379,00 | | |
| 9 | Laubbläser A | 189,00 | | |
| 10 | Laubbläser B | 79,00 | | |
| 11 | Rasentrimmer | 188,00 | | |
| 12 | Rasenmäher | 277,00 | | |

**Abbildung 10.13** *Tabelle mit absolutem Bezug, Formel mit Dollarzeichen*

### Gemischter Bezug

Wenn Sie nur die Zeile oder nur die Spalte per Dollarzeichen fixieren und nicht die komplette Zelladresse, handelt es sich genau genommen um einen *gemischten Bezug* und nicht um einen absoluten.

Durch das Dollarzeichen erkennt Calc, dass es sich bei dieser Zellenangabe um einen festen (absoluten) Wert handelt. Bestätigen Sie die geänderte Formel mit der [↵]-Taste.

Klicken Sie auf das kleine Quadrat und übertragen Sie die Formel durch Ziehen auf die nächsten Zellen. Und siehe da: Die Berechnung wird in jeder Zeile korrekt durchgeführt, da der Mehrwertsteuersatz für jede Zeile konstant aus Zelle D1 genommen wird.

### Die F4-Taste für einen absoluten Bezug

Anstatt die Dollarzeichen von Hand einzutippen, können Sie die [F4]-Taste nutzen, um einen absoluten Bezug zu erzeugen. Klicken Sie in die Zelle mit der Formel und markieren Sie die relevante Zellangabe oder einfach die ganze Adresse. Drücken Sie dann [F4].

## 10.3 Die Wenn-Funktion: Berechnungen mit Bedingungen

Zu den berühmtesten, aber auch berüchtigtsten Funktionen, die Tabellenkalkulationen wie Excel und Calc anbieten, gehört die *Wenn-Funktion*, genauer gesagt die »Wenn-dann-sonst-Funktion«. Es handelt sich um eine Funktion, bei der Sie eine Bedingung stellen. Das Ergebnis hängt davon ab, ob die Bedingung erfüllt wird oder nicht. Die generelle Syntax der Funktion lautet: *=Wenn(Prüfung; dann; sonst)*. Sie kann recht einfach zu formulieren sein, aber im Fall von verschachtelten Varianten auch ein bisschen tricky. Wichtig ist, dass Sie präzise arbeiten und genau der Syntax folgen – dann sollte es klappen.

### 10.3.1 Die nicht verschachtelte Wenn-Funktion

Um den Einsatz der Funktion zu demonstrieren, zeige ich zunächst ein einfaches Beispiel: Alle Mitarbeiter, die einen Umsatz über 10.000 € erreicht haben, erhalten einen Sonderbonus von 200 €. Erstellen Sie am besten eine entsprechende Tabelle.

| | A | B | C |
|---|---|---|---|
| 1 | | | |
| 2 | | | |
| 3 | **Mitarbeiter** | **Umsatz** | **Bonus** |
| 4 | Schmidt | 7.900,00 | |
| 5 | Kubus | 11.000,00 | |
| 6 | Winter | 8.800,00 | |
| 7 | Alban | 11.800,00 | |
| 8 | Rusiti | 12.000,00 | |
| 9 | Lehmann | 6.700,00 | |
| 10 | | | |
| 11 | | | |

**Abbildung 10.14** *Abhängig vom Umsatz soll ein Bonus ausgezahlt werden.*

Der Einfachheit und Klarheit halber nutze ich für den »Dann«-Teil zunächst konkrete Zahlen statt Zelladressen. Hier sind die Schritte zur Eingabe der Formel:

1. Aktivieren Sie die erste Zelle der Spalte »Bonus«. Schreiben Sie »=WENN(«.

2. Formulieren Sie nun die Prüfung: »B4 > 10000«. Schreiben Sie die Zahl schlicht, also ohne Tausenderpunkt etc.

3. Geben Sie ein Semikolon und »200« ein. Dies ist der Bonus, der gezahlt wird, wenn die Bedingung erfüllt wird.

4. Tippen Sie wieder ein Semikolon und geben Sie dann eine »0« ein. Damit sorgen Sie dafür, dass eine Null in den Zellen steht, in denen die Bedingung nicht erfüllt wird. Ohne die 0 im »Sonst«-Teil würden diese Zellen leer bleiben.

5. Schließen Sie die Klammer und drücken Sie [↵].

MITTELWERT | =wenn(B4 > 10000;200;0)

| | A | B | C | D |
|---|---|---|---|---|
| 1 | | | | |
| 2 | | | | |
| 3 | **Mitarbeiter** | **Umsatz** | **Bonus** | |
| 4 | Schmidt | 7.900,00 | =wenn(B4 > 10000;200;0) | |
| 5 | Kubus | 11.000,00 | | |
| 6 | Winter | 8.800,00 | | |
| 7 | Alban | 11.800,00 | | |
| 8 | Rusiti | 12.000,00 | | |
| 9 | Lehmann | 6.700,00 | | |
| 10 | | | | |

Die Funktion beginnt mit »Wenn«. In der Klammer steht die Referenzzelle, hier also die erste Zelle in der Spalte *Umsatz*, dann das Zeichen für »größer als«, dann ein Semikolon, gefolgt von der Dann-Anweisung (also 200), dann ein zweites Semikolon, gefolgt von der Sonst-Anweisung.

In der ersten Ergebniszelle steht nun »0«, da die Bedingung nicht erfüllt wird. Übertragen Sie die Funktion in die übrigen Zellen, indem Sie das kleine Quadrat an der rechten Ecke der Zelle mit gedrückter Maustaste nach unten ziehen.

| | A | B | C |
|---|---|---|---|
| 1 | | | |
| 2 | | | |
| 3 | **Mitarbeiter** | **Umsatz** | **Bonus** |
| 4 | Schmidt | 7.900,00 | 0 |
| 5 | Kubus | 11.000,00 | 200 |
| 6 | Winter | 8.800,00 | 0 |
| 7 | Alban | 11.800,00 | 200 |
| 8 | Rusiti | 12.000,00 | 200 |
| 9 | Lehmann | 6.700,00 | 0 |
| 10 | | | |

**Abbildung 10.15** *Der Bonus wurde mit der »Wenn«-Funktion berechnet.*

Wenn im Sonst-Teil statt einer 0 ein Text erscheinen soll, müssen Sie diesen Text in Anführungszeichen setzen. Sie schreiben dann z. B. »=WENN(B4 > 10000;200;"kein Bonus")«. Sobald Sie [↵] drücken, erscheint der Text in der Zelle.

Statt mit konkreten Zahlen (wie im Beispiel) können und sollten Sie eigentlich mit Zellangaben arbeiten, um Ihre Tabelle flexibel zu halten. Dazu schreiben Sie den Prüfwert und den Dann-Wert in Extrazellen und bauen die Formel anschließend mit den entsprechenden Zelladressen auf. Diese Zellen müssen wie oben beschrieben fixiert werden, damit Sie die Formel ausfüllen können. Abbildung 10.16 zeigt ein Beispiel: In B1 steht die Bedingung 10000 und in C1 der Bonus.

C4 =WENN(B4>$B$1;$C$1;0)

| | A | B | C |
|---|---|---|---|
| 1 | | 10000 | 200 |
| 2 | | | |
| 3 | **Mitarbeiter** | **Umsatz** | **Bonus** |
| 4 | Schmidt | 7.900,00 | 0 |
| 5 | Kubus | 11.000,00 | 200 |
| 6 | Winter | 8.800,00 | 0 |
| 7 | Alban | 11.800,00 | 200 |
| 8 | Rusiti | 12.000,00 | 200 |
| 9 | Lehmann | 6.700,00 | 0 |
| 10 | | | |

**Abbildung 10.16** *Wenn-Funktion mit Zelladressen verwenden*

Ich möchte auf eine weitere Variante hinweisen: Statt konkreter Werte könnten Sie in der Dann-Anweisung auch eine Berechnung formulieren, beispielsweise einen Bonus, dessen Höhe abhängig vom Umsatz ist. Man könnte also sagen: »Wenn die Bedingung erfüllt wird, gibt es 10 % vom Umsatz.« Die Berechnung, z. B. *Umsatz mal 10 %* (oder eine fixierte Zellangabe), steht im Dann-Teil: »=WENN(B4>10000;B4*10%;"kein Bonus")«.

C4 =WENN(B4>$B$1;B4*$C$1;"kein Bonus")

| | A | B | C | D |
|---|---|---|---|---|
| 1 | | 10000 | 10 % | |
| 2 | | | | |
| 3 | **Mitarbeiter** | **Umsatz** | **Bonus** | |
| 4 | Schmidt | 7.900,00 | kein Bonus | |
| 5 | Kubus | 11.000,00 | 1100 | |
| 6 | Winter | 8.800,00 | kein Bonus | |
| 7 | Alban | 11.800,00 | 1180 | |
| 8 | Rusiti | 12.000,00 | 1200 | |
| 9 | Lehmann | 6.700,00 | kein Bonus | |
| 10 | | | | |

**Abbildung 10.17** *Berechnung mit fixierter Zellangabe in C1*

### 10.3.2 Den Funktionsassistenten nutzen

Im vorherigen Abschnitt haben wir die Wenn-Funktion händisch zusammengebastelt; dieses Vorgehen ist zum Lernen und Verstehen der Funktion meines Erachtens sehr sinnvoll. Aber ich will Ihnen nicht verhehlen, dass Sie auch zum Funktionsassistenten greifen könnten, der Sie bei der Formulierung unterstützt.

Sie rufen den Funktionsassistenten auf, indem Sie das gleichnamige Symbol anklicken. Sie finden es in der Bearbeitungsleiste neben dem Summensymbol.

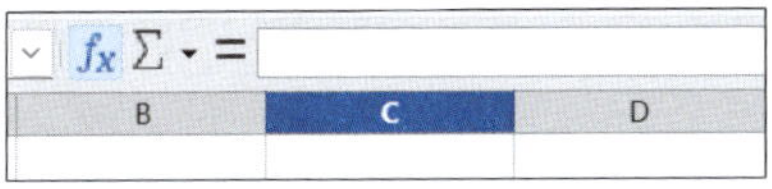


**Abbildung 10.18** *Das Symbol, um den Funktionsassistenten aufzurufen*

Damit rufen Sie den Dialog **Funktionsassistent** auf. In diesem Dialog öffnen Sie die Kategorie **Logisch**, indem Sie auf das Pluszeichen klicken.

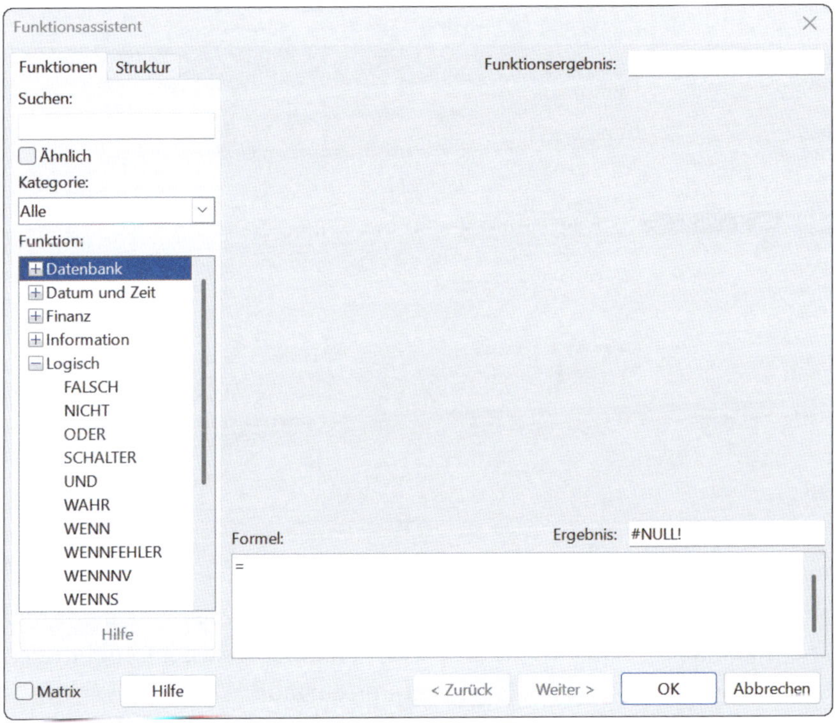


**Abbildung 10.19** *Der Funktionsassistent mit der Kategorie »Logisch«*

In der Auflistung entdecken Sie auch die Funktion WENN. Um nun die Wenn-Formel mithilfe des Funktionsassistenten zusammenzustellen, machen Sie Folgendes:

1. Aktivieren Sie in Ihrer Tabelle die Ergebniszelle.
2. Klicken Sie im Dialog **Funktionsassistent** doppelt auf die Funktion **WENN**.
3. Damit erhalten Sie im rechten Bereich drei Felder: **Prüfung**, **Dann** und **Sonst**. Im Bereich **Formel** sehen Sie, dass die Eingabe der Formel bereits begonnen wurde.

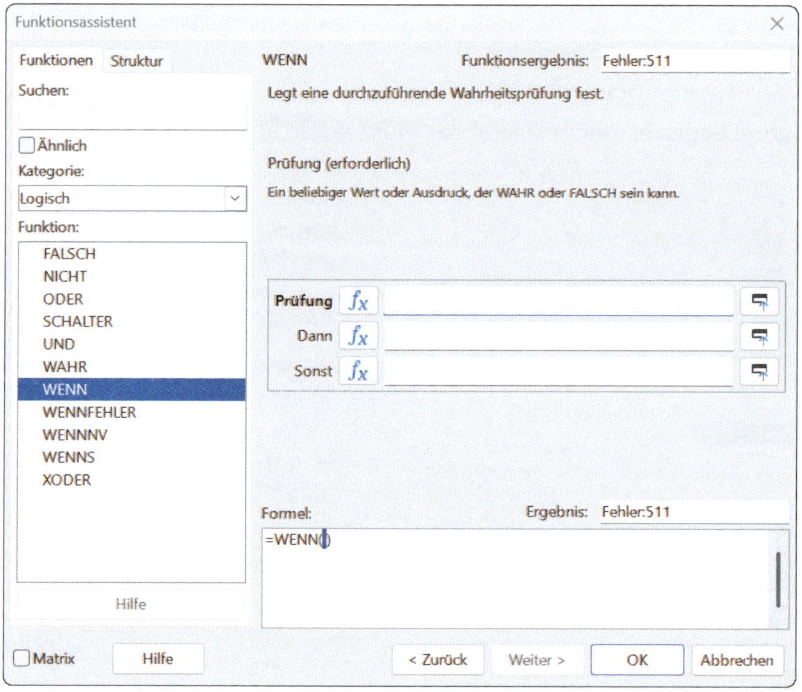


4. Sie müssen nun die Felder ausfüllen. Dazu nutzen Sie die gleichen Angaben wie im vorherigen Abschnitt, nur dass Sie sich hier nicht um die Semikolons und Klammern kümmern müssen. Das macht der Funktionsassistent. Im unteren Bereich »wächst« die Formel mit jeder weiteren Eingabe.
5. Klicken Sie abschließend auf **OK**.

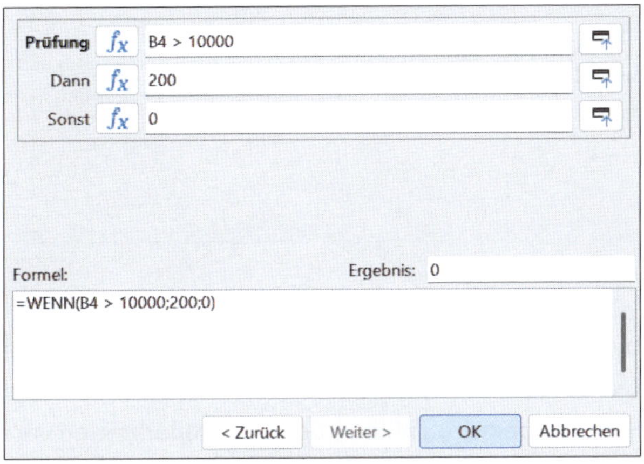


**Abbildung 10.20** *Eingaben im Dialog »Funktionsassistent«*

Im Beispiel bin ich zur einfachen Variante mit konkreten Zahlen zurückgekehrt. Aber Sie hätten auch hier im Dialog mit den entsprechenden Zelladressen arbeiten oder eine Formel wie »B4*10%« eingeben können.

Der Funktionsassistent hilft Ihnen also bei der Formulierung der Formel, aber die Felder **Prüfung**, **Dann** und **Sonst** müssen Sie selbst korrekt ausfüllen, ansonsten wird das Ergebnis nicht stimmen, Assistent hin oder her.

### 10.3.3 Die verschachtelte Wenn-Funktion

Die Wenn-dann-sonst-Funktion kann auch verschachtelt werden, z. B. so, dass Mitarbeiter mit einem höheren Umsatz einen höheren Bonus erhalten als diejenigen, die weniger Umsatz gemacht haben. Sie formulieren also mehr als eine Bedingung, z. B.: »Mitarbeiter mit einem Umsatz über 12.000 € erhalten einen Bonus von 300 €, Mitarbeitern mit einem Umsatz über 10.000 € wird ein Bonus von 200 € gegönnt.«

Eine solche Funktion schreiben Sie manuell in die Ergebniszelle. Beginnen Sie mit der ersten Bedingung und der Dann-Definition: »=WENN(B4>12000;300;« und nach dem Semikolon schreiben Sie erneut »WENN(« und formulieren die zweite Bedingung.

Sie schreiben also »=WENN(B4>12000;300;WENN(B4>10000;200;"kein Bonus"))«. Da Sie zwei Klammern geöffnet haben, müssen Sie am Ende auch zwei Klammern schließen.

| | A | B | C |
|---|---|---|---|
| 2 | | | |
| 3 | **Mitarbeiter** | **Umsatz** | **Bonus** |
| 4 | Schmidt | 7.900,00 | =wenn(B4>12000;300;wenn(B4>10000;200;"kein Bonus")) |
| 5 | Kubus | 13.000,00 | |
| 6 | Winter | 8.800,00 | |
| 7 | Alban | 11.800,00 | |
| 8 | Rusiti | 12.500,00 | |
| 9 | Lehmann | 6.700,00 | |

**Abbildung 10.21** *Wenn-Funktion mit mehreren Bedingungen*

Dann verfahren Sie wie gehabt: Nach der Eingabe der Funktion drücken Sie die [↵]-Taste und füllen die übrigen Zellen durch Ziehen mit gedrückter Maustaste mit der Funktion. Da in der Funktion konkrete Zahlen und keine Zelladressen verwendet wurden, funktioniert das Ausfüllen reibungslos.

C4:C9 | =WENN(B4>12000;300;WENN(B4>10000;200;"kein Bonus"))

| | A | B | C | D | E |
|---|---|---|---|---|---|
| 1 | | 10000 | 10 % | | |
| 2 | | | | | |
| 3 | **Mitarbeiter** | **Umsatz** | **Bonus** | | |
| 4 | Schmidt | 7.900,00 | kein Bonus | | |
| 5 | Kubus | 13.000,00 | 300 | | |
| 6 | Winter | 8.800,00 | kein Bonus | | |
| 7 | Alban | 11.800,00 | 200 | | |
| 8 | Rusiti | 12.500,00 | 300 | | |
| 9 | Lehmann | 6.700,00 | kein Bonus | | |
| 10 | | | | | |

**Abbildung 10.22** *Ergebnis der verschachtelten Funktion*

Solche Schachtelungen sind theoretisch endlos möglich. Jede neue Bedingung beginnt wieder mit »WENN(«.

Noch ein Beispiel: Je nach erreichter Punktzahl in einem Test werden die Noten errechnet. Sie beginnen die Definition mit dem höchsten Wert, und am Ende schließen Sie hintereinander so viele Klammern, wie Sie vorher geöffnet haben.

WENN | =WENN(B3>=91;1;(WENN(B3>=81;2;WENN(B3>=66;3;WENN(B3>=50;4))))

| | A | B | C | D | E | F | G | H |
|---|---|---|---|---|---|---|---|---|
| 1 | | | | | | | | |
| 2 | | Punkte | Note | | | | | |
| 3 | Kai | 88 | =WENN(B3>=91;1;(WENN(B3>=81;2;WENN(B3>=66;3;WENN(B3>=50;4)))) | | | | | |
| 4 | Jan | 81 | | | | | | |

**Abbildung 10.23** *Noten errechnen mit verschachtelter Wenn-Funktion*

Dann drücken Sie [↵] und füllen die Formel nach unten aus.

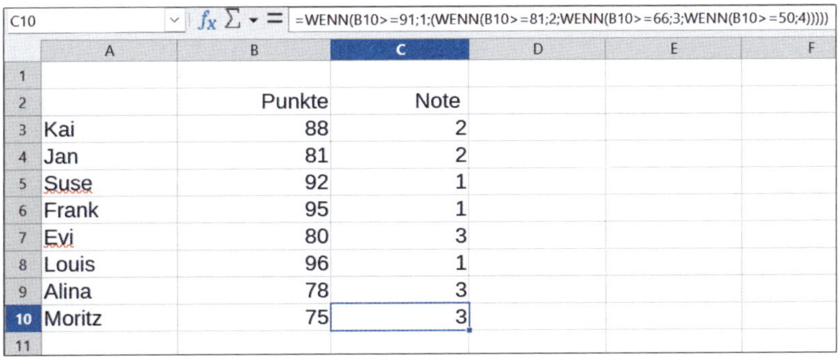

C10 =WENN(B10>=91;1;(WENN(B10>=81;2;WENN(B10>=66;3;WENN(B10>=50;4)))))

| | A | B | C | D | E | F |
|---|---|---|---|---|---|---|
| 1 | | | | | | |
| 2 | | Punkte | Note | | | |
| 3 | Kai | 88 | 2 | | | |
| 4 | Jan | 81 | 2 | | | |
| 5 | Suse | 92 | 1 | | | |
| 6 | Frank | 95 | 1 | | | |
| 7 | Evi | 80 | 3 | | | |
| 8 | Louis | 96 | 1 | | | |
| 9 | Alina | 78 | 3 | | | |
| 10 | Moritz | 75 | 3 | | | |
| 11 | | | | | | |

**Abbildung 10.24** *Das Ergebnis*

Sie können natürlich auch in diesen verschachtelten Wenn-Funktionen mit Zelladressen arbeiten – die Werte, auf die Sie sich beziehen, also zuvor in Extrazellen schreiben. Mit dieser Methode hätten Sie eine sehr flexible Tabelle: Sie könnten den Notenspiegel dann anpassen und weiterhin richtige Ergebnisse erhalten. Das Wichtige ist generell, dass Sie präzise arbeiten und sich genau an die Syntax halten. Gerade in verschachtelten Funktionen schleichen sich schnell kleine Fehler ein – ich spreche aus Erfahrung!

## 10.4 Fehler in Formeln finden und beheben

Calc ist ein Rechenkünstler und macht im Prinzip keine Fehler, ganz im Gegensatz zu uns Menschen! Aber Calc ist so freundlich und weist uns auf Fehler hin, die wir in Berechnungen durch Tippfehler, falsche Formeln oder widersinnige Bezüge gemacht haben. Während man in einer einfachen Berechnung meistens selbst erkennen kann, was man falsch gemacht hat, ist die Hilfestellung von Calc in komplexen Berechnungen sehr wertvoll. In diesem Abschnitt beschreibe ich die Möglichkeiten, Fehler mithilfe der integrierten Fehleranalyse und/oder bestimmter Codes zu entdecken und abzufangen.

### 10.4.1 Die Spur zum Fehler

Calc hat eine Art Detektiv an Bord, der Ihnen bei der Fehlersuche auf die Sprünge hilft. Die entsprechenden Funktionen finden Sie auf der Registerkarte **Extras**.

Nehmen wir an, Sie sehen in Ihrer Berechnung einen Fehlercode (siehe nächster Abschnitt), erkennen aber nicht, warum dieser Code aufgetaucht ist. Dann hilft es, sich den Ursprung des Übels anzeigen zu lassen. Klicken Sie auf der Registerkarte **Extras** auf **Spur zum Fehler**.

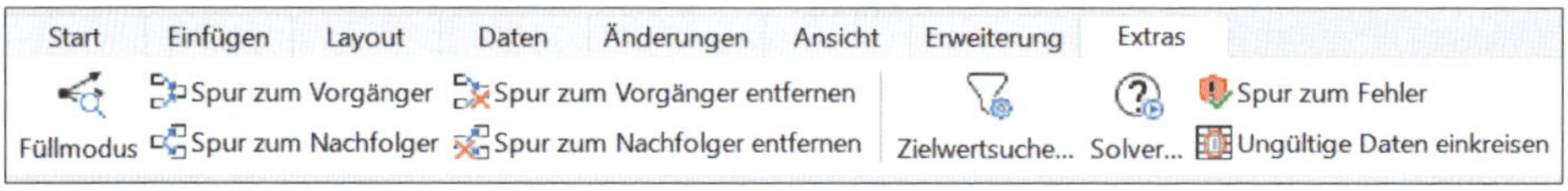


**Abbildung 10.25** *Fehler finden*

Calc nimmt die relevanten Zellen unter die Lupe und zeichnet daraufhin blaue Pfeile zu den Zellen, die den Fehler verursachen.

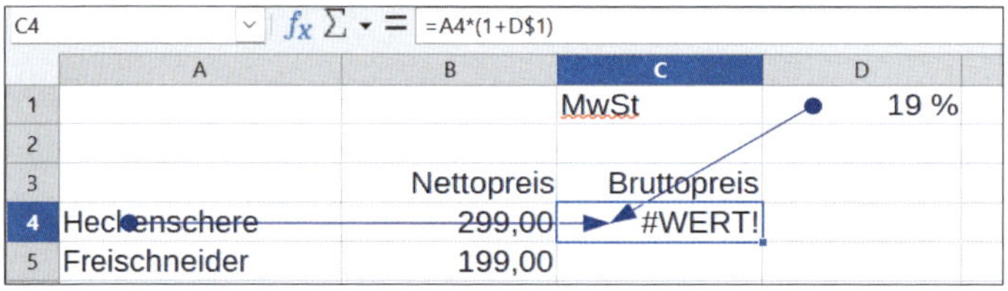


**Abbildung 10.26** *Spur zum Fehler*

Im Beispiel aus Abbildung 10.26 sehen Sie, dass hier die Zelladresse falsch ist: Die Linie verweist auf Zelle A4.

## 10.4.2 Fehlercodes

Calc weist Sie mit Codes auf bestimmte Fehler hin. Hier ist ein kurzer Überblick über diese Codes und ihre Bedeutung:

- **##### (Rauten)**: Diese Zeichen sind harmlos! Die Spalte ist einfach nur zu schmal, um den berechneten Wert oder das Datum korrekt anzuzeigen. Die Lösung ist ganz einfach: Machen Sie die Spalte breiter.
- **#DIV/0! / Err:503**: Sie versuchen, durch Null oder eine leere Zelle zu teilen. Lösung: Prüfen Sie den Divisor und passen Sie gegebenenfalls Ihre Formel an.

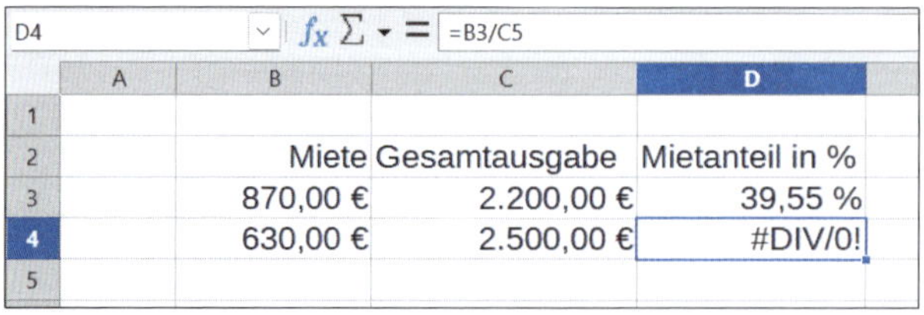


**Abbildung 10.27** *Die Fehlermeldung »#DIV/0!«*

- **#WERT! / Err:519**: Sie versuchen, mit Text zu rechnen, oder Zellbezüge stimmen nicht überein (z. B. gibt es Buchstaben in einer Summe). Lösung: Überprüfen Sie die Formatierung und den Inhalt der referenzierten Zellen auf Text.

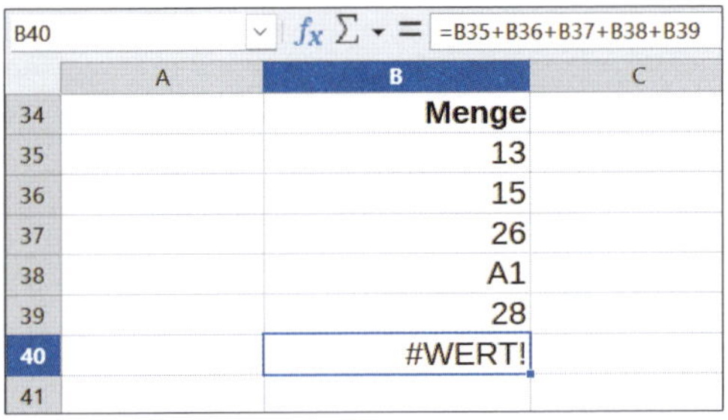


**Abbildung 10.28** *Die Fehlermeldung »#WERT!«*

- **#NAME?**: Dieser Fehler entsteht meist, wenn in einer Formel ein Text oder eine Funktion falsch geschrieben wurde oder Anführungszeichen für Text fehlen. Überprüfen Sie Ihre Eingabe auf Tippfehler, stellen Sie sicher, dass Text in Anführungszeichen steht, oder nutzen Sie den Funktionsassistenten.

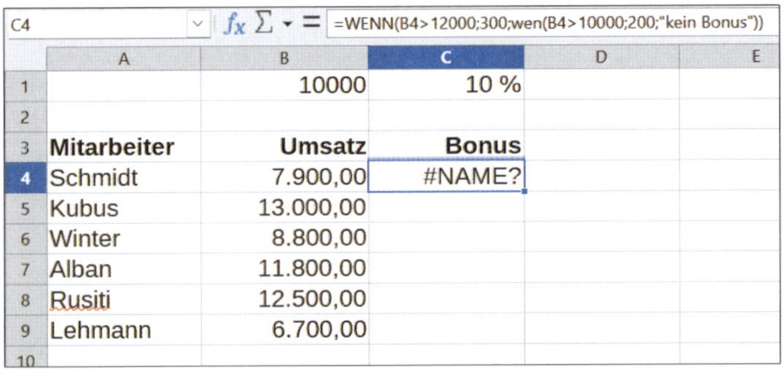


**Abbildung 10.29** *Die Fehlermeldung »#NAME?«*

- **#BEZUG! / Err:524**: Dieser Code weist darauf hin, dass es in der Formel einen ungültigen Bezug gibt oder dass eine Formel auf eine Zelle verweist, die mittlerweile gelöscht wurde. Lösung: Überprüfen Sie die Formelbezüge und korrigieren Sie sie.

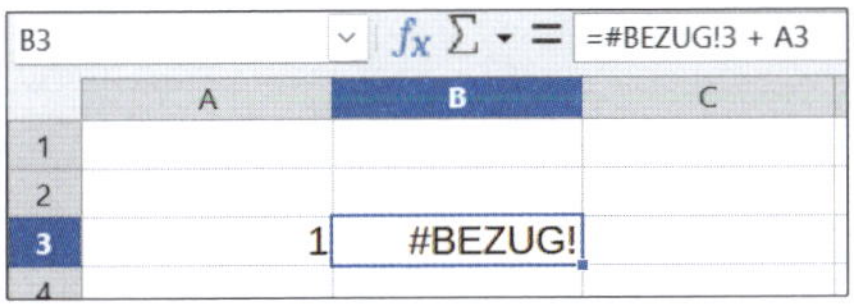


**Abbildung 10.30** *Eine Spalte wurde gelöscht, wodurch die Berechnung zerstört wurde.*

# Kapitel 11
# Daten sortieren und filtern

Calc ist zwar in erster Linie Rechenkünstler, kann aber auch als leistungsstarkes Datenbankprogramm genutzt werden. Wie Sie Listen erstellen oder Daten sortieren und filtern, erfahren Sie in diesem Kapitel.

## 11.1 Tabellen sortieren: alphabetisch oder nach Größe

Da der Bildschirm in Spalten und Zeilen eingeteilt ist, ist es einfach, eine tabellarische Liste zu erstellen. Sie schreiben einfach die Überschriften der Liste Spalte für Spalte in eine Zeile, darunter folgen dann Zeile für Zeile die jeweiligen Einträge. Alle Einträge einer Zeile werden als *Datensatz* bezeichnet.

Eine Bücherliste soll im Folgenden als Beispiel dienen, um die Möglichkeiten des Sortierens anschaulich darzustellen.

Da längere Einträge zu erwarten sind, ist es für die Eingabe der Daten sinnvoll, als Erstes dafür zu sorgen, dass der Text in den Zellen umbrochen wird, damit die Spalten nicht ausufernd breit sein müssen. Markieren Sie mehrere Zeilen, und klicken Sie auf der Registerkarte **Start** auf die Schaltfläche **Text umbrechen**.

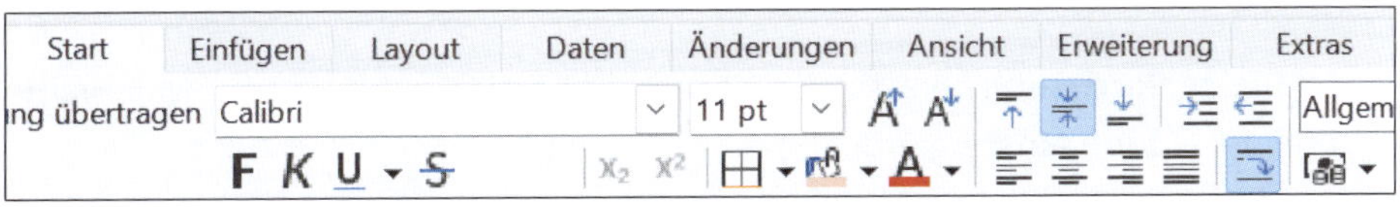


**Abbildung 11.1** *Das Symbol für den Textumbruch in einer Zelle*

Füllen Sie nun die Tabelle mit Daten. Sie werden sehen, dass längere Eingaben am Ende der Zelle dank des Zeilenumbruchs in die nächste Zeile rutschen. Passen Sie bei Bedarf die Spaltenbreite und Zeilenhöhe (**Start • Zeile • Zeilenhöhe**) erneut an.

Ändern Sie gegebenenfalls auch die Ausrichtung des Textes in den Zellen. (Standardmäßig steht der Text am unteren Rand.) Markieren Sie die Zellen, für die Sie die Ausrichtung ändern möchten, und klicken Sie auf der Registerkarte **Start** z. B.

auf **Mittig**, um den Text mittig zwischen oberem und unterem Rand zu positionieren.

| | A | B | C | D | E | F |
|---|---|---|---|---|---|---|
| 1 | Nachname | Vorname | Buchtitel | Verlag | Erscheinungsjahr | Erscheinungsort |
| 2 | Dürrenmatt | Friedrich | Durcheinandertal | Diogenes | 1989 | Zürich |
| 3 | Houellebecq | Michel | Elementarteilchen | Dumont | 1998 | Köln |
| 4 | Menasse | Robert | Die Hauptstadt | Suhrkamp | 2017 | Frankfurt a.M. |
| 5 | Maron | Monika | Ach Glück | Fischer | 2009 | Berlin |
| 6 | Maron | Monika | Stille Zeile Sechs | Fischer | 1991 | Berlin |
| 7 | Maron | Monika | Zwei Brüder | Fischer | 2010 | Berlin |
| 8 | Maron | Monika | Zwischenspiel | Fischer | 2013 | Berlin |
| 9 | Roth | Phillip | Der menschliche Makel | Hanser | 2000 | München |
| 10 | Frank | Robert | Come again | Steidl | 2006 | Göttingen |
| 11 | Arenz | Ewald | Fünf Sechs Sieben Acht | Dumont | 2026 | Köln |
| 12 | Erpenbeck | Jenny | Heimsuchung | Penguin | 2018 | München |
| 13 | | | | | | |

**Abbildung 11.2** *Eine unsortierte Bücherliste*

Ignorieren Sie bei der Eingabe von Daten die alphabetische (oder gegebenenfalls auch eine numerische) Reihenfolge. Calc wird die Sortierung im Nu für Sie erledigen. Dies sind die Schritte:

1. Um alphabetisch nach Nachnamen zu sortieren, setzen Sie den Cursor in die entsprechende Spalte.
2. Klicken Sie dann auf der Registerkarte **Start** auf die Schaltfläche **Sortieren**.

3. Im Dialog **Sortierung** belassen Sie es im Feld **Sortierschlüssel 1** bei **Nachname** und der Option **Aufsteigend**.
4. Da die Tabelle Überschriften enthält, aktivieren Sie im Bereich **Sortieroptionen** die Option **Bereich enthält Spaltenbeschriftungen**. Ansonsten würde die Überschrift mit in die Reihenfolge aufgenommen werden, was nicht Sinn der Sache ist.
5. Bei der Option **Richtung** belassen Sie es bei **Von oben nach unten (Zeilen sortieren)**.

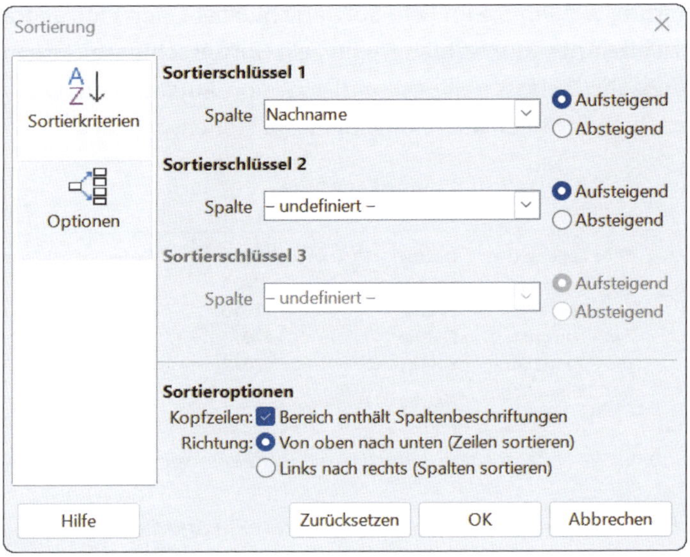


6. Klicken Sie dann auf **OK**.

| Nachname | Vorname | Buchtitel | Verlag | Erscheinungsjahr | Erscheinungsort |
|---|---|---|---|---|---|
| Arenz | Ewald | Fünf Sechs Sieben Acht | Dumont | 2026 | Köln |
| Dürrenmatt | Friedrich | Durcheinandertal | Diogenes | 1989 | Zürich |
| Erpenbeck | Jenny | Heimsuchung | Penguin | 2018 | München |
| Frank | Robert | Come again | Steidl | 2006 | Göttingen |
| Houellebecq | Michel | Elementarteilchen | Dumont | 1998 | Köln |
| Maron | Monika | Ach Glück | Fischer | 2009 | Berlin |
| Maron | Monika | Stille Zeile Sechs | Fischer | 1991 | Berlin |
| Maron | Monika | Zwei Brüder | Fischer | 2010 | Berlin |
| Maron | Monika | Zwischenspiel | Fischer | 2013 | Berlin |
| Menasse | Robert | Die Hauptstadt | Suhrkamp | 2017 | Frankfurt a.M. |
| Roth | Phillip | Der menschliche Makel | Hanser | 2000 | München |

**Abbildung 11.3** *Die sortierte Liste*

Der Erfolg zeigt sich unmittelbar: Die Eingaben werden in eine alphabetische Reihenfolge gebracht (natürlich nicht nur die Einträge der aktiven Spalte, sondern die ganzen Datensätze).

Sie können auch eine komplexere Sortierreihenfolge vorgeben. Da bestimmte Nachnamen mehrfach auftauchen, möchten Sie beispielsweise nach Nachname und nach Erscheinungsjahr sortieren:

1. Setzen Sie den Cursor in die Spalte *Nachname* und rufen Sie den Dialog **Sortierung** auf.

2. Im Dialog **Sortierung** wählen Sie im Feld **Sortierschlüssel 1** den Eintrag **Nachname**. Für das zweite Kriterium wählen Sie im Feld **Sortierschlüssel 2** den Eintrag **Erscheinungsjahr**. Belassen Sie es bei der Option **Aufsteigend**, wird das am frühesten erschienene Buch am Anfang der Liste stehen.

3. Nach einem Klick auf **OK** erhalten Sie das Ergebnis.

| | | | | | |
|---|---|---|---|---|---|
| Maron | Monika | Stille Zeile Sechs | Fischer | 1991 | Berlin |
| Maron | Monika | Ach Glück | Fischer | 2009 | Berlin |
| Maron | Monika | Zwei Brüder | Fischer | 2010 | Berlin |
| Maron | Monika | Zwischenspiel | Fischer | 2013 | Berlin |
| Menasse | Robert | Die Hauptstadt | Suhrkamp | 2017 | Frankfurt a.M. |
| Roth | Phillip | Der menschliche Makel | Hanser | 2000 | München |

**Abbildung 11.4** *Alphabetische Liste, zusätzlich nach dem Erscheinungsjahr sortiert*

Um nur nach dem Erscheinungsjahr zu sortieren, setzen Sie den Cursor in die entsprechende Spalte, und wählen Sie im Feld **Sortierschlüssel 1** den Eintrag **Erscheinungsjahr**. Sofern Sie es bei **Aufsteigend** belassen, steht das älteste Buch oben auf der Liste. Soll es umgekehrt sein, aktivieren Sie **Absteigend**.

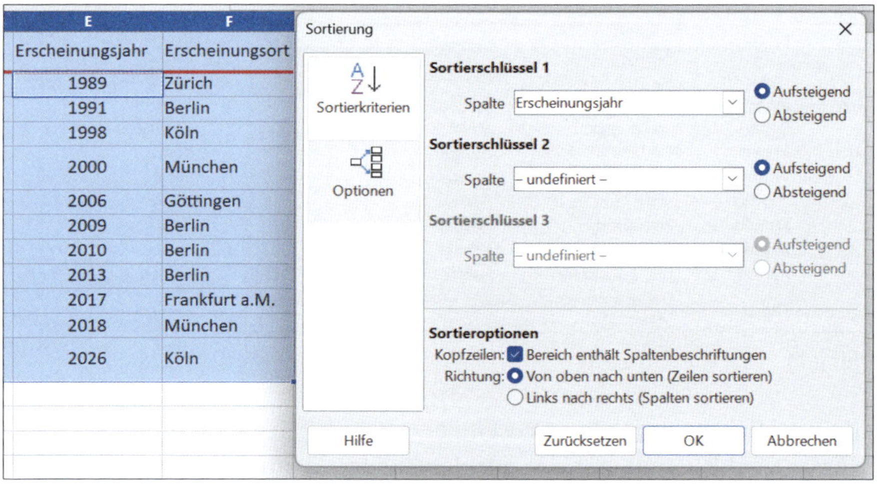


**Abbildung 11.5** *Nach dem Erscheinungsjahr sortieren*

## 11.2 Daten filtern: Nur das Wichtige anzeigen

Insbesondere in sehr langen Listen ist es oft praktisch, nur bestimmte Datensätze anzeigen zu lassen, die Datensätze also nach Kriterien zu filtern. Calc bietet ein paar einfache Wege der Filterung von Datensätzen; außerdem können Sie Bedingungen definieren und Ihre Auswahl mit Operatoren wie UND oder ODER einschränken bzw. kombinieren.

Es beginnt damit, dass Sie Ihre Liste durch Auswahlpfeile ergänzen:

1. Klicken Sie auf der Registerkarte **Start** auf das Symbol **AutoFilter**. An den einzelnen Spalten erscheinen dann Auswahlpfeile.

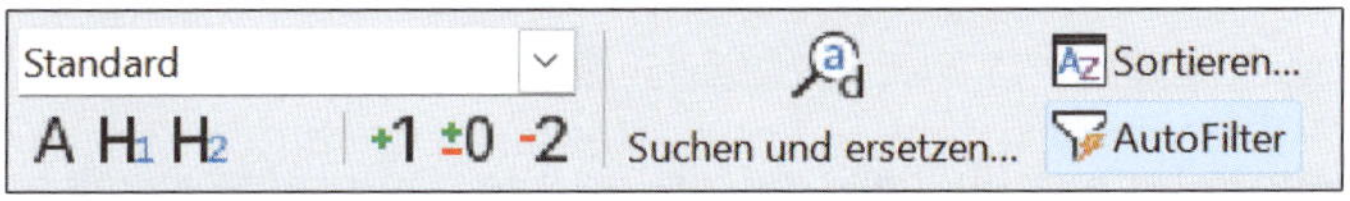


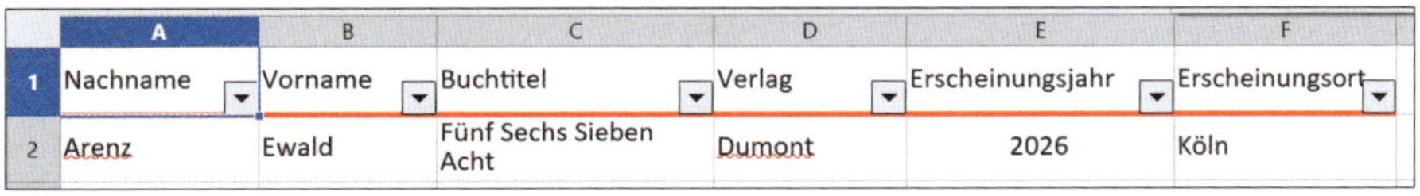


2. Wenn Sie auf einen dieser Pfeile klicken, öffnet sich ein Menü, in dem die Einträge der entsprechenden Spalte jeweils mit einem Auswahlkästchen versehen sind.

3. Um den Filter anzuwenden, deaktivieren Sie die Einträge, die nicht angezeigt werden sollen. Um beispielsweise nur Bücher von »Menasse« anzeigen zu lassen, deaktivieren Sie alle anderen Häkchen, und bestätigen Sie Ihre Auswahl mit **OK**.

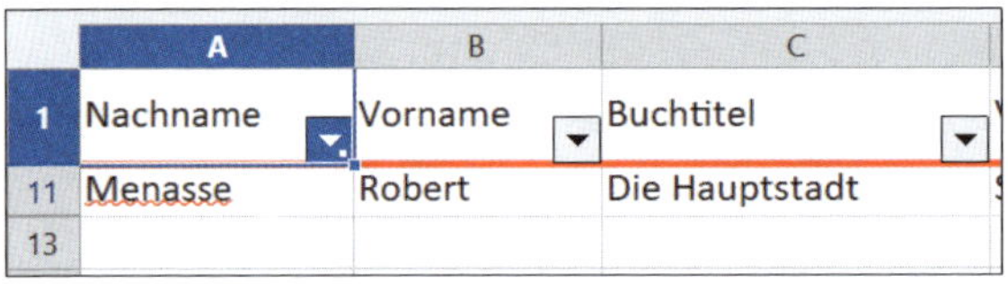


Um den Filter bzw. alle Filter aufzuheben und wieder alle Datensätze anzeigen zu lassen, klicken Sie auf den Auswahlpfeil an der jeweiligen Überschrift, aktivieren Sie im Menü den Eintrag **Alle** und klicken Sie auf **OK**.

Neben diesem einfachen Ausblenden von Datensätzen bietet Calc die Möglichkeit, Filterkriterien selbst zu definieren. Klicken Sie auf den Auswahlpfeil der zu durchsuchenden Spalte und wählen Sie im Menü **Nach Bedingung filtern**. Das Untermenü bietet vier Bedingungen.

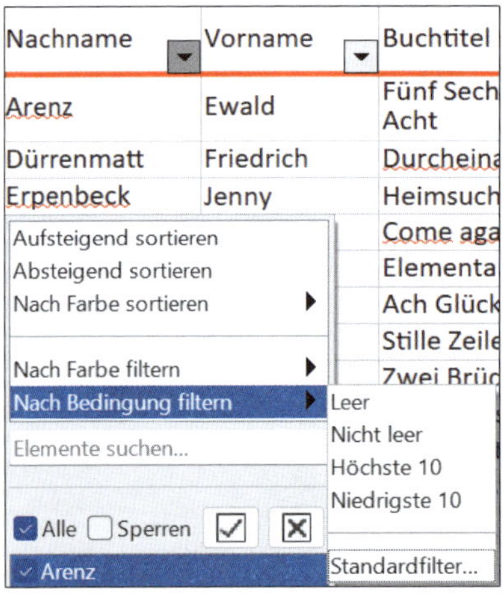


**Abbildung 11.6** *Vier Bedingungen*

- **Leer**: Zeigt Datensätze, in denen der entsprechende Eintrag fehlt.
- **Nicht leer**: Zeigt Datensätze, in denen der entsprechende Eintrag nicht fehlt.
- **Höchste 10**: Zeigt in einer Zahlenspalte die höchsten zehn Werte.
- **Niedrigste 10**: Zeigt in einer Zahlenspalte die niedrigsten zehn Werte.

Um nach Wunsch weitere Filterkriterien zu definieren, klicken Sie in diesem Menü auf **Standardfilter**.

Damit rufen Sie den Dialog **Standardfilter** auf. Hier können Sie Bedingungen für die Auswahl der Datensätze festlegen.

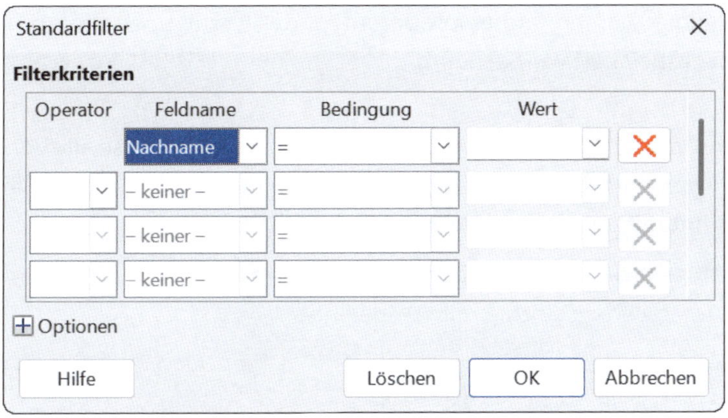


**Abbildung 11.7** *Hier definieren Sie die Filterbedingungen.*

Im Feld **Feldname** legen Sie zunächst fest, nach welchem Feld Sie filtern möchten. Im Menü des Feldes **Bedingung** haben Sie eine Auswahl von = (»ist gleich« oder »entspricht«) bis **Hintergrundfarbe**.

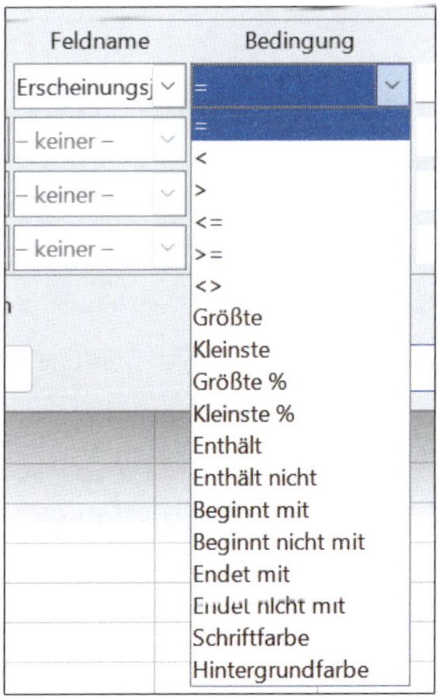


**Abbildung 11.8** *Filterbedingungen*

**Spalte oder Feld?**

In Datenbanken spricht man generell eher von »Feld« und nicht von »Spalte«. Allgemein gesprochen sind Felder strukturierte Elemente in einer Datenbank, die dazu dienen, spezifische Arten von Informationen zu speichern. Jedes Datenbankfeld hat einen Namen und einen Datentyp, der festlegt, welche Art von Daten in ihm gespeichert werden kann.

Im Feld **Wert** geben Sie das Kriterium ein. Möchten Sie sich beispielsweise alle Verlage mit dem Anfangsbuchstaben »D« anzeigen lassen? In diesem Fall wählen Sie als Bedingung **Beginnt mit**, und geben Sie im **Wert**-Feld »D« ein.

Nachdem Sie auf **OK** geklickt haben, erhalten Sie eine Liste, in der nur die Datensätze auftauchen, deren Verlagseintrag mit »D« beginnt.

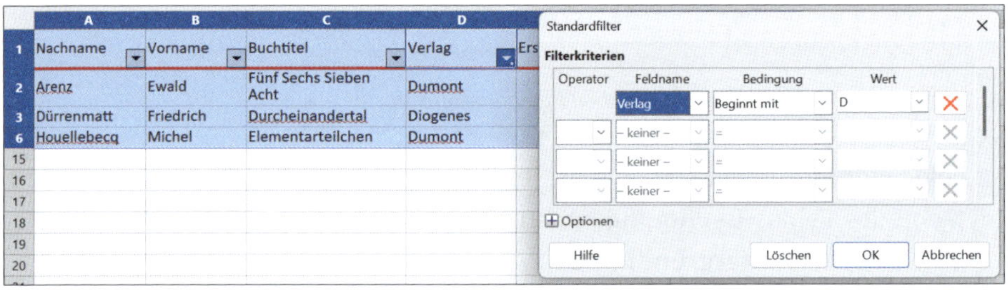


**Abbildung 11.9** *Verlage mit dem Anfangsbuchstaben »D«*

Um wieder alle Datensätze anzeigen zu lassen, klicken Sie im Menü des Filter-Auswahlpfeils auf **Filter zurücksetzen**. (Diesen Eintrag gibt es in einer ungefilterten Tabelle nicht. Logisch!)

**Filter mit regulären Ausdrücken statt Platzhaltern**

Sie kennen vielleicht sogenannte »Joker« oder »Platzhalter« von der Suche nach Dateinamen. Der Platzhalter Sternchen (*) steht beim Suchen für beliebig viele Zeichen, das Fragezeichen steht für genau ein beliebiges Zeichen.

Diese üblichen Platzhalter funktionieren bei diesen Filtern nicht. Daher müssen Sie auf sogenannte *reguläre Ausdrücke* ausweichen. Ich kann hier nicht die komplexe Welt der regulären Ausdrücke erklären, aber ganz kurz gesagt handelt es sich um Suchmuster, die aus einer Kombination verschiedenster Zeichen bestehen.

Wenn Sie alle Vornamen suchen, die mit »R« beginnen, dann können Sie einfach wie oben beschrieben im Filter als Vergleichsoperator **Beginnt mit** und als Suchkriterium `R` nutzen. Wenn Sie Platzhalter nutzen könnten, würden Sie auch mit **Enthält** `R*` zum gleichen Ziel kommen. Als regulärer Ausdruck führt **Enthält** `^R.` zum gleichen Ergebnis. Hier bedeutet das `^`, dass der nachfolgende Buchstabe (also `R`) am Anfang stehen soll, und der Punkt (`.`) bedeutet, dass ein beliebiges Zeichen folgen darf.

Eine typische Verwendung des Fragezeichens ist es, Namen, bei denen man die Schreibweise nicht genau kennt, in großen Datensätzen ausfindig zu machen. Schrieb sich z. B. der Vorname des gesuchten Autors »Reiner« oder »Rainer«?

Mit Platzhaltern würde `R??ner` zum Suchergebnis führen: Beide Schreibweisen werden gefunden. Bei den regulären Ausdrücken sieht es etwas komplizierter aus; Sie tragen im Feld **Wert** `^R.{1,2}ner` ein.

Durch den Punkt (`.`) dürfen beliebige Zeichen folgen, durch die geschweifte Klammer und die Zahlen `{1,2}` wird die Anzahl der möglichen Zeichen auf ein bis zwei reduziert.

Damit der reguläre Ausdruck funktioniert, müssen Sie ihn aktivieren. Dazu klicken Sie im Dialog **Standardfilter** zunächst auf **Optionen**, und in diesem Bereich finden Sie das passende Auswahlkästchen.

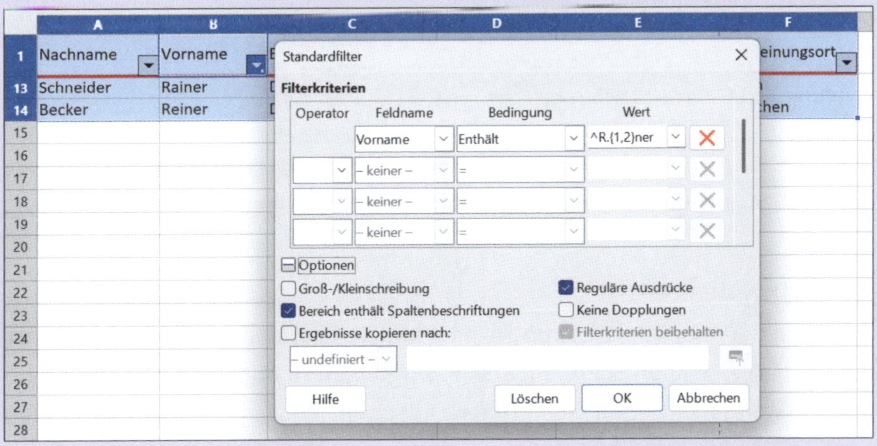


**Abbildung 11.10** *Reguläre Ausdrücke im Filter*

### 11.2.1 UND- oder ODER-Abfragen

Kriterien lassen sich auch kombinieren. Sollen z. B. nicht nur alle Verlage mit »D« angezeigt werden, sondern auch alle Verlage mit »F«, erstellen Sie eine sogenannte ODER-Abfrage. Rufen Sie den Dialog **Standardfilter** auf und aktivieren Sie als Operator die Option **ODER**.

In den beiden ersten Feldern definieren Sie die Auswahl wie zuvor (siehe Abbildung 11.9). In der zweiten Zeile wählen Sie im ersten Feld wieder **Beginnt mit**, und im Feld daneben geben Sie »F« ein. In der Liste sehen Sie nun alle Verlagseinträge, die entweder mit »D« oder mit »F« beginnen.

Anders funktioniert die UND-Abfrage. Wenn Sie die Option **UND** wählen, werden nur die Datensätze angezeigt, die *beide* Kriterien erfüllen. Ein Beispiel: Wählen Sie als Feldname **Nachname** und als Bedingung **Beginnt mit** und tragen Sie als Wert den Anfangsbuchstaben »M« ein. Dann klicken Sie auf **UND** und wählen Sie als Feldname **Erscheinungsjahr** sowie als Bedingung = (»gleich«) und tragen Sie als Wert 2010 ein.

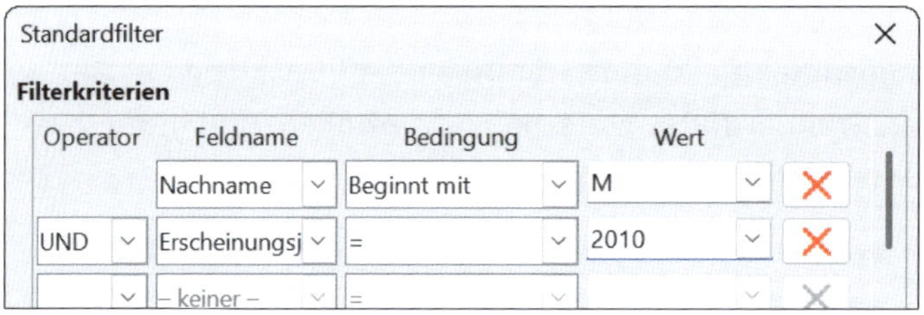


**Abbildung 11.11** *Eine UND-Abfrage*

Mit diesen Eingaben werden nur Datensätze zurückgegeben, in denen der Nachname mit »M« beginnt und das Erscheinungsjahr 2010 ist.

> **Bedingungen löschen**
>
> Einzelne Bedingungen löschen Sie am einfachsten mit dem roten Löschkreuz neben der jeweiligen Zeile. Um alle Bedingungen zu entfernen, nutzen Sie im Dialog **Standardfilter** die Schaltfläche **Löschen**.

### 11.2.2 Zahlen filtern

Wenn Sie zum Beispiel nur nach dem Erscheinungsjahr filtern möchten, deaktivieren Sie im Filtermenü die entsprechenden Jahreszahlen, oder Sie rufen den Dialog

**Standardfilter** auf und legen hier die Bedingung fest. Wählen Sie im Menü der Bedingungen eines der mathematischen Vergleichszeichen (im Beispiel >=, also »größer-gleich«) und geben Sie im rechten Feld z. B. »2000« ein.

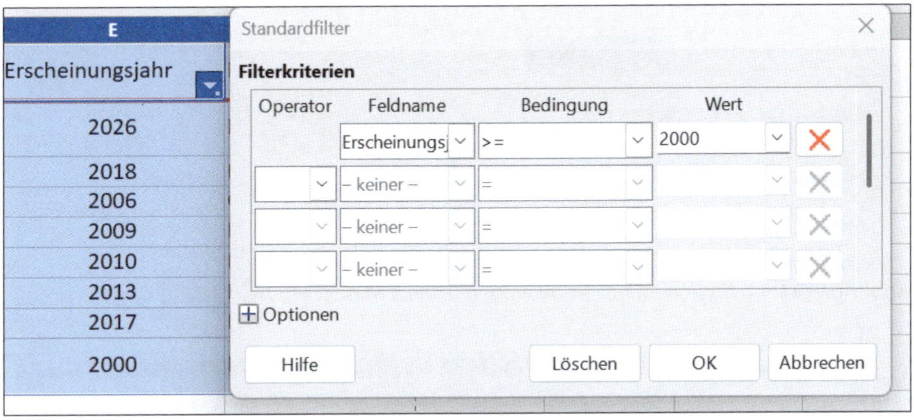


**Abbildung 11.12** *So werden nur Bücher ab dem Jahr 2000 angezeigt.*

Das Ergebnis ist die Anzeige aller Bücher, die im Jahr 2000 oder später erschienen sind.

| Nachname | Vorname | Buchtitel | Verlag | Erscheinungsjahr | Erscheinungsort |
|---|---|---|---|---|---|
| Arenz | Ewald | Fünf Sechs Sieben Acht | Dumont | 2026 | Köln |
| Erpenbeck | Jenny | Heimsuchung | Penguin | 2018 | München |
| Frank | Robert | Come again | Steidl | 2006 | Göttingen |
| Maron | Monika | Ach Glück | Fischer | 2009 | Berlin |
| Maron | Monika | Zwei Brüder | Fischer | 2010 | Berlin |
| Maron | Monika | Zwischenspiel | Fischer | 2013 | Berlin |
| Menasse | Robert | Die Hauptstadt | Suhrkamp | 2017 | Frankfurt a.M. |
| Roth | Phillip | Der menschliche Makel | Hanser | 2000 | München |

**Abbildung 11.13** *Anzeige der Bücher ab dem Jahr 2000*

Schnell lassen sich auch größte oder kleinste Werte anzeigen oder die Kombination beider Filter. Um beispielsweise aus einer Liste diese Werte abzufragen, wählen Sie im Dialog **Standardfilter** in der Auswahl der Bedingungen **Größte**. In der zweiten Zeile stellen Sie als Operator **ODER** ein und wählen Sie als Bedingung **Kleinste**. Das Feld **Wert** lassen Sie jeweils leer.

Nach einem Klick auf **OK** wird Ihnen das gewünschte Ergebnis angezeigt (siehe Abbildung 11.15). Das letzte Buch ist 2026 erschienen, das erste 1989.

**Abbildung 11.14** *Nach dem größten und dem kleinsten Wert filtern*

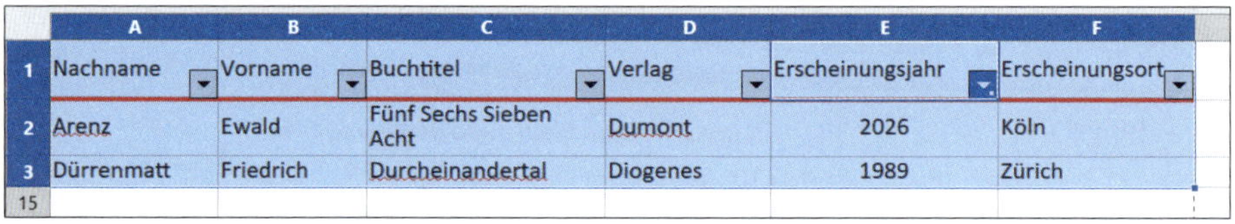

| | A | B | C | D | E | F |
|---|---|---|---|---|---|---|
| 1 | Nachname | Vorname | Buchtitel | Verlag | Erscheinungsjahr | Erscheinungsort |
| 2 | Arenz | Ewald | Fünf Sechs Sieben Acht | Dumont | 2026 | Köln |
| 3 | Dürrenmatt | Friedrich | Durcheinandertal | Diogenes | 1989 | Zürich |
| 15 | | | | | | |

**Abbildung 11.15** *Anzeige des größten und des kleinsten Wertes*

# Kapitel 12
# Anschaulich präsentiert – Diagramme erstellen

Diagramme sind eine gute Methode, um Zahlenmaterial interessant und anschaulich darzustellen. Mithilfe von Diagrammen lassen sich Daten leichter verstehen, interpretieren und kommunizieren. Sehen Sie in diesem Kapitel selbst, wie einfach Sie ein Diagramm erstellen können (es braucht kaum mehr als einen Mausklick) und wie Sie diese Diagramme dann in vielerlei Hinsicht weiterbearbeiten können.

## 12.1 Das passende Diagramm auswählen

Es gibt zahlreiche Diagrammtypen: Säulendiagramme, Balkendiagramme, Liniendiagramme, Kreisdiagramme – um nur die bekanntesten zu nennen. Aber die Auswahl des richtigen Diagramms fällt nicht ganz so schwer, wie man meinen könnte, denn jeder Typ ist besonders gut für bestimmte Daten, eine bestimmte Intention und eine Art der Darstellung geeignet:

- Ein *Säulendiagramm* ist eine grafische Darstellung, die Häufigkeiten oder Werte einzelner Kategorien veranschaulicht und sie miteinander vergleicht. Dabei wird jede Kategorie durch eine einzelne Säule dargestellt.
- Ein *Balkendiagramm* ist ein grafisches Werkzeug zur Darstellung von Daten, bei dem horizontale Balken verwendet werden, um Werte oder Häufigkeiten verschiedener Kategorien zu vergleichen.
- Ein *Liniendiagramm* stellt Messwerte entlang einer kontinuierlichen Achse dar, meist über die Zeit. Dabei werden die einzelnen Punkte durch Linien verbunden, um Veränderungen, Trends oder Entwicklungen anschaulich zu zeigen.
- Ein *Kreisdiagramm*, salopp auch *Tortendiagramm* genannt, ist ein kreisförmiges Diagramm, das verwendet wird, um Anteile eines Ganzen darzustellen. Jeder Abschnitt – jedes Tortenstück – repräsentiert eine Kategorie, und seine Größe entspricht dem prozentualen Anteil dieser Kategorie an der Gesamtheit.

Calc bietet all diese Typen und etliche mehr zur Auswahl an.

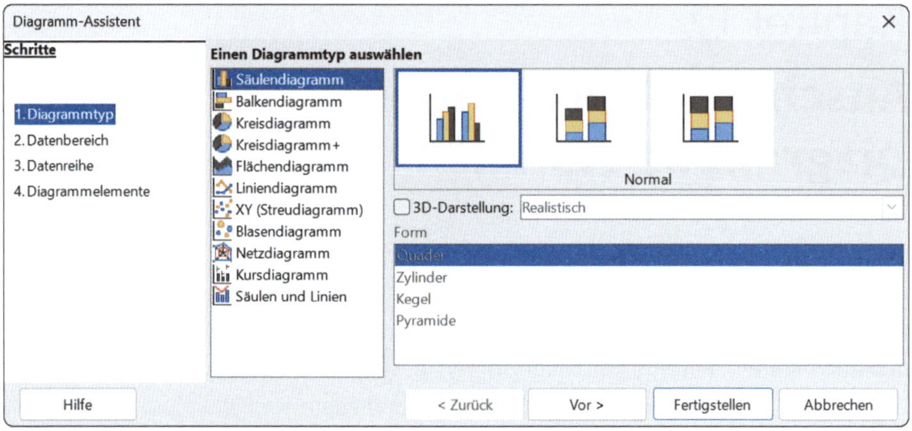


**Abbildung 12.1** *Diagrammtypen*

Der erste Schritt zu einem Diagramm ist immer eine Tabelle. Sie legen also nicht los und zeichnen ein hübsches Diagramm, sondern erstellen zunächst die entsprechende Tabelle. In dieser Tabelle markieren Sie die Spalten und/oder Zeilen, die (bzw. deren Zellinhalt) Sie für das Diagramm nutzen wollen. Wenn einzelne, nicht zusammenhängende Spalten bzw. Zeilen der Tabelle für das Diagramm wichtig sind, nutzen Sie die Möglichkeit der Mehrfachmarkierung: Halten Sie `Strg` gedrückt und klicken Sie nacheinander auf die benötigten Spalten oder Zeilen.

## 12.2 Ein Säulendiagramm Schritt für Schritt erstellen

In unserem Beispiel erstellen wir ein Säulendiagramm, das die Anzahl von Busreisen zu bestimmten Zielen über drei Jahre miteinander vergleicht. Erstellen Sie am besten eine ähnliche Tabelle, wenn Sie das Beispiel nachvollziehen möchten.

| | A | B | C | D | E |
|---|---|---|---|---|---|
| 1 | **Fernreisen mit dem Bus** | | | | |
| 2 | | | | | |
| 3 | **Ziele** | **Sommer 2023** | **Sommer 2024** | **Sommer 2025** | **Gesamt** |
| 4 | Madrid | 12 | 18 | 22 | 52 |
| 5 | Mailand | 10 | 10 | 8 | 28 |
| 6 | Oslo | 24 | 28 | 32 | 84 |
| 7 | Paris | 30 | 34 | 34 | 98 |
| 8 | Rom | 28 | 22 | 28 | 78 |
| 9 | Stockholm | 8 | 10 | 12 | 30 |

**Abbildung 12.2** *Überblick über die Anzahl der Busreisen*

1. Für das Diagramm brauchen Sie die Ziele, die Perioden und die Zahlen. Markieren Sie also die entsprechenden Spalten (alle Spalten bis auf die Spalte *Gesamt*).

| Fernreisen mit dem Bus | | | | |
|---|---|---|---|---|
| | | | | |
| **Ziele** | **Sommer 2023** | **Sommer 2024** | **Sommer 2025** | **Gesamt** |
| Madrid | 12 | 18 | 22 | 52 |
| Mailand | 10 | 10 | 8 | 28 |
| Oslo | 24 | 28 | 32 | 84 |
| Paris | 30 | 34 | 34 | 98 |
| Rom | 28 | 22 | 28 | 78 |
| Stockholm | 8 | 10 | 12 | 30 |

2. Aktivieren Sie die Registerkarte **Einfügen**. Hier klicken Sie auf **Diagramm einfügen**.

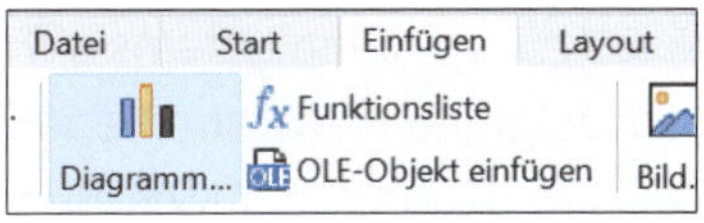


3. Sofort wird im Hintergrund ein Säulendiagramm eingeblendet; zusätzlich öffnet sich der **Diagramm-Assistent** (den wir hier aber ignorieren, siehe den Kasten »Den Diagramm-Assistenten nutzen«). Wenn Sie möchten, konnten Sie hier eine Variante des Säulendiagramms auswählen. Sofern Sie es bei dem Standarddiagramm belassen möchten, klicken Sie einfach auf **Fertigstellen**.

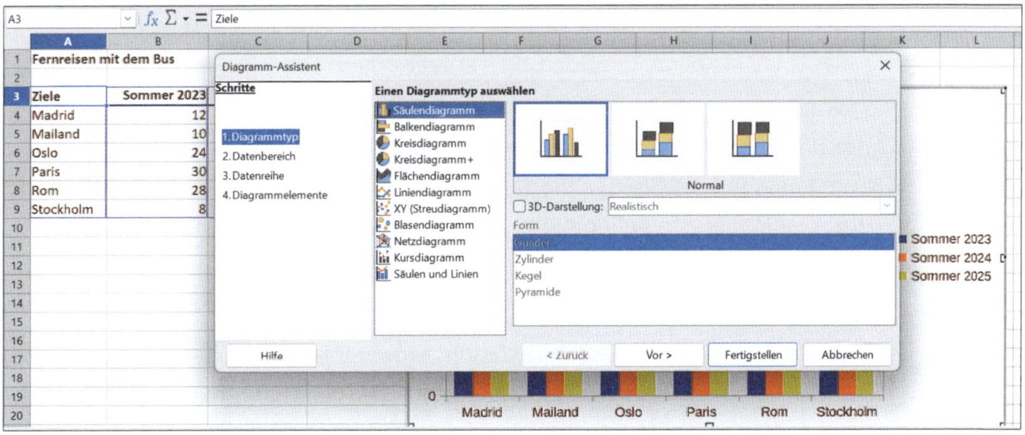


Nun sehen Sie das Diagramm in voller Schönheit auf Ihrem Tabellenblatt.

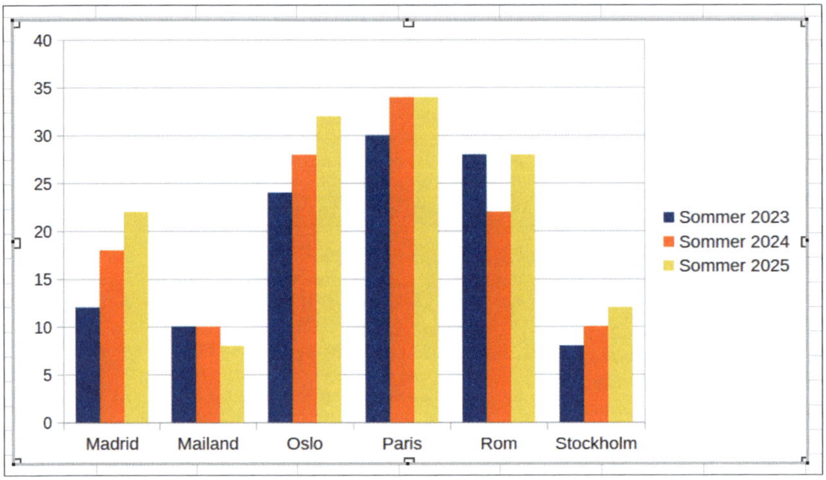


**Abbildung 12.3** *Das eingefügte Säulendiagramm*

Die Perioden bilden die *Legende*. Auf der x-Achse des Koordinatensystems werden die Ziele angezeigt. Die Höhe der einzelnen Säulen zeigt die Werte an, die auf der y-Achse abzulesen sind. Wichtig zu wissen ist, dass das Diagramm mit der Tabelle verknüpft ist (Sie sehen das u. a. an den blauen Linien, von denen die relevanten Spalten umgeben sind). Dies bedeutet, dass sich auch die Darstellung der Werte im Diagramm verändert, sobald Sie Werte in der Tabelle verändern.

**Verknüpfung**

Probieren Sie die Aktualisierung ruhig einmal aus. Ändern Sie einen Wert in der Tabelle und schauen Sie sich dann das Diagramm an. Die entsprechende Säule ist – je nach Veränderung – kürzer oder höher.

Um das ganze Diagramm zu verschieben, führen Sie den Mauszeiger auf die äußere Linie. Sobald Sie den Vierfachpfeil sehen, können Sie das Diagramm mit gedrückter Maustaste beliebig hin- und herschieben.

**Den Diagramm-Assistenten nutzen**

Wie Sie vermutlich bemerkt haben, wurde beim Erstellen des Diagramms nicht der Diagramm-Assistent bemüht, den der gleichnamige Dialog im Bereich **Schritte** bereitstellt (siehe die Abbildung zu Schritt 3). Stattdessen haben Sie damit begonnen, die relevanten Spalten zu markieren und dann das

Diagramm erstellt bzw. erstellen lassen. Wenn Sie den Diagramm-Assistenten benutzen möchten, markieren Sie in der Tabelle gar nichts, und legen Sie einfach los, indem Sie auf **Diagramm einfügen** klicken. Dann durchlaufen Sie die Schritte: Sie wählen den Diagrammtyp, klicken auf **Vor**, legen den Datenbereich fest, klicken auf **Vor** etc. Ich sehe allerdings keinen Vorteil bei diesem Vorgehen, da Sie auch dabei entscheiden müssen, welche Spalten/Zellen relevant sind (sie aber unter Umständen nicht markieren können, sondern händisch eingeben müssen, da die Tabelle von dem entstehenden Diagramm verdeckt ist). Schritt 4, **Diagrammelemente**, bietet allerdings die Möglichkeit, Titel und Achsenbeschriftungen festzulegen. Aber das ist ja auch ohne Assistenten kein Problem.

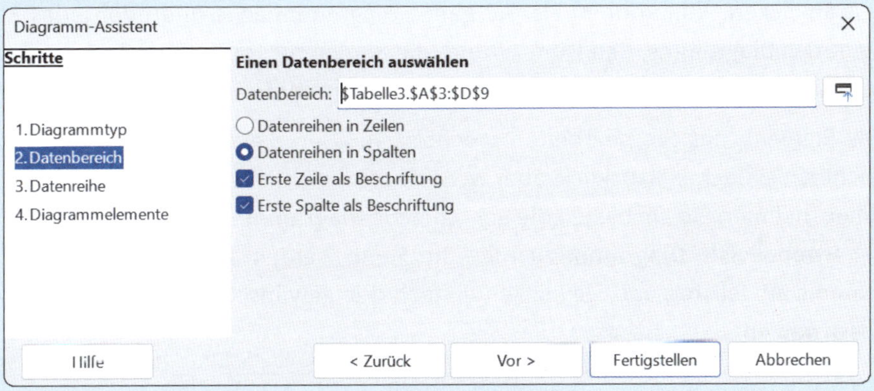


**Abbildung 12.4** *Hier legen Sie den Datenbereich fest.*

## 12.3 Diagramme nachträglich bearbeiten und formatieren

Wie Sie gesehen haben, ist ein Diagramm im Nu erstellt. Vielleicht genügt es aber Ihren optischen Ansprüchen noch nicht. Dann können Sie es auf verschiedene Arten bearbeiten und formatieren.

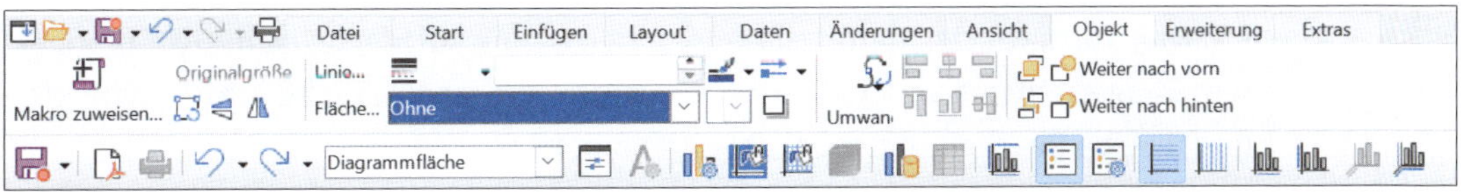


**Abbildung 12.5** *Die Registerkarte »Objekt« mit der zusätzlichen Symbolleiste für Diagramme*

Nach dem Erstellen des Diagramms ist es (wie schon erwähnt) mit der Tabelle verknüpft und automatisch zum Bearbeiten ausgewählt. Die Diagrammfläche ist von einem grauen Rahmen umgeben und Sie sehen eine neue Registerkarte – die Registerkarte **Objekt** – mit der zusätzlichen Symbolleiste **Diagramm**. Wenn Sie nun irgendwo auf das Tabellenblatt klicken, verschwinden dieser Rahmen sowie die Registerkarte **Objekt**.

Um das Diagramm zu markieren (z. B. um es zu verkleinern oder zu verschieben), reicht es, es *einmal* anzuklicken. Sie sehen dann die für ein Objekt typischen Ziehpunkte an den Rändern und Ecken, und die Registerkarte **Objekt** taucht auch wieder auf. Mit `Entf` könnten Sie es jetzt einfach löschen.

Um es erneut für die Bearbeitung auszuwählen, müssen Sie das Diagramm *doppelt* anklicken. Nun können Sie die ganze Diagrammfläche und/oder jedes Element des Diagramms, den Hintergrund, die Säulen etc. optisch verändern. Dazu nutzen Sie die Symbole auf der Symbolleiste **Diagramm**.

Das Element, das Sie bearbeiten möchten, müssen Sie zuvor markieren. Dazu reicht ein einfacher Mausklick, aber wenn Sie sich nicht sicher sind, wo Sie klicken sollen, nehmen Sie am besten die Schaltfläche **Diagrammelement auswählen** auf der Symbolleiste **Diagramm** zu Hilfe. Im Menü werden alle Elemente des Diagramms aufgelistet, und Sie klicken einfach den gewünschten Eintrag an, um es auszuwählen.

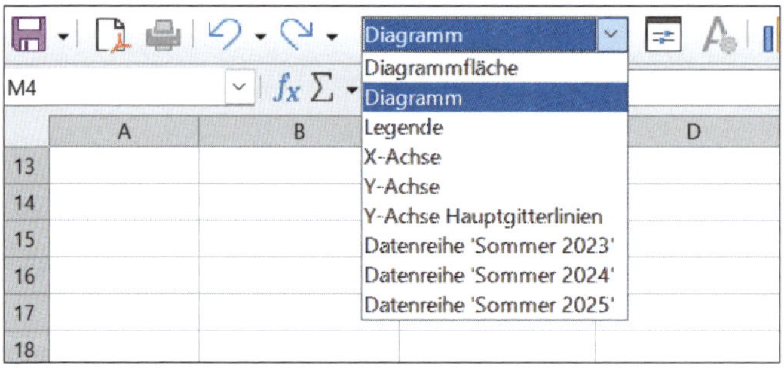


**Abbildung 12.6** *Diagrammelemente auswählen*

Direkt neben der Schaltfläche **Diagrammelement auswählen** gibt es das Symbol **Auswahl formatieren**. Damit rufen Sie einen Dialog auf, der je nach zuvor markiertem Element etwas anders heißt (**Diagramm**, **Diagrammfläche**, **Datenreihe** etc.) und diverse Bearbeitungsmöglichkeiten bietet.

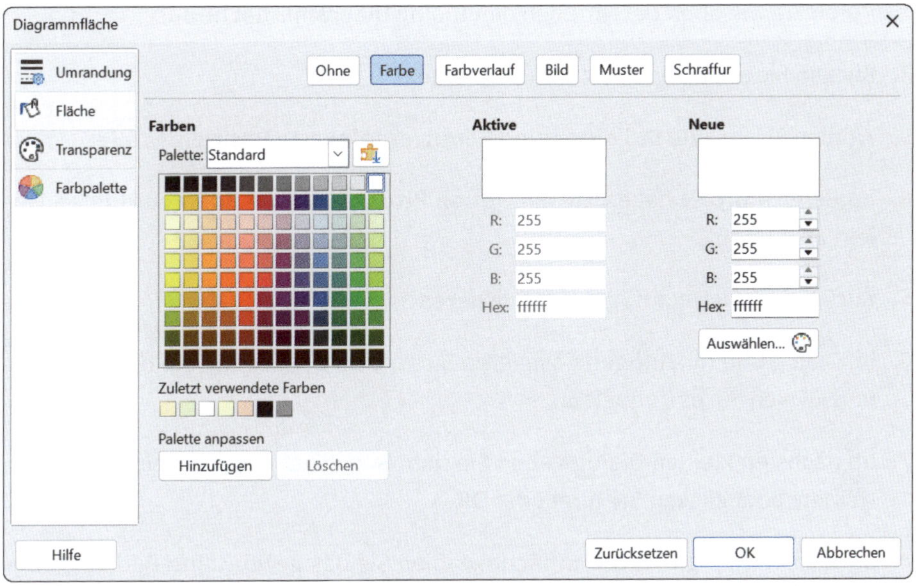


**Abbildung 12.7** *Eine Farbe für die Diagrammfläche auswählen*

Um dem ganzen Diagramm einen farbigen Hintergrund zuzuweisen, muss als Element **Diagrammfläche** markiert sein. Der Rest ist fast selbsterklärend:

1. Markieren Sie links als Kategorie **Fläche**.
2. Klicken Sie oben auf die Schaltfläche **Farbe**, um die Farbpalette einzublenden.
3. Klicken Sie in der Farbpalette die gewünschte Farbe an.

Anstatt im Dialog zu arbeiten, können Sie auch direkt auf der Symbolleiste **Diagramm** auf das Symbol **Fläche** klicken und damit den Dialog **Diagrammfläche** aufrufen (siehe Abbildung 12.6). Auch im Kontextmenü des Diagramms wird der Befehl **Diagrammfläche formatieren** angeboten. Wie gesagt, viele Wege führen nach Rom.

### 12.3.1 Ein Bild als Hintergrund

Oft sieht man in einer Zeitung oder einem Magazin Diagramme mit einem zum Thema passenden Hintergrundbild, z. B. einen Berg Hühnereier in einem Diagramm über den Pro-Kopf-Verbrauch an Eiern im Zeitverlauf. Eine solche Gestaltung kann ein echter Blickfang sein. Sofern Sie ein passendes Bild oder eine passende Grafik gespeichert haben, könnten Sie ein Bild für Ihr Diagramm verwenden:

1. Rufen Sie wie oben beschrieben den Dialog **Diagrammfläche** auf.
2. Klicken Sie oben auf die Schaltfläche **Bild**.
3. Wählen Sie im Feld **Stil** die Option **Benutzerdefinierte Position/Größe**.
4. Im Bereich **Größe** haken Sie die Option **Prozentual zum übergeordneten Objekt** an.
5. Klicken Sie auf **Hinzufügen / Importieren**.
6. Im Dialog **Bild hinzufügen** navigieren Sie zu dem Ordner, in dem das Bild liegt, und klicken Sie es doppelt an.
7. Im nächsten kleinen Dialog geben Sie dem Bild gegebenenfalls einen anderen Namen, oder klicken Sie direkt auf **OK**.
8. Zurück im Dialog **Diagrammfläche** wählen Sie das gewünschte Bild aus (aber vermutlich ist es bereits ausgewählt), und klicken Sie auf **OK**.

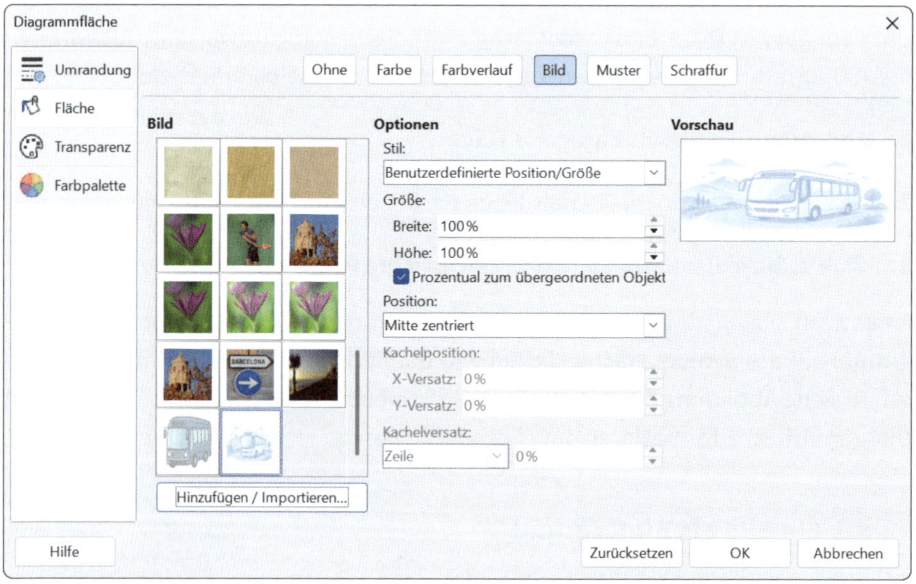


**Abbildung 12.8** *Die Einstellungen zum Einfügen des Hintergrundbildes*

Nach diesen Schritten sollte Ihr Bild den Hintergrund des Diagramms schmücken.

Füllen Sie den Hintergrund einfach wieder mit einer Farbe, wenn Ihnen der Hintergrund mit Bild doch nicht gefällt.

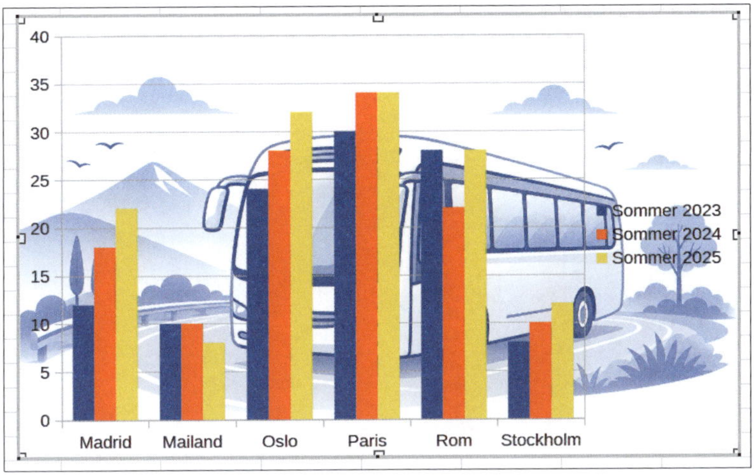


**Abbildung 12.9** *Das Diagramm mit Hintergrund*

### 12.3.2 Die Säulen einfärben

Wie ich weiter vorn schon erwähnt habe, können Sie im Prinzip jedes Element des Diagramms bearbeiten. Die Bearbeitung beginnt immer damit, dass Sie das entsprechende Element markieren. Um z. B. die einzelnen Säulen neu einzufärben, markieren Sie **Datenreihe** bzw. eine der Datenreihen. Dann klicken Sie wieder auf **Auswahl formatieren**.

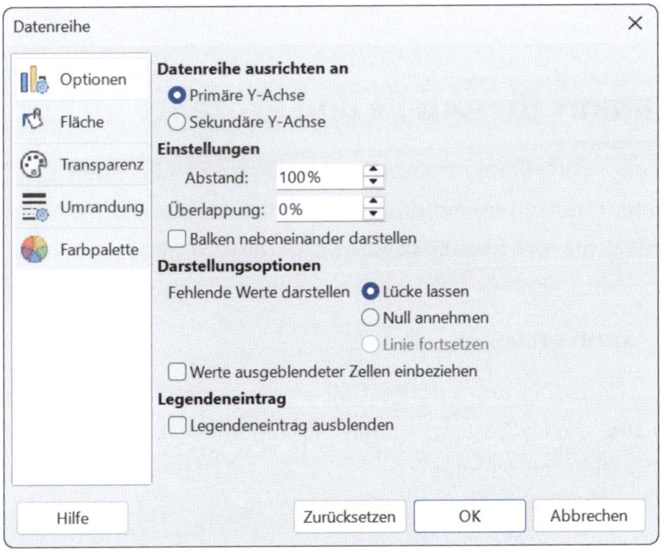


**Abbildung 12.10** *Weitere Bearbeitungsmöglichkeiten*

Im Dialog **Datenreihe** wählen Sie links die gewünschte Kategorie aus, und nehmen Sie dann Ihre Einstellungen vor. Wie Sie sehen, könnten Sie wieder mit Farbe spielen, die Säulen umranden etc.

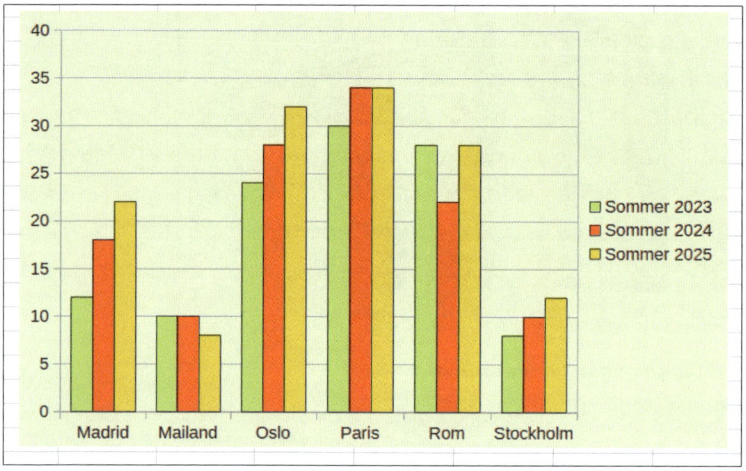


**Abbildung 12.11** *Das neu eingefärbte Diagramm*

Werfen Sie auch einen Blick auf die weiteren Symbole der Symbolleiste **Diagramm**. Sie entdecken hier u. a. auch das Symbol **Titel**, die Symbole zum Ein- und Ausschalten und Bearbeiten der Legende und Symbole zum Bearbeiten der Achsen.

## 12.4 Kreisdiagramme für Anteile und Prozente

Kreisdiagramme (auch als »Tortendiagramme« bekannt) lassen auf einen Blick bestimmte Anteile an einem Ganzen erkennen. Selbst Prozentzahlen können hinzugefügt werden, ohne dass Sie Ihre Rechenkünste bemühen müssen.

### 12.4.1 Das Kreisdiagramm erstellen

Im Beispiel soll in einem Kreisdiagramm dargestellt werden, welchen Anteil die einzelnen Produkte am Umsatz im Ausland haben. Sie beginnen wieder mit der Basis, also mit der entsprechenden Tabelle.

| Weine | | Inland | | Ausland | | Umsatz |
|---|---|---|---|---|---|---|
| Grauburgunder | € | 80.000,00 | € | 88.000,00 | € | 168.000,00 |
| Riesling | € | 120.000,00 | € | 90.000,00 | € | 210.000,00 |
| Silvaner | € | 77.000,00 | € | 65.000,00 | € | 142.000,00 |
| Trollinger | € | 75.000,00 | € | 72.000,00 | € | 147.000,00 |
| | | | | Gesamt | € | **667.000,00** |

**Abbildung 12.12** *Die Tabelle als Basis des Diagramms*

1. In dieser Tabelle markieren Sie gemäß der Absicht nur die Spalten »Weine« und »Ausland«. (Markieren Sie die erste Spalte und halten Sie beim Markieren der zweiten Spalte die `Strg`-Taste gedrückt.)
2. Klicken Sie auf der Registerkarte **Einfügen** auf das Symbol **Diagramm einfügen**. Daraufhin erscheint blitzschnell ein Säulendiagramm im Hintergrund und im Vordergrund der Dialog **Diagramm-Assistent**.
3. Markieren Sie hier in der Liste **Kreisdiagramm**, wählen Sie gegebenenfalls eine Variante, und klicken Sie auf **Fertigstellen**. Um die 3D-Varianten zu sehen, müssen Sie hier die Option **3D-Darstellung** anhaken.

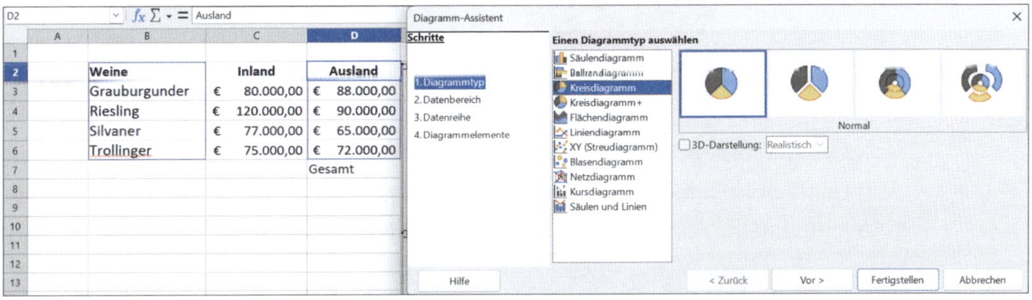


Wieder hat Calc im Nu ein Diagramm erstellt. Die einzelnen Produkte bilden die Legende. Die »Tortenstücke« symbolisieren in unterschiedlichen Farben den jeweiligen Anteil am Umsatz.

Zur Bearbeitung steht wieder die Symbolleiste **Diagramm** auf der Registerkarte **Objekt** bereit. Klicken Sie hier auf **Titel**, um deutlich zu machen, was das Diagramm zeigt. In dem kleinen Dialog geben Sie im Feld **Titel** den Text ein. Das war's schon. Klicken Sie auf **OK**.

### Tortenstücke einfärben

Sie können (wie im vorherigen Abschnitt schon beschrieben) die einzelnen Diagrammelemente neu einfärben. Für die Auswahl des Elements klicken Sie es mit der linken Maustaste an oder nutzen Sie das Menü des Symbols **Diagrammelement auswählen**. Die Auswahl einzelner Tortenstücke ist etwas tricky: Wählen Sie zunächst die **Datenreihe** aus (im Beispiel **Datenreihe Ausland**), sodass alle Tortenstücke markiert sind, was Sie an den Markierungspunkten erkennen. Dann klicken Sie das Segment an, das Sie bearbeiten möchten. Nun sehen Sie nur an diesem Segment Markierungspunkte, und alle Bearbeitungen beziehen sich nur auf dieses eine Tortenstück, was beim Zuweisen einer anderen Farbe ja der Sinn der Sache ist.

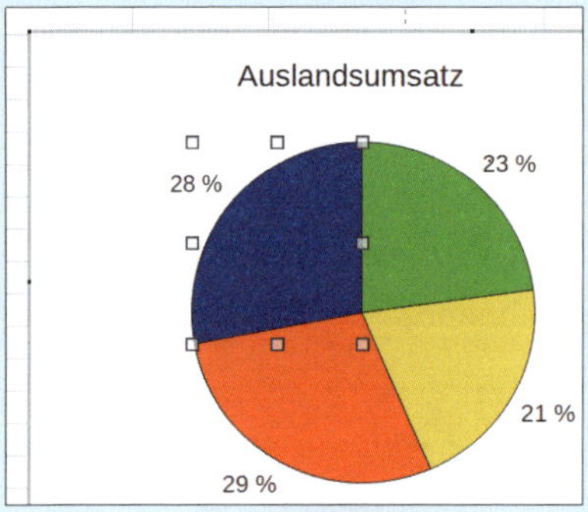


**Abbildung 12.13** *Nur ein Segment ist ausgewählt.*

Sofern der Titel auf Anhieb nicht mittig über dem Diagramm steht, verschieben Sie ihn einfach ein bisschen. Dazu müssen Sie ihn anklicken, sodass der Vierfachpfeil auftaucht, und die Auswahl dann mit der linken Maustaste bewegen.

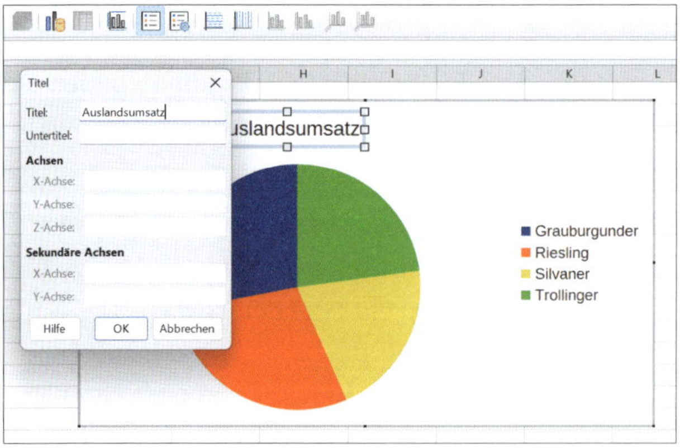


**Abbildung 12.14** *Einen Titel zuweisen*

Sofern die Markierung per Mausklick nicht recht gelingt, nutzen Sie wieder das Menü des Symbols **Diagrammelement auswählen**. In der Liste finden Sie nun auch den Eintrag **Titel**.

### 12.4.2 Werte und Prozentwerte anzeigen lassen

Aussagekräftiger wäre das Kreisdiagramm auch, wenn die einzelnen Werte der Tortenstücke ablesbar wären. Mit einer entsprechenden Datenbeschriftung könnten Sie dann auf den ersten Blick erkennen, wie hoch der Umsatz jeweils war.

Klicken Sie eines der Tortenstücke mit der rechten Maustaste an und wählen Sie im Kontextmenü **Datenbeschriftungen einfügen**. Schon sehen Sie die Zahlen im Diagramm.

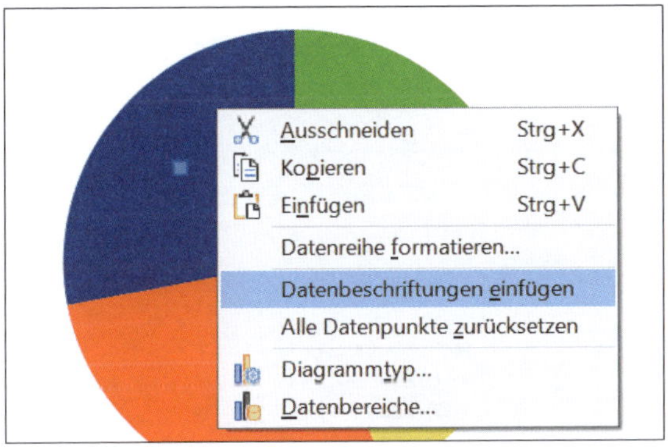


**Abbildung 12.15** *Eine Datenbeschriftung hinzufügen*

Ist die Datenbeschriftung eingefügt, bietet das Kontextmenü nun zwei weitere Befehle: **Datenbeschriftungen formatieren** und **Datenbeschriftungen löschen**. Mit **Datenbeschriftungen formatieren** rufen Sie in unserem Beispiel den Dialog **Datenbeschriftung für Datenreihe 'Ausland'** auf. Aktivieren Sie hier die Option **Datenbeschriftung**.

Da es in der Regel spannender und teils auch aussagekräftiger ist, Prozente statt Zahlen zu sehen, aktivieren Sie hier unter **Textattribute** die Option **Wert in Prozent** und deaktivieren Sie am besten **Wert als Zahl**, um die Beschriftung nicht zu überfrachten. Sie können aber auch beides darstellen lassen. Im Feld **Platzierung** können Sie sich zwischen vier Optionen entscheiden. In Abbildung 12.16 sehen Sie **Außen**.

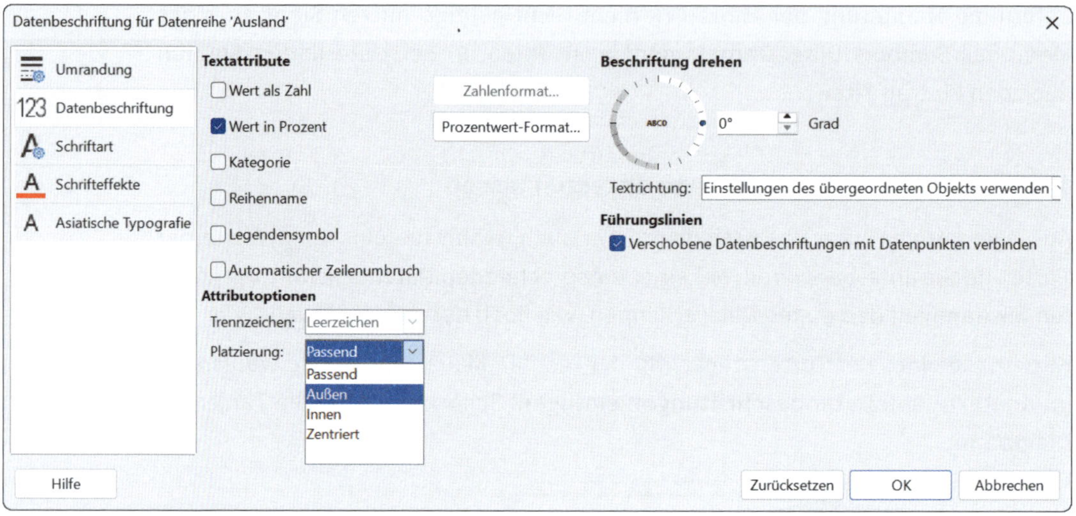


**Abbildung 12.16** *Einstellungen für die Beschriftung*

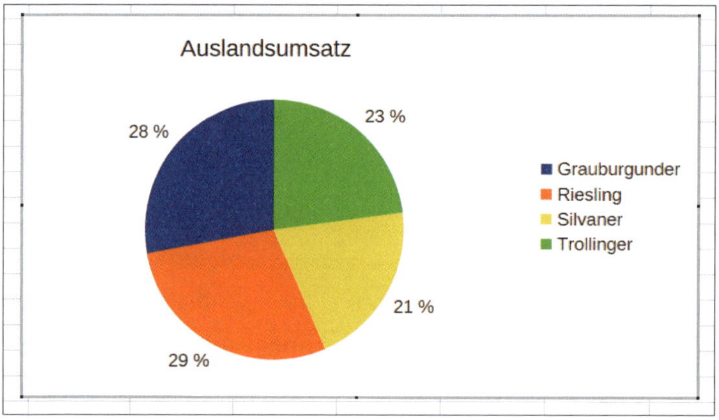


**Abbildung 12.17** *Das Diagramm mit Prozentangaben*

## 12.5 Diagramme in Writer-Dokumente einfügen

Sie haben in Calc ein schönes Diagramm erstellt, schreiben den Bericht dazu aber in Writer, und folglich möchten Sie das Diagramm in das Writer-Dokument einfügen. Das ist schnell gemacht.

1. Markieren Sie das Diagramm per Mausklick.

2. Klicken Sie es mit der rechten Maustaste an und wählen Sie **Kopieren**.

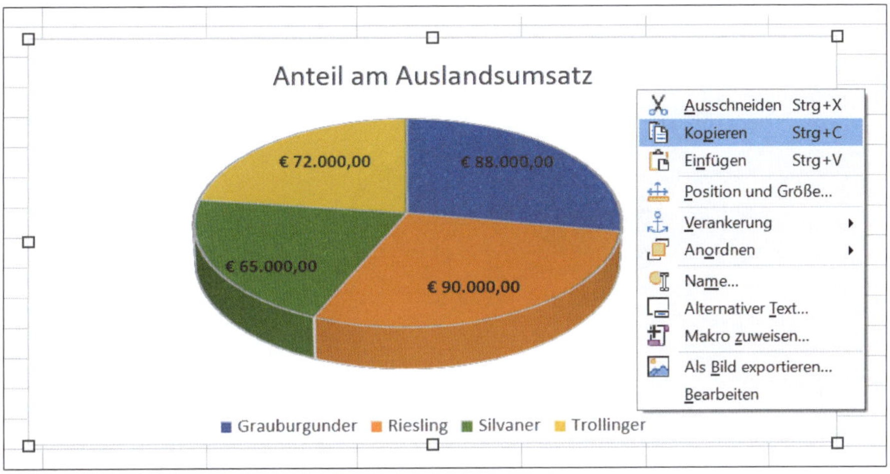


3. Klicken Sie nun im geöffneten Writer-Dokument auf der Registerkarte **Start** auf **Einfügen**.

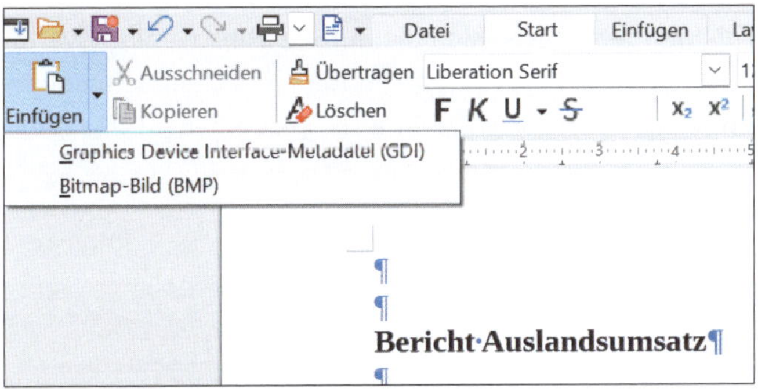


Das Menü bietet zwei Optionen: **Graphics Device Interface-Metadatei (GDI)** und **Bitmap-Bild (BMP)**. Wählen Sie **Graphics Device Interface-Metadatei (GDI)**, um das eingefügte Diagramm gegebenenfalls verlustfrei skalieren zu können.

Daraufhin landet das Diagramm im Dokument. Sie können es nun mit den Funktionen der Kontext-Registerkarte **Bild** weiterbearbeiten. Beachten Sie aber, dass der beschriebene Weg nicht zu einer Verknüpfung führt: Das Diagramm wird eingebettet und *nicht* mehr mit Änderungen an der Originaldatei synchronisiert.

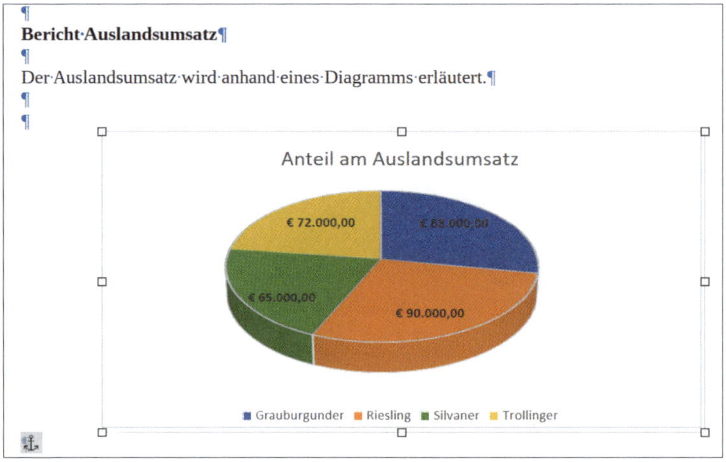


**Abbildung 12.18** *Das eingefügte Diagramm im Writer-Dokument*

**GDI-Metadateien und Bitmap-Dateien**

Das GDI-Format speichert Bilder nicht als einzelnes Pixelraster, sondern als eine Folge von Befehlen (wie Linien, Kurven, Formen und Text). Da es sich um vektorbasierte Befehle handelt, lassen sich die Inhalte ohne Qualitätsverlust vergrößern oder verkleinern. Bei einer *Bitmap* handelt es sich um ein unkomprimiertes Rasterformat bzw. eine reine Pixelmatrix, bei der jeder Punkt einen festen Farbwert hat.

## 12.6 Diagramme als Verknüpfung einfügen

Die Schritte, um das Diagramm als Verknüpfung einzufügen, sind deutlich aufwendiger als der oben beschriebene Weg, das Diagramm einfach einzufügen. Aber wenn Sie dafür sorgen möchten, dass Änderungen am Original weitergegeben werden, bleibt Ihnen nichts anderes übrig, als die nächsten Schritte mitzugehen und sich mit einigen Restriktionen abzufinden.

Vorbereitend müssen Sie das Diagramm auf ein eigenes Tabellenblatt legen, wenn Sie die zugrunde liegenden Datentabellen nicht mit in Writer anzeigen lassen möchten. Anschließend aktivieren Sie das Tabellenblatt mit dem Diagramm und speichern, und schließen Sie die Calc-Datei. Jetzt können Sie die Calc-Datei als OLE-Objekt in Ihr Writer-Dokument einfügen. Hier folgt der Ablauf nun Schritt für Schritt:

1. Kopieren Sie das Diagramm auf ein eigenes Tabellenblatt. Ziehen Sie es dort recht groß auf, und setzen Sie es nach links oben.

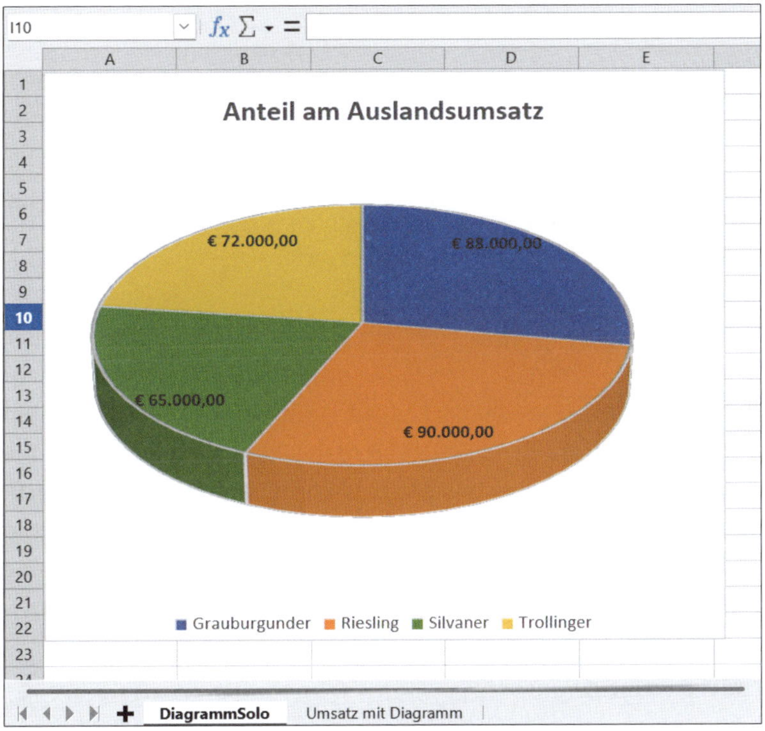


2. Speichern Sie die Calc-Datei. Achten Sie darauf, dass das Tabellenblatt mit dem Diagramm das aktive Blatt ist. Dann können Sie die Calc-Datei schließen.

3. Wechseln Sie zu Writer, öffnen Sie die Datei, in die das Diagramm eingefügt werden soll, und klicken Sie auf die Stelle, an der Sie die Datei einfügen möchten.

4. Klicken Sie auf der Registerkarte **Einfügen** auf **OLE-Objekt einfügen**.

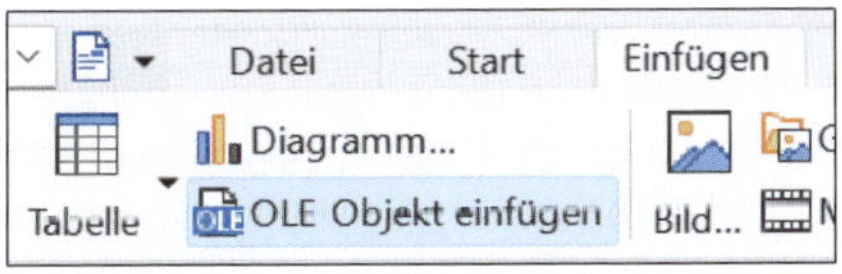


5. Im gleichnamigen Dialog aktivieren Sie **Aus Datei erstellen**. Der Dialog ändert sich und zeigt das Textfeld **Datei** an.

6. Klicken Sie auf **Suchen...**, um einen Dateibrowser bzw. den Dialog **Öffnen** aufzurufen. Suchen Sie die Datei, die Sie einfügen möchten, und klicken Sie auf **Öffnen**.

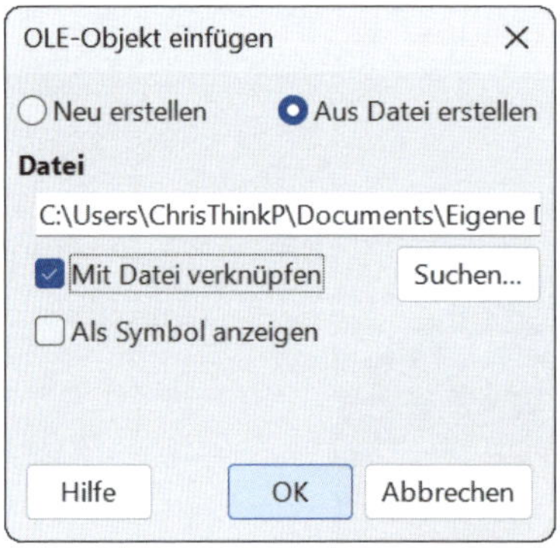


7. Da die Datei als Verknüpfung eingefügt werden soll, aktivieren Sie die Option **Mit Datei verknüpfen**. Das ist ein wichtiger Schritt, denn sonst lohnt sich der ganze Aufwand nicht!

8. Klicken Sie auf **OK**, um die Datei als OLE-Objekt zu verknüpfen.

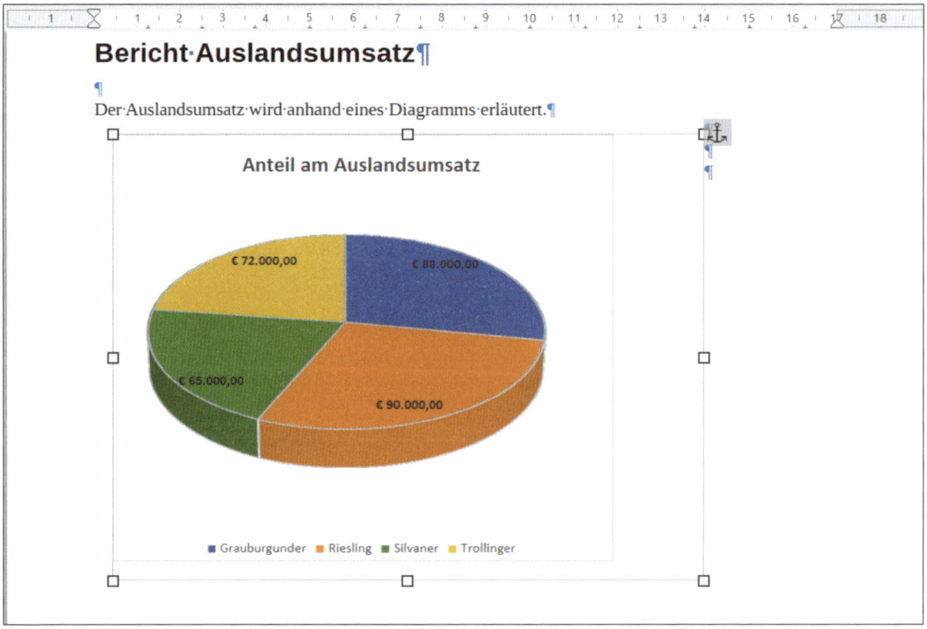


**Abbildung 12.19** *Das verknüpfte Diagramm in Ihrem Dokument*

OLE-Verknüpfungen werden beim erneuten Öffnen des Dokuments aktualisiert. Sie werden aber vorher in einem Dialog gefragt, ob Sie dies möchten.

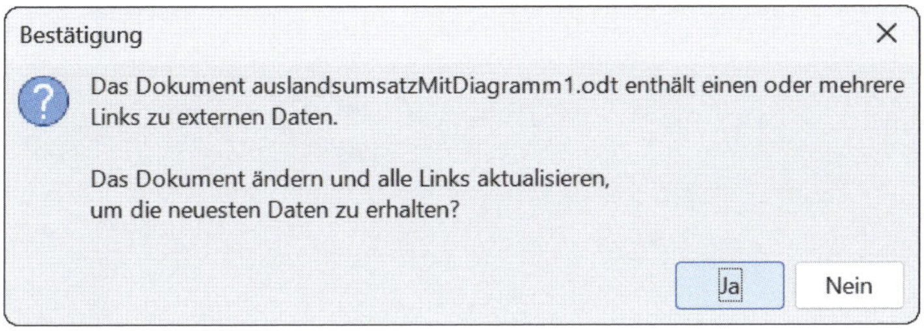


**Abbildung 12.20** *Verknüpfungen aktualisieren?*

Dies heißt im Klartext: Wenn Sie Daten in der Originaltabelle geändert und gespeichert haben, sehen Sie die Änderungen im Diagramm erst, nachdem Sie das Writer-Dokument neu geöffnet und diesen Dialog mit **Ja** bestätigt haben.

**Vorsicht bei verknüpften Diagrammen/Grafiken!**

Sie müssen unbedingt darauf achten, dass beim Schließen der Calc-Datei das Tabellenblatt mit dem Diagramm aktiviert ist. Ansonsten passiert es, dass beim nächsten Öffnen und Aktualisieren der Verknüpfung in Ihrem Writer-Dokument der Inhalt eines anderen Tabellenblatts angezeigt wird. Von dem schönen Diagramm ist dann nichts mehr zu sehen!

# Kapitel 13
# Die erste Präsentation – Folien erstellen und gestalten

Impress ist ein Präsentationsprogramm, mit dem Sie Folien erstellen, die in der Regel als Bildschirmpräsentation vorgeführt werden. In diesem Kapitel erfahren Sie unter anderem, wie Sie solche Folien anlegen und wie Sie sie nach Ihren Gestaltungsideen bearbeiten. Aber lassen Sie uns zunächst einen Blick auf den Bildschirm von Impress werfen.

## 13.1 Der Impress-Bildschirm im Überblick

Vorab sei daran erinnert, dass wir mit der Benutzeroberfläche **In Registern** arbeiten, auch bei Impress. Falls Sie das Programm aufrufen und dann die Benutzeroberfläche **Symbolleisten** vor Augen haben, klicken Sie auf den Menüpunkt **Ansicht**, und wahlen Sie im Menü **Benutzeroberfläche**. Im Dialog **Bevorzugte Benutzeroberfläche auswählen** stellen Sie um auf **In Registern**, klicken Sie auf **Auf Impress anwenden** und dann auf **Schließen**.

Der Impress-Bildschirm ist dem Bildschirm von Writer teils sehr ähnlich. Die Menüleisten der Registerkarten **Datei**, **Start** und **Einfügen** unterscheiden sich kaum. Auf der Registerkarte **Layout** finden Sie unter anderem den Befehl zum Festlegen von Kopf- und Fußzeilen sowie die Schaltfläche **Folie formatieren**, die den Dialog **Seiteneigenschaften** aufruft. Die Registerkarte **Einfügen** werden Sie oft verwenden, denn sie bietet die Funktion zum Einfügen neuer Folien. Spezifisch für Impress ist vor allem die Registerkarte **Bildschirmpräsentation**: Hier starten Sie eine Vorführung, fügen Animationen ein etc.

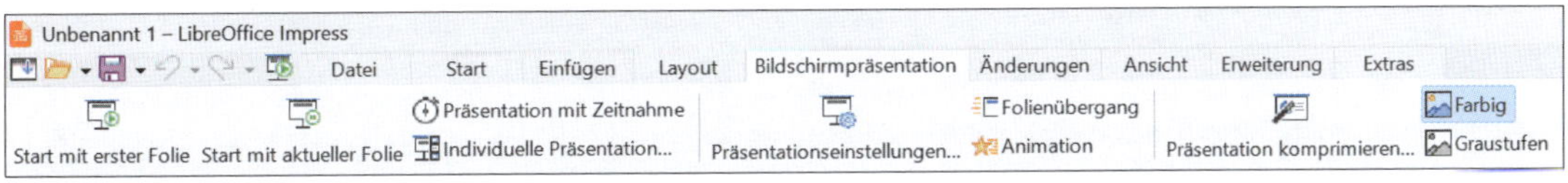


**Abbildung 13.1** *Die Registerkarte »Bildschirmpräsentation«*

Aber Sie haben – anders als in Writer – keine leere Schreibfläche vor sich, sondern eine erste Folie: ein Blatt mit zwei Textfeldern, die Sie zur Eingabe von Text auffordern. Auf der linken Seite ist die *Folienleiste* eingeblendet. In ihr werden die einzelnen Folien als durchnummerierte Miniaturen aufgelistet. Zunächst sehen Sie logischerweise nur eine, da weitere Folien extra eingefügt werden müssen. Diese Folienleiste dient dem Überblick über Ihre Folien und ist vor allem praktisch, um zu bestimmten Folien zu navigieren. Außerdem bietet, wie Sie noch sehen werden, das Kontextmenü dieser kleinen Folien diverse Befehle für den Umgang mit Folien.

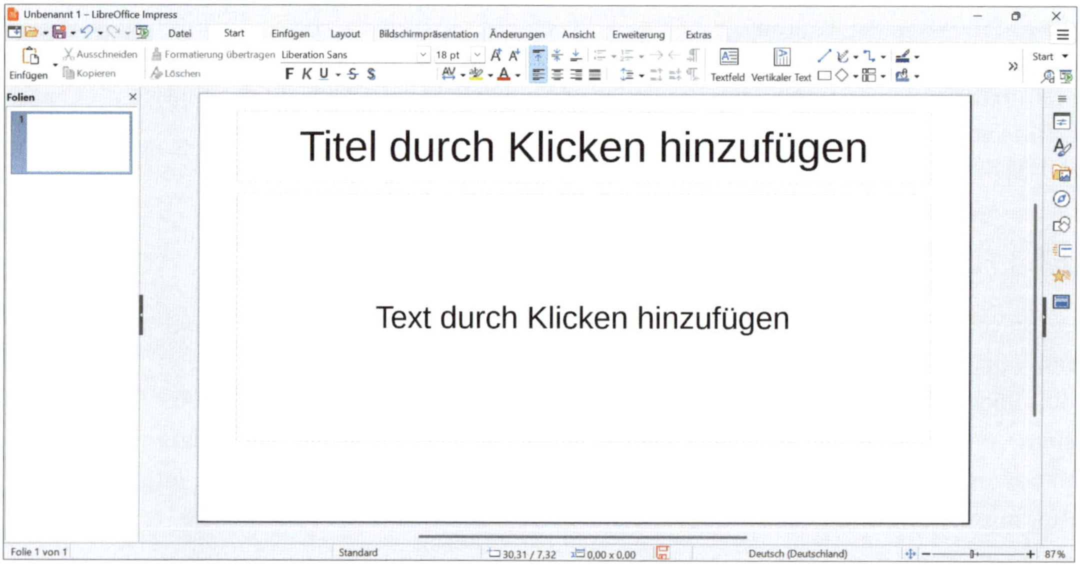


**Abbildung 13.2** *Der Bildschirm mit einer Folie*

Am unteren Rand sehen Sie in Impress die Statusleiste: rechts mit dem Regler für die Einstellung des Zooms, nur heißt es links nicht wie in Writer »Seite 1 von 1«, sondern »Folie 1 von 1«.

So viel zur Ansicht **Normal**. Es gibt wie üblich aber auch andere Ansichten. Sie finden sie – wie in Writer – auf der Registerkarte **Ansicht**.

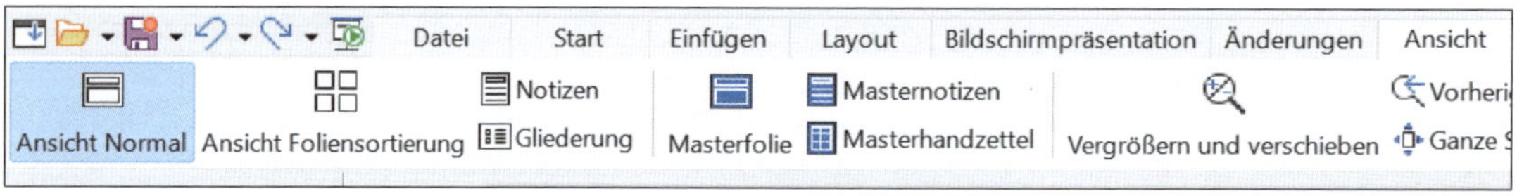


**Abbildung 13.3** *Die verschiedenen Ansichten*

- **Foliensortierung**: In der Ansicht **Foliensortierung** werden die Folien verkleinert und mit Nummern versehen auf dem Blatt präsentiert. In dieser Ansicht sehen Sie alle Folien nebeneinander. Im Kontextmenü der Folie finden Sie Befehle zum Umgang mit einzelnen Folien wie **Folie umbenennen**, **Folie doppeln** und **Folie ausblenden**.
- **Notizen**: In dieser Ansicht wird eine Folie etwas verkleinert präsentiert, darunter erscheint ein Bereich für die Eingabe von Notizen.

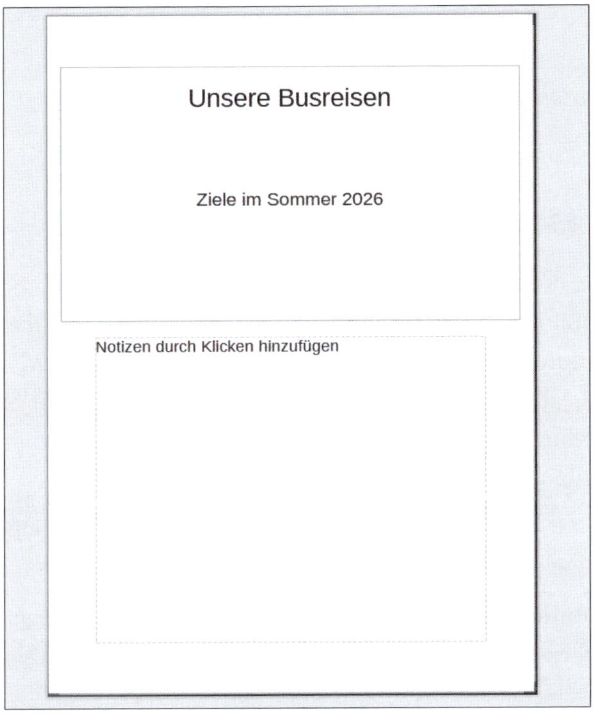


**Abbildung 13.4** *Die Ansicht »Notizen«*

- **Gliederung**: In dieser Ansicht liegt der Fokus auf dem Text und nicht auf dem Design der Folien. Die Ansicht zeigt die Texte auf den Folien in hierarchischen Ebenen; jede Hauptüberschrift repräsentiert eine Folie. Sie können die Textzeilen auf den Folien hoch- oder herunterstufen, also z. B. aus einem Aufzählungspunkt eine Hauptüberschrift machen und auf diese Weise eine neue Folie anlegen. Sie können eine Präsentation auch in dieser Ansicht anlegen. Dazu geben Sie den Text einfach untereinander ein, erzeugen also mit jeder neuen Hauptüberschrift jeweils eine Folie, und sorgen dann per Herabstufung für die Textzeilen auf der Folie.

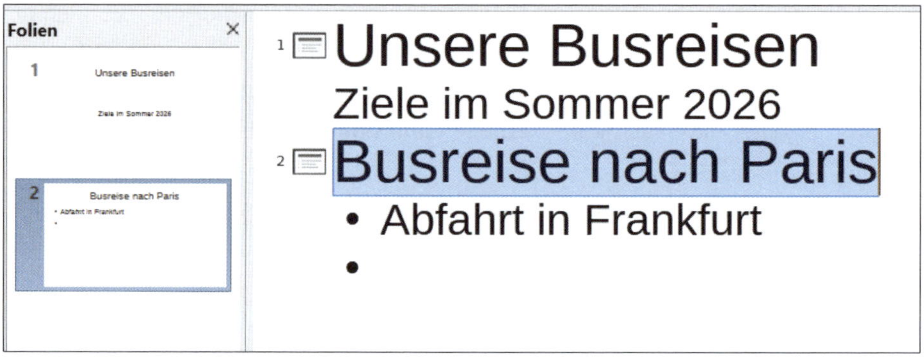


**Abbildung 13.5** *Die Gliederungsansicht*

## 13.2 Eine neue Präsentation anlegen

Wenn Sie Impress aufrufen, haben Sie in der Regel einen Bildschirm mit einer Titelfolie vor Augen (siehe Abbildung 13.2). Da eine Titelfolie in der Regel tatsächlich den Anfang einer Präsentation markiert, könnten Sie also gleich loslegen. Wie Sie sich selbst denken können, ist es sinnvoll, wenn Sie bereits eine Idee (oder auch ein bisschen mehr als nur eine Idee) davon haben, wie Sie Ihre Präsentation aufbauen möchten, welche Folien Sie benötigen werden etc.

Speichern Sie Ihre Präsentation beizeiten, wie üblich über **Datei • Speichern unter**. Die Dateierweiterung einer LibreOffice-Präsentation ist *.odp*.

Wenn Sie eine neue Präsentation beginnen möchten, klicken Sie auf der Registerkarte **Datei** auf das Symbol **Neu**. Dann wird Ihnen wieder eine schlichte Titelfolie mit zwei Textfeldern präsentiert, in die Sie hineinschreiben können.

### 13.2.1 Text eingeben und formatieren

Um den Text einzugeben, klicken Sie direkt in das Textfeld. Das Textfeld erhält einen dickeren Rahmen als Zeichen für den Bearbeitungsmodus, und es gibt eine zusätzliche Symbolleiste, die zahlreiche Formatierungsoptionen für das Textfeld enthält und im Wesentlichen der üblichen Registerkarte **Start** ähnelt. Das ist ein bisschen verwirrend, denn im Prinzip haben Sie nun zwei fast identische Symbolleisten in der Menüleiste (sofern Sie die Registerkarte **Start** aktiviert haben) und Sie können zum Formatieren der Schrift auch wahlweise beide nutzen.

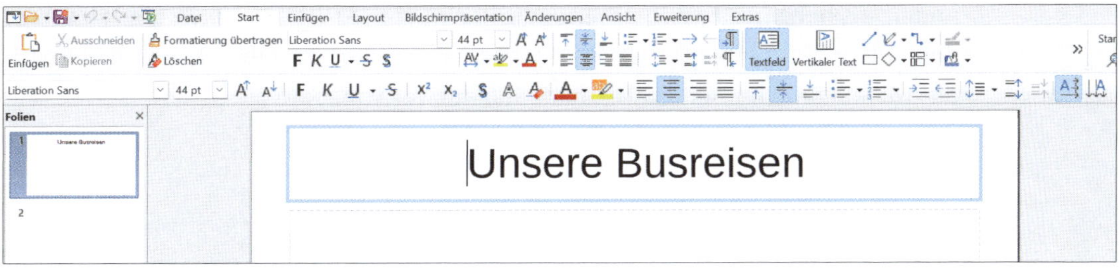


Abbildung 13.6 *Den Text formatieren*

Ansonsten verfahren Sie wie bei der Zeichenformatierung üblich:

1. Markieren Sie den Text, den Sie formatieren möchten.
2. Klicken Sie auf das entsprechende Symbol auf der Symbolleiste. Wählen Sie beispielsweise **fett** und klicken Sie zusätzlich auf das Symbol **Schatten umschalten**.

3. Eine andere Schriftfarbe wählen Sie in der Farbpalette, die Sie per Klick auf den Pfeil am Symbol **Zeichenfarbe** öffnen.

Abbildung 13.7 *Der formatierte Titel*

**Schriftfarbe wählen**

Seien Sie an dieser Stelle vorsichtig mit der Schriftfarbe. Die Farben der Schrift und der Textfelder sowie des Hintergrundes der ganzen Folie (siehe Abschnitt 13.4, »Die Folie gestalten – Farbe, Formen und mehr«) sollten zueinander passen; andererseits lässt sich auch alles wieder ändern. Praktisch ist auch das Symbol **Direkte Formatierung löschen**, mit dem Sie alle eingestellten Formatierungen in einem Rutsch löschen.

Anders als bei einer Textverarbeitung wie Writer oder Word können Sie in Impress den Cursor nicht einfach irgendwo platzieren und losschreiben. Sie brauchen für die Texteingabe immer ein Textfeld. Soll auf der Folie, die Sie gerade bearbeiten, also noch weiterer Text an einer anderen Stelle stehen, müssen Sie ein solches Textfeld einfügen.

Den Befehl zum Einfügen von Textfeldern finden Sie auf der Registerkarte **Einfügen**. Sobald Sie auf das Symbol **Textfeld** klicken, wird der Mauszeiger zu einem Kreuz und Sie können das Textfeld an Ort und Stelle mit gedrückter linker Maustaste auf die gewünschte Größe ziehen. Sobald Sie die Maustaste loslassen, blinkt der Cursor im Textfeld und Sie können schreiben.

**Abbildung 13.8** *Ein zusätzliches Textfeld*

Achten Sie auf den Folienbereich links am Bildschirm: Hier sehen Sie Ihre Folie als Miniaturversion.

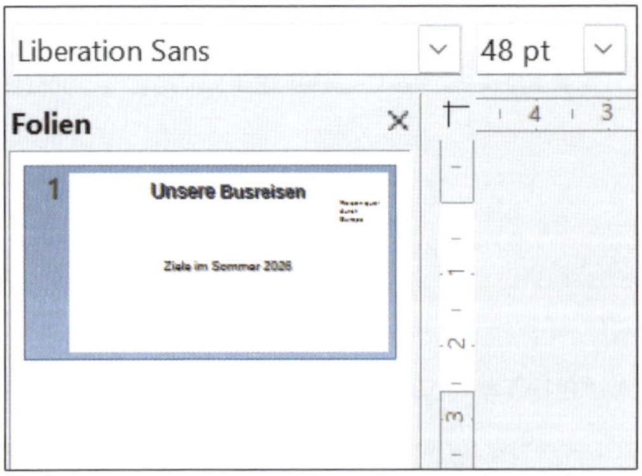


**Abbildung 13.9** *Die Titelfolie mit Text*

**Notizen für die Folien**

Denken Sie beim Erstellen von Folien auch – schon im Hinblick auf die Vorführung und den Vortrag – an die Ansicht **Notizen**. In dieser Ansicht erscheint unter der Folie ein Bereich, in den Sie Notizen zur Folie schreiben können. Solche Notizen und Anmerkungen können beim Vorführen der Präsentation sehr hilfreich für Sie als Redner sein. Und im Vorgriff sei an dieser Stelle schon angemerkt, dass dieser Notizbereich während des Abspielens der Präsentation als Bildschirmpräsentation nicht zu sehen ist: Ihr Publikum sieht nur die schönen Folien.

**Abbildung 13.10** *Notizen eingeben*

## 13.3 Das passende Folienlayout auswählen

Anders als bei einer Textverarbeitung, in der die Dokumente automatisch verlängert werden, müssen neue Folien extra eingefügt werden. Sie müssen also aktiv werden und eine neue Folie auf das Blatt zaubern. Impress bietet dazu fertige Layouts an.

1. Klicken Sie auf der Registerkarte **Einfügen** auf **Neue Folie**.

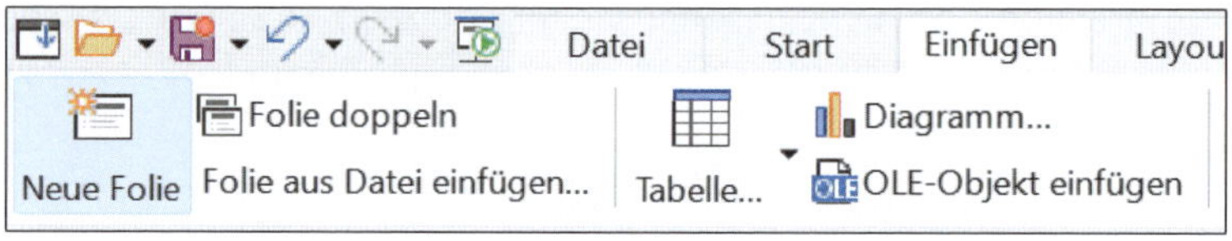


2. Sie erhalten eine Folie mit einem Textfeld für die Überschrift und mit einem großen Textfeld, das eine Aufzählungszeile sowie Symbole enthält, über die Sie diverse Objekte einfügen könnten: eine Tabelle, ein Diagramm, ein Bild oder eine Audio- oder Videodatei. Dieses Layout nennt sich **Ein Feld**.

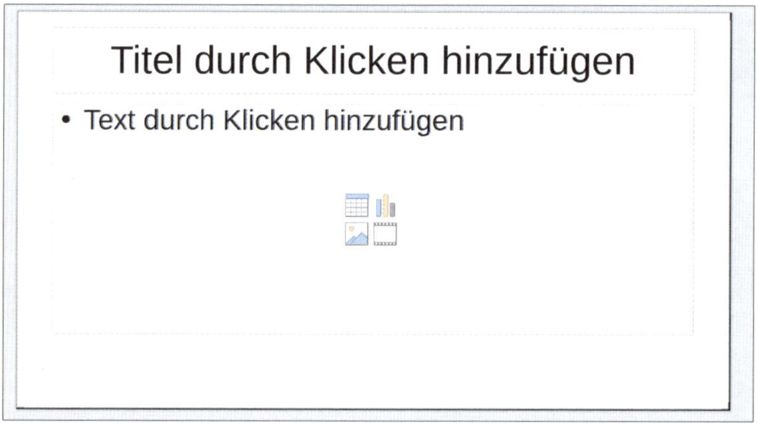


3. Sofern dieses Layout für Ihre weitere Arbeit an der Präsentation geeignet ist, könnten Sie beginnen, die Folie zu bearbeiten.

Passt das Layout nicht, wählen Sie eine andere Vorlage, aber denken Sie daran, dass Sie angebotene Vorlagen auch einfach verändern könnten: Sie können Textfelder verkleinern/vergrößern, verschieben und/oder löschen. Den Aufzählungspunkt könnten Sie loswerden, indem Sie auf der Registerkarte **Start** auf die Schaltfläche **Ungeordnete Liste umschalten** klicken.

Um ein anderes Layout auszuwählen, stehen zwei Wege zur Verfügung:

- Klicken Sie die Miniaturfolie mit der rechten Maustaste an und zeigen Sie auf **Layout**. Im Untermenü wählen Sie das gewünschte Layout.

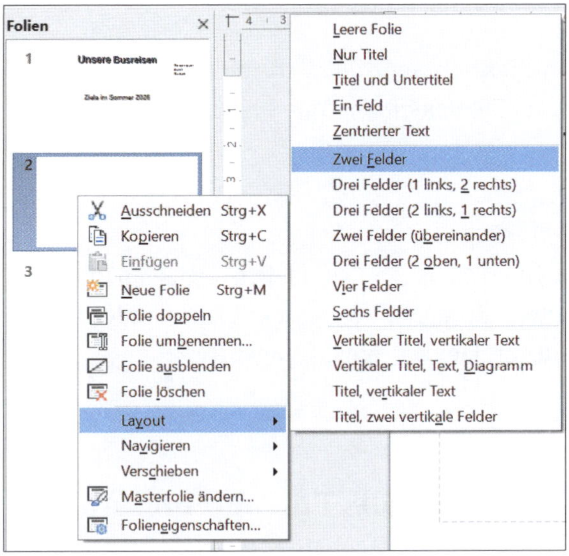


**Abbildung 13.11** *Das Kontextmenü bietet fertige Layouts.*

- Alternativ klicken Sie auf der Registerkarte **Layout** ganz rechts in der Leiste auf **Folienlayout**. Das Menü zeigt Ihnen die Layouts als grafische Darstellungen, was sehr hilfreich ist.

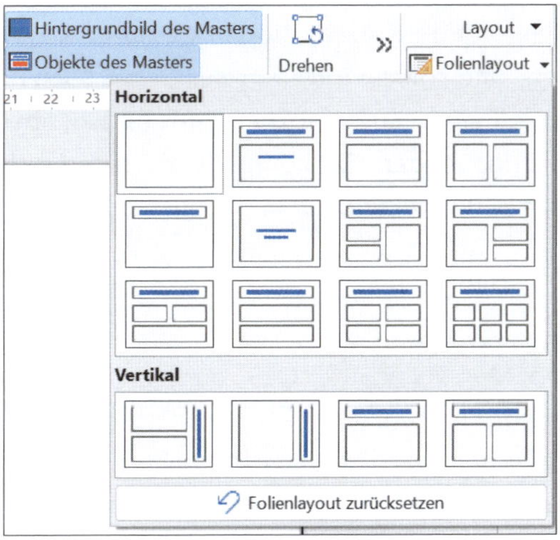


**Abbildung 13.12** *Fertige Folienlayouts*

**Folie löschen**

Eine Folie können Sie mit dem Befehl **Folie löschen** im Kontextmenü der Miniaturfolie löschen.

Sie können sich aber auch von allen Vorgaben befreien, mit einer ganz leeren Folie arbeiten und alle Elemente (z. B. Textfelder) von Hand einfügen. Dazu klicken Sie auf **Leere Folie**.

**Layouts in den Eigenschaften**

Aller guten Dinge sind drei. Wenn Sie in der Seitenleiste rechts am Bildschirm auf das Symbol **Eigenschaften** klicken, öffnet sich der gleichnamige Bereich. Auch hier werden die Layouts als kleine Grafiken aufgelistet.

## 13.4 Die Folie gestalten – Farbe, Formen und mehr

Impress bietet Ihnen eine Menge Möglichkeiten, den gesamten Hintergrund der Folie und die Textfelder zu gestalten. Widmen Sie sich am besten zunächst dem Hintergrund.

### 13.4.1 Den Hintergrund bearbeiten

Die Gestaltung des Hintergrunds spielt für die Präsentation insgesamt eine große Rolle. Ein guter Präsentationshintergrund soll ein Blickfang sein, aber auch nicht vom Inhalt der Folien ablenken. Er soll einen Kontrast zur Schrift bilden, aber zu den übrigen Farben passen, die Sie verwenden. Sie können einfarbige Flächen, dezente Farbverläufe oder geeignete Bilder nutzen.

1. Aktivieren Sie die Registerkarte **Layout**.
2. Klicken Sie links im Menü auf **Folie formatieren**.
3. Dies öffnet den Dialog **Seiteneigenschaften**. (Sie kennen ihn so oder ähnlich von Writer im Zusammenhang mit der Bearbeitung von Objekten.) Aktivieren Sie links **Hintergrund** und klicken Sie – für einen monochromen Hintergrund – auf die Schaltfläche **Farbe**.

4. In der Farbpalette klicken Sie die gewünschte Farbe an.

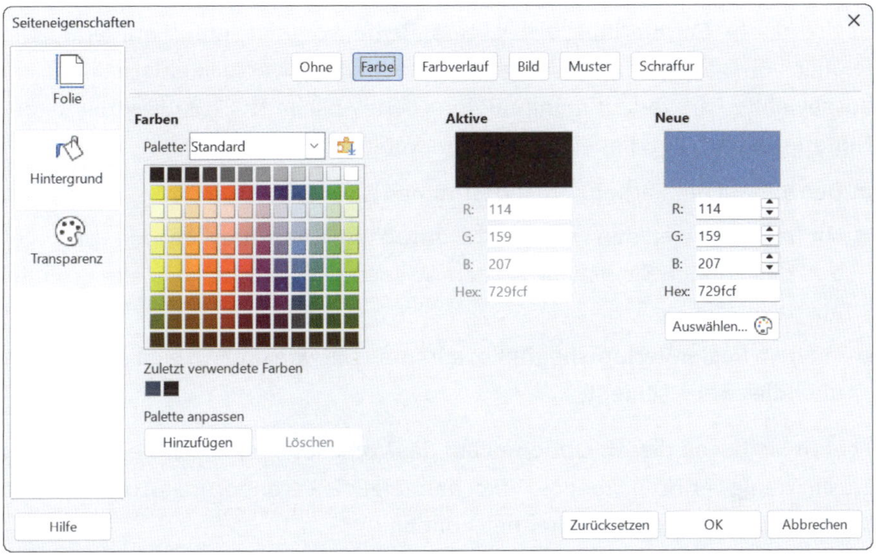


5. Zum Feintunen der Farbe klicken Sie auf die Schaltfläche **Auswählen**. Dies öffnet den Dialog **Farbauswahl**, in dem Sie mit dem Regler oder durch Klicken in das Farbfeld die Farbe variieren können.

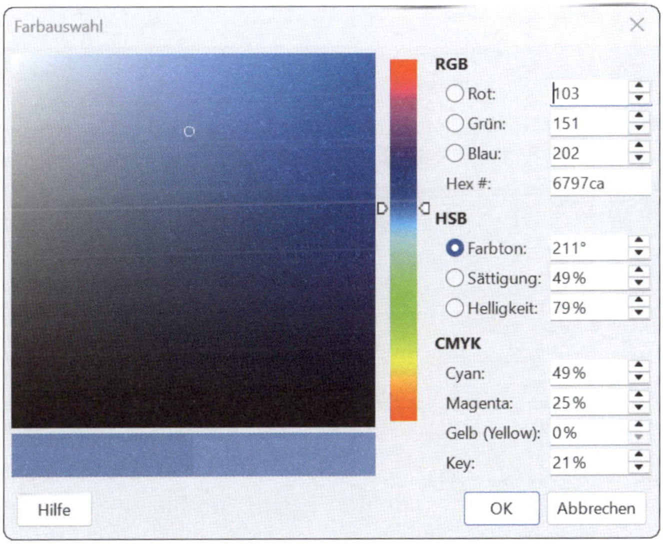


6. Bestätigen Sie den Dialog bzw. die Dialoge mit **OK**.

Auch ein dezenter Farbverlauf kann sich als Folienhintergrund eignen. Um einen solchen zu gestalten, klicken Sie im Dialog auf die Schaltfläche **Farbverlauf**. Die Registerkarte **Farbverlauf** bietet eine Reihe vorgefertigter Farbverläufe, von »Hauch von Blau« bis hin zu »Regenbogen«. In den diversen Feldern lässt sich der ausgewählte Farbverlauf manipulieren (siehe Abschnitt 3.7.2, »Textpassagen mit Hintergrundfarbe«). Hier eine kleine Auswahl:

- Den Verlauf der Farben selbst bestimmen Sie im Feld **Typ**.
- Mit den Pfeilen an den Feldern **Startfarbe** und **Endfarbe** rufen Sie Farbpaletten auf. Hier können Sie sich die Farben, aus denen der Verlauf bestehen soll, selbst aussuchen.
- Mit dem Regler **Verlaufsbeginn** bestimmen Sie, wie und wo sich die erste Farbe über die zweite schiebt.

Achten Sie bei all diesen Optionen auf das Vorschaubild. Ohne dieses Bild wären Sie ein wenig verloren, aber die Vorschau zeigt die Veränderungen unmittelbar an, sodass Sie die Effekte gut erkennen können.

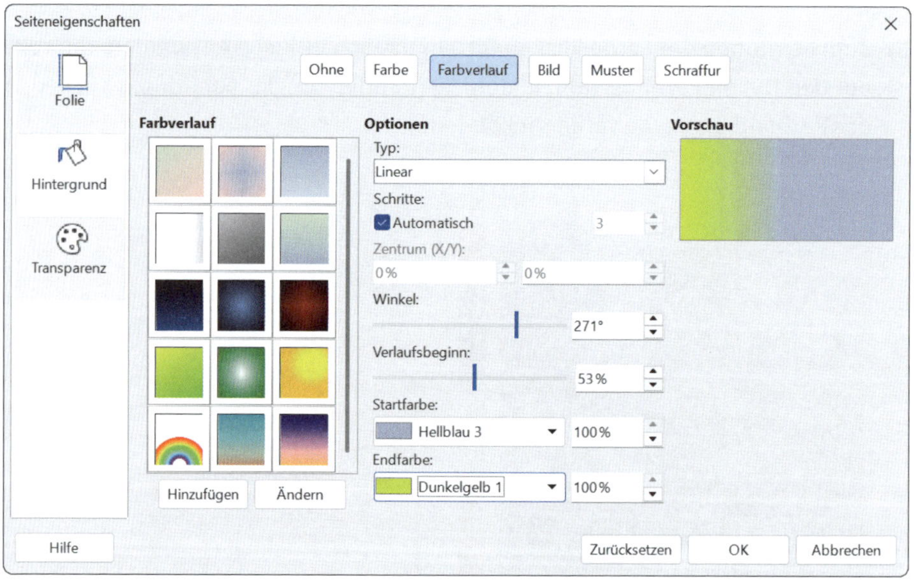


**Abbildung 13.13** *Einen Farbverlauf festlegen*

Um ein Bild als Hintergrund zu nutzen, könnten Sie hier im Dialog **Seiteneigenschaften** auf **Bild** klicken und dann über die Optionen dieses Registers das Bild einfügen, aber es gibt einen weitaus bequemeren Weg. Schließen Sie also diesen Dialog und klicken Sie auf der Registerkarte **Layout** auf **Hintergrundbild festlegen**.

**Abbildung 13.14** *Ein Hintergrundbild festlegen*

Damit rufen Sie direkt den Dialog **Hintergrundbild festlegen** auf. In ihm navigieren Sie lediglich zum Ordner, in dem das gewünschte Bild liegt, markieren Sie es und klicken Sie auf **Öffnen**.

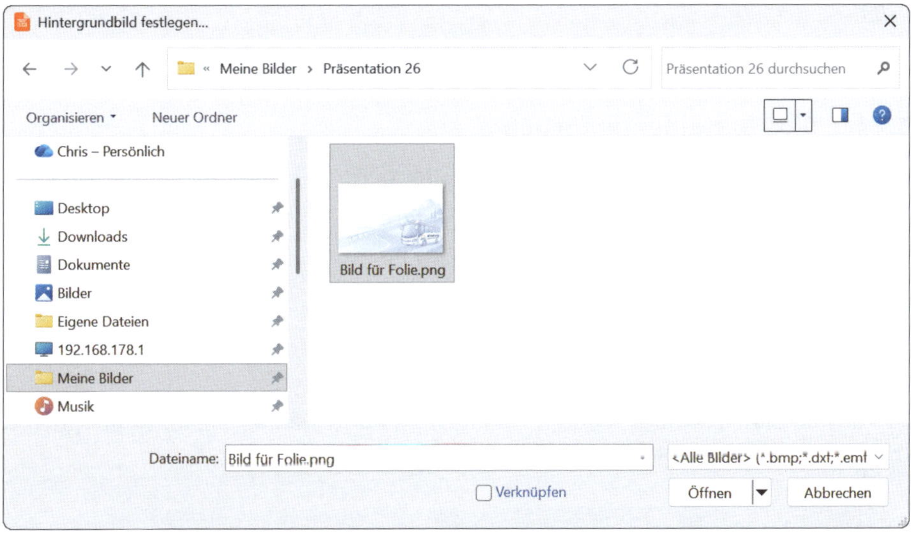


**Abbildung 13.15** *Fügen Sie das Bild ein.*

Schon prangt das ausgewählte Bild als Hintergrund auf der Folie.

**Abbildung 13.16** *Folie mit Hintergrundbild*

Falls Ihnen die Folie mit einem Hintergrundbild doch nicht gefällt, wählen Sie im Dialog **Seiteneigenschaften** einfach wieder eine andere Farbe oder klicken Sie auf **Zurücksetzen**. Damit wird die zuvor ausgewählte Farbe zugewiesen.

**Die Titelfolie**

Auf der Titelfolie steht in der Regel eher wenig Text, sodass sich ein Hintergrundbild hier gut macht. Für die nächsten Folien, die mehr Text enthalten, vielleicht auch andere Bilder, ist ein monochromer Hintergrund in der Regel besser geeignet.

### 13.4.2 Die Textfelder einfärben

Wenn Sie möchten, können Sie jedes einzelne Textfeld einfärben, das auf der Folie ist. Ob Sie das machen, hängt vom Design Ihrer Präsentation ab, vielleicht auch von den Farben, die in Ihrem Unternehmen im Sinne der Corporate Identity genutzt werden.

1. Beginnen Sie damit, das entsprechende Textfeld per Klick zu markieren.
2. Klicken Sie es mit der rechten Maustaste an und wählen Sie im Kontextmenü **Fläche**, um den gleichnamigen Dialog aufzurufen.

3. Markieren Sie links im Dialog **Fläche** und klicken Sie im oberen Bereich auf die Schaltfläche **Farbe**.

4. Klicken Sie in der Farbpalette auf die gewünschte Farbe und bestätigen Sie Ihre Auswahl mit **OK**.

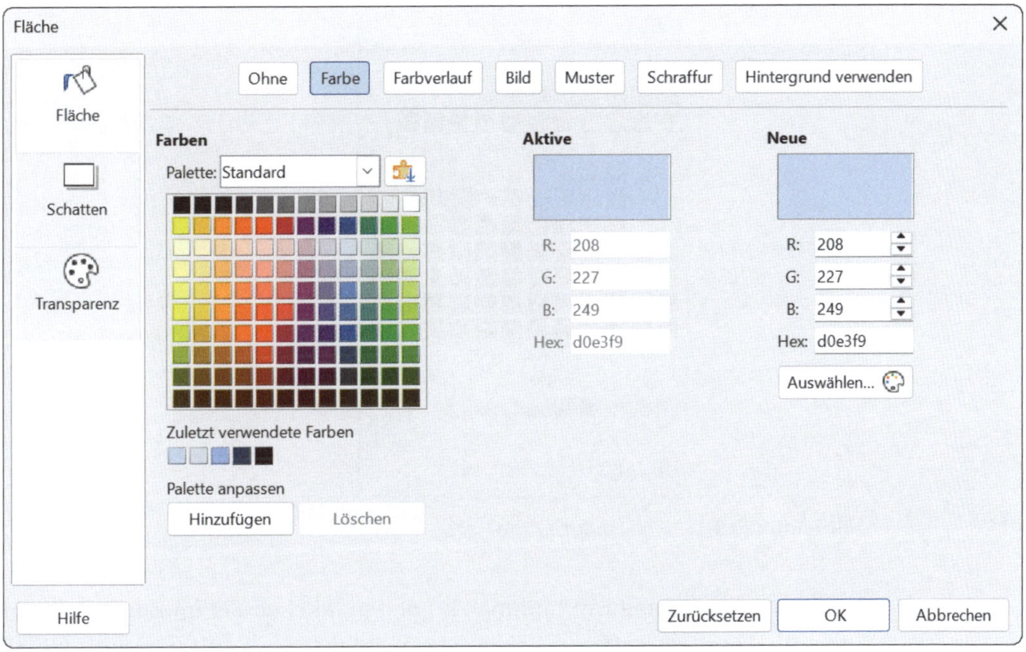

**Abbildung 13.17** *Das eingefärbte Textfeld*

**Füllfarbe zuweisen**

Für eine einfache monochrome Füllung müssen Sie nicht unbedingt den Dialog **Fläche** bemühen. Sie können auch einfach auf der Registerkarte **Start** auf das Symbol **Füllfarbe** ganz rechts im Menü klicken und in der Palette eine Farbe aussuchen. Über den Punkt **Benutzerdefinierte Farbe** öffnen Sie den Dialog **Farbauswahl**, in dem Sie mithilfe des Reglers den Farbton sehr genau bestimmen können.

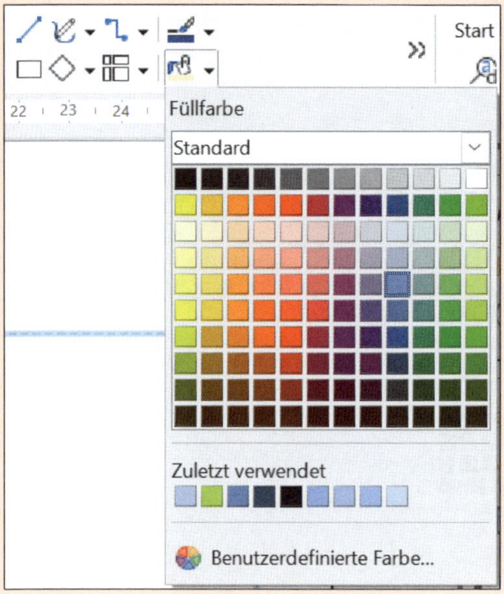


**Abbildung 13.18** *Eine Füllfarbe zuweisen*

Um dem Textfeld eine Umrandung zu gönnen, klicken Sie im Kontextmenü des Feldes auf **Linie**. Im gleichnamigen Dialog wählen Sie links die Kategorie **Linie** und bestimmen Sie den **Stil**, die **Farbe** und die **Breite**.

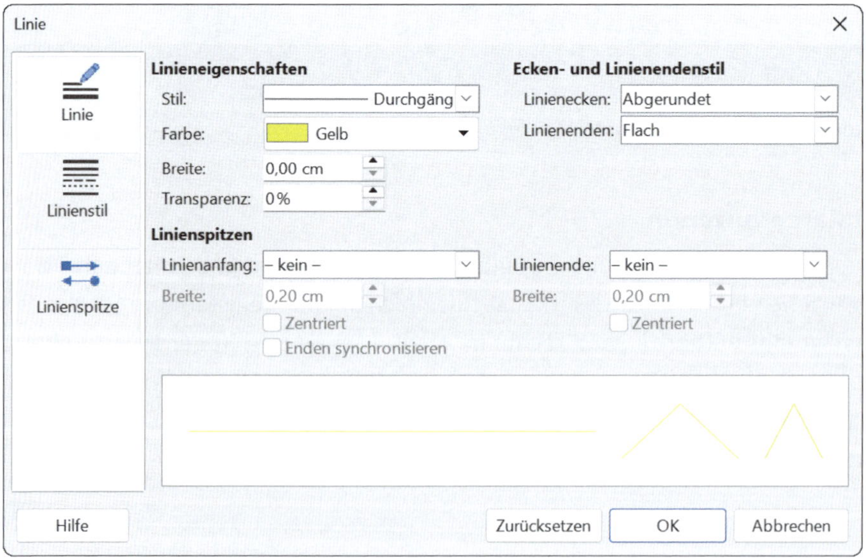


**Abbildung 13.19** *Textfeld mit Linie*

**Andere Füllungen**

Wie Sie sehen, bietet der Dialog **Fläche** weitere Optionen, z. B. die Füllung mit einem **Farbverlauf** oder einer **Schraffur**. Diese Optionen wurden bereits mehrfach beschrieben. Schauen Sie beispielsweise in den vorherigen Abschnitt oder in Abschnitt 3.7.2, »Textpassagen mit Hintergrundfarbe«.

### 13.4.3 Formen einfügen und bearbeiten

Die Folienlayouts bieten – abgesehen von einer leeren Folie – eine bestimmte Anzahl angeordneter Textfelder. Diese Textfelder können Sie verschieben, verkleinern oder vergrößern. Zum Verschieben zeigen Sie einfach mit der Maus auf den Rand des Feldes, sodass der Vierfachpfeil auftaucht. Dann ziehen Sie mit gedrückter linker Maustaste an dem Feld. Um die Größe zu verändern, markieren Sie das Feld und ziehen Sie an einem der Ziehpunkte (der Mauszeiger wird jetzt zum Doppelpfeil) nach innen oder außen.

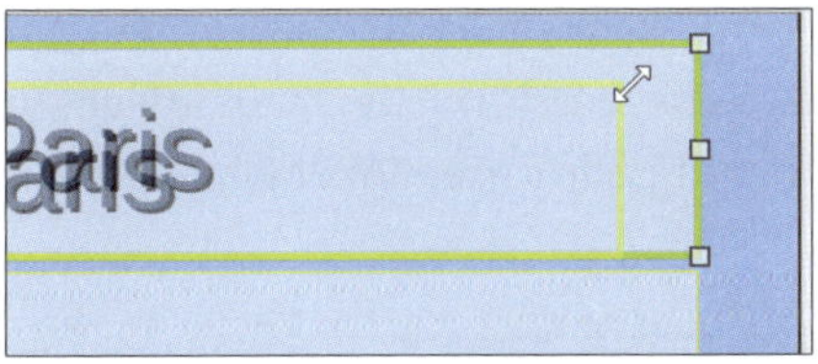

**Abbildung 13.20** *Ein Textfeld verkleinern*

Für zusätzlichen Text brauchen Sie extra eingefügte Textfelder. Wie ich weiter vorn schon beschrieben habe, klicken Sie dazu auf der Registerkarte **Einfügen** auf das Symbol **Textfeld**. Der Mauszeiger wird jetzt zu einem Kreuz und Sie können das Textfeld an Ort und Stelle mit gedrückter linker Maustaste auf die gewünschte Größe ziehen.

Andere Formen, die Sie ebenfalls auf der Registerkarte **Einfügen** finden, ziehen Sie ganz genauso auf. Klicken Sie auf die Pfeile, um die ganze Auswahl zu sehen.

**Abbildung 13.21** *Formen einfügen*

Um in einer Form Text eingeben zu können, klicken Sie die Form doppelt an. Daraufhin blinkt der Cursor in der Form und Sie können schreiben.

**Abbildung 13.22** *Text in einer Form*

Zum Bearbeiten einer Form steht eine Reihe weiterer Optionen zur Verfügung:

- Zum Einfärben der Form klicken Sie auf der Registerkarte **Start** auf die Schaltfläche **Füllfarbe** (ganz rechts im Menü) und wählen eine Farbe aus der Farbpalette. Alternativ klicken Sie – wie bei den Textfeldern – im Kontextmenü der Form auf **Fläche**, um den gleichnamigen Dialog zu öffnen. Der Dialog bietet dann weitere Möglichkeiten zum Füllen: **Farbverlauf**, **Bild**, **Muster** etc.
- Um eine Form zu umranden, klicken Sie im Kontextmenü der Form auf **Linie**, um den gleichnamigen Dialog zu öffnen.
- Um eine Form zu drehen, markieren Sie sie und klicken Sie sie dann erneut an. Daraufhin sehen Sie die (grünen) Drehpunkte. Zeigen Sie mit der Maus auf einen solchen Drehpunkt und ziehen Sie die Form mit gedrückter linker Maustaste in die gewünschte Richtung.

- Im Kontextmenü der Form werden über den Punkt **Verändern** weitere Bearbeitungsmöglichkeiten angeboten, zum Beispiel **Spiegeln** und **Verzerren**.

**Formen verzerren**

Wenn Sie den Befehl **Verzerren** wählen, werden Sie gefragt, ob das Objekt in eine Kurve umgewandelt werden soll. Sofern Sie die Form tatsächlich »verzerren« möchten, müssen Sie diese Frage bejahen. Daraufhin sehen Sie die klassischen Ziehpunkte, allerdings wird die Maus an den Eck-Ziehpunkten zu einem Händchen. Wenn Sie nun klicken und die Maustaste gedrückt halten, erscheint ein Gitternetz auf der Form. Mit gedrückter Maustaste können Sie die Form jetzt in alle Himmelsrichtungen verzerren.

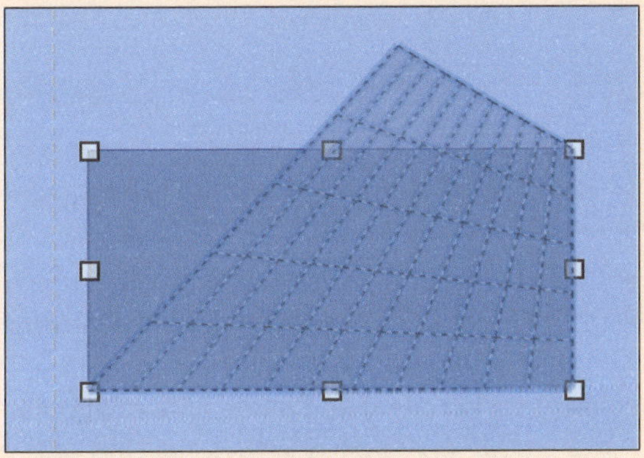

**Abbildung 13.23** *Formen verzerren*

### 13.4.4 Bilder hinzufügen

Präsentationen dürfen nicht langweilen. Trotz der Bilderflut, die uns heutzutage auf Schritt und Tritt begegnet, sind Bilder/Fotos nach wie vor ein probates Mittel, um Folien interessant zu gestalten.

Ein Bild einzufügen, ist ganz einfach. Manche Folienlayouts bieten mittig auf der Folie diverse Symbole an, unter anderem das Symbol **Bild einfügen**. Gibt es dieses Symbol nicht, klicken Sie auf der Registerkarte **Einfügen** auf **Bild einfügen**. So oder so, aufgerufen wird der Dialog **Bild einfügen**.

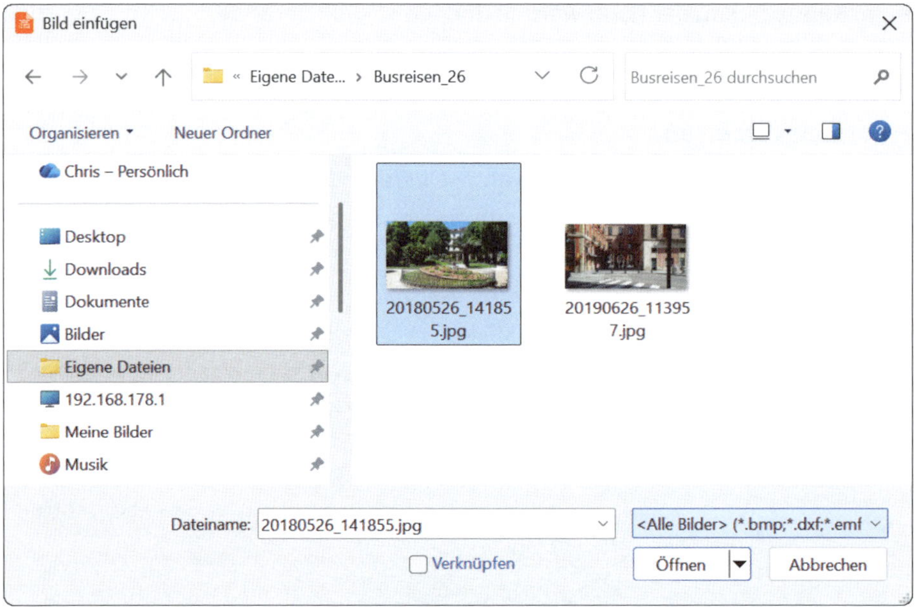


**Abbildung 13.24** *Das ausgewählte Bild einfügen*

Navigieren Sie hier zu dem Ordner, in dem das gesuchte Bild liegt, und klicken Sie es doppelt an (oder auf **Öffnen**). Schon landet das Bild auf der Folie. Ziehen Sie es an eine geeignete Stelle (Sie sehen den Vierfachpfeil) und passen Sie es durch Ziehen an den Ziehpunkten in der Größe an (der Mauszeiger wird dabei zum Doppelpfeil).

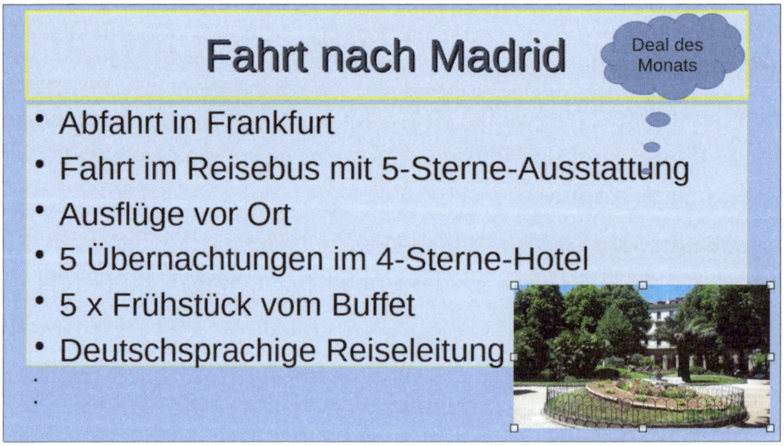


**Abbildung 13.25** *Ein Bild auf der Folie*

Sobald das Bild markiert ist, taucht die zusätzliche Registerkarte **Bild** auf. Diese Registerkarte bietet zahllose Optionen zum Bearbeiten von Fotos/Bildern. Sie können die Helligkeit und den Kontrast verändern, Filter anwenden, Bilder zuschneiden und vieles mehr. Blättern Sie notfalls zurück zu Abschnitt 5.1, »Fotos und Grafiken einfügen und positionieren«.

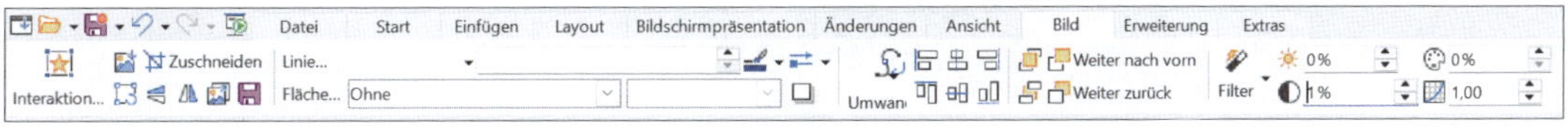


**Abbildung 13.26** *Die Registerkarte »Bild«*

Wenn Sie mehrere Fotos einfügen möchten, nutzen Sie am besten ein Layout, das dafür genügend Platz bietet, z. B. **Nur Titel** oder **Zwei Felder** – je nachdem, wie viel Text auf der Folie steht.

Zum Anordnen der Bilder bietet es sich an, mit sogenannten *Fanglinien* zu arbeiten. Um sie zu aktivieren, klicken Sie auf der Registerkarte **Ansicht** auf das Symbol **Fanglinie sichtbar** (damit die Linie zu sehen sein wird) und auf das Symbol **Fanglinie einfügen**.

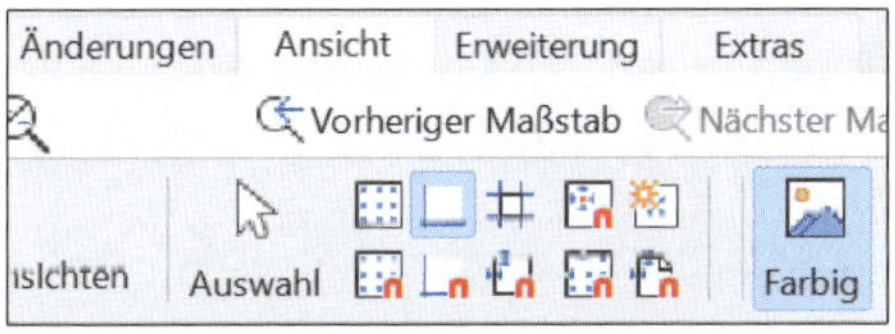


**Abbildung 13.27** *Eine Fanglinie einfügen und anzeigen lassen*

Dies öffnet einen kleinen Dialog, in dem Sie festlegen, wo diese Fanglinien erscheinen sollen. Der Wert im Feld **Position** für eine (im Beispiel) vertikale Fanglinie spielt keine große Rolle, denn Sie können diese Linie problemlos verschieben.

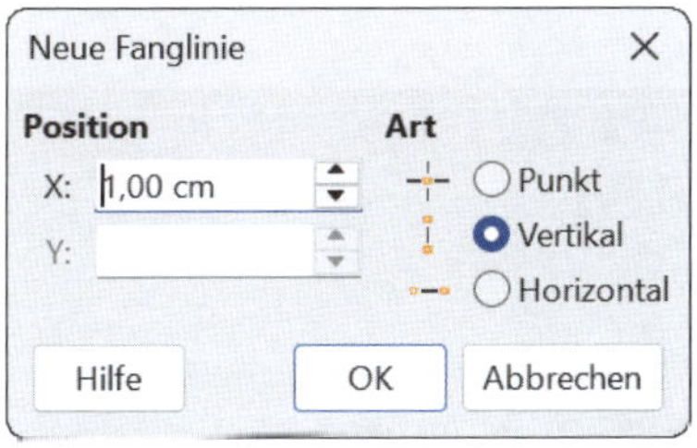


**Abbildung 13.28** *Wo soll die Fanglinie auftauchen?*

Nach dieser Aktion sehen Sie eine vertikale Linie auf der Folie. Zum Verschieben zeigen Sie mit der Maus auf die Linie, sodass Sie einen Doppelpfeil sehen, und ziehen Sie die Linie mit gedrückter Maustaste an die gewünschte Stelle.

**Abbildung 13.29** *Eine Fanglinie verschieben*

Sie können die Bilder nun an diese Linie schieben, sodass sie wie hier im Beispiel sauber untereinander stehen. Als weiteres Hilfsmittel könnten Sie auf der Registerkarte **Ansicht** auch noch das Symbol **An Fanglinien fangen** aktivieren. Wenn Sie dann die Bilder verschieben, werden Sie bemerken, dass die Bilder präzise an die Linie gesetzt werden können. Die Linie wirkt leicht »magnetisch« und zieht das Objekt an.

**Mehrere Fanglinien**

Für die Anordnung weiterer Bilder können Sie auch zusätzliche Fanglinien einfügen – vertikale und horizontale. Klicken Sie einfach erneut auf das Symbol **Fanglinie einfügen** und legen Sie fest, was Sie brauchen.

**Abbildung 13.30** *Arbeiten Sie mit Fanglinien.*

## 13.5 Folien hinzufügen, kopieren und sortieren

Wie Sie eine Folie hinzufügen, habe ich in Abschnitt 13.3, »Das passende Folienlayout auswählen«, gezeigt: Klicken Sie auf der Registerkarte **Einfügen** auf **Neue Folie**. Sofern das Layout der eingefügten Folie nicht passt, wechseln Sie zur Registerkarte **Layout** und klicken Sie hier ganz rechts im Menü auf **Folienlayout**.

**Neue Folien**

Wenn Sie über **Einfügen • Neue Folie** eine neue Folie einfügen, erhalten Sie immer eine Folie mit dem Layout der zuvor bearbeiteten Folie.

Im Menü entscheiden Sie sich für ein passendes Layout. Sofern Sie planen, eine Folie nur mit Fotos/Bildern zu gestalten, bietet sich das Layout **Leere Folie** an. In ihm können Sie ungehindert durch Textfelder die Fotos einfügen und mit den eben beschriebenen Fanglinien anordnen.

Um eine Folie zu kopieren (beispielsweise um sie als Vorlage für die nächste Folie zu nutzen), ist es am einfachsten, die entsprechende Folie zu markieren und auf der Registerkarte **Einfügen** auf **Folie doppeln** zu klicken.

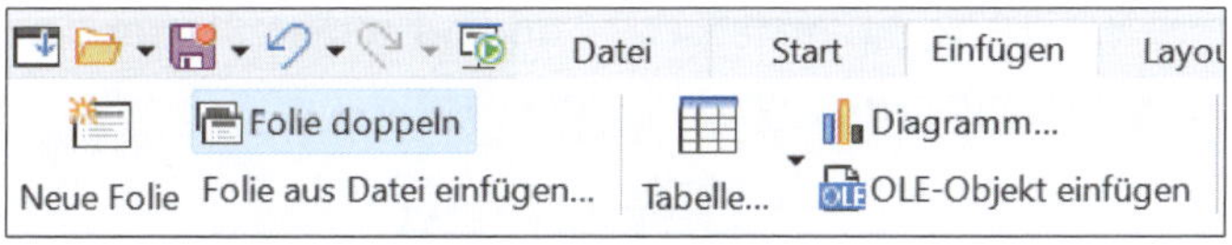


**Abbildung 13.31** *Eine Folie duplizieren*

Den Befehl **Folie doppeln** finden Sie im Übrigen auch im Kontextmenü einer Miniaturfolie. Außerdem bietet das Kontextmenü auch die klassischen Befehle **Kopieren** und **Ausschneiden** an. Wenn Sie eine Folie kopieren, können Sie diese Folie für eine neue/andere Präsentation verwenden. Drücken Sie in der geöffneten Präsentation die Tasten `Strg` + `V`.

Falls Sie die Reihenfolge der Folien ändern möchten, ist auch das kein Problem. Sie können die Folien mit gedrückter linker Maustaste an eine andere Stelle ziehen. Sobald das kleine Verbotsschild nicht mehr auftaucht, können Sie die Folie »fallen lassen«.

**Abbildung 13.32** *Folien verschieben*

Auch das Kontextmenü bietet Befehle zum Verschieben. Klicken Sie die Folie, die Sie verschieben möchten, mit der rechten Maustaste an und zeigen Sie auf **Verschieben**. Im Untermenü wählen Sie den gewünschten Befehl.

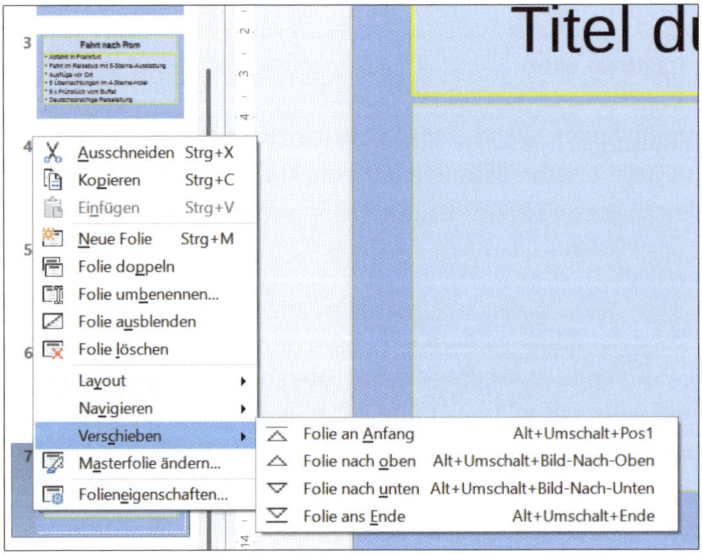


**Abbildung 13.33** *Folien mit den Befehlen im Kontextmenü verschieben*

Einen guten Überblick über die Anordnung der Folien und Ihre gesamte Präsentation bietet die Foliensortierung (**Ansicht • Ansicht Foliensortierung**).

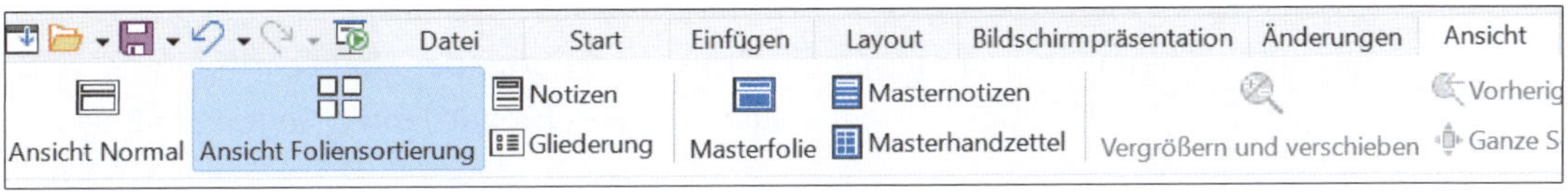


**Abbildung 13.34** *Die Foliensortierung aufrufen*

Sie können auch in dieser Ansicht die Folien verschieben, doppeln, kopieren oder z. B. auch löschen. All diese Befehle hält das Kontextmenü einer Folie parat. Direkt oberhalb des Arbeitsbereichs gibt es die Schaltfläche **Folien pro Reihe**. Wählen Sie hier die gewünschte Anzahl: Je höher die Zahl ist, desto kleiner ist die Darstellung der Folien, logisch!

**Abbildung 13.35** *Folien in der Ansicht »Foliensortierung«*

## 13.6 Ein einheitliches Design festlegen

Normalerweise sollen die Folien einer Präsentation optisch ein einheitliches Design haben und nicht mal so, mal so aussehen (was Sie aus Spaß an der Freud natürlich machen könnten).

Auf einfachem Weg kreieren Sie über **Kopieren** oder den Befehl **Folie doppeln** eine einheitliche Optik von Folie zu Folie.

Wollen Sie ernsthaft professionell arbeiten, greifen Sie zu einer sogenannten *Masterfolie*. Diese Masterfolie gestalten Sie dann optisch nach Wunsch, aber ohne konkreten Inhalt. Sie legen den Hintergrund fest, fügen Logos oder wiederkehrende Grafiken ein und passen die Größe und Farbe der Überschriften und Textplatzhalter an. Kurzum: Sie legen alles fest, was für alle Folien Geltung haben soll.

Hier sind die Schritte im Einzelnen:

1. Öffnen Sie eine neue Präsentation (**Datei • Neu**) und aktivieren Sie die Registerkarte **Ansicht**.

2. Klicken Sie auf **Masterfolie**.

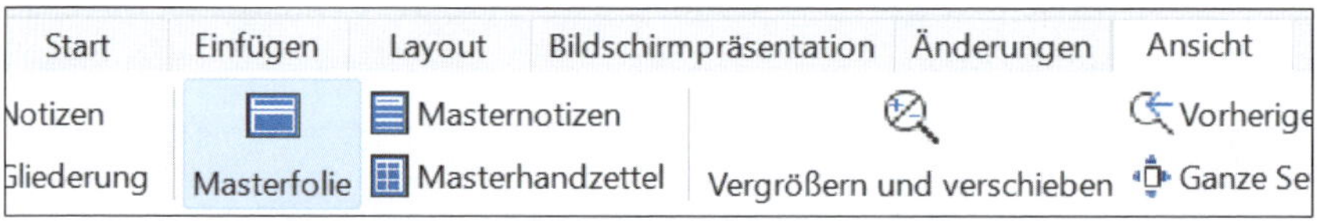


3. Sie erhalten eine Folie mit diversen Elementen. Diese Folie gestalten Sie nun nach Gusto. Legen Sie im Titelbereich z. B. die Eigenschaften der Schrift für den Titel fest und im Objektbereich die Eigenschaften der Schrift für die verschiedenen Ebenen einer Aufzählung.

4. Bearbeiten Sie den Hintergrund. Klicken Sie also auf der Registerkarte **Layout** auf **Folie formatieren** und weisen Sie über den Dialog **Seiteneigenschaften** eine Farbe zu (oder einen anderen Hintergrund; denken Sie aber daran: Sie

arbeiten im Master; alle hier festgelegten Formatierungen wirken sich auf *alle* Folien aus).

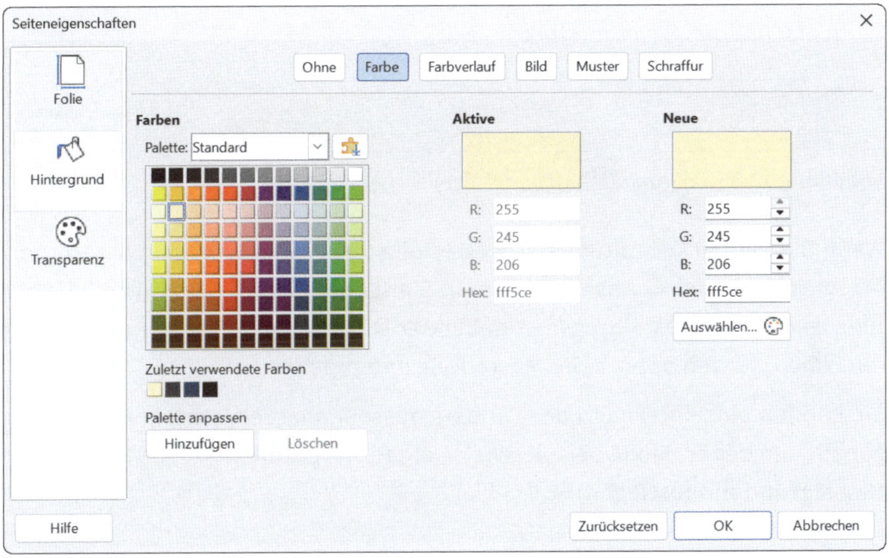


5. Achten Sie auch auf den unteren Bereich der Masterfolie. Über diese drei Bereiche können Sie (wie Sie hier sehen) ein Datum, eine Fußzeile und die Foliennummer einfügen. Markieren Sie beispielsweise das Feld **Datum/Uhrzeit** inklusive Steuerzeichen und klicken Sie dann auf der Registerkarte **Einfügen** auf das Symbol **Feld**. Im Menü wählen Sie eine der Optionen, z. B. **Datum (fix)**.

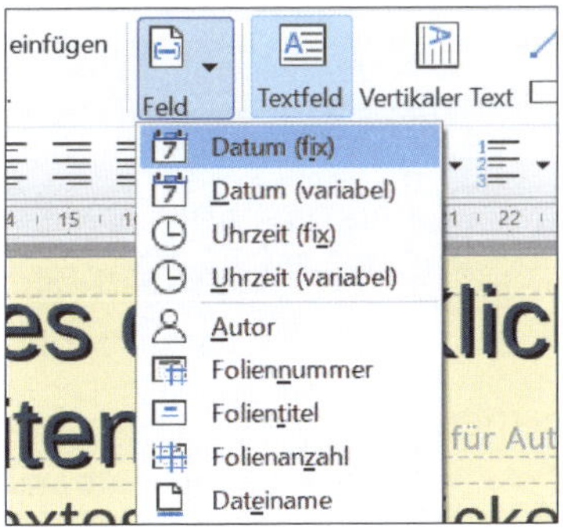


6. Verfahren Sie genauso mit den anderen Bereichen, sofern Sie sie nutzen möchten. Für die Foliennummer klicken Sie im Menü des Symbols **Feld** auf **Foliennummer**.

7. Im Fußzeilenbereich in der Mitte wählen Sie eine der anderen Optionen, beispielsweise **Folientitel** (falls Sie Ihre Folien über das Kontextmenü der Folie umbenannt haben); um eigenen Text einzugeben, markieren Sie das Feld und überschreiben Sie es mit Ihrem Text.

**Abbildung 13.36** *Folie mit Datum und Fußzeile*

Wenn Sie mit der Gestaltung der Masterfolie fertig sind, wechseln Sie zur normalen Ansicht (**Ansicht • Ansicht Normal**). Sie sehen, dass die erste Titelfolie erwartungsgemäß die Gestaltungsmerkmale der Masterfolie aufweist. Auch alle weiteren Folien werden optisch der Masterfolie entsprechen.

Sie können einzelne Folien aber anders aussehen lassen. Verfahren Sie z. B. wie gehabt, um der Titelfolie beispielsweise ein Hintergrundbild zuzuweisen (**Layout • Hintergrundbild festlegen**).

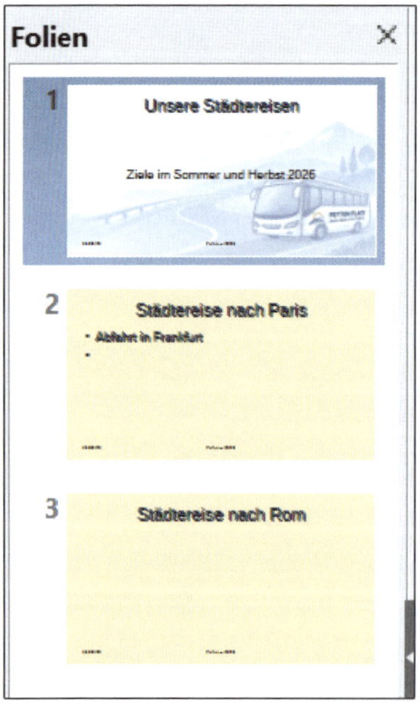


**Abbildung 13.37** *Die Folien in der normalen Ansicht*

### Dokumentvorlagen nutzen

Abgesehen von der Arbeit mit einer Masterfolie stehen für ein einheitliches Aussehen auch in Impress Dokumentvorlagen parat. Die Auswahl sehen Sie, indem Sie auf der Registerkarte **Datei** auf **Dokumentvorlagen** klicken. Sofern Sie den Eindruck haben, dass etwas Passendes dabei ist, markieren Sie die Vorlage und klicken Sie auf **Öffnen**. Dann bearbeiten Sie die Folien nach Gusto.

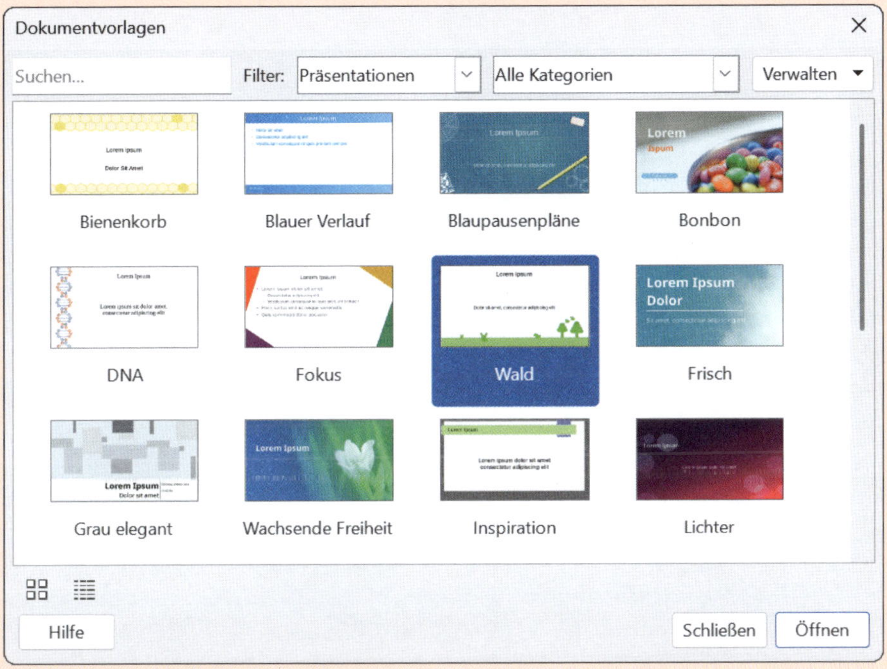


**Abbildung 13.38** *Dokumentvorlagen*

Kapitel 14

# Videos, Animationen und Effekte – Folien zum Leben erwecken

Alle Welt schaut sich gern Videos an – Seiten wie TikTok leben von nichts anderem. Auch in einer Präsentation kann ein Video sehr wirkungsvoll sein und die Aufmerksamkeit des Publikums fesseln. Animationen sind ohnehin ein probates Mittel, um Folien zu beleben und interessant zu gestalten.

## 14.1 Videos in die Präsentation einbetten

Auch hier führen wieder viele Wege zum Ziel. Ich zeige Ihnen, wie Sie ein Video unter einer Folienüberschrift einfügen. Sie können das Video aber auch ganzseitig anzeigen lassen.

1. Zunächst brauchen Sie für unser Beispiel eine leere Folie mit Titel und einem Feld. Klicken Sie dazu auf der Registerkarte **Einfügen** auf **Neue Folie**. Ändern Sie das Layout gegebenenfalls zu **Ein Feld**.

2. Klicken Sie nun im Feld auf das Mediensymbol, das wie ein guter alter Filmstreifen aussieht.

3. Im Dialog **Audio oder Video einfügen** wählen Sie die gewünschte Videodatei aus und klicken Sie auf **Öffnen**.

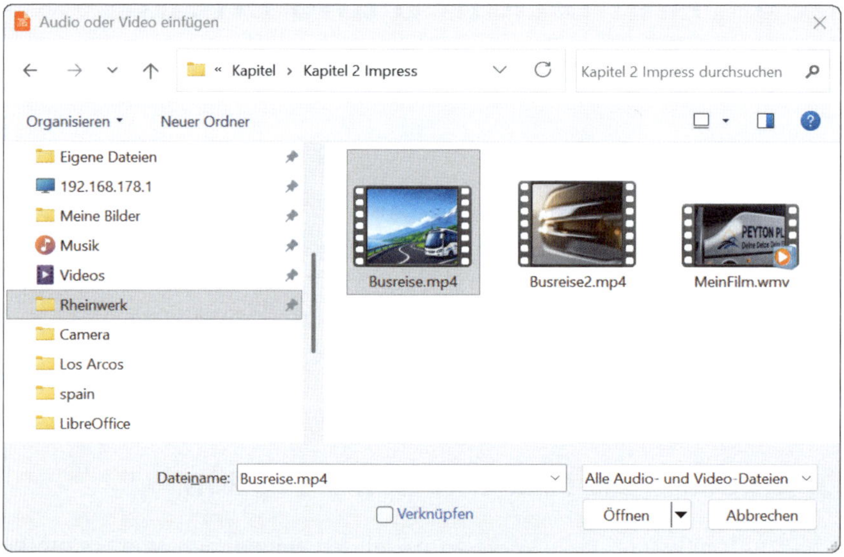


4. Das Video wird eingefügt und im Feld angezeigt.

5. Wenn Sie das Feld mit dem Video markieren (zu erkennen an den Ziehpunkten), wird die Registerkarte **Medien** in der Menüleiste eingeblendet. Hier können Sie das Video starten, um es in der Ansicht **Normal** abzuspielen.

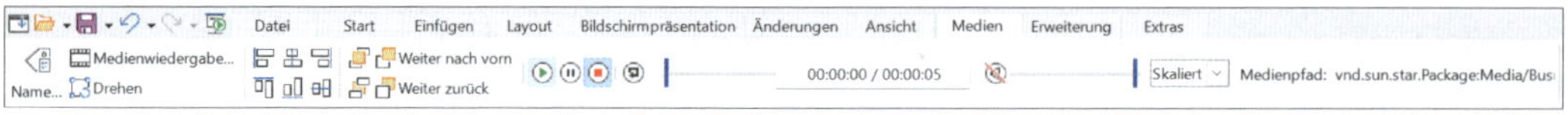

Auch das Feld mit dem Video können Sie wie alle Felder bearbeiten und formatieren und/oder in der Größe ändern und verschieben.

**Probleme beim Abspielen von Videos**

Mitunter sind Videos etwas störrisch und verweigern die Wiedergabe. Ich kann Ihnen dazu leider keine umfassende Lösung anbieten, aber doch zwei Tipps mit auf den Weg geben:

- Versuchen Sie zunächst, das störrische Video per Doppelklick aus dem Datei-Browser zu öffnen. Wenn Sie hier nach dem zu verwendenden Programm gefragt werden, legen Sie im Dialog eine geeignete Abspiel-App fest, die immer genutzt werden soll, damit diese Dateiverknüpfung auch in Impress funktioniert.
- Läuft das Video in der gewählten App, sollte es anschließend auch in Impress abgespielt werden können. Falls die App das Video aber nicht abspielen kann, könnte das an dem verwendeten Videoformat bzw. der Videokomprimierung liegen. Hier kann ein anderes Dateiformat oder eine andere Komprimierung helfen.

## 14.2 Animationen für Text und Objekte

Für Präsentationen, die am Bildschirm vorgeführt werden, sind Animationen der eigentliche Clou. In diesem Abschnitt zeige ich Ihnen, wie Sie Folienelemente »beleben«.

Sie können jedes Element einer Folie animieren. Im Prinzip funktioniert das folgendermaßen: Sie markieren das Element, das Sie animieren möchten, wählen einen Animationseffekt aus und legen eventuell Feinheiten zu dem Effekt fest, z. B. wann und wie er erscheinen soll, wie lange er angezeigt wird etc. Fertig!

Dies sind die Schritte:

1. Markieren Sie das Element, das Sie animieren möchten.
2. Wechseln Sie zur Registerkarte **Bildschirmpräsentation**.

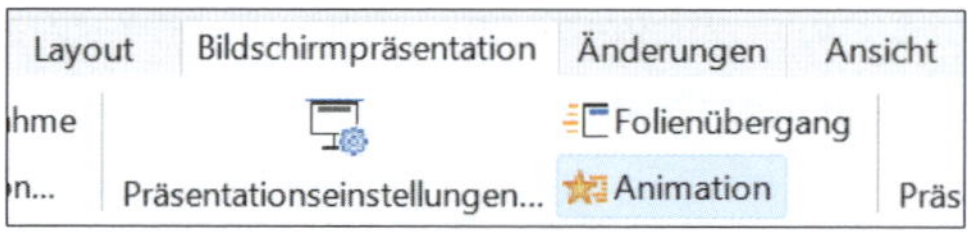


3. Klicken Sie auf **Animation**.

4. Daraufhin wird rechts am Bildschirm ein Fenster mit zwei Bereichen eingeblendet: **Animation** und **Effekte**. Klicken Sie im Bereich **Effekte** auf die Schaltfläche **Hinzufügen**.

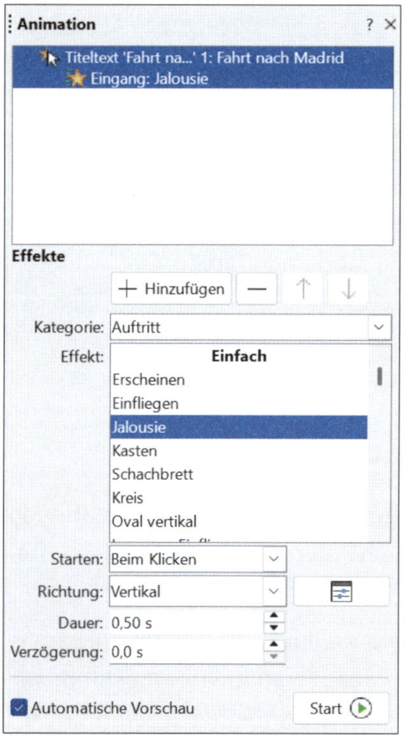


5. Scrollen Sie durch die Auswahl der Effekte und markieren Sie den gewünschten. Impress zeigt Ihnen automatisch die Wirkung des Effekts. Im oberen Bereich wird die ausgewählte Animation aufgelistet. Möchten Sie den Effekt noch mal sehen, klicken Sie auf die Schaltfläche **Start** ganz unten rechts im Fenster.

6. Werfen Sie einen Blick auf die Felder **Starten**, **Richtung**, **Dauer** und **Verzögerung** und legen Sie die gewünschten Optionen fest. Erhöhen Sie beispielsweise

die Dauer. (Die Effekte laufen oft zu schnell ab, sodass eine entsprechende Anpassung in vielen Fällen sinnvoll ist.) Überprüfen Sie die Einstellungen, indem Sie auf **Start** klicken und den Effekt erneut abspielen lassen.

7. Im Feld **Starten** belassen Sie es bei der Option **Beim Klicken**, sofern Sie selbst bestimmen möchten, wann die animierten Objekte auftauchen sollen (also dann, wenn Sie in der Bildschirmpräsentation klicken). Mit der Option **Nach Vorheriger** erscheinen die Objekte automatisch nach dem vorherigen Objekt.

Weitere Einstellungsmöglichkeiten bietet der Dialog **Effektoptionen**, den Sie neben dem Feld **Richtung** per Klick auf die Schaltfläche **Optionen** öffnen.

**Abbildung 14.1** *Die Effektoptionen*

Auf der Registerkarte **Effekt** können Sie einen Sound hinzufügen. Wenn Sie eine eigene Sounddatei nutzen möchten, scrollen Sie im Menü des Feldes **Klang** ganz nach unten bis zu dem Punkt **Anderer Klang**. Dies ruft den Dialog **Öffnen** auf, in dem Sie zu dem Ordner navigieren, in dem die gewünschte Audiodatei gespeichert ist. Markieren Sie sie und klicken Sie auf **Öffnen**.

Auf der Registerkarte **Anzeigedauer** finden Sie die Felder **Starten**, **Dauer**, **Verzögerung** und **Wiederholung**, also die Felder, die Sie auch rechts am Bildschirm im Bereich **Effekte** finden.

Die Registerkarte **Lauftext** bietet die Option, die einzelnen Aufzählungspunkte eines Textfeldes nacheinander und nicht als einen Block einzublenden. Dazu wählen Sie im Feld **Texte gruppieren** die Einstellung **Nach 1. Abschnittsebene**.

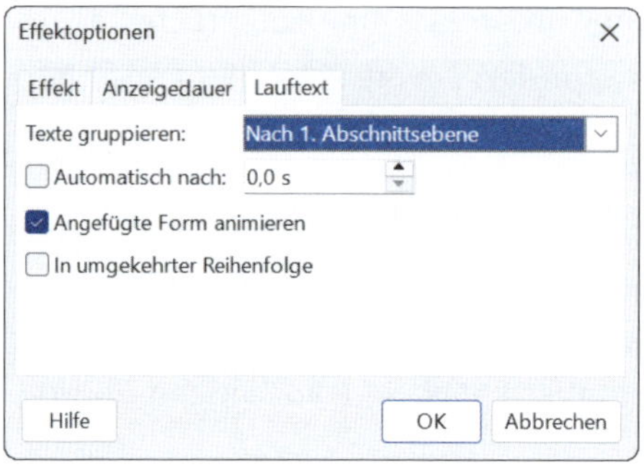


**Abbildung 14.2** *Gegliederten Text animieren*

Wenn Sie den Animationseffekt für das erste Objekt festgelegt haben, können Sie sich das nächste Objekt vornehmen und ihm wie eben beschrieben eine Animation zuweisen. Entscheiden Sie selbst, welche und wie viele Elemente sich für eine Animation anbieten – weniger ist oft mehr!

Sofern Sie mehrere Objekte auf der Folie animiert haben, werden die Animationen in der Reihenfolge abgespielt, die Sie beim Zuweisen der Animation gewählt haben. Diese einmal festgelegte Reihenfolge können Sie nachträglich ändern. Markieren Sie den Effekt, den Sie verschieben möchten, im Bereich **Animation** und ziehen Sie die Auswahl mit gedrückter linker Maustaste an eine andere Stelle der Auflistung. Wenn das nicht recht klappt, klicken Sie auf einen der Pfeile im Bereich **Effekte** (**Nach oben verschieben**/**Nach unten verschieben**).

Die Animation eines Elements entfernen Sie, indem Sie das Element auswählen und dann im Bereich **Effekte** auf das Minuszeichen (**Effekt entfernen**) neben der Schaltfläche **Hinzufügen** klicken.

### Automatisch starten oder per Klick?

Wie ich weiter vorn bereits erwähnt habe, können Sie die Animationen eines Elements und auch die nachfolgend beschriebenen Folienübergänge automatisch ablaufen lassen, sodass alle animierten Elemente und Folien nacheinander angezeigt werden. Sie müssen dazu im Feld **Starten** die Option **Nach Vorheriger** auswählen und eine entsprechende Dauer und Verzögerung festlegen. Diese Variante eignet sich am besten für Präsentationen, die automatisch ablaufen sollen, z. B. in einem Schaufenster. Bei Präsentationen, die vorgeführt werden, sollten Sie das Zepter in der Hand behalten und sich für die Option **Beim Klicken** entscheiden, da Sie auf diese Weise bestimmen, wann die Präsentation (z. B. nach Erklärungen, Rückfragen seitens des Publikums etc.) fortgesetzt wird.

## 14.3 Attraktive Folienübergänge auswählen

In einer Bildschirmpräsentation wird eine Folie nach der anderen gezeigt. Hierbei stellt sich die Frage, wie die Folien erscheinen sollen: ganz schlicht oder mit einem Übergangseffekt? Solche Folienübergänge bietet der Bereich **Folienübergang**.

Dies sind die Schritte:

1. Markieren Sie die Folien, auf die der Übergang angewendet werden soll. Sie können in dem Fenster mit den Miniaturfolien schnell mehrere Folien auswählen, indem Sie sie nacheinander mit gedrückter `Strg`-Taste anklicken.

2. Klicken Sie auf der Registerkarte **Bildschirmpräsentation** auf **Folienübergang**.

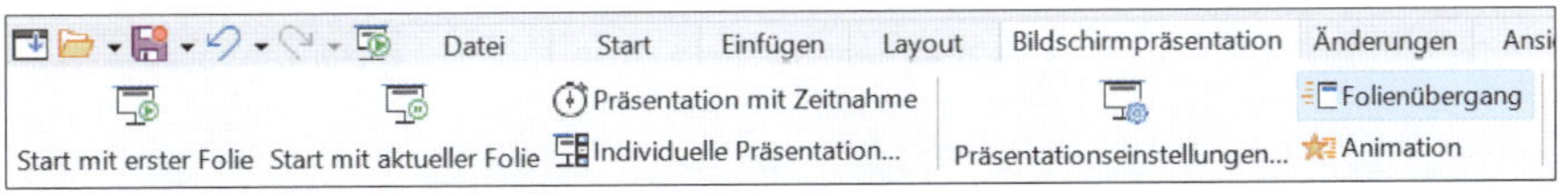

3. Im gleichnamigen Fenster rechts am Bildschirm werden Übergänge präsentiert. Sobald Sie einen markieren, wird er in der Vorschau abgespielt, sodass Sie einen Eindruck von dem Effekt erhalten.

4. Im Bereich **Übergang ändern** können Sie den Übergangseffekt variieren. Klicken Sie auf den Pfeil am Feld **Variante**, um das Menü aufzuklappen und die Optionen zu sehen. Achtung: Nicht für alle Übergänge stehen Varianten zur Verfügung.

5. Wie schon für animierte Objekte können Sie auch für Übergänge die Dauer anpassen und gegebenenfalls einen Klang hinzufügen. Klicken Sie auf den Pfeil, um die Auswahl zu sehen.

6. Achten Sie auch bei den Folienübergängen auf die Optionen zum Starten des Übergangs. Belassen Sie es im Bereich **Folienwechsel** bei der Einstellung **Bei Mausklick**, wenn Sie selbst bestimmen möchten, wann die nächste Folie er-

scheint. Soll die nächste Folie automatisch angezeigt werden, müssen Sie im Feld **Nach** eine Zeit festlegen. Diese Zeit legt fest, wie lange die aktuelle Folie zu sehen ist. Wenn Sie animierte Elemente auf der Folie haben, ist dies die Zeit nach der letzten Animation. Nutzen Sie zum Festlegen der Zeit die Pfeile an dem Feld.

**Ein Übergang für alle Folien**

Wenn Sie alle Folien mit dem gleichen Effekt einblenden möchten, reicht es, eine Folie auszuwählen, den Effekt festzulegen und anschließend auf die Schaltfläche **Übergang für alle Folien übernehmen** zu klicken.

Die Folien, denen Sie einen Übergang zugewiesen haben, werden im Bereich mit den Miniaturfolien durch einen Stern gekennzeichnet. (Der kleine Stern mit Pfeil zeigt an, dass es auf der Folie animierte Objekte gibt.)

**Abbildung 14.3** *Die Folien sind mit einem Stern gekennzeichnet.*

Um einen Übergang wieder loszuwerden, klicken Sie einfach in dem Fenster mit den Folienübergängen auf **Keine**.

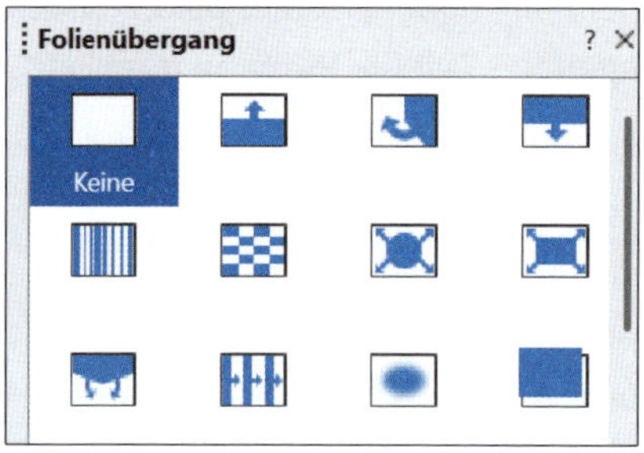


**Abbildung 14.4** *Folienübergänge entfernen*

Die eigentliche Wirkung von Animationen und Übergängen sehen Sie in der Bildschirmpräsentation. Dies ist aber das Thema von Kapitel 15, »Showtime – die Präsentation vorführen«.

# Kapitel 15
# Showtime – die Präsentation vorführen

Der Sinn Ihrer ganzen Mühe bei der Gestaltung der Folien ist die Vorführung als Bildschirmpräsentation. Welche Möglichkeiten eine solche Präsentation bietet, zeige ich Ihnen in diesem Kapitel.

## 15.1 Die Bildschirmpräsentation starten

Um einen ersten Eindruck von der Präsentation zu bekommen, lassen Sie sie am besten einmal komplett abspielen. Und das geht so: Markieren Sie die erste Folie und aktivieren Sie die Registerkarte **Bildschirmpräsentation**. Klicken Sie hier auf **Start mit aktueller Folie** (oder klicken Sie auf **Start mit erster Folie**, wobei es dann keine Rolle spielt, welche Folie die ausgewählte ist).

Als schnelle Alternative zum Start einer Vorführung funktioniert auch [F5]. Mit diesem Tastendruck beginnt die Präsentation mit der ersten Folie. Außerdem finden Sie auch in der Schnellsymbolleiste oben links das Symbol **Start mit erster Folie**.

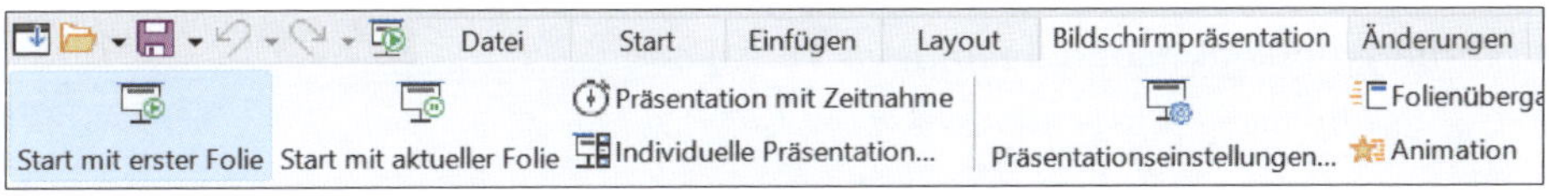


**Abbildung 15.1** *Eine Bildschirmpräsentation beginnen*

> **Starten auf der Registerkarte »Start«**
> Auch auf der Registerkarte **Start** gibt es ganz rechts in der Menüleiste das Symbol **Start mit erster Folie**.

Der Bildschirm wird nun mit der ganzen Folie gefüllt. Je nachdem, welche Einstellungen in Hinblick auf Folienübergänge und Animationen in den Folien stecken (siehe Kapitel 14, »Videos, Animationen und Effekte – Folien zum Leben erwecken«), müssen Sie nun entweder klicken, damit die Präsentation fortgesetzt wird, oder aber sie läuft selbsttätig ab, da Sie für den Folienübergang eine Zeit festgelegt haben und die Animationen mit der Option **Nach vorheriger** automatisch eine nach der anderen erscheinen.

**Abbildung 15.2** *Die Folie in der Bildschirmpräsentation*

Zum Schluss wird ein schwarzer Bildschirm mit der Aufforderung **Klicken, um die Präsentation zu beenden** angezeigt. Möchten Sie die Präsentation während des Abspielens unterbrechen, drücken Sie einfach die Esc-Taste.

**Bildschirmpräsentation und Impress-Fenster**

Wenn Sie eine Bildschirmpräsentation abspielen, egal ob im Vollbildmodus oder im Fenster, bleibt zusätzlich das Impress-Fenster geöffnet. In Abbildung 15.3 sehen Sie im Hintergrund die laufende Bildschirmpräsentation und im Vordergrund das geöffnete Impress-Fenster.

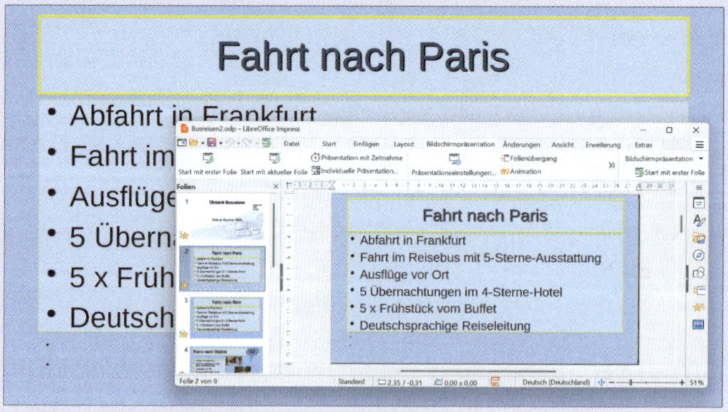


**Abbildung 15.3** *Bildschirmpräsentation und Impress-Fenster*

Um im Vollbildmodus der Präsentation das Impress-Fenster aufzurufen, ohne die Präsentation zu beenden, können Sie über die Tastenkombination `Alt` + `⇆` alle geöffneten Fenster anzeigen lassen. Mit der Tabulatortaste wandern Sie durch die Auswahl der Fenster, wobei Sie die `Alt`-Taste weiterhin gedrückt halten müssen. Sobald Sie die `Alt`-Taste loslassen, wird das zuletzt markierte Fenster aktiv. Achtung: Falls die Option **Präsentation immer im Vordergrund halten** (siehe Abbildung 15.4) aktiviert ist, können Sie sich zwar die geöffneten Anwendungen anzeigen lassen, aber das ausgewählte Fenster wird nicht aufgerufen. Die Bildschirmpräsentation bleibt im Vordergrund.

Sie sehen also: Eine Bildschirmpräsentation vorzuführen, ist fürs Erste kein großes Geheimnis. Aber es gilt, ein paar Details und Optionen zu beachten. Klicken Sie dazu auf die Schaltfläche **Präsentationseinstellungen**. Dies ruft den gleichnamigen Dialog auf, in dem Sie diverse Einstellungen vornehmen können.

**Zwei Monitore**

Einige Einstellungen beziehen sich auf die Arbeit mit zwei Monitoren. Blättern Sie gegebenenfalls vor zu Abschnitt 15.3, »Präsentationen auf zwei Monitoren«.

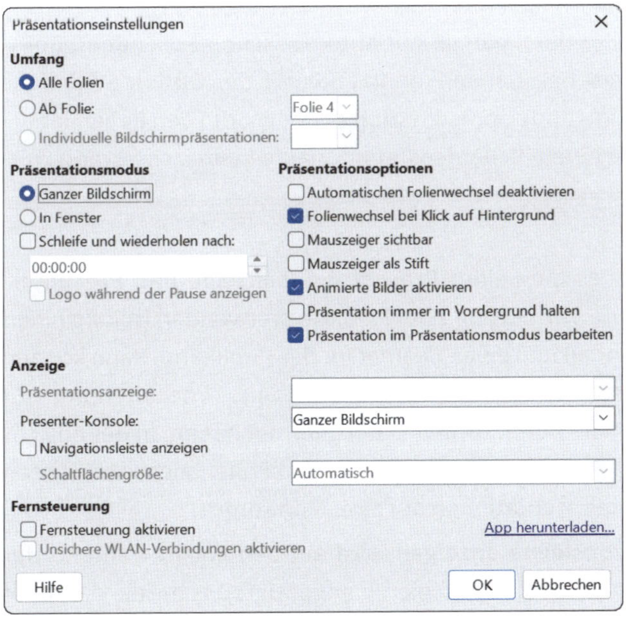


**Abbildung 15.4** *Die Präsentationseinstellungen*

- Im Bereich **Umfang** können Sie festlegen, dass eine Präsentation erst ab einer bestimmten Folie beginnt. Sie aktivieren also die Option **Ab Folie** und legen im Feld daneben die Nummer der Folie fest. Wenn Sie dann auf **Start mit aktueller Folie** klicken, beginnt die Präsentation immer mit dieser Folie. Die Option **Start mit erster Folie** setzt diese Einstellung allerdings außer Kraft: Mit ihr wird immer die erste Folie aufgerufen. Mit der Option **Individuelle Bildschirmpräsentationen** wählen Sie im Feld daneben aus, welche Präsentation abgespielt werden soll, wenn Sie die Vorführung starten. (Lesen Sie zur Einrichtung individueller Bildschirmpräsentationen den nächsten Abschnitt.)
- Mit der Option **In Fenster** im Bereich **Präsentationsmodus** läuft die Präsentation – erwartungsgemäß – im Impress-Fenster ab; die Folien nehmen also nicht den ganzen Bildschirm ein. Sie sehen nach wie vor die Menüleiste, die Statusleiste und gegebenenfalls andere aktivierte Bereiche des Impress-Fensters.
- Die Option **Schleife und wiederholen nach** bewirkt, dass am Ende der Präsentation für die angegebene Dauer ein schwarzer Pausenbildschirm angezeigt wird, bevor die Präsentation wieder von vorne beginnt. Diese Einstellung ist logischerweise nur sinnvoll, wenn Sie eine selbsttätig ablaufende Präsentation mit automatischen Animationen und Folienübergängen eingerichtet haben.

**Die Schaufenster-Präsentation**

Wenn Sie Ihre Präsentation durchgängig mit automatischen Folienübergängen und Animationen versehen haben, können Sie mit der Option **Schleife und wiederholen nach** eine Endlospräsentation erstellen, die den lieben langen Tag beispielsweise in einem Schaufenster oder auf einem Messestand zu bewundern ist.

- Im Bereich **Anzeige** gibt es die Felder **Präsentationsanzeige** und **Presenter-Konsole**. Wenn Sie für Ihre Vorführung zwei Monitore verwenden (häufig einen Monitor für den Vortragenden und einen Beamer für das Publikum), dann können Sie die Präsentation dem Publikum auf dem einen Monitor vorführen und auf dem anderen Bildschirm die normale *.odp*-Datei geöffnet haben. In der Ansicht **Notizen** können Sie so z. B. Ihre Anmerkungen zu den Folien einsehen. (Lesen Sie dazu Abschnitt 15.3, »Präsentationen auf zwei Monitoren«.)
- Mit der Option **Navigationsleiste anzeigen** wird auf den Folien während der Präsentation eine kleine Leiste zum Navigieren angezeigt. Das mittlere Symbol blendet das Kontextmenü ein, über das Sie zum Beispiel den Stift aktivieren.

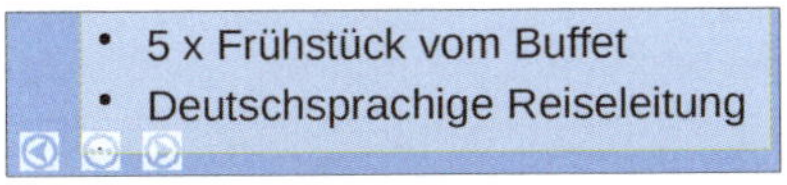


- Im Bereich **Präsentationsoptionen** sorgt die angehakte Option **Automatischen Folienwechsel deaktivieren** dafür, dass kein automatischer Wechsel stattfindet, auch wenn Sie einen festgelegt haben.

**Präsentationen mehrfach nutzen**

Mit der aktivierten Option **Automatischen Folienwechsel deaktivieren** können Sie bei selbstlaufenden Präsentationen wieder die Regie übernehmen, ohne alle Übergänge anpassen zu müssen.

- Die Option **Folienwechsel bei Klick auf Hintergrund** bewirkt, wenn sie deaktiviert ist, quasi das Gegenteil: Ein Folienwechsel durch Klicken findet nicht statt. Sie sind dann auf die automatischen Einblendzeiten, die Navigationsschaltflächen oder das Kontextmenü angewiesen.
- Ist die Option **Mauszeiger sichtbar** deaktiviert, wird der Mauszeiger während der Präsentation ausgeblendet (was bei mir leider nicht funktionierte).
- Wenn Sie auf Ihren Folien zeichnen möchten, können Sie mit der Option **Mauszeiger als Stift** die Maus von Anfang an in einen Stift verwandeln. (Während der Präsentation bietet das Kontextmenü diese Option an.)
- Die Option **Animierte Bilder aktivieren** ist etwas missverständlich, da hier nicht die Bilder in der Präsentation betroffen sind, sondern nur alle eingefügten Videos. Diese werden tatsächlich nicht abgespielt, wenn die Option deaktiviert ist.
- Wenn Sie sicherstellen wollen, dass Ihnen nicht versehentlich ein geöffnetes Fenster über die Präsentation rutscht, aktivieren Sie die Option **Präsentation immer im Vordergrund halten**. Damit bleibt das LibreOffice-Fenster während der Präsentation im Vordergrund. Kein anderes Programmfenster kann vor die Präsentation gesetzt werden.
- Wenn die Option **Präsentation im Präsentationsmodus bearbeiten** aktiviert ist, bleibt das Impress-Hauptdokumentfenster während der Präsentation aktiv. Auf diese Weise können Sie den Folieninhalt während der laufenden Präsentation auf Ihrem Monitor bearbeiten. Die Änderungen werden dann in der Vorführung auf dem zweiten Monitor angezeigt.

**Eine Präsentation im Team entwickeln**

Die Option **Präsentation im Präsentationsmodus bearbeiten** ist auch geeignet, um Präsentationen online im Team zu entwickeln: Sie geben mithilfe einer Meeting-Software den Monitor mit der laufenden Präsentation frei, und auf dem anderen Monitor haben Sie das Impress-Fenster in der Normalansicht geöffnet. Jede Änderung, die Sie hier vornehmen, ist nach wenigen Sekunden für alle sichtbar. So erhalten Sie umgehend Feedback und können den Folieninhalt anpassen.

### 15.1.1 Individuelle Präsentationen

Je nach Publikum ist eine komplette Präsentation möglicherweise nicht für alle interessant. Daher ist es praktisch, dass sich aus den vorhandenen Folien individuelle Präsentationen zusammenstellen lassen, die nur ausgewählte Folien enthalten.

1. Klicken Sie dazu auf der Registerkarte **Bildschirmpräsentation** auf **Individuelle Präsentation**.

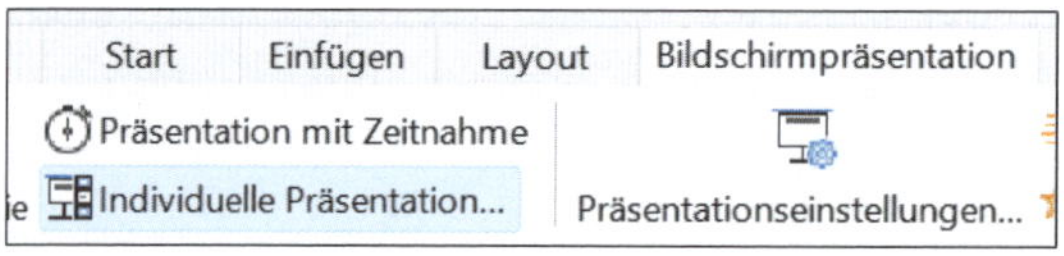


2. Im Dialog **Individuelle Bildschirmpräsentationen** klicken Sie auf **Neu**.

3. Im nächsten Dialog, er heißt **Individuelle Präsentation erstellen**, geben Sie dieser Präsentation einen Namen.

4. Markieren Sie im Bereich **Bestehende Folien** die Folien, die in der Präsentation auftauchen sollen. Sie können hier auch mehrere Folien gleichzeitig auswählen und/oder durch Drücken der Strg-Taste die Mehrfachmarkierung nutzen.

5. Klicken Sie auf die nach rechts weisenden Pfeile, sodass die Folien im Bereich **Ausgewählte Folien** landen.

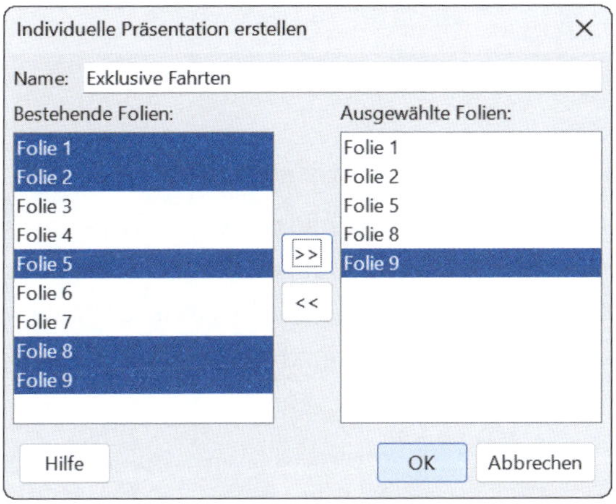


6. Bestätigen Sie den Dialog mit **OK**.

7. Anschließend wird wieder der Dialog **Individuelle Bildschirmpräsentationen** angezeigt, wo der Name der Präsentation nun auftaucht. Um sie abzuspielen, markieren Sie den Namen und klicken auf **Starten**.

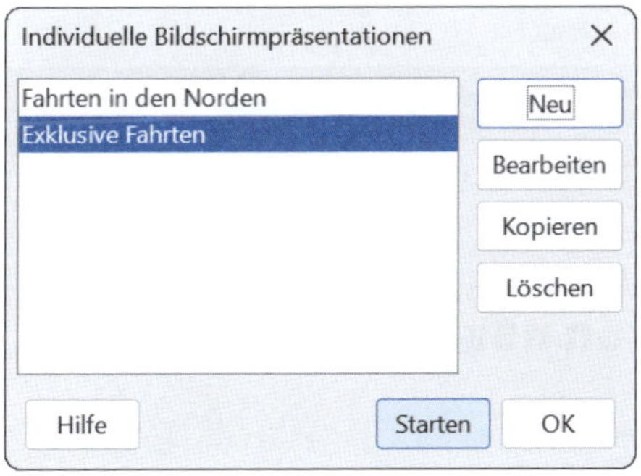


**Abbildung 15.5** *Eine individuelle Präsentation starten*

Anstatt die Präsentation hier im Dialog zu starten, können Sie auch im weiter vorn beschriebenen Dialog **Präsentationseinstellungen** festlegen, dass beim Starten der Vorführung eine bestimmte individuelle Präsentation ablaufen soll.

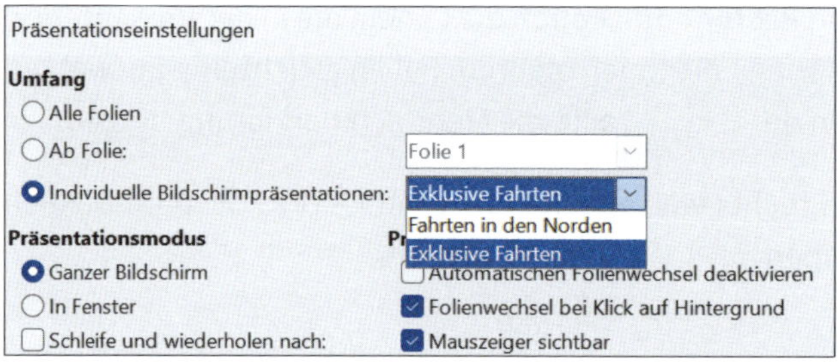


**Abbildung 15.6** *Eine individuelle Präsentation festlegen*

**Die Reihenfolge in individuellen Bildschirmpräsentationen**

Sie können in individuellen Bildschirmpräsentationen die Reihenfolge der Folien abweichend von der Gesamtpräsentation festlegen. Fügen Sie dazu im Dialog **Individuelle Präsentation erstellen** die Folien einzeln in der gewünschten Reihenfolge der »abgespeckten« Präsentation hinzu.

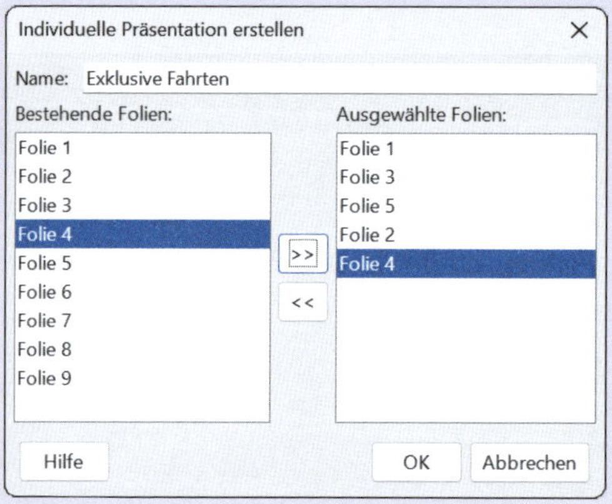


**Abbildung 15.7** *Abweichende Reihenfolge der Folien*

## 15.2 Während der Präsentation navigieren und zeichnen

Während eine Präsentation abgespielt wird, werden Sie vermutlich den Inhalt der Folien erklären und kommentieren. Vielleicht werden Sie auch Fragen beantworten, auf eine spätere Folie verweisen etc. Daher ist es gut, dass es die Möglichkeit gibt, zwischen den Folien nach Bedarf zu navigieren und Zeichenwerkzeuge (die Maus) einzusetzen.

### 15.2.1 Die Bordmittel von Impress zum Vorführen

Diese Funktionen werden im Kontextmenü einer Bildschirmpräsentation angeboten. Klicken Sie die Folie mit der rechten Maustaste an, um es aufzurufen.

Sie sehen, dass es drei Optionen der Navigation gibt: **Nächste**, **Vorherige** und **Wechseln zu Folie**. Mit dieser Funktion können Sie im Untermenü dann auswählen, zu welcher Folie Sie wechseln möchten.

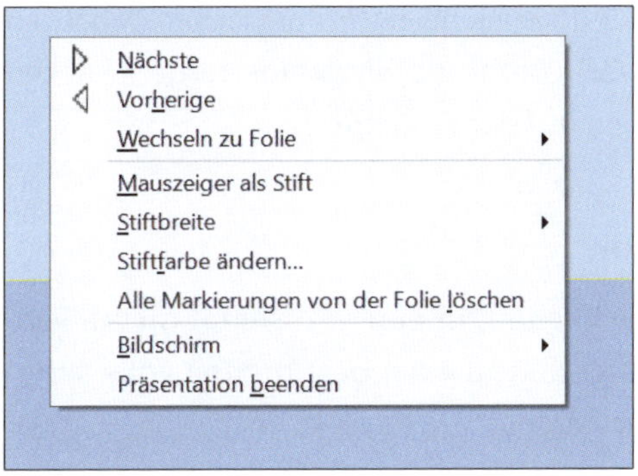


**Abbildung 15.8** *In der Präsentation navigieren*

Um gezielt auf bestimmte Inhalte einer Folie hinzuweisen, ist der Stift ideal, in den Sie Ihren Mauszeiger verwandeln können:

1. Rufen Sie das Kontextmenü auf.
2. Klicken Sie auf **Mauszeiger als Stift**; die Maus wird nun als kleiner Stift angezeigt.
3. Mit gedrückter linker Maustaste können Sie nun auf der Folie zeichnen.

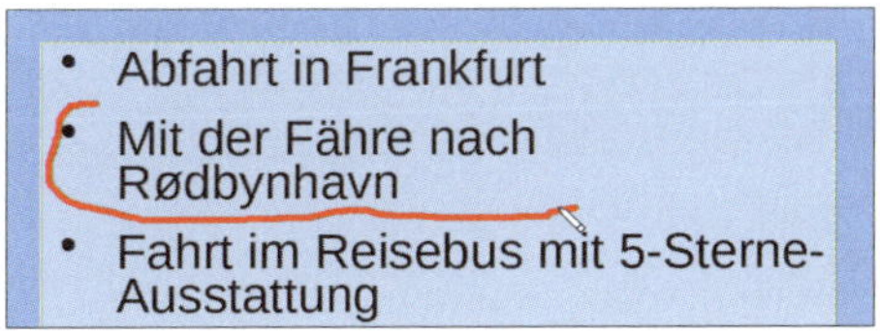


4. Auch die Stiftbreite und die Stiftfarbe lassen sich noch verändern. Klicken Sie auf die entsprechenden Punkte im Kontextmenü.

**Maus als Stift**

Auch als Stift funktioniert die Maus wie gewohnt. Das heißt, Sie können einfach klicken, um gegebenenfalls zur nächsten Folie zu wechseln bzw. eine Animation zu starten.

Diese Markierungen sind nur temporär während der Präsentation zu sehen. Wenn Sie die Präsentation erneut abspielen, sind sie nicht mehr vorhanden. Möchten Sie diese Markierungen schon während der Vorführung wieder loswerden, klicken Sie im Kontextmenü auf **Alle Markierungen auf der Folie löschen**.

### 15.2.2 Folienwechsel per Interaktion

Zusätzlich zu den zuvor gezeigten Möglichkeiten, in einer Präsentation zu wandern, können Sie per Klick auf ein Objekt gezielt zu einer bestimmten Folie springen. Sie legen dazu eine sogenannte *Interaktion* für das Objekt fest.

1. Klicken Sie im Kontextmenü des Objektes (ich habe dazu einen Pfeil auf der Folie eingefügt) die Option **Interaktion** an.

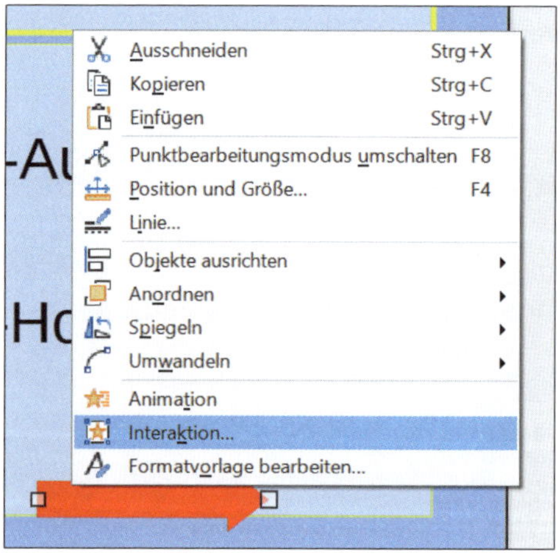


2. Im Dialog **Interaktion** wählen Sie im Feld **Aktion bei Mausklick** den Eintrag **Wechseln zu Seite oder Objekt**. Daraufhin werden Ihnen im Bereich **Sprungziel** alle Folien und Objekte Ihrer Präsentation aufgelistet.

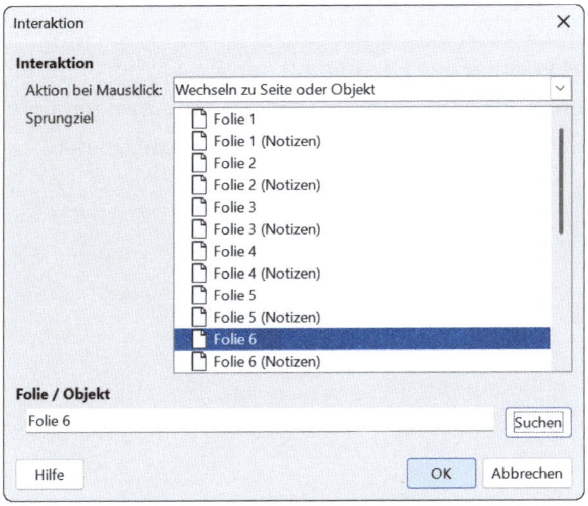


3. Klicken Sie auf die gewünschte Folie. Die ausgewählte Folie wird im Feld **Folie / Objekt** angezeigt. Klicken Sie abschließend auf **OK**.

In der Bildschirmpräsentation wird jetzt die Maus – typisch für einen Link – zum Händchen, wenn Sie mit der Maus auf das Objekt zeigen. Ein Klick führt die Aktion aus, im Beispiel also den Sprung zur Folie 6.

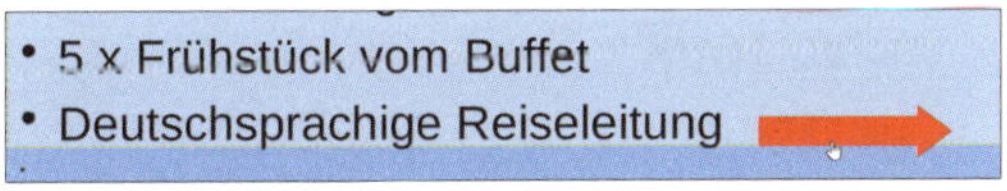


**Abbildung 15.9** *Ein Pfeil mit Interaktion*

## 15.3 Präsentationen auf zwei Monitoren

Wenn an Ihrem Rechner zwei Monitore oder ein Monitor und ein Beamer angeschlossen sind, sind Sie für eine professionelle Präsentation gerüstet. Anstelle eines Beamers könnten Sie auch ein großes TV-Gerät verwenden. Wichtig ist, dass Sie die Anzeige in Windows als erweiterten Desktop konfigurieren.

**Zwei Monitore in Windows einrichten**

Wenn Sie zwei oder mehr Monitore an Ihren Rechner anschließen, wird unter Windows zunächst der Desktop gespiegelt, d. h., Sie sehen auf allen Monitoren das gleiche Bild. Damit die hier beschriebene Präsentationstechnik funktioniert, müssen Sie die Einstellungen so anpassen, dass der Desktop erweitert wird. So können dann verschiedene Fenster auf den Monitoren angezeigt werden. Dazu klicken Sie im Kontextmenü des Desktops auf **Anzeigeeinstellungen**, um das Fenster **System • Bildschirm • Einstellungen** aufzurufen.

**Abbildung 15.10** *Die Anzeigeeinstellungen aufrufen*

Unter dem schematisch angezeigten Bildschirm wählen Sie die Option **Diese Anzeige erweitern**. Bestätigen Sie im nachfolgenden Dialog, dass Sie die Einstellung beibehalten wollen. Anschließend werden zwei Monitore dargestellt und Sie können den erweiterten Desktop nutzen.

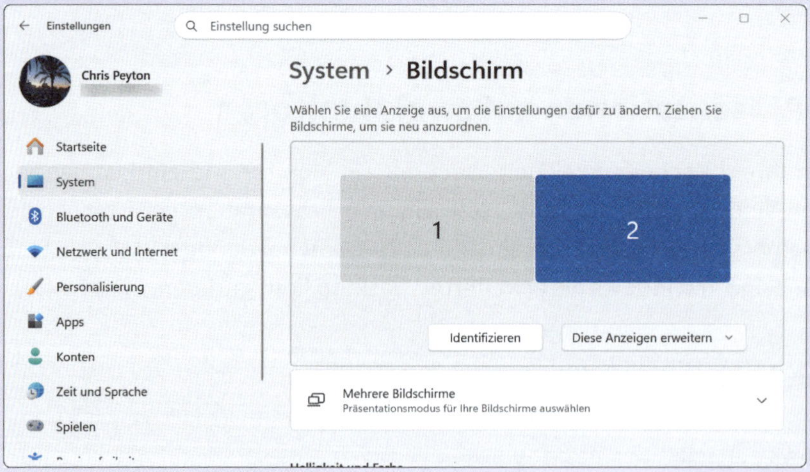


**Abbildung 15.11** *Den erweiterten Desktop aktivieren*

Übrigens: Sie können die schematische Darstellung an die echte Position der Monitore anpassen, indem Sie ein Schema mit der Maus greifen und an die passende Position ziehen. Sind die Monitore dann richtig angeordnet, können Sie mit der Maus über den einen Rand des Monitors zum anderen Monitor wechseln.

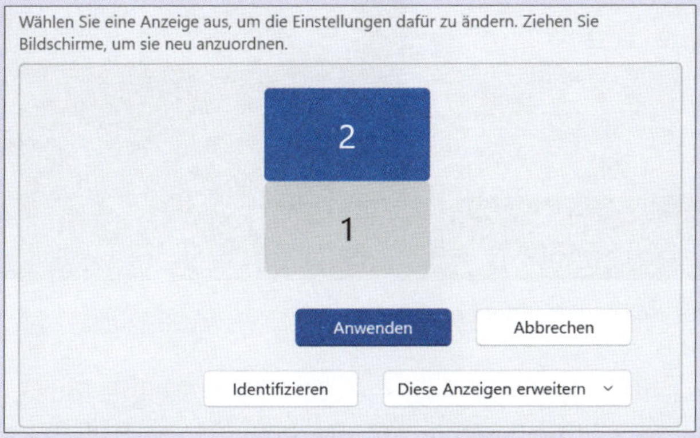


**Abbildung 15.12** *Die neu angeordneten Monitore*

In diesem Setup überrascht Impress Sie mit einer *Presenter-Konsole*, in der Sie den Folienablauf steuern und sich Ihre Notizen einblenden lassen können, während auf dem anderen Monitor nur die Folien in voller Schönheit angezeigt werden. Damit dies funktioniert, brauchen Sie im Dialog **Präsentationseinstellungen** im Bereich **Anzeige** folgende Einstellungen:

- **Präsentationsanzeige**: Wählen Sie den gewünschten Monitor für das Publikum aus.
- **Presenter-Konsole**: Wählen Sie **In Fenster** oder **Ganzer Bildschirm**.

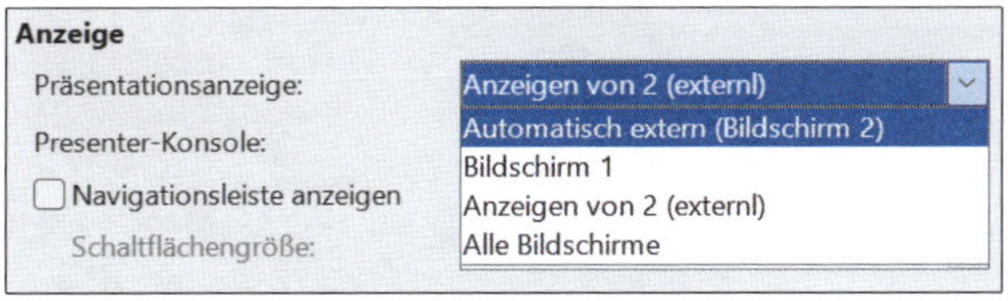


**Abbildung 15.13** *Die Anzeigeeinstellungen für zwei Monitore*

Wenn Sie nun Ihre Bildschirmpräsentation aufrufen, startet die erste Folie auf dem »großen« Monitor und auf dem anderen Monitor wird die »Steuerzentrale«, also die Presenter-Konsole, angezeigt.

Abbildung 15.14 *Die Presenter-Konsole als Steuerzentrale*

In der ersten Standardeinstellung sehen Sie hier die aktuell angezeigte Folie und die nächste Folie etwas kleiner rechts daneben. Mit den Pfeilen unterhalb der Folie können Sie navigieren.

Abbildung 15.15 *Navigieren in der Presenter-Konsole*

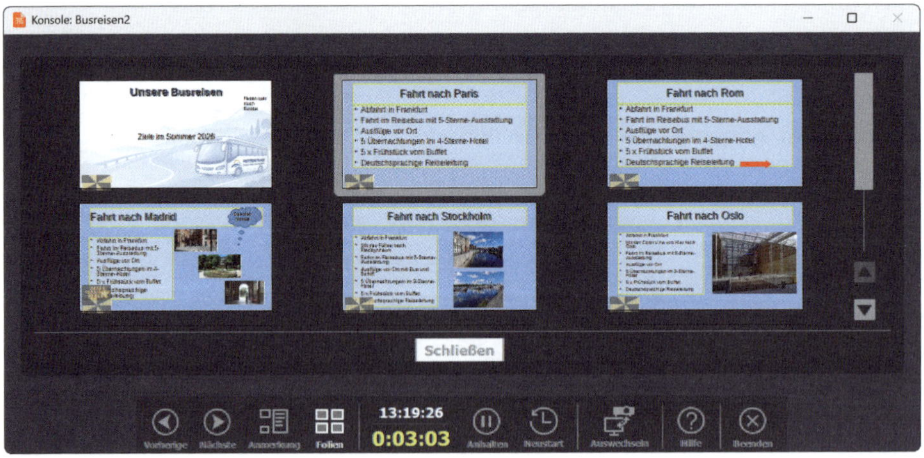


Abbildung 15.16 *Die Folienübersicht in der Konsole*

Wenn Sie zu einer bestimmten Folie springen möchten, rufen Sie die Folienübersicht auf, indem Sie auf das Symbol **Folien** klicken.

Doppelklicken Sie auf eine der Folien, um sie auszuwählen und dem Publikum zu zeigen. Sie schließen die Folienübersicht mit der Schaltfläche **Schließen**; anschließend sehen Sie wieder die aktuelle und die nächste Folie.

Hilfreich ist die Möglichkeit, hier auch die Notizen einzublenden, die Sie zu den Folien eingegeben haben. So vergessen Sie nicht, Wichtiges zu erwähnen oder zu erläutern. Die Notizen rufen Sie mit dem Symbol **Anmerkung** auf.

**Abbildung 15.17** *Ihre Notizen*

Ihre Anmerkungen werden im rechten Bereich angezeigt. Mit dem Pluszeichen (+) und dem Minuszeichen (-) lässt sich die Schriftgröße anpassen.

Auch den Anmerkungsbereich schließen Sie mit einem Klick auf **Schließen**.

Ganz praktisch ist die Anzeige der aktuellen Uhrzeit. Auf diese Weise können Sie eventuelle Zeitbegrenzungen für die Präsentation gut im Blick behalten.

Die Stoppuhr unter der aktuellen Uhrzeit beginnt mit der ersten Folie zu laufen. Sie können sie mit den nebenstehenden Symbolen anhalten und zurücksetzen. Diese Stoppuhr ist insbesondere in der Vorbereitung auf Ihre Präsentation hilfreich, da Sie so beim Probedurchlauf festhalten können, wie lang oder kurz Ihre Präsentation am Ende sein wird.

**Die Stoppuhr und die automatischen Einblendzeiten**

Die Stoppuhr und die Symbole **Anhalten** und **Neustart** dienen rein der Zeitnahme. Sie haben keinen Einfluss auf automatisch ablaufende Präsentationen. Auch mit einem Neustart springen Sie nicht zur ersten Folie zurück.

Das Symbol **Auswechseln** ist mit Vorsicht zu genießen, da hier die Anzeige der Monitore getauscht wird. Es könnte also passieren, dass Ihre Presenter-Konsole – eventuell mit allen Notizen – dem Publikum vorgeführt wird, während Sie die Präsentation im Vollbildmodus auf Ihrem Bildschirm sehen. Das ist nicht im Sinne des Erfinders! Die korrekte Zuordnung der Monitore sollten Sie immer vor der Präsentation überprüfen und in den Präsentationseinstellungen festlegen.

Nachdem Sie Ihre Präsentation erfolgreich vorgeführt haben, können Sie aufatmen und auf das Symbol **Beenden** klicken.

## 15.4 Die Präsentation drucken oder als PDF speichern

Sofern Sie Ihre Präsentation schwarz auf weiß brauchen, können Sie die Folien auch ausdrucken, sogar in verschiedenen Varianten: z. B. in der Originalgröße, verkleinert mit Notizen oder als Handzettel.

Ohne weitere Einstellungen ist ein Ausdruck schnell gemacht:

1. Aktivieren Sie die Registerkarte **Datei**.
2. Klicken Sie auf die Schaltfläche **Drucken**.

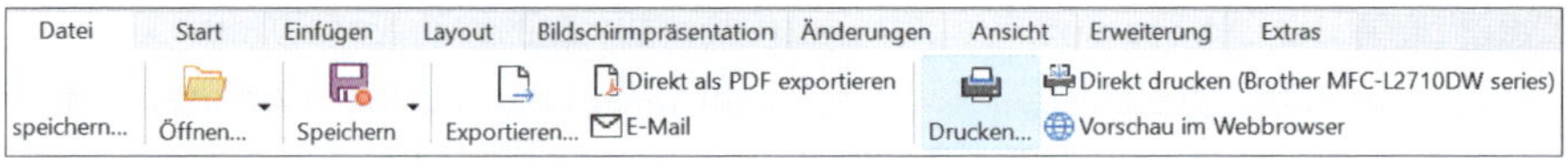


   Für den schnellen Ausdruck ohne besondere Wünsche steht auch die Schaltfläche **Direkt drucken** parat. Damit schicken Sie die ganze Präsentation – wie der Name sagt – direkt an den Drucker.

3. Im gleichnamigen Dialog können Sie alle Einstellungen übernehmen, sofern Sie alle Folien in der Originalgröße ausdrucken möchten.

4. Klicken Sie auf **Drucken**.

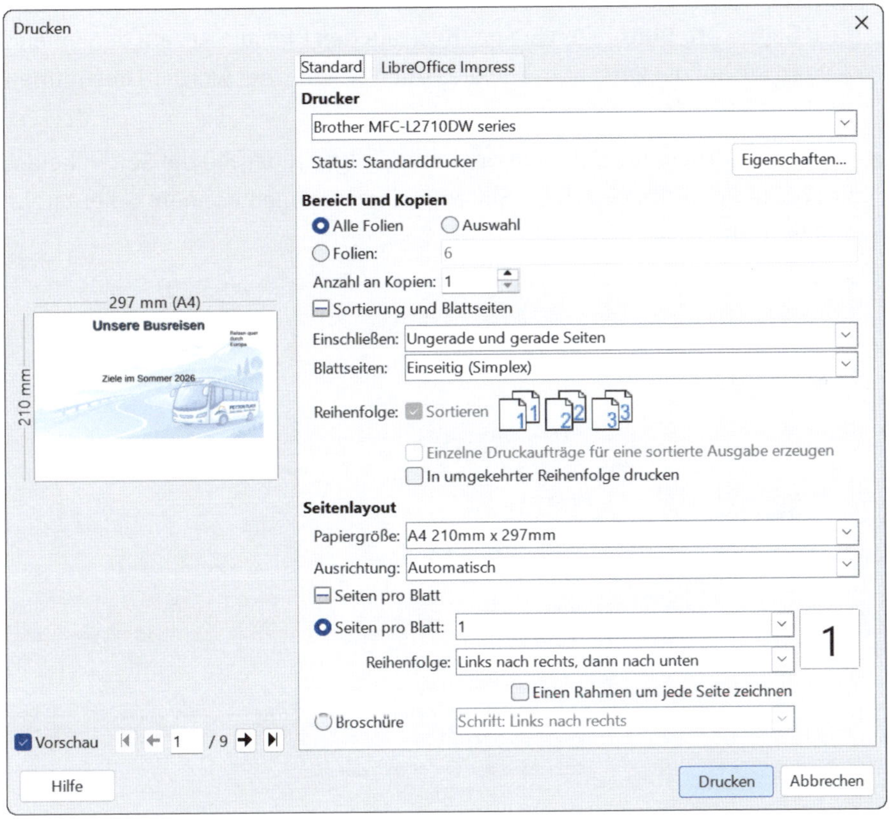


## 15.4.1 Druckeinstellungen

Für besondere Einstellungen brauchen Sie den Dialog **Drucken**:

- Unter der Überschrift **Bereich und Kopien** wählen Sie aus, ob **Alle Folien**, zuvor markierte (**Auswahl**) oder bestimmte Folien ausgedruckt werden sollen. Für Letzteres aktivieren Sie **Folien** und tragen daneben die Nummern nach dem Muster »2-5« oder »2;3;5« ein.
- Im Bereich **Seitenlayout** ändern Sie gegebenenfalls die **Ausrichtung**; standardmäßig ist hier **Automatisch** eingestellt. Das bedeutet, dass die Folien im Querformat ausgedruckt werden (Sie sehen das in der Vorschau), was wesentlich besser passt als das Hochformat.

- Wenn mehrere Folien auf eine Seite gedruckt werden sollen, klicken Sie auf **Seiten pro Blatt** (das Pluszeichen), um die entsprechenden Felder zu erhalten. Im Feld **Seiten pro Blatt** legen Sie per Klick auf den Pfeil die Anzahl der Folien fest. Achten Sie auf die Vorschau. Wie die Folien angeordnet werden, bestimmen Sie im Feld **Reihenfolge**.
- **Broschüre** druckt die Folien in der Reihenfolge, in der Sie die Seiten beidseitig bedrucken und die einzelnen Seiten ineinanderlegen können. So entsteht ein kleines Heft.

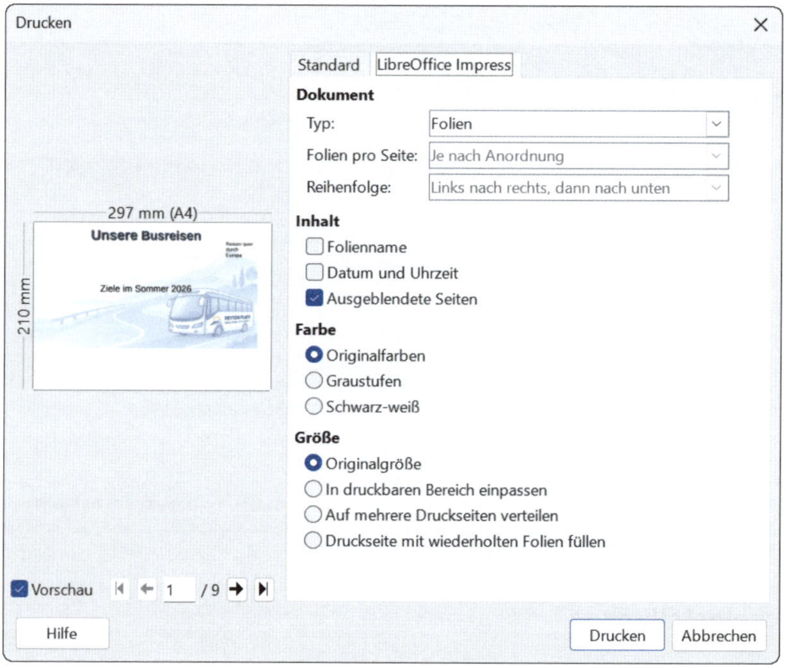


**Abbildung 15.18** *Weitere Einstellungen für den Druck*

Weitere Optionen erhalten Sie auf der Registerkarte **LibreOffice Impress** des Dialogs **Drucken**.

Das Feld **Typ** bietet neben **Folien** drei weitere Optionen; klicken Sie auf den Pfeil, um die Auswahl zu sehen:

- Wenn Sie hier **Handzettel** einstellen, müssen Sie im Feld darunter festlegen, wie viele Folien pro Seite ausgedruckt werden.
- Mit dem Typ **Notizen** erhalten Sie im Ausdruck verkleinerte Folien mit dem Notizbereich darunter.

- **Gliederung** druckt die Folien so aus, wie sie in der Ansicht **Gliederung** aussehen.

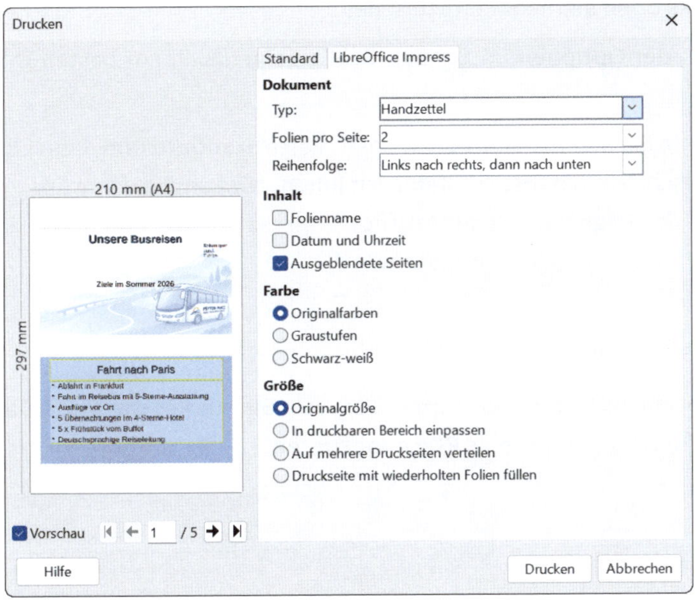


**Abbildung 15.19** *Handzettel drucken*

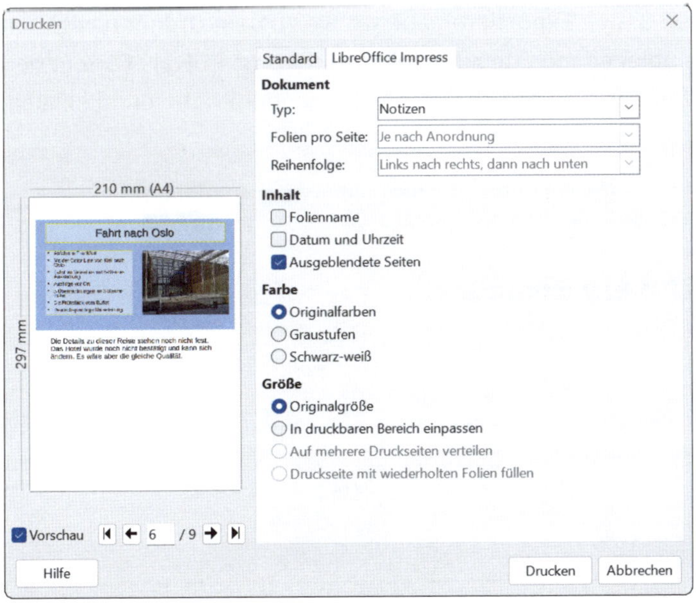


**Abbildung 15.20** *Folien mit Notizen ausdrucken*

Im Bereich **Inhalt** können Sie anhaken, dass der Folienname (»Folie 1«, »Folie 2« etc.) sowie Datum und Uhrzeit auf den Ausdrucken auftauchen sollen. Diese Angaben sind dann links oben auf dem Blatt zu sehen.

Die Auswirkungen der Optionen im Bereich **Größe** zeigen sich am besten in der Vorschau.

Ein Tipp: Auch wenn ich hier zunächst die Registerkarte **Standard** und dann **LibreOffice Impress** beschrieben habe, empfehle ich Ihnen, zunächst die gewünschten Einstellungen auf der Registerkarte **LibreOffice Impress** vorzunehmen und dann die Einstellungen auf der Registerkarte **Standard**.

## 15.4.2 Als PDF speichern

Um eine Präsentation als PDF zu speichern, wechseln Sie zur Registerkarte **Datei**. Hier klicken Sie einfach auf **Direkt als PDF exportieren**.

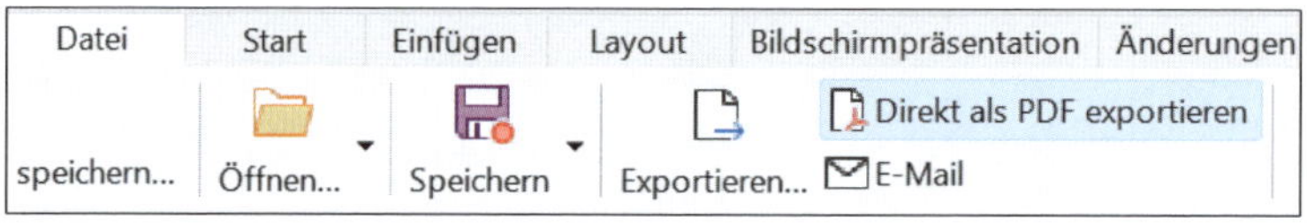


**Abbildung 15.21** *Ein schneller PDF-Export*

Sie rufen damit den Dialog **Exportieren** auf, wo Sie zu dem Ordner navigieren, in dem Sie die Datei ablegen möchten. Im Feld **Dateityp** ist PDF als Format bereits eingestellt. Vergeben Sie also nur noch einen passenden Namen und klicken Sie auf **Speichern**.

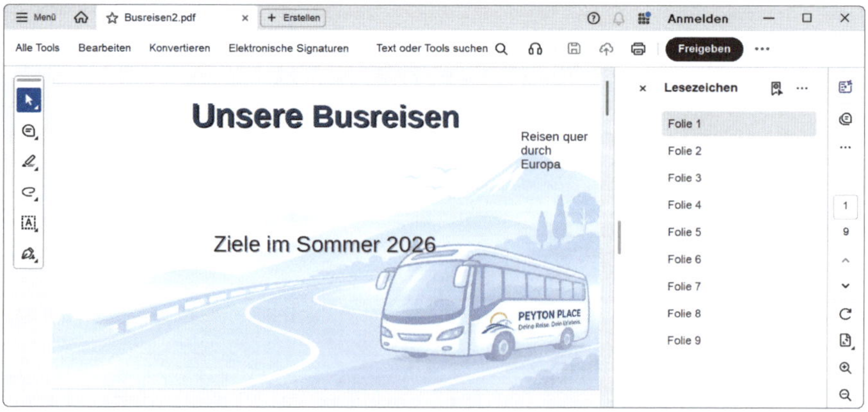


**Abbildung 15.22** *Ihre Präsentation im PDF*

Das PDF wird erstellt. Um es aufzurufen, klicken Sie die Datei im Explorer doppelt an. Der Acrobat Reader (oder Ihr Standard-PDF-Programm) wird mit der Datei geöffnet. Praktisch ist, dass je Folie ein Lesezeichen erstellt wird, sodass Sie schnell zwischen den Folien hin und her springen können.

Neben dem schnellen Weg zum PDF gibt es noch das *Exportieren*, bei dem Sie viele Einstellungen vornehmen können. Klicken Sie auf der Registerkarte **Datei** auf das Symbol **Exportieren**.

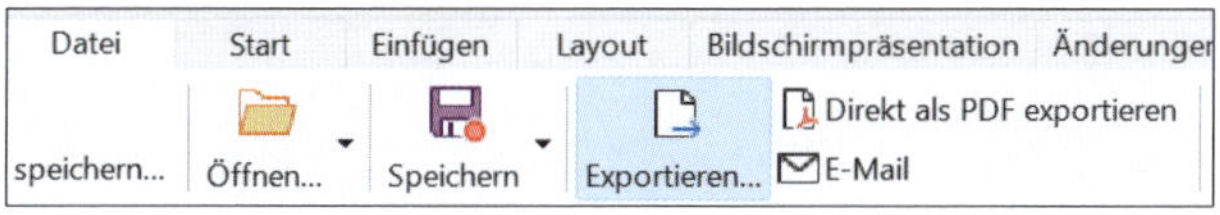


**Abbildung 15.23** *Exportieren*

Auch auf diesem Weg legen Sie zunächst im Dialog **Exportieren** einen Dateinamen fest und klicken dann auf **Speichern**. Im folgenden Dialog **PDF-Optionen** sehen Sie die vielfältigen Einstellungsmöglichkeiten.

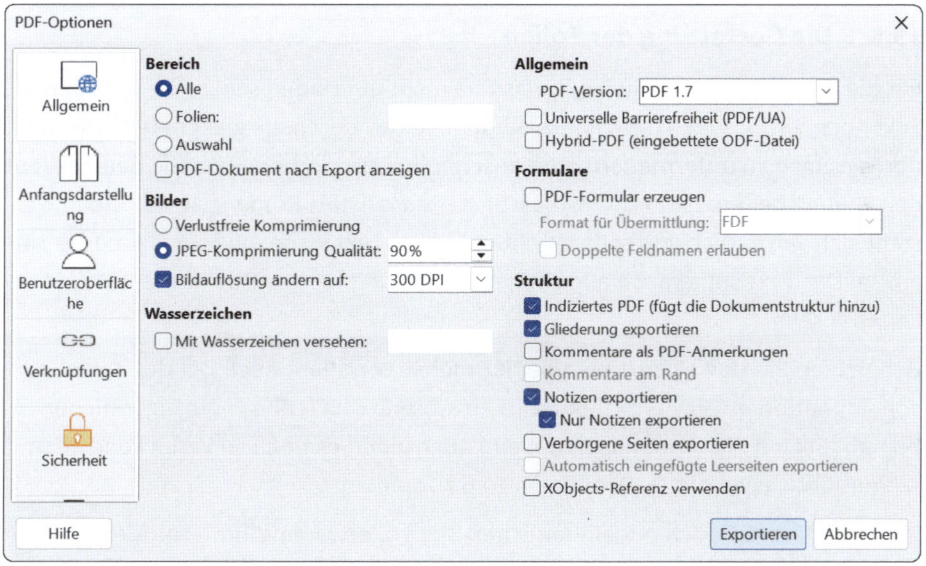


**Abbildung 15.24** *Die Exportoptionen*

Viele dieser Optionen sind eindeutig und werden daher nicht alle beschrieben. Einen Hinweis will ich Ihnen aber geben: Wenn Sie nur die Folien mit Ihren Notizen exportieren möchten, aktivieren Sie im Bereich **Struktur** die Optionen **Notizen ex-**

**portieren** und **Nur Notizen exportieren**. So erhalten Sie ein PDF, das je Seite eine Folie mit dem Notizbereich zeigt.

**Andere Dateiformate als PDF**

Im Dialog **Exportieren** können Sie im Feld **Dateityp** aus einer großen Vielzahl von Dateitypen wählen. Der jeweils folgende Dialog und das Exportergebnis unterscheiden sich je nach Typ. Probieren Sie es einfach aus.

## 15.5 Tipps für einen gelungenen Vortrag

Einige Regeln für eine gute Präsentation habe ich in den Kapiteln über Impress bereits hier und da erwähnt. Hier liste ich in kurzer Form noch mal die wichtigsten auf.

### 15.5.1 Die Gestaltung der Folien

Für die Gestaltung der Folien gilt, dass sie nicht überladen sein sollten, weder mit Text noch mit Grafiken oder Fotos – wobei beides durchaus geeignete Mittel sind, um Aussagen zu untermauern oder anschaulich zu machen. Dass Sie den Text auf den Folien eher kurz und stichwortartig halten, anstatt Romane zu schreiben, versteht sich vermutlich von selbst. Achten Sie bei Text insbesondere auf die Schriftgröße. Der Text sollte auch aus einiger Entfernung für das Publikum noch gut erkennbar sein.

Beherzigen Sie das Motto »Weniger ist mehr« vor allem auch bei der Zuweisung von Animationen: Zu viele Effekte wirken störend und lenken vom eigentlichen Inhalt ab. Setzen Sie sie nur sparsam ein, auch wenn es noch so verlockend ist, mit Animationen wie Spirale, Raute oder Rad zu spielen.

Zu empfehlen ist auch ein einheitliches Design, etwa eine Hintergrundfarbe, die für die gesamte Präsentation genutzt wird, und der gleiche Folienübergang für alle Folien. Dies macht sich besser, als die Aufmerksamkeit des Publikums immer wieder auf überraschende Übergänge zu lenken.

Denken Sie auch an einen guten Kontrast. Wählen Sie also einen hellen Hintergrund und dunkle Schrift oder umgekehrt einen dunklen Hintergrund mit heller Schrift.

### 15.5.2 Vor dem Vortrag

Für den Vortrag selbst bietet es sich an, die Folien mit dem Notizbereich auszudrucken (siehe Abschnitt 15.4, »Die Präsentation drucken oder als PDF speichern«) und bei sich zu haben. So können Sie während der Vorführung der Präsentation einen Blick auf Ihre Notizen werfen und vergessen nicht, wichtige Dinge zu erwähnen bzw. genauer auszuführen. Dies setzt naturgemäß voraus, dass Sie den Notizbereich – Sie brauchen dafür die Ansicht **Notizen** – genutzt haben, um Ihre Gedanken hier festzuhalten.

Wenn Sie die Präsentation mit Monitor und Beamer oder mit zwei Monitoren vorführen, können Sie auf den Ausdruck Ihrer Notizen verzichten, da Sie in der Presenter-Konsole die Notizen jederzeit einblenden können. Aber manche Vortragende halten lieber ein paar Zettel in der Hand und wandern frei sprechend durch das Publikum.

Grundsätzlich ist anzumerken, dass Sie eine Vorführung immer gut vorbereitet starten sollten. Nehmen Sie sich im Vorfeld etwas Zeit zum Üben. Auf jeden Fall sollten Sie den Ernstfall durchspielen, die Vorführung einmal komplett ablaufen lassen und probieren, ob die Folienwechsel und Links funktionieren. Denken Sie beim Testdurchlauf vor allem auch an die Dauer der Präsentation. Im stillen Kämmerlein verschätzt man sich leicht, da man Rückfragen aus dem Publikum, weitere Erklärungen etc. nicht einkalkuliert. Sprechen Sie Ihren Text beim Probelauf laut und langsam, da man Text schneller liest, als man ihn laut spricht.

**Präsentation mit zwei Monitoren**

Wenn Sie den Umgang mit mehreren Monitoren nicht gewohnt sind und eine Präsentation mit Beamer oder via Zoom/Teams vor großem Publikum ansteht, sollten Sie Ihre Präsentation nicht nur einmal auf zwei Monitoren (nutzen Sie zur Not Ihren Fernseher als zweiten Monitor) durchspielen, sondern mehrfach. Der Umgang mit der Maus, wie Sie von einem Monitor zum anderen wandern etc., ist gewöhnungsbedürftig. Auch die Steuerung der Präsentation über die Presenter-Konsole will geübt sein.

Denken Sie daran, die Optionen der Präsentationseinstellungen nochmals zu überprüfen, sodass sie Ihren Wünschen entsprechen. Die Dateien, die Sie als Redner bzw. Rednerin gegebenenfalls benötigen, sollten parat stehen. Es macht sich nicht gut, wenn Sie vor Publikum anfangen, nach Dateien zu suchen.

**Die Präsentationseinstellungen**

In Impress werden viele Einstellungen pro Präsentation gespeichert, sodass die Dateien bei einer Weitergabe relativ problemlos verwendet werden können. Aber die speziellen Präsentationseinstellungen werden pro Installation gespeichert. Das bedeutet: Wenn Sie Ihre Datei auf einem anderen Rechner vorführen als normalerweise, müssen Sie diese Einstellungen auf dem neuen Rechner kontrollieren, bevor das Publikum im Raum ist, damit es keine bösen Überraschungen gibt.

Es ist auch wichtig, daran zu denken, vor dem Abspielen der Präsentation alle nicht benötigten Fenster zu schließen. Es kann überaus peinlich werden, wenn das Publikum aufgrund eines Missgeschicks plötzlich Ihre E-Mails oder Ihren privaten Terminkalender vor Augen hat.

Und vor allem gilt: Sprechen Sie laut, deutlich und langsam. Sie sind mit der Materie vertraut, aber Ihr Publikum eher nicht.

### 15.5.3 Eine Präsentation, viele Zielgruppen

Anstatt viele kleine Präsentationen zu einem Thema anzufertigen, ist es in der Regel besser, eine umfangreiche Präsentation zu erstellen. Je nach Zielgruppe können Sie dann wie in Abschnitt 15.1.1 beschrieben eine individuelle Präsentation zusammenstellen. Dies hat mehrere Vorteile:

- Sie erstellen gruppenübergreifende Folien nur einmal. Bei Änderungen müssen Sie diese Folien auch nur an einer Stelle anpassen und nicht in zig Präsentationsdateien.
- Das Layout der einzelnen Präsentationen ist auf jeden Fall aus einem Guss.
- Sie können bei Bedarf (z. B. bei Nachfragen) einzelne Folien aus dem Gesamtpaket aufrufen, auch wenn sie in der individuellen Präsentation nicht enthalten sind. Auf diese Weise müssen Sie nicht weitere Dateien dabeihaben und die passende gegebenenfalls erst suchen und öffnen.

### 15.5.4 Sprünge zu bestimmten Folien – Links per Interaktion

Wenn Sie mehrere individuelle Präsentationen aus einer Gesamtpräsentation erstellt haben, können Sie mithilfe von Sprüngen per Interaktion einzelne Folien aufrufen, auch wenn diese Folien nicht Teil der individuellen Präsentation sind.

Nehmen wir als Beispiel die Busreisen. Wenn Sie eine individuelle Präsentation für die Reisen in den Norden erstellt haben, können Sie per Interaktion je einen Link zu den anderen Reisezielen einfügen (siehe Abschnitt 15.2.2, »Folienwechsel per Interaktion«).

Falls jetzt während der Präsentation eine Frage zu Reisen nach Paris gestellt wird, klicken Sie auf den entsprechenden Link zu der Folie über Paris. Die Folie wird angezeigt. Da diese Folie nicht in der individuellen Präsentation enthalten ist, führt der Aufruf der nächsten Folie zurück zur Ursprungsfolie (also der Folie mit dem Link). Anschließend läuft die Präsentation wieder in der regulären Reihenfolge ab.

**Die Aufrufreihenfolge bei Sprüngen per Interaktion**

Wenn Sie eine Folie per Interaktion aufgerufen haben, ist die nächste Folie bei einer individuellen Präsentation wieder die Ausgangsfolie, sofern die aufgerufene Folie nicht in der individuellen Präsentation enthalten ist. Ansonsten folgt immer die nächste Folie nach der per Link aufgerufenen.

### 15.5.5 Präsentationen über Zoom, Teams oder andere Meeting-Software

Viele Präsentationen werden heutzutage nicht mehr in großen Sälen oder Besprechungsräumen gehalten, sondern via Internet und Meeting-Software. Auch in diesem Fall ist die gute Vorbereitung ein Muss.

So wie in einem Saal ist auch beim Online-Meeting der Einsatz von zwei Monitoren dringend zu empfehlen. Auf dem einen Monitor lassen Sie die Präsentation im Vollbildmodus laufen, und nur diesen Monitor geben Sie den anderen Teilnehmern frei, während Sie auf dem anderen Monitor die Meeting-Software und die Presenter-Konsole geöffnet haben. So haben Sie die Reaktionen Ihrer Zuhörer im Blick und können auf alle Nachfragen, Kommentare etc. eingehen.

# Kapitel 16
# Einfache Grafiken selbst erstellen

Draw ist das Zeichenprogramm der LibreOffice-Suite. Dieses Kapitel gibt Ihnen einen Überblick über die Funktionen des Programms, wird aber der Vielfalt der Möglichkeiten angesichts des begrenzten Seitenumfangs nicht gerecht. Vorab sei gesagt, dass die Beschreibungen auch hier wieder der Benutzeroberfläche **In Registern** entsprechen.

## 16.1 Wofür eignet sich Draw?

Draw ist ein sehr nützliches Tool, wenn Sie vorhaben, Grafiken und Illustrationen – einfache, aber durchaus auch komplexe – zu erstellen, zum Beispiel für Präsentationen, Flyer, Poster oder Briefköpfe. Mithilfe von Maßlinien sind auch technische Zeichnungen möglich. Im privaten Umfeld könnten Sie mit Draw zum Beispiel sehr schone individuelle Einladungen oder Ähnliches zaubern.

**KI einsetzen**

Uns allen ist bewusst, dass sich heutzutage mit KI und entsprechenden Anweisungen gute Grafiken erstellen lassen. Ich lasse diese Möglichkeiten hier links liegen; zum Einsatz kommen nur Draw und Ihre eigene Kreativität, was einem am Ende des Tages – in meinen Augen – ein Gefühl größerer Befriedigung verschafft als ein schnell mit KI gebasteltes Kunstwerk.

Der Bildschirm von Draw ähnelt zum Teil dem von Writer, zum Teil dem von Impress. Die auffälligste Ähnlichkeit mit Impress ist, dass Sie auch in Draw Seite für Seite (statt Folie für Folie) arbeiten (**Einfügen • Neue Seite**). Links am Bildschirm gibt es den Seitenbereich, in dem die einzelnen Seiten verkleinert angezeigt werden (**Ansicht • Seitenbereich**).

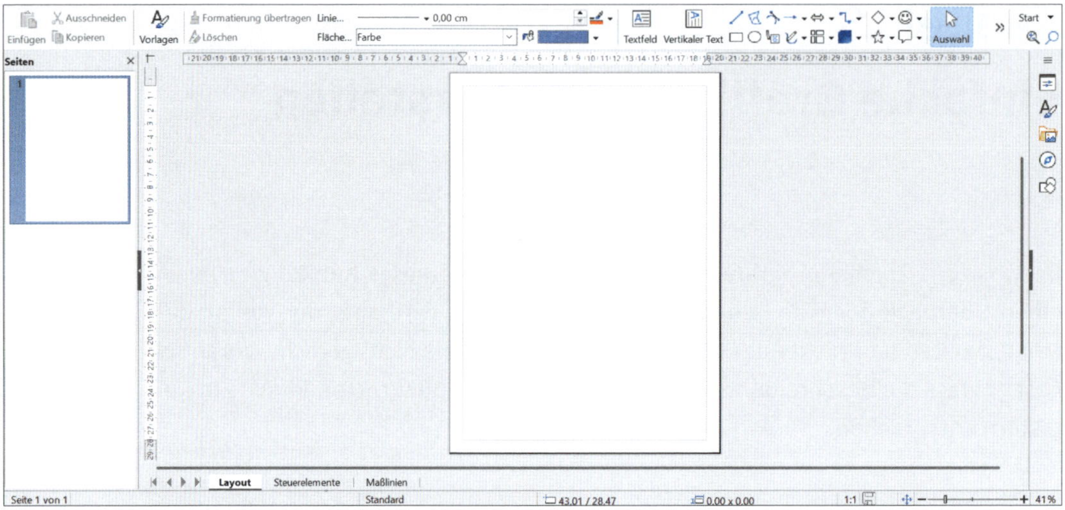


**Abbildung 16.1** *Der Bildschirm von Draw*

Achten Sie auf den unteren Bereich. Hier werden die drei Standardebenen angezeigt: **Layout**, **Steuerelemente** und **Maßlinien**. Ebenen dienen dazu, komplexe Zeichnungen übersichtlich zu ordnen und zu organisieren, Elemente auszublenden oder vor dem Bearbeiten zu schützen.

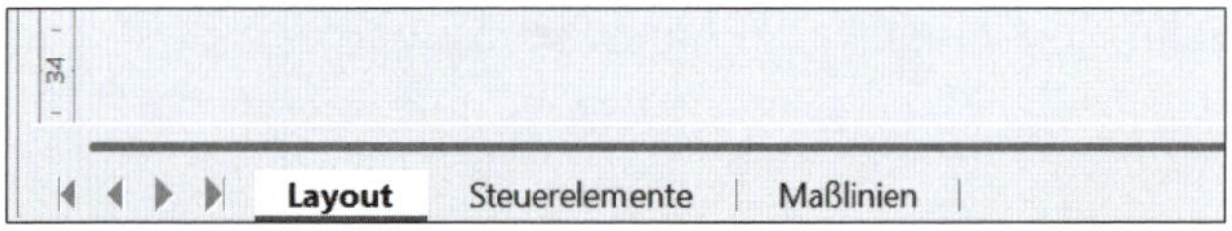


**Abbildung 16.2** *Die Ebenen in Draw*

- Die Ebene **Layout** ist der voreingestellte Arbeitsbereich. Sie bestimmt die Position von Titel, Text und Objektplatzhaltern auf Ihrer Seite.
- Die Ebene **Steuerelemente** ist für Schaltflächen gedacht, denen eine Aktion zugewiesen wurde und die nicht gedruckt werden sollen. Die Objekte auf der Ebene **Steuerelemente** befinden sich stets vor den Objekten auf anderen Ebenen.
- In die Ebene **Maßlinien** können Sie beispielsweise Maßlinien zeichnen. Durch das Wechseln der Ebene können Sie diese Linien leicht ein- und ausblenden.

Über das Kontextmenü einer Ebene fügen Sie neue Ebenen hinzu.

Draw ist in erster Linie nicht zum Schreiben gedacht, und daher bietet eine Seite zunächst auch keinen Cursor, kein Textfeld oder Ähnliches. Sie sollen ja kreativ sein und zeichnen. Dazu nutzen Sie die Vielzahl von Zeichenwerkzeugen, darunter

Linien, Formen, Pfeile, Freihandlinien und 3D-Objekte. Des Weiteren können Sie natürlich auch Bilder einfügen und diese mit den diversen Tools, die Draw an Bord hat, bearbeiten.

Geht es um Text, ziehen Sie – wie Sie es unter anderem von Impress kennen – ein Textfeld auf (**Start • Textfeld einfügen**), oder Sie fügen Text in Objekte bzw. Grafiken ein. Es gibt sogar die Möglichkeit, Text entlang von Pfaden laufen zu lassen und darzustellen.

**Vektorgrafiken**

LibreOffice Draw erzeugt Vektorgrafiken aus Linien und Kurven, die durch mathematische Vektoren definiert sind. Vektoren beschreiben Linien, Ellipsen und Polygone entsprechend ihrer geometrischen Beschaffenheit. Der Vorteil ist, dass Sie Ihre Grafiken beliebig vergrößern oder verkleinern können, ohne dass sie ab einem bestimmten Punkt »pixelig« aussehen.

## 16.2 Formen zeichnen und kombinieren

Draw gilt als ein Zeichenprogramm, und obwohl Sie deutlich mehr mit ihm machen können, ist das Zeichnen doch das A und O bei der Nutzung von Draw.

### 16.2.1 Die Seite einrichten

Bevor Sie anfangen zu zeichnen, sollten Sie eine Idee von Ihrer Zeichnung haben, sie eventuell auf Papier skizzieren. Richten Sie die Draw-Seite so ein, dass Sie Ihr Projekt gut sehen können: Arbeiten Sie ruhig mit einem richtig großen Zoom; umso besser können Sie Feinheiten erkennen.

Falls Ihre Zeichnung aus mehreren einzelnen Objekten bestehen wird, die in irgendeiner Art und Weise angeordnet werden sollen, können Sie Rasterpunkte und/oder Fanglinien einblenden. Dies sind optische Hilfen, die Ihnen die Anordnung von Objekten in Ihrer Zeichnung erleichtern. Ein Objekt lässt sich sogar an einem Rasterpunkt, einer Fanglinie oder am Rand eines anderen Objekts »fangen«. Fanglinien fügen Sie folgendermaßen ein:

1. Klicken Sie auf der Registerkarte **Start** auf **Fanglinie einfügen**.

2. Geben Sie in dem nächsten kleinen Dialog eine Position ein (wobei Ihre Eingabe hier eigentlich egal ist, da Sie die Linie verschieben können) und entscheiden Sie, ob Sie eine vertikale oder eine horizontale Linie einfügen möchten.

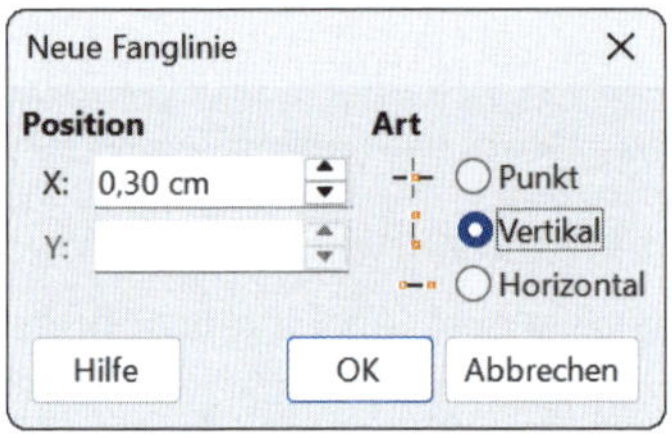


3. Sofern Sie nach dem Klick auf **OK** keine Linie sehen, klicken Sie zusätzlich auf das Symbol **Fanglinien sichtbar**.

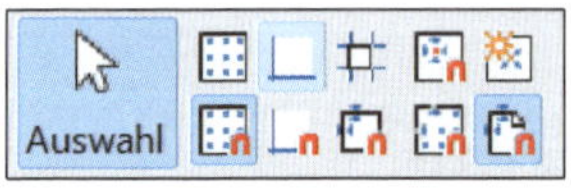


4. Zum Verschieben zeigen Sie mit der Maus auf die Linie und verschieben diese mit gedrückter linker Maustaste.

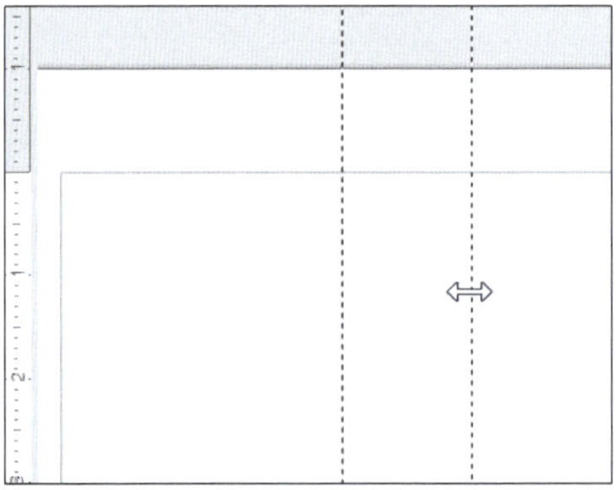

**Mehr Hilfsmittel**

Sie sehen, dass es neben Fanglinien auch noch Hilfslinien gibt. Je mehr Objekte Sie präzise anordnen möchten, desto nützlicher sind diese Helferlein.

### 16.2.2 Objekte zeichnen

Die Formen zum Zeichnen finden Sie bei Draw auf der Registerkarte **Start**.

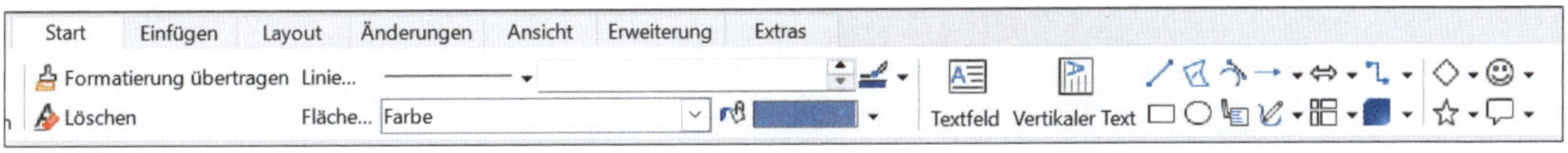


**Abbildung 16.3** *Die Symbole für die Formen*

Wie üblich klicken Sie einmal auf die gewünschte Form, und dann ziehen Sie sie mit gedrückter Maustaste auf dem Blatt auf. (Für den Kreis klicken Sie auf das Symbol **Grundformen** und im Menü dann auf **Kreis**.)

Solange die Form markiert ist, sehen Sie ihre Ziehpunkte und in der Menüleiste die Registerkarte **Zeichnen**.

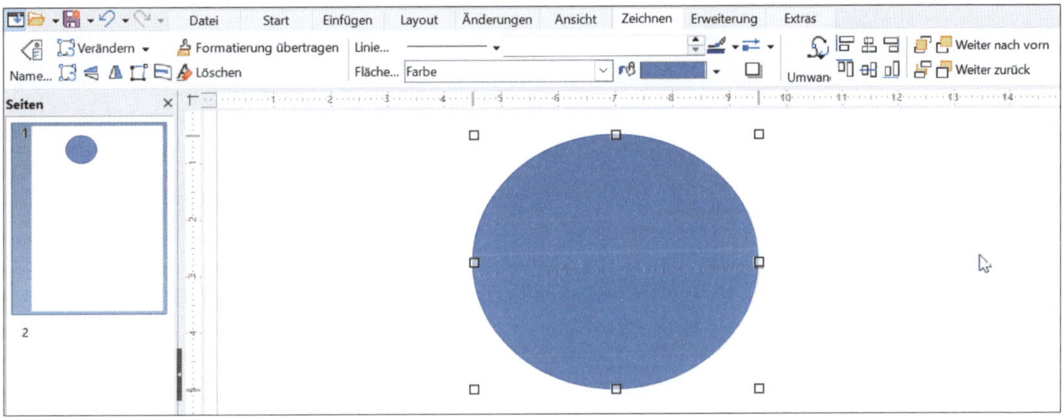


**Abbildung 16.4** *Ein aufgezogener Kreis*

Mit den üblichen Mitteln kümmern Sie sich um die Farbe/Füllung der Form. Für eine monochrome Farbe klicken Sie einfach auf das Symbol **Füllfarbe** und wählen aus der Palette eine Farbe aus. Zum Feintunen der Farbe klicken Sie auf **Benutzerdefinierte Farbe**.

Für andere Füllungen (**Farbverlauf**, **Bild**, **Muster**, **Schraffur**) rufen Sie über den Punkt **Fläche** im Kontextmenü der Form den gleichnamigen Dialog auf. (Dieser Dialog wurde bereits mehrfach beschrieben, z. B. in Abschnitt 13.4.3, »Formen einfügen und bearbeiten«.)

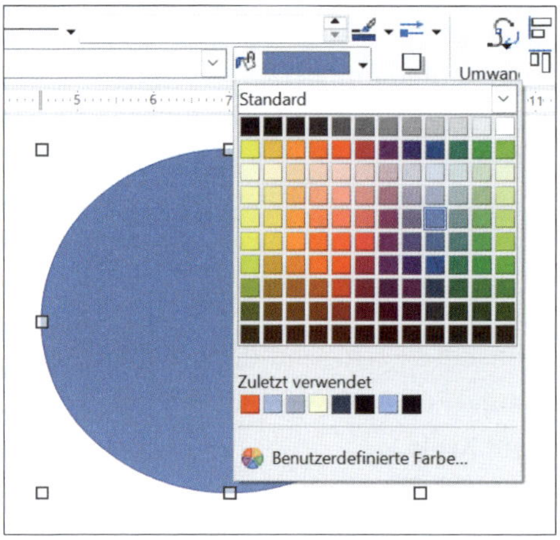


**Abbildung 16.5** *Die Farbpalette*

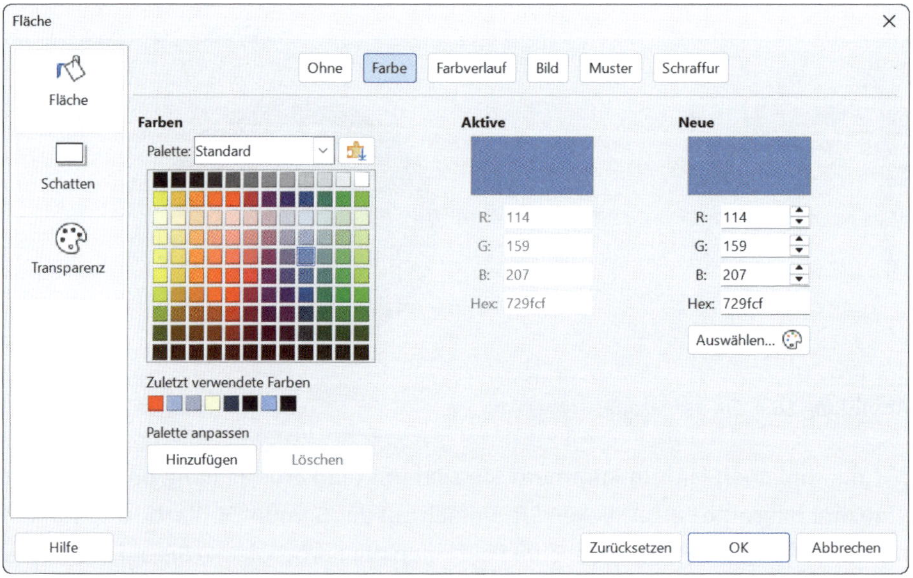


**Abbildung 16.6** *Eine Farbe für die Form auswählen*

Eine Form ist von Haus aus umrandet. Diese Randlinie bearbeiten Sie mit den Symbolen **Linie**, **Linienbreite** und **Linienfarbe** auf der Registerkarte **Zeichnen**.

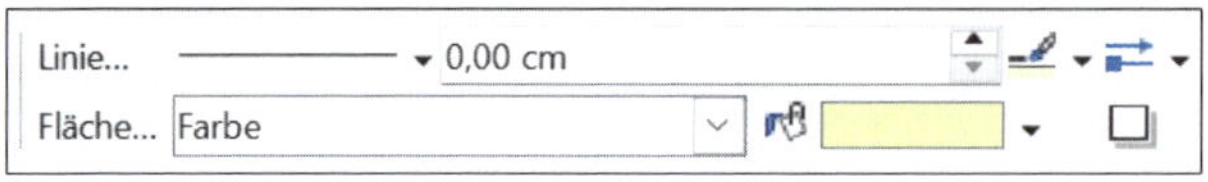


**Abbildung 16.7** *Linien bearbeiten*

Wenden Sie einen Trick an, um die Umrandung gegebenenfalls unsichtbar zu machen: Stellen Sie für die Linie die Farbe ein, die Sie auch als Füllfarbe genutzt haben.

Brauchen Sie für Ihre Zeichnung mehrere Objekte (was in der Regel der Fall ist), stellt sich die Frage der Anordnung: Welches Objekt liegt vorn, welches hinten? Dazu markieren Sie das Objekt, das Sie anordnen möchten, klicken im Kontextmenü auf **Anordnen** und wählen im Untermenü die passende Option.

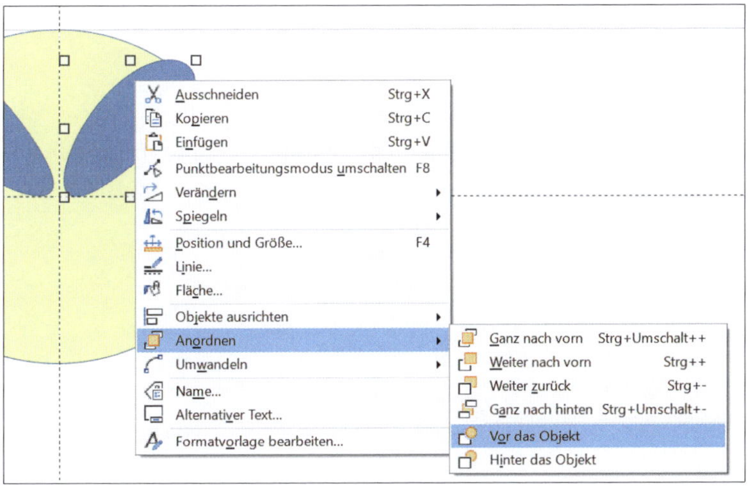


**Abbildung 16.8** *Formen anordnen*

Nach dem Anordnen folgt gegebenenfalls das Gruppieren. Damit werden mehrere Formen zu einem Paket geschnürt, das sich dann en bloc verschieben oder in der Größe verändern lässt. Klicken Sie die Formen mit gedrückter [⇧]-Taste nacheinander an (oder ziehen Sie mit gedrückter linker Maustaste ein Rechteck um die zu gruppierenden Formen) und wählen Sie im Kontextmenü **Gruppieren**. Sie sehen, dass die Ziehpunkte sich nun um die gruppierten Objekte legen.

Im Kontextmenü gruppierter Objekte gibt es den Befehl **Aufheben**. Damit können Sie die Gruppierung wieder auflösen.

### Maßlinien

Das Symbol, um Maßlinien einzufügen, finden Sie auf der Registerkarte **Start** im Menü des Symbols **Linien und Linienspitzen**. Sie ziehen eine Maßlinie wie eine normale Linie auf, wobei die Bemaßung automatisch angezeigt wird. Wenn Sie beim Aufziehen die [⇧]-Taste gedrückt halten, erzwingen Sie waagerechte bzw. senkrechte Bemaßungen.

Egal, welche Ebene Sie beim Erstellen der Maßlinie ausgewählt haben – sie wird auf die Ebene **Maßlinien** gesetzt.

Im Kontextmenü der Maßlinie finden Sie den Eintrag **Dimensionen.** Im nachfolgenden Dialog **Bemaßungslinie** können Sie z. B. die verwendete Einheit, Nachkommastellen oder Abstände festlegen.

## 16.3 Formen umwandeln

Manche Formen, die Sie im Sinn haben, können nicht mit den Standardformen gezeichnet werden, die ohnehin an Bord sind. Sie müssen sie also verändern bzw. umwandeln.

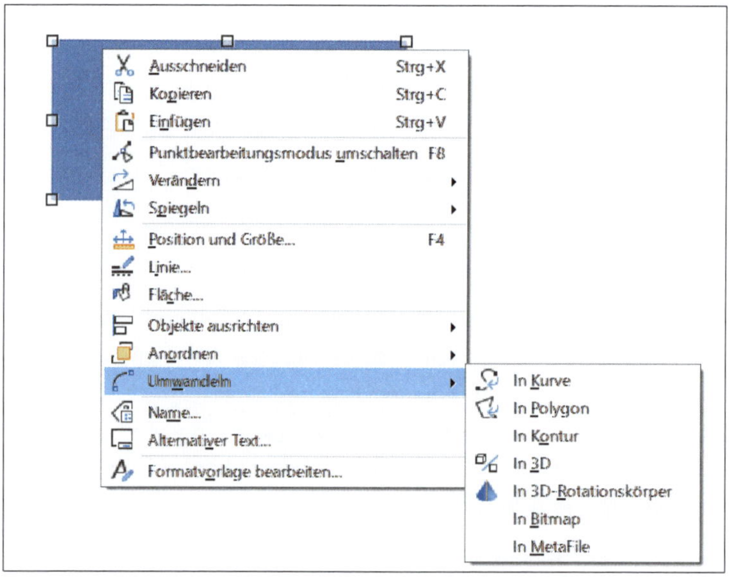


**Abbildung 16.9** *Formen umwandeln*

Dazu klicken Sie die Form an und zeigen im Kontextmenü der Form auf **Umwandeln**. Das Untermenü listet die Optionen auf (die letzten beiden Optionen im Menü fallen aus dem Rahmen, weil es sich um die Umwandlung der Bilddarstellung bzw. des Dateiformats handelt):

- **In Kurve**: Wandelt die Form in eine Bézierkurve um, sodass Sie die einzelnen Ankerpunkte und Pfade frei bearbeiten können.

- **In Polygon**: Konvertiert das Objekt in ein Polygon mit geraden Kanten und Eckpunkten.
- **In Kontur**: Nach der Umwandlung verhält sich das Objekt wie ein Polygon. Sie können z. B. nach dem Umwandeln von Text in eine Kontur die Linienart manipulieren.
- **In 3D**: Verwandelt 2D-Formen in 3D-Formen.
- **In 3D-Rotationskörper**: Das Objekt wird in einen 3D-Körper umgewandelt. Die Rotationsachse liegt dabei standardmäßig an der linken Kante des Objekts.

Nach dem Umwandeln in eine Kurve oder ein Polygon können Sie den Punktbearbeitungsmodus nutzen, um die Konturen individuell anzupassen. Mit den folgenden Schritten wandeln Sie ein Rechteck in eine Kurve um:

1. Klicken Sie das Rechteck an, sodass Sie die Ziehpunkte sehen.
2. Zeigen Sie im Kontextmenü des Objekts auf den Eintrag **Umwandeln** und klicken Sie dann im Untermenü auf **In Kurve**. Zunächst ist die Verwandlung nicht zu erkennen. Sie müssen den Punktbearbeitungsmodus aktivieren. Dazu klicken Sie im Kontextmenü auf den Eintrag **Punktbearbeitungsmodus umschalten** (er ist auch auf der Symbolleiste **Zeichnen** zu finden). Das Rechteck ist nun nur noch von vier Ankerpunkten umgeben.

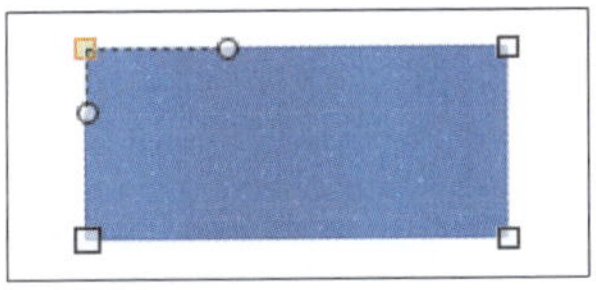

3. Sobald Sie einen Ankerpunkt anklicken, werden Ihnen zwei runde Steuerpunkte angezeigt, mit denen Sie den Kurvenverlauf durch Ziehen mit gedrückter linker Maustaste manipulieren können.

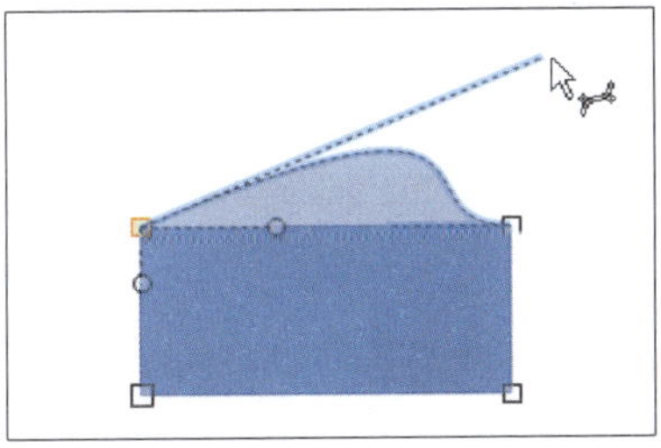

Wenn Sie den Punktbearbeitungsmodus aktiviert haben und ein als Kurve vorliegendes Objekt markiert ist, erhalten Sie eine weitere Symbolleiste, die Symbole für den Umgang mit den Ankerpunkten enthält (**Punkte einfügen**, **Punkte verschieben** etc.).

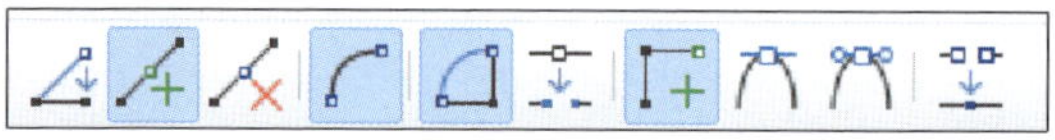

**Abbildung 16.10** *Die Ankerpunkte einer Kurve bearbeiten*

## 16.4 Freies Zeichnen

Freies Zeichnen mit geraden Linien gelingt mit der Form **Polygon**. Klicken Sie das Symbol an und zeichnen Sie mit gedrückter Maustaste die erste Linie.

Wenn Sie die Maustaste loslassen, wird der Endpunkt der ersten Linie gesetzt. Dann ziehen Sie die nächste Linie, und jedes Mal, wenn die Linie eine andere Richtung einschlagen soll, klicken Sie, um einen Eckpunkt zu erhalten. Am Ende der Zeichnung schließen Sie sie mit einem Doppelklick ab.

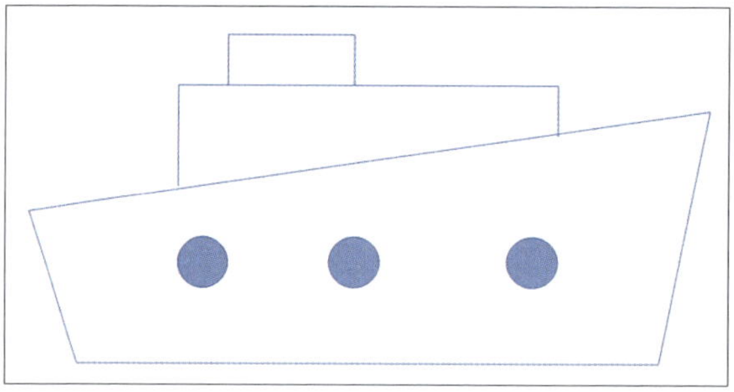

**Abbildung 16.11** *Mit der Form »Polygon« (und »Kreis«) gezeichnet*

Eine freie Kurve (Bézierkurve) zeichnen Sie mit der Form **Kurve**. Sie greifen sich die Form, ziehen mit gedrückter Maustaste eine Linie und lassen die Maustaste an der Stelle los, an der die Kurve beginnen soll. Mit der Mausbewegung bestimmen Sie dann die Krümmung. Sobald Sie einmal klicken, wird dieses Segment abgeschlossen und Sie zeichnen das nächste Segment. Schließen Sie die Zeichnung mit einem Doppelklick ab.

Einen individuellen Ellipsenbogen zeichnen Sie mit der gleichnamigen Form in der Auswahl **Grundformen**. Ziehen Sie die Form auf; Sie erhalten eine Ellipse. Wenn Sie die Maustaste loslassen und in die Ellipse wandern, bestimmen Sie mit dem Zeiger (der um den Mittelpunkt rotiert) und dem ersten Mausklick den Startpunkt der Öffnung.

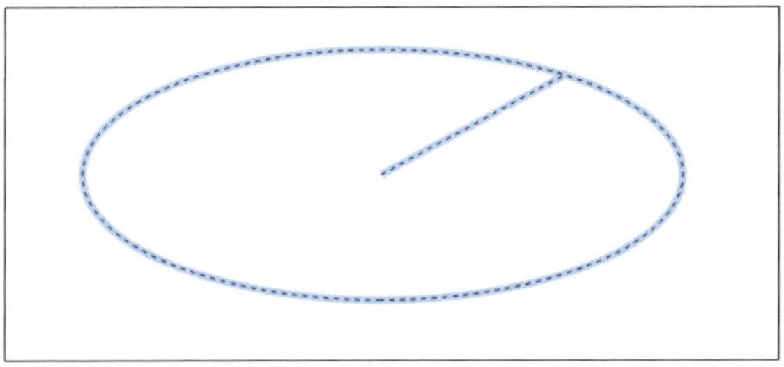

**Abbildung 16.12** *Den Startpunkt für die Öffnung des Ellipsenbogens festlegen*

Der zweite Klick legt den Endpunkt der Öffnung fest und schließt die Form ab.

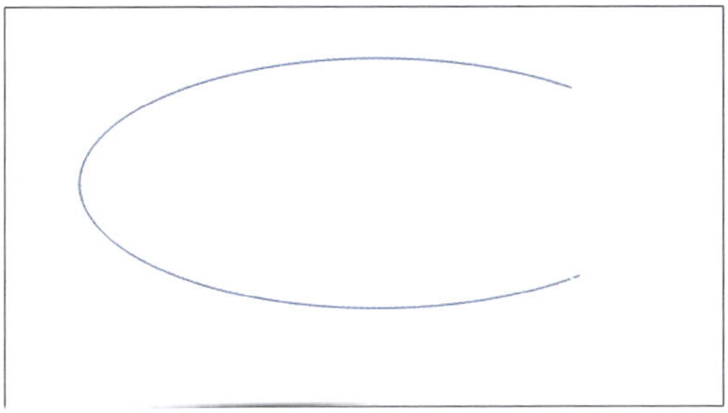

**Abbildung 16.13** *Ein weiterer Klick schließt die Figur ab.*

### Freihandlinien

Ganz ohne Vorgaben zeichnen Sie mit dem Tool **Freihandlinie**. Sie finden es im Menü des Symbols **Kurven und Polygone**. Sobald Sie sich dieses Tool gegriffen haben, können Sie mit gedrückter Maustaste so zeichnen wie mit einem Stift auf Papier. Das Ergebnis hängt von Ihrem Talent ab; es muss nicht so schlecht sein wie meins!

**Abbildung 16.14** *Mit Freihandlinien können Sie zeichnen.*

### 16.4.1 3D-Formen

Zu guter Letzt noch ein Wort zu den 3D-Formen. Wie schon weiter vorn erwähnt, lassen sich Formen in 3D-Formen umwandeln. Sie können aber auch direkt eine 3D-Form aus der Auswahl der Formen einfügen (**3D-Objekte**), z. B. einen Würfel, einen Zylinder oder einen Kegel.

3D-Formen neigen und kippen Sie, indem Sie sie markieren und dann erneut anklicken. Dadurch tauchen die üblichen grünen Drehpunkte an den Ecken auf sowie die Punkte zum Kippen an den Seiten. Außerdem erscheint ein Drehsymbol, wenn Sie mit der Maus auf das Objekt zeigen. Mit gedrückter Maustaste drehen Sie die Form seitwärts und kippen sie nach vorn oder hinten.

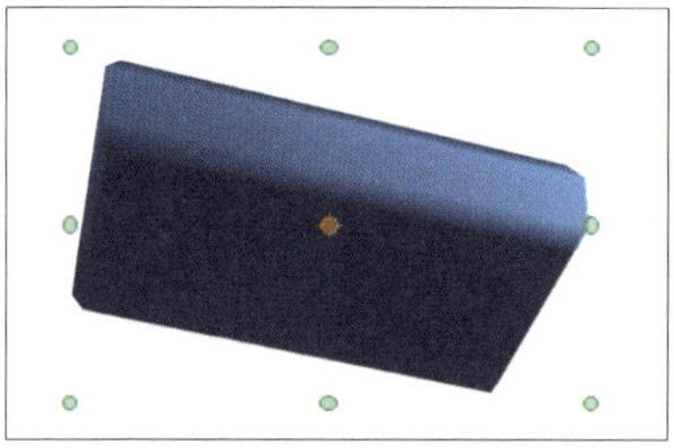

**Abbildung 16.15** *Ein 3D-Objekt kippen und neigen*

Für weitere Effekte klicken Sie die Form mit der rechten Maustaste an und wählen im Kontextmenü **3D-Effekte**. Im gleichnamigen kleinen Fenster können Sie fünf Bereiche ändern und feintunen: **Geometrie**, **Darstellung**, **Beleuchtung**, **Texturen** und **Material**. Je nachdem, was Sie mit den Symbolen oben im Fenster auswählen, erhalten Sie unterschiedliche Einstellungsoptionen für das Objekt.

**Abbildung 16.16** *Effekte für ein 3D-Objekt – hier »Beleuchtung«*

Probieren Sie die Optionen, die eventuell für Ihr Objekt interessant sind, am besten selbst aus (achten Sie auf die Vorschau); sie lassen sich schwer im Einzelnen beschreiben. Bestätigen Sie Ihre Einstellungen mit dem grünen Häkchen oben rechts im Dialog.

## 16.5 Text in Grafiken einfügen

Die Standardformen können Sie beschriften. Doppelklicken Sie auf die Form, um die Texteingabe zu starten; Sie sehen dann einen Cursor in der Form und können schreiben.

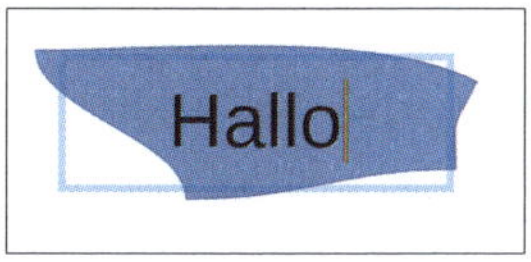


**Abbildung 16.17** *Eine Form beschriften*

Sobald Sie auf diese Weise Text eingeben, wird die Registerkarte **Text** eingeblendet. Diese Leiste bietet alle Formatierungsoptionen, die Sie von der Registerkarte **Start** (in den anderen Programmen) kennen: **Schriftart**, **Fett**, **Kursiv** etc.

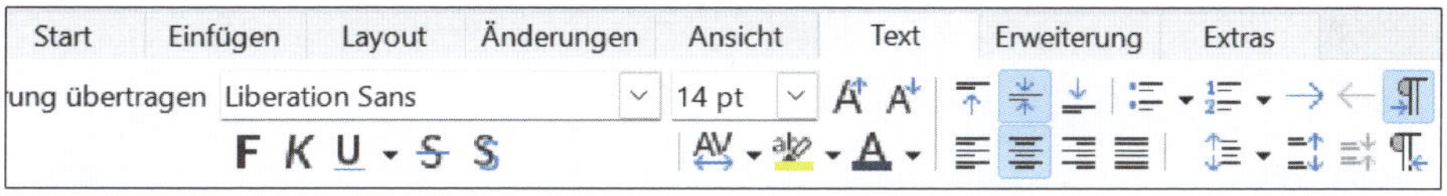


**Abbildung 16.18** *Die zusätzliche Registerkarte »Text«*

Für optisch ausgefallenen Text nutzen Sie *Fontwork*. Dazu wechseln Sie auf die Registerkarte **Einfügen** und klicken hier auf **Fontwork einfügen**. In dem Auswahlmenü wählen Sie sich einen Stil aus, der dann mit dem Mustertext auf Ihrem Blatt landet.

**Fontwork**

Auch in Writer steht Ihnen Fontwork für interessante Schriftzüge zur Verfügung, und zwar wieder auf der Registerkarte **Einfügen**.

Schieben Sie die Grafik auf Ihr Objekt und passen Sie sie mithilfe der Ziehpunkte in der Größe an. Damit der Schriftzug und die Form zusammenbleiben, müssen Sie beide Objekte gruppieren.

**Abbildung 16.19** *Eine Form mit Fontwork*

## 16.6 Ein einfaches Flussdiagramm erstellen

Ein Flussdiagramm (auch *Flowchart* genannt) ist eine grafische Anleitung, die zeigt, wie ein Prozess oder Arbeitsablauf Schritt für Schritt funktioniert.

Flussdiagramme sind nützlich, um komplexe Aufgaben verständlich darzustellen und Abläufe zu erklären. Auch bei der Fehlersuche können sie hilfreich sein, da man mit Glück auf einen Blick erkennt, wo es im Ablauf haken könnte.

Im Beispiel soll ein Diagramm erstellt werden, das die Entstehung eines Gesetzes veranschaulicht. Machen Sie sich eine Skizze, damit Sie in etwa wissen, wie viele Elemente Sie brauchen und wie diese untereinander verbunden sind.

1. Wählen Sie auf der Registerkarte **Start** aus der Kategorie **Flussdiagramme** (Symbole für Prozesse, Entscheidungen etc.) die gewünschte Form.

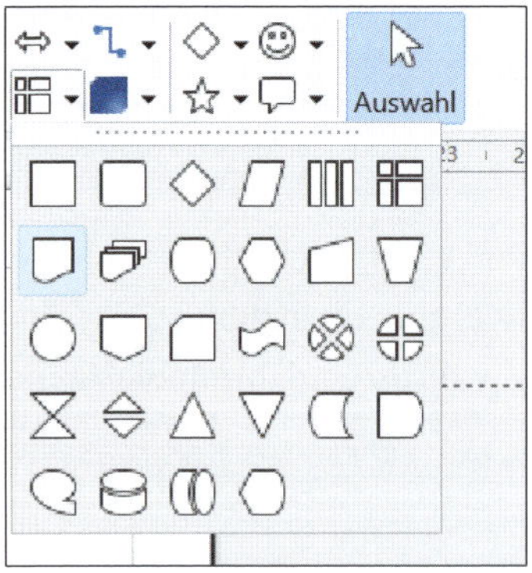


2. Ziehen Sie die gewünschte Form mit der Maus auf die Arbeitsfläche. Kopieren Sie die Form und fügen Sie sie mehrfach ein. (Die Formen liegen zunächst aufeinander, ziehen Sie sie auseinander und platzieren Sie sie passend.) Denken Sie an die Fanglinien, die Ihnen helfen, die Formen sauber anzuordnen.

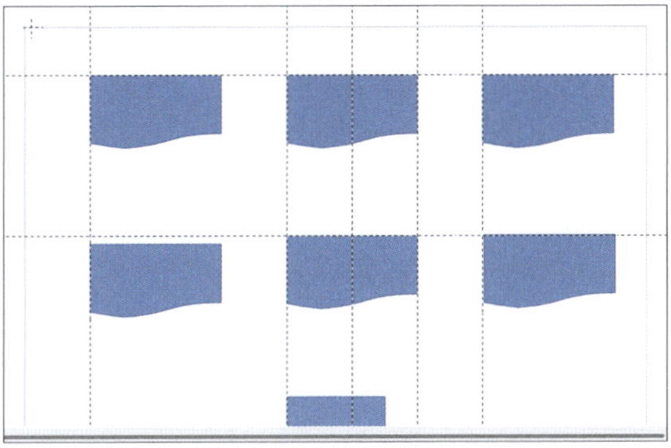

3. Doppelklicken Sie auf eine Form, um Text einzugeben; den Text können Sie formatieren, wenn Sie möchten.

Nun sind die Verbindungslinien an der Reihe. Dazu klicken Sie auf der Registerkarte **Start** auf das Symbol **Verbinder** und wählen aus dem Menü die gewünschte/passende Linie aus, z. B. **Direktverbinder mit Pfeilende**.

Bewegen Sie den Mauszeiger an den Rand einer Form, bis die kleinen Verbindungspunkte zu sehen sind. Klicken Sie auf einen Punkt, halten Sie die linke Maustaste gedrückt und ziehen Sie die Linie zum Verbindungspunkt der nächsten Form.

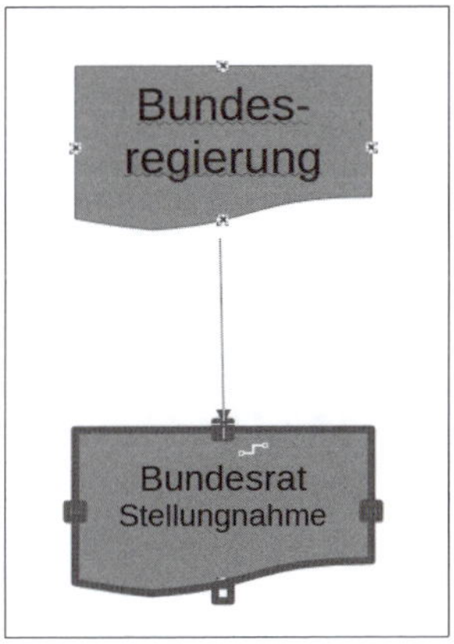


**Abbildung 16.20** *Elemente verbinden*

Sofern Sie weitere bzw. andere Verbindungspunkte benötigen, müssen Sie sogenannte Klebepunkte einfügen. Dazu klicken Sie auf der Registerkarte **Zeichnen** (eines der Elemente muss markiert sein) auf **Klebepunkte** und dann in der kleinen Symbolleiste, die eingeblendet wird, auf **Klebepunkt einfügen**.

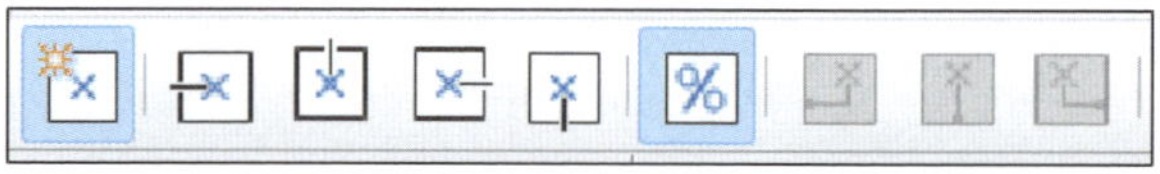

**Abbildung 16.21** *Den Modus zum Einfügen von Klebepunkten aufrufen*

Der Mauszeiger verwandelt sich in ein Kreuz. Klicken Sie die Form an der Stelle an, an der Sie einen (neuen) Klebepunkt hinzufügen möchten.

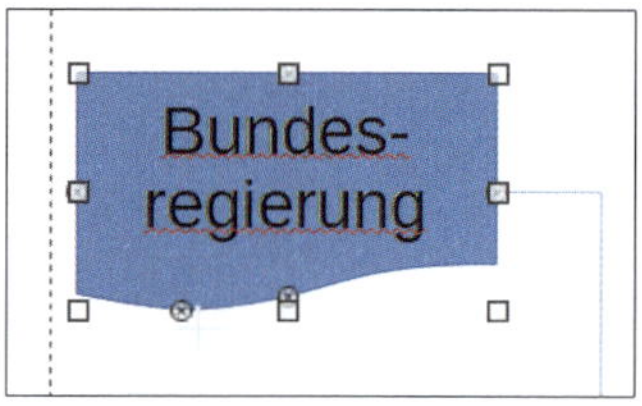


**Abbildung 16.22** *Einen Klebepunkt einfügen*

Mit den vier Symbolen neben dem Symbol **Klebepunkt einfügen** wählen Sie die Richtungen aus, die für einen Verbinder an diesem Klebepunkt zulässig sind.

Die Linien bleiben beim Verschieben der Formen automatisch verbunden, die einzelnen Elemente müssen Sie allerdings gruppieren, damit Ihr Diagramm beim Verschieben oder Verändern der Größe nicht seine Form verliert.

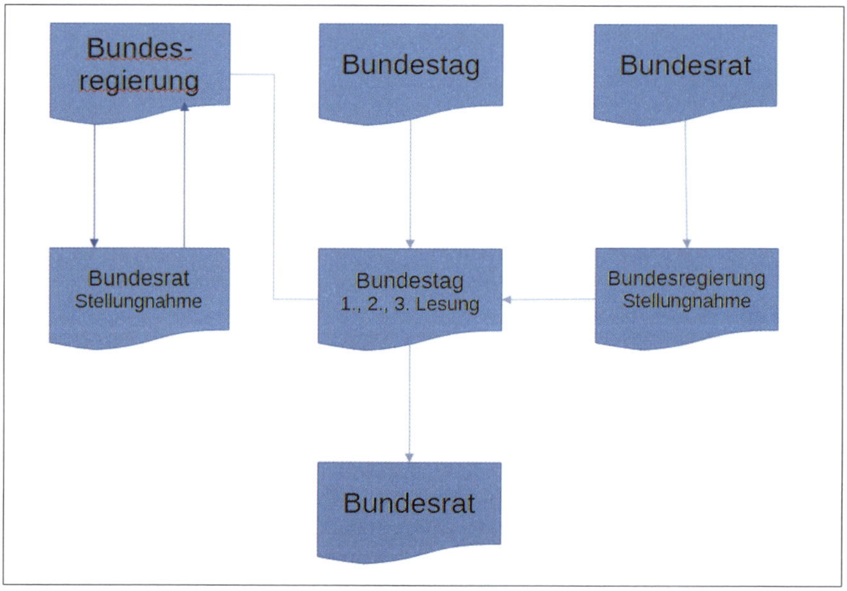


**Abbildung 16.23** *Das gruppierte Diagramm*

## 16.7 Grafiken in andere Dokumente übernehmen

Die Grafik, die Sie gezeichnet haben, besteht vermutlich aus mehreren Elementen. Um die Grafik zu kopieren und in andere Dokumente einzufügen, sollte Ihr erster Schritt also sein, die Elemente zu gruppieren.

Um die Grafik in ein anderes Dokument (z. B. Writer) einzufügen, markieren und kopieren Sie die gruppierte Grafik. Dann wandern Sie zu Ihrem Dokument und klicken dort (am Beispiel von Writer) auf der Registerkarte **Start** auf den Pfeil am Symbol **Einfügen**. In dem kleinen Auswahlmenü wählen Sie **LibreOffice [Versionsnummer] Zeichnung**.

Damit landet die Zeichnung als Objekt in Ihrem Dokument und Sie können es gegebenenfalls weiterbearbeiten.

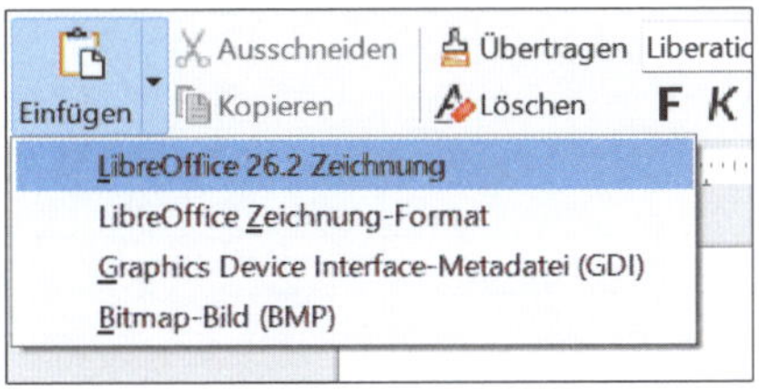


**Abbildung 16.24** *Die verschiedenen Formate, um Draw-Objekte einzufügen*

Abgesehen von dieser Copy-and-paste-Möglichkeit lassen sich Draw-Zeichnungen in viele Formate exportieren. Einen Export starten Sie auf der Registerkarte **Datei**; klicken Sie hier auf **Exportieren**.

Im Feld **Dateityp** wählen Sie aus der Auswahlliste das gewünschte Format aus, z. B. GIF, PNG oder PDF. Je nach gewähltem Dateityp erhalten Sie nach dem Klick auf **Speichern** einen Dialog, um weitere Einstellungen vorzunehmen. Aber Achtung: Sie exportieren immer die gesamte Draw-Datei, nicht nur ein ausgewähltes Objekt.

# Stichwortverzeichnis

## E



## F

## G



## H



## I



## K

## Q



## R



## S

## W



## Z